위대한 패배자

GROSSE VERLIERER by Wolf Schneider

copyright ⓒ 2004 by Rowohlt Verlag GmbH, Reinbek bei Hamburg

Korean Edition is Published by Eulyoo Publishing., Ltd.
Korean Translation ⓒ 2025 by Eulyoo Publishing., Ltd.
All Rights Reserved.
This Korean edition published by arrangement with Rowohlt Verlag GmbH
through MOMO Agency, Seoul.

- 이 책의 한국어판 저작권은 모모 에이전시를 통해 Rowohlt Verlag GmbH사와의
  독점 계약으로 ㈜을유문화사에 있습니다. 저작권법에 의하여 한국 내에서
  보호를 받는 저작물이므로 무단 전재와 무단 복제를 금합니다.

위대한 패배자

한 권으로 읽는 인간 패배의 역사

볼프 슈나이더 지음 · 박종대 옮김

Große
Verlierer

위대한 패배자
한 권으로 읽는 인간 패배의 역사

발행일
2005년 9월 20일 초판 1쇄
2025년 7월 25일 20주년 기념 개정판 1쇄

지은이 | 볼프 슈나이더
옮긴이 | 박종대
펴낸이 | 정무영, 정상준
펴낸곳 | ㈜을유문화사
창립일 | 1945년 12월 1일
주소 | 서울시 마포구 서교동 469-48
전화 | 02-733-8153
팩스 | 02-732-9154
홈페이지 | www.eulyoo.co.kr

ISBN 978-89-324-7567-7 03900

- 이 책의 전체 또는 일부를 재사용하려면 저작권자와 을유문화사의 동의를 받아야 합니다.
- 책값은 뒤표지에 있습니다.
- 잘못된 책은 구입하신 곳에서 바꾸어 드립니다.
- 이 책의 본문은 '을유1945' 서체를 사용했습니다.

개정판 옮긴이의 말

이 책이 세상에 처음 나온 지 20년이 지났다. 그동안 꾸준히 독자들의 선택을 받고 있다면 그만한 이유가 있을 터, 그런 만큼 시대 변화에 맞게 외양도 내실도 다듬을 필요가 있다. 사람도 세월이 흐르면 옷을 갈아입듯이.

창작은 시간이 멈춘다. 이를테면 헤세와 카프카가 독일어로 쓴 글은 백 년 전이나 지금이나 그대로다. 하지만 번역은 다르다. 시대에 따라 스타일과 색깔이 달라지고, 문체와 감각도 변화한다. 어쩌면 그게 번역의 묘미일지 모른다. 창작은 그 시대에 머물지만 번역은 시대와 함께 나아간다. 이런 의미에서 백 년이 지난 뒤에도 다른 언어로 계속 번역되는 작가는 참으로 행복한 사람이다. 끊임없이 새롭게 다시 태어나는 셈이니까.

이번 개정판에서는 낡은 어투나 표현을 가다듬고, 불분명한 부분을 보완하고, 각주를 일부 추가했다. 김경민 편집장의 역할이 컸다. 감사드린다. 원고를 다시 들여다보며 새삼 언어의 차이에 대해 생각하게 된다. 두 가지 언어를 다루는 번역가에게 그 차이는 늘 뚜렷하다. 가끔 한국어에 있는 표현이 독일어에는 없고, 독일어에는 있는 표현이 한국어에는 없다. 논리적 정교함에서는 독일어가, 감정적 미묘함에서는 한국어가 훨씬 풍부하다. 서양 언어에서는 문장마다 주어가 명시되어야 하지만, 우리말에서는 주어가 빠져야 좋은 문장이 된다. '나'를 분명히 드러내지 않으면서 '나'를 분명히 느끼게 하는 언어라는 말이다. 데카르트 이후 서양에서는 행위자로서의 '나'가 세계의 중심이라면, 공동체적 색채가 강한 우리 사회에서는 나를 드러내지 않는 겸양이 세련되고 존중받는다.

번역가는 이런 문화적 차이에서 비롯된 언어적 차이에 민감하다. 우리말에 '사돈이 논을 사면 배가 아프다'라는 말이 있다. '배 아프다'라는 표현은 독일어에 없다. 이건 단순한 '부러움'과는 다르다. 누군가에게 좋은 일이 있을 때 우리는 배가 아플 수도 있고, 부러울 수도 있다. 부럽다는 건 내가 상대의 상태로 올라가고 싶다는 것이고, 배가 아프다는 건 상대를 끌어내리고 싶다는 것이다. 차이는 뭘까? 내가 상대의 성공을 인정하느냐에 달려 있다. 부럽다는 건 상대의 성공을 인정하고 그 사람이 되고 싶다는 감정이라면, 배가 아프다는 건 그 사람의 성공을 인정하지 않고 끌어내리고 싶다는 감정이다. 결국 우리는 결과로만 사람을 판단하지 않는다. 그 과정이 공정했는지도 중시한다. 남의 뒤통수를 쳐서 승리를 거머쥐었는지, 그 과정에 온갖 술수와 편법이 동원되지는 않았는지, 그 성공이 정당한 노력의 대가였는지, 혹은 정말 운이 좋았을 뿐이었는지 늘 묻는다. 이 책은 그 '과정'에 관한 이야기로, 독자 여러분에게도 작은 질문을 하나 남기길 바란다. 우리는 누구에게, 어떤 이유로 '패배자'라는 말을 붙이는가? 그리고 정말 그들은 패배했는가?

나는 이 책을 포함해 볼프 슈나이더의 책을 네 권 번역했다(『만들어진 승리자들』, 『군인』, 『진정한 행복』). 이 정도면 인연이 없다고 할 수는 없을 듯하다. 언론인 출신으로 그동안 다방면으로 많은 인식적 즐거움과 읽는 재미를 안겨 준 작가를 다시 만나지 못하게 된 것은 유감이다. 그는 2022년 향년 97세의 일기로 세상을 떠났다. 그의 명복을 빈다.

2025년 7월
박종대

일러두기

1. 인명, 지명 등은 국립국어원의 외래어표기법을 따랐습니다. 단, 일부 굳어진 명칭은 일반적으로 통용되는 표기를 사용했습니다.
2. 옮긴이와 편집자가 추가한 주석은 별(*)로 표시하고 본문 하단에 달았습니다.
3. 책, 잡지, 신문 등은 『 』로, 단편, 일간지, 논문과 미술 작품명은 「 」로, 영화와 연극, TV 프로그램명은 〈 〉로 표기했습니다.

옮긴이의 말

우리는 모두 승리자를 꿈꾼다. 처음부터 패배를 원하는 사람은 없다. 그러나 갈수록 치열해지는 경쟁 사회에서 승리의 월계관을 쓰는 사람은 극히 소수고, 나머지 대다수는 어쩔 수 없이 패자의 나락으로 추락하고 만다. 학교와 스포츠, 직장 영역뿐 아니라 정치·사회·문화·예술 전반에서 나타나는 현상이다. 거머쥘 월계관은 하나인데, 그것을 향한 사람들의 수와 욕망은 점점 늘어 가고 경쟁의 효율성만이 사회 발전의 논리로 부각하고 있으니 당연한 일이다.

이런 분위기 속에서 스포트라이트를 받는 것은 늘 승리자다. 우리는 승자에 환호하고 승자의 전설을 만들고 승자의 미덕을 배우려 한다. 패자의 능력이 승자에 뒤지지 않더라도 패자는 항상 뒷전이다. 승리자가 야비한 술수를 써서 승리를 따냈더라도 그에 대한 비난은 일시적이거나, '결국 마지막에 이긴 놈이 최고'라는 식의 결과론적 논리에 묻혀 버린다. 이로써 과정보다 결과가 중시되고, '좋은 승자와 나쁜 패자'의 전형적인 틀이 만들어진다.

그렇다면 과연 승리자는 항상 우리가 본받을 만한 '좋은' 사람들일까? 걸출한 능력과 뚜렷한 업적으로 많은 사람에게 큰 도움을 준 승리자들도 있지만, 인간적으로만 보자면 패자에 비해 좀 더 야비하고 비정한 사람들이 승자들이다.

2000년 미국 대선에서 앨 고어는 정작 득표율에서는 상대 후보에 이기고도 미국의 이상한 선거 방식에 의해 부시에게 패하고 말았다. 만일 고어가 승리에 대한 집착이 더 강하고 냉혹한 사람이었다면, 나라 안팎의 혼란이야 어떻게 되든 총체적인 재검표를 주장하며 끝까지 대권을 포기하지 않았을 것이다. 그러나 그는 그 길을 택하지 않았다. 반면에 부시가 좀 더 양심적인 사람이었다면 아무리 주위의 만류가 있더라도 향후 권력의 도덕적 정당성을 위해 재선거를 주장했어야 하지 않을까?

또 다른 예로 절친하게 지내던 동료 연구자에게 사기당하듯 노벨 화학상을 빼앗겨 버린 리제 마이트너 역시 상대에 비해 어수룩하기는 마찬가지였다. 마이트너가 상대만큼 비열했더라면 노벨상을 쉽게 포기하지는 않았을 것이고, 최소한 내막이라도 폭로해서 상대의 인격에 흠집을 내려 했을 것이다. 그러나 그 역시 그러지 않았다.

이처럼 패자는 승자에 비해 덜 비정하고 덜 비열하다. 물론 그 때문에 패배를 떠안아야 했겠지만 말이다. 반면에 승자는 자신의 목표에 걸림돌이 되는 것이라면 아군이든 적이든 가리지 않고 가차 없이 제거해 버린다. 혹자는 이를 가리켜 승자의 품성이라고 할지 모른다. 그러나 이런 사람들에게서 인간적인 매력을 느끼지 못하는 것은 분명하다.

물론 패자 중에도 추악한 패자가 있다. 패배를 인정하지 못하고 끈질기게 물고 넘어지다가 더욱 추해진 사람들, 허풍을 떨다가 스스로 웃음거리를 자초한 사람들, 패배의 고통을 이기지 못해 자기 삶까지 갉아먹은 사람들이 그들이다. 그러나 멋진 패배자들도 있다. 미련 없이 깨끗하게 승복한 뒤 승자를 향한 축복과 함께 아름답게 퇴장하는 이들, 체 게바라처럼 패배가 뻔히 보이는 불가능한 꿈을 향해 저돌적으로 돌진하다 스러진 이들, 이런 사람들에게는 승자에게서는 볼 수 없는 특별한 매력이 풍긴다. 대중의 크나큰 동정과 사랑이 이들에게 쏟아지는 것도 그 때문일 것이다.

그런데 사실 이 책에 거론된 패자들도 일반인의 눈에는 승리자의 부류로 보인다. 비록 패배했을지언정 부를 누리고 재능을 인정받고 최상층에서 기웃거리고, 아니면 최소한 사후의 명성이라도 얻었기 때문이다. 애초에 감당 못 할 승리는 바라지도 않고, 그저 묵묵히 패배를 일상으로 알고 살아가는 우리와는 차원이 다르다. 세상은 승리자의 논리로 돌아가고 승리자들이 역사를 쓴다고 하지만, 패배자들 없이는 승리도 승자의 영광도 있을 수 없다.

한번 상상해 보라. 승자들만 사는 세상은 어떨 것인지. 오로지 정상을 향해서만 달려가는 사람들, 승리를 거머쥐기 위해 온갖 술수를 마다하지 않는 사람들, 인간적인 매력이라고는 눈곱만큼도 없는 사람들끼리만 살아가는 사회가 있다면 어떤 모습일까? 이만큼 추악한 세상이 있을까? 패배는 쓰라리다. 그러나 패배를 묵묵히 받아들이며 분수를 알고 제자리를 지키며 사는 사람들이 있기에 그나마 세상은 참을 만한 것이 아닐까? 그런 점에서 진정 위대한 패배자는 우리 자신일지 모른다.

박종대

차례

개정판 옮긴이의 말 … 5
옮긴이의 말 … 9

여는 글
1. 몇 사람을 제외하고 우리는 모두 패배자다 … 17
2. 대신 작가들이 그런 우리를 사랑한다 … 27

비참한 패배자들

3. 골리앗, 베르블링거, 스미스 선장 … 39
   호언장담형의 세 사람

4. 멕시코의 막시밀리안 황제 … 54
   황제가 되기에는 너무나도 변변찮은 사람

영광스러운 패배자들

5. 롬멜 … 71
   경탄과 환호 그러나 결국엔 죽음

6. 체 게바라 … 85
   열대우림의 피투성이 구세주

7. 고르바초프 … 102
   다른 민족은 해방했지만 정작 자신의 제국은 잃어버린 남자

승리를 사기당한 패배자들

8. 라이너 바르첼 … 123
   코앞에서 총리 자리를 놓친 사람

9. 앨 고어 … 140
   선거에 이기고도 대통령이 되지 못한 사람

왕좌에서 쫓겨난 패배자들

10. 메리 스튜어트 … 165
    참수당한 '음모의 여왕'

11. 루이 16세 … 180
    어떻게 그리 사랑스러운 인간이 단두대의 제물이 됐을까?

12. 빌헬름 2세 … 202
    어떤 패배자도 그처럼 무기력하게 무너지지는 않았다

가까운 사람들에게 내몰린 패배자들

13. 요한 슈트라우스 … 217
    아들에 가려진 아버지:
    세계적인 명성을 얻기 위해 바이올린을 켰지만 결국 패배한 아버지

14. 하인리히 만 … 228
    동생에게 짓밟힌 형: 토마스 만의 그늘에서 살아야 했던 고통

15. 렌츠 ⋯ 246
    괴테에게 발길질당한 천재 작가:
    미워하기에는 재능이 너무 뛰어난 사람

16. 라살레 ⋯ 262
    마르크스에게 눌린 패배자: 노동운동의 메시아

17. 트로츠키 ⋯ 280
    스탈린에게 쫓겨난 패배자: 10월 혁명의 열혈한

끝없이 추락한 패배자들

18. 오스카 와일드 ⋯ 305
    감옥으로 간 사교계 스타

19. 크누트 함순 ⋯ 326
    경솔한 말로 세계적인 명성에 먹칠한 작가

세계적인 명성을 도둑질당한 패배자들

20. 리제 마이트너 ⋯ 347
    노벨상을 빼앗긴 물리학자

21. 앨런 튜링 ⋯ 362
    영국의 승리를 도운 무명인

더 큰 영광의 시간을 박탈당한 패배자들

22. **게오르크 뷔히너** ··· 377
    스물셋에 괴테를 능가하는 성취를 이룬 작가

23. **이사크 바벨** ··· 391
    마흔다섯에 악명 높은 루뱐카 감옥으로 끌려간 작가

살아서는 인정받지 못한 패배자

24. **빈센트 반 고흐** ··· 409
    사후에 세계를 평정한 탕아

쓰러져도 다시 일어서는 오뚝이 인생들

25. **윈스턴 처칠과 덩샤오핑** ··· 427
    누구도 이길 수 없었던 두 사람

26. **리처드 닉슨** ··· 440
    토끼 사냥 하듯 내몰린 대통령

닫는 글
27. **안티히어로Antihero를 위한 예찬** ··· 455

찾아보기 ··· 465

여는 글

1. 몇 사람을 제외하고 우리는 모두 패배자다

> 나는 패배자들을 좋아한다.
> 장애인, 외국인, 뚱뚱해서 놀림을
> 받는 친구들은 말할 것도 없고
> 누구도 춤을 추려고 하지 않는
> 모든 이들을 사랑한다.
> ― 페터 회Peter Høeg의 『스밀라의 눈에 대한 감각Froken Smillas Fornemmelse For Sne』 중에서

지구는 좌절의 별이다. 불운이 겹치고, 운명에 할퀴고, 로또 복권은 번번이 비껴 가고, 이 사람에 속고 저 사람에 넘어가는 것이 우리네 삶이다. 좌절하고 비웃음거리가 되고, 만인 대 만인의 경쟁에서 늘 선두권에 서지 못하고 뒤처지는 것이 우리 운명이다. '종種'으로서 인간은 진화의 무수한 굴곡을 넘어온 고독한 승자지만, 개인으로서 인간은 모두 실패하고 좌절한 사람들에 가깝다. 물론 승자들도 있다. 하지만 사회 전체로 따지면 그

비율은 극히 미미할 뿐 아니라 그마저도 지난 20세기에 급격히 줄어들었다.

　세상에는 한 사람의 승자와 한 사람의 패자만 존재하는 경우도 있다. 권투, 체스, 윔블던 테니스 대회, 대통령 선거같이 둘이서만 승부를 펼치는 대결이 그러하다. 이럴 경우 패자와 승자의 운명이 갈리는 것은 어쩔 수 없다. 그것이 세상 돌아가는 이치고, 질서이기 때문이다. 물론 패자의 입장에서는 좌절의 고통이 무척 쓰라리다.

　예를 들어 아킬레우스는 트로이 전쟁에서 헥토르의 목을 찔러 죽인 다음, 그의 두 발에 구멍을 뚫고 황소 가죽끈으로 꿰어 전차 뒤에 매달았다. 그러고는 말에 채찍질해 헥토르를 질질 끌고 다니며 패자를 능욕했다. 호메로스Homeros는 승자의 이런 행동을 "수치스럽고 잔인한 처사"라고 책망했지만, 그 역시 이 장면을 상당히 즐기고 있는 듯한 인상을 떨쳐 낼 수 없다.

　그런데 이처럼 두 사람이 승리의 환호와 패배의 수치를 나누는 것은 오래전부터 예외적인 현상이 되고 말았다. 오늘날에는 대개 한 사람의 승리자만 있고 나머지는 대부분 패배자다.

　우선 산술적인 측면에서 그렇다. 예나 지금이나 100미터 올림픽 육상 경기에는 세 개의 메달만 걸려 있다. 하지만 지금은 1896년 당시보다 무려 50배나 더 많은 선수가 이 메달을 차지하기 위해 달린다. 또한 각 나라의 인구도 19세기보다 평균 다섯 배나 늘고, 나라를 다스릴 능력이 있는 고학력층도 100배나 불었지만, 어디서도 대통령을 다섯이나 백 명을 뽑는다는 이야기는 들어 본 적이 없다.

두 번째 이유가 훨씬 더 중요한데, 경쟁이 노동 시장뿐 아니라 우리의 사고와 욕망을 지배하고 더 나은 세계에 관한 만병통치약처럼 찬양되면서부터 자신이 승리자가 아니라는 사실 때문에 괴로워하는 사람들이 과거에 비해 수십 배로 늘어났다는 점이다. 20세기 문턱까지만 하더라도 대다수 사람은 가난과 굴종을 바꿀 수 없는 질서나 하늘이 정한 이치로 생각하며 묵묵히 감수했다. 그러니까 가난을 패배로 생각하지 않고 인간 세상의 지극히 자연스러운 원리로 받아들인 것이다.

그러나 오늘날에는 모든 사람이 돈과 권력, 명예, 명성, 메달을 향해 끊임없이 경쟁을 벌이는 체제로 바뀌었고, 그로 인해 다수가 낙오하고 패배할 수밖에 없게 되었다. 경쟁에 뒤진 사람들은 운명을 탓하거나 자신을 패배자로 여기며 가슴을 쥐어뜯는다. 또한 미워하던 동료가 사람들로부터 선망의 대상이 되고 승승장구하는 것을 보며 고통스러워한다. 그 밖에 잘 나가던 기업체 사장은 하루아침에 도산하고, 회사원은 기업 구조 조정의 여파로 실직자가 되어 힘없이 터벅터벅 집으로 돌아간다.

이 모든 것에도 불구하고 우리 마음을 사로잡는 고전적인 위안이 있다. 즉 내가 실패한 것은 이해할 수 없는 이 세상 구조와 썩은 사회에 책임이 있다는 것이다. 그런데 우리 사회에서는 어디서나 들을 수 있는 소리가 바로 기회의 균등이다. 당신이 진정 능력이 있고, 출세하고자 하는 의지가 있다면 문은 언제나 열려 있다는 것이다. 바로 여기서 열등감과 자책감이 생겨난다. 예전에는 거의 존재하지 않았고, 어떤 가난한 사람도 느끼지 않았던 감정이다.

이 책은 주어진 기회를 포착해서 결연하게 밀고 나간 사람들의 이야기다. 승리를 원했고, 조금만 더 행운이 따랐더라면 충분히 승리를 거둘 수 있었지만, 결국 세상 사람들로부터 수모를 당했거나 좀 더 강한 자에 가로막혀 꿈을 접어야 했거나, 아니면 운명의 조화에 만신창이가 되었거나 지나친 요구를 스스로 감당하지 못했던 사람들이다. 그러니까 특히 비극적이거나, 특히 극적이거나, 특히 창피한 방식으로 무릎을 꿇은 패배자들의 이야기다. 이 책에 소개된 일부 유명 인사들에 대해서는 새롭게 조명해 보고, 이름을 얻기도 전에 패배의 나락으로 굴러떨어진 일부 무명 인사들에 대해서는 어느 정도 정당한 평가를 할 것이다.

이 책에는 마지막 순간까지 굴하지 않고 의연하게 맞선 인상적인 패배자도 있고, 끝까지 날카로운 이와 발톱을 드러내며 자신의 비운을 인정하지 않은 나쁜 패배자도 있으며, 권력에 빌붙거나 경쟁자의 뒤통수를 칠 정도로 비열하지 않았기에 패배했고, 그래서 절망하지 않은 훌륭한 패배자들도 있다.

그렇다면 세인트헬레나섬에서 비참하게 최후를 맞은 나폴레옹이나 건방진 젊은 황제 때문에 관직에서 쫓겨나야 했던 비스마르크는 어떻게 보아야 할까? 그들도 결국 패배자로 생을 마감하지 않았던가? 하지만 나폴레옹이나 비스마르크 같은 인물은 여기에 싣지 않았다. 그들은 너무 오랫동안 최상층 집단에 속해 있었기에 그들을 실패와 좌절의 본보기로 삼는 것은 별로 타당해 보이지 않기 때문이다.

우리는 지구상에 존재하는 대부분의 패배자를 알지 못한다.

1814년 3월 31일 퐁텐블로성에서 적군이 파리로 진입했다는 소식을 전해 들은 나폴레옹의 표정. 패자의 모습이 이러할 것이다. 역사 화가 폴 들라로슈가 1845년에 그린 작품이다.

몇 사람을 제외하고 우리는 모두 패배자다

다만 그들이 패배자라는 사실만 알고 있을 뿐이다. 그들은 누구일까? 일상적으로 패배를 안고 살면서도 아무런 불평 없이 순종하고, 자신과 자기의 삶에 만족을 표하는 그들은 누구일까? 자신이 무엇을 놓치고 사는지조차 알지 못하는 그들은 어디에 살고 있을까?

제3세계 지역에는 분명 기회가 없어서 자신이 지닌 잠재적인 재능을 펼치지 못한 무수한 사람이 있을 것이다. 예를 들어 모차르트같이 탁월한 음악적 재능을 타고났지만, 서양 음악가의 아들이 아니라 중국의 한적한 시골에 사는 농부 아들로 태어나는 바람에 재능을 꽃피우지 못한 사람들이 있다.

또한 남몰래 좌절의 고통을 겪는 사람도 무수히 많다. 예를 들어 사랑하는 이에게 퇴짜를 맞거나 아니면 아예 말조차 붙이지 못하고 속으로만 애를 태우는 사람들이다. 그 밖에 사랑하는 상대를 만나기만 하면 정말 잘해 줄 자신이 있는데도 외모가 볼품없어서 평생 이성이 쳐다보지도 않는 사람들, 바이로이트*나 밀라노의 화려한 오페라 무대를 꿈꾸지만 고작 시시껄렁한 합창단에서 노래를 부르거나, 아니면 데뷔 무대에서 목에 이상이 생겨 가수로서 생명이 끝난 오페라 가수들, 부지런히 글을 쓰지만 출판할 곳을 찾지 못하는 작가들, 좀 더 멋진 배우자를 얻고 싶은 사람들, 자녀들이 좀 더 출세해 주기를 바라는 부모들, 좀 더 맵시 있는 자동차를 갖고 싶은 사람들, 스타나 기업체 임원, 아니면 자그마한 가게의 사장이라도 되고 싶지만 평생 그것을

---

* 매년 리하르트 바그너의 오페라 공연이 열리는 곳이다.

패배한 승자. 1908년 런던 올림픽 마라톤 경기에서 스물두 살의 이탈리아 선수 도란도 피에트리는 가장 먼저 스타디움에 들어왔지만, 마지막 순간에 너무 지쳐 비틀거리다가 쓰러졌고, 그 모습을 보다 못한 대회 임원 둘이 그를 부축해서 골인 지점까지 끌고 가는 바람에 결국 실격패를 당하고 말았다.

꿈으로 알고 살아가야 하는 사람들, 이들 모두가 속으로 좌절을 안고 사는 사람들이다.

   마지막으로, 집단으로 굴욕당하고 사는 수억 명의 사람들이 있다. 예를 들어 억압받고 학대받는 사람, 인디언, 오스트레일리아 원주민, 기아에 허덕이는 사람, 장애인, 빈민, 매 맞는 여성, 소수 민족, 소외 계층, 독재 정권에서 탄압받는 사람들이 그들이다. 예수가 "수고하고 무거운 짐 진 자들"이라 부르며 안식처가 되어 주겠다고 약속한 이 사람들은 아마 자신들이 살아온 과정을 글로 쓰라면 한 권의 책으로도 모자랄 것이다. 그만큼 고단한 삶이지만, 어디에도 현실적인 안식처가 보이지 않는 것이 삶을 더욱 힘겹게 만든다.

   일상의 고통으로 시름하는 이런 익명의 다수와 위대한 패배자들은 이름이 알려졌느냐 아니냐의 차이로 구별된다. 하지만 이름이 알려졌다는 이유만으로 더 많은 동정과 공감을 얻을 수는 없다. 만일 화를 내고 인정할 줄 모르는 패배자라면 차마 눈 뜨고 볼 수 없을 정도로 건방을 떠는 승리자들과 마찬가지 취급을 받는다. 오로지 정상에 오르는 데만 혈안이 된 사람보다는 승복할 줄 알고 주어진 여건에서 최선을 다하는 사람들에게 더 호감이 간다.

   좋은 패배자란 느긋하고 사랑스러운 사람들이다. 그들은 즐겁게 웃지만, 승리자들은 음흉하게 웃는다.

   예전에 공화주의자 마르쿠스 포르시우스 카토 Marcus Porcius Cato[*]

---

[*] 기원전 234~149년 로마의 정치가이자 웅변가

세계 최고의 수문장으로 인정받은 독일의 올리버 칸. 독일은 2002년 한일 월드컵에서 일반의 예상을 깨고 결승에 진출했다. 많은 독일인이 결승전에서도 브라질을 꺾으리라 기대했다. 그러나 종료 호각을 불자 낙담한 표정으로 골문에 기대앉아 있는 올리버 칸의 모습이 그 결과를 짐작하게 해 준다.

는 카이사르와 벌인 싸움에서 패한 뒤 뭐라고 했던가? "승리는 신들의 것이고, 패배는 카토의 것"이라고 하지 않았던가? 우리는 깨끗하게 승복할 줄 아는 아름다운 패배를 배워야 한다. 이 책 역시 그러한 목적으로 쓰였다. 우리는 위대한 패배자들의 모습에서 우리 자신을 깨닫는다. 그들은 우리 대부분이 겪는 좌절의 아픔을 함께 겪었지만, 그 운명을 비극으로 승화시킬 줄 알았다.

2. 대신 작가들이 그런 우리를 사랑한다

작가들은 승자보다 패자를 더 높이 평가한다. 이 세상에서 작가들만큼 진심으로 패자들을 사랑하는 사람은 없다. 아무 죄 없이 삶에 속고 버림을 받아 좌절하고 낙담해야 했던 사람들은 작가들에게서 따뜻한 안식처를 얻는다. 그들은 우리 삶을 바탕으로 실제 운명보다 훨씬 더 고통스럽고 슬픈 이야기들을 만들어낸다.

이것은 세계 문학사에서 유명한 몇몇 신화와 희곡과 소설들을 들추어 보더라도 쉽게 알 수 있다. 이런 작품들에서 사랑하는 두 사람은 어떤 종말을 맞는가? 그리스 전설에 나오는 헤로와 레안드로스처럼 연인의 뒤를 이어 물속에 몸을 던지고, 프리데만*처럼 익사하고, 로미오나 보바리 부인처럼 독을 마시고, 줄리엣처럼 자신을 스스로 칼로 찌르고, 베르테르처럼 권총으로

---

* 토마스 만의 초기 단편집 『키 작은 프리데만 씨 Der kleine Herr Friedemann』에 나오는 주인공

목숨을 끊고, 안나 카레니나처럼 달리는 기차에 몸을 던진다. 아니면 괴테J. W. von Goethe의 오틸리에,* 알렉상드르 뒤마Alexandre Dumas의 춘희, 테오도어 폰타네Theodor Fontane의 에피 브리스트, 크누트 함순Knut Hamsun의 빅토리아, 1970년대의 베스트셀러 『러브 스토리Love Story』의 제니처럼 불치병에 걸려 죽거나 육체적으로 쇠약해져 죽는다. 설사 살아서 사랑을 얻는다고 하더라도 간텐바인**처럼 결혼 생활에서 좌절을 겪는다.

이런 극단적인 경우보다 더 자주 있는 것이 실연의 아픔이다. 현실 삶에서도 그렇지만 문학에서도 사랑을 얻지 못해 괴로워하는 경우가 많다. 수백 종의 실연 중에서 가장 치욕적인 실연은 막심 고리키Maxim Gorky의 작품에 나온다.

통통하고 당찬 바렌카 올레소바***는 위압적인 목소리에다 앙칼진 고양이 같은 우아함을 갖춘 아가씨다. 대학 강사인 이폴리트 폴카노프는 누이의 농장에서 바렌카를 처음 보고는 미친 듯이 사랑에 빠진다. 하지만 바렌카는 그의 사랑을 받아들이지 않는다. 그러던 어느 날 아침 바렌카가 벌거벗은 채로 강에서 나오는 순간 그가 덮친다.

"다가오지 마세요!"

바렌카가 격분해서 소리친다. 그럼에도 그는 두 팔을 벌리고 야수 같은 욕망에 사로잡혀 바렌카를 껴안으려고 한다. 바렌카

---

* 장편소설 『선택적 친화력Die Wahlverwandtschaften』에 나오는 여자 주인공
** 막스 프리슈의 소설 『나를 간텐바인이라고 하자Mein Name sei Gantenbein』에 나오는 주인공
*** 막심 고리키의 『바렌카 올레소바Varenka Olesova』(영어 번역본 제목은 『A Naughty Girl』)의 주인공

는 물에 젖은 굵은 나뭇가지로 그를 사정없이 후려친다. 마침내 그가 쓰러지고 바렌카는 황급히 자리를 떠난다.

"그는 치욕으로 미어지는 가슴을 안고 미동도 없이 누워 있었다. (…) 발아래로 칙칙한 강물이 흘러가는 것을 무감각하게 바라보았다."

고리키의 이야기는 이처럼 비참하게 끝난다. 문학에서는 드물지만 현실에서는 자주 있는 일이다. 다음 장에서는 이런 비참한 패배자들에 관한 이야기가 소개될 것이다. 골리앗, 울름의 재봉사, 타이태닉호의 선장 그리고 멕시코의 어리석은 황제가 그 주인공들이다.

작가들의 성향에 좀 더 맞는 사람들은 영광스러운 패배자들이다. 암살당한 발렌슈타인Wallenstein,* 참수된 메리스튜어트, 프리드리히 폰 실러Friedrich von Schiller를 열광시킨 오를레앙의 여자 잔 다르크가 바로 그들이다. 어니스트 헤밍웨이Ernest Hemingway는 『노인과 바다The Old Man and the Sea』에서 자신이 잡은 물고기를 상어의 공격으로부터 지켜 내기 위해 사투를 벌이는 늙은 어부를 그려 냈다. 비록 마지막에 건져 올린 것이 뼈만 앙상한 물고기에 불과했지만, 그는 이렇게 말한다.

인간은 포기해서는 안 된다. 쓰러질 수는 있지만 결코 포기해서는 안 된다.

* 보헤미아의 군인·정치가. 30년 전쟁 때 신성 로마 제국 황제 페르디난트 2세의 군대 총사령관으로 활약했으며, 황제가 그에게 등을 돌리자 정치·군사 음모를 꾀하다가 암살당했다.

작가들은 수백 년 동안 패배한 두 영웅에 흠뻑 취했다. 롤랑Roland과 지크프리트Siegfried가 그 주인공이다. 역사적으로 브르타뉴 출신의 백작으로 추정되는 롤랑은 778년에 샤를마뉴Charlemagne 대제의 장수로 롱스발 전투에 참전해서 월등한 적과 맞붙어 싸우다가 전사했다. 고대 프랑스 영웅서사시에는 그가 쓰러지기 직전까지 기적에 가까운 용기를 발휘한 것으로 기록되어 있다. 아마 좀 더 일찍 뿔피리를 불어 샤를마뉴 대제에게 지원 요청을 했더라면 목숨을 구할 수도 있었을 텐데, 그는 죽는 순간에야 뿔피리를 불었다. 수많은 희곡과 시, 헨델의 오페라가 이 영웅에게 찬사를 보냈다. 심지어 프랑스는 1871년에 패배한 롤랑을 수호성인으로 선포했다. 그리고 '니벨룽겐의 전설'*에서 진정한 영웅은 지크프리트였다. 목숨을 잃은 패배자였기 때문이다.

허먼 멜빌Herman Melville은 세계 문학에서 가장 멋진 패자를 고안해 냈다. 『모비 딕Moby Dick』이라는 작품에 나오는 에이허브 선장이다. 기원전 9세기에 전장에서 장렬하게 전사한 이스라엘 왕의 이름을 딴 에이허브 선장은 자신의 한쪽 다리를 삼켜 버린 흰고래 모비 딕을 찾아 지구를 반 바퀴나 돈다. 모비 딕에게 복수하는 것이 필생의 목표인 그는 모비 딕을 가공할 만한 힘을 지닌 존재이자 반드시 물리쳐야 할 모든 악의 화신으로 생각한다.

"나는 놈에게 증오를 퍼부을 것이다!"

선장은 이렇게 되뇐다.

* 독일 중세 영웅 서사시

"태양이 나를 모욕하면 태양까지도 부숴 버릴 것이다."

마침내 모비 딕을 발견하고 3일 동안 치열한 싸움이 시작되었다. 모디 빅은 포경선의 뱃머리를 들이받아 배를 침몰시켰고 보트들까지 산산조각 내 버렸다. 마지막 보트에 타고 있던 에이허브는 모비 딕이 충분히 다가올 때까지 기다렸다가 그 순간을 놓치지 않고 작살을 쏘았고, 그와 동시에 작살줄이 그의 목을 휘감아 고래와 함께 바다 깊숙이 가라앉고 말았다.

멜빌은 좌절에도 일가견이 있는 작가였다. 그는 『서기 바틀비Bartleby the Scrivener』라는 작품에서 또 다른 형태의 좌절을 그려냈다. 괴팍한 성격의 바틀비는 한 공증인 사무실에 취직한다. 처음에는 과묵한 성실함으로 고용주의 마음을 사로잡지만, 나중에는 말 없는 거부로 고용주를 절망에 빠뜨리고, 마지막에는 사무실을 마치 제집처럼 삼는 바람에 직장에서 쫓겨난다. 그러고는 감옥에서 굶어 죽는다. 삶에 관한 거부를 멜빌만큼 적나라하게 표현한 작가는 프란츠 카프카Franz Kafka 이전에는 없었다.

멜빌의 마지막 작품 『빌리 버드Billy Budd』도 만만치 않다. 토마스 만Thomas Mann이 '세상에서 가장 아름다운 소설 가운데 하나'로 지목한 이 작품의 주인공 빌리는 예쁘장하고 단순하고 인기가 많은 수병이다. 그런데 사람들에게 인기가 많다는 이유로 빌리를 싫어하는 사람이 딱 하나 있었다. 함정의 병기 담당 부사관이었다. 부사관은 함장에게 빌리 버드가 선상 반란을 꾸몄다고 보고했다. 모함이었다. 빌리는 너무 기가 차서 말을 못 하다가 그만 화를 이기지 못하고 부사관을 죽이고 말았다. 그러나 이 우발적인 사건으로 빌리 역시 무사하지 못했다.

함장은 이렇게 말한다.

"하늘의 천사가 무도한 자를 응징했다고 하더라도 그 천사 역시 교수형에 처해야 한다."

이것이 영국 함대의 법이었다. 빌리는 즐거워 보이기까지 하는 표정으로 굵은 밧줄이 걸려 있는 돛대의 활대로 기어 올라간다. 그러고는 외친다. "비어 선장에게 신의 가호가 있기를!"

삶의 의욕을 완전히 상실한 자의 목소리다.

조지프 콘래드Joseph Conrad는 자신의 소설에서 산란하고 퇴락한 주인공들을 그려 냈다. 그중에서도 가장 복합적이고 감동적인 인물이 바로 로드 짐Lord Jim이다. 작가가 "좌절과 치욕의 이야기"라 부른 이 소설의 주인공 짐은 건장한 체격의 스물세 살 영국 선원이었다. 그는 허물어질 듯한 녹슨 배에 일등 항해사로 취직했다. '파트나'라는 이름의 이 배에는 성지로 여행을 떠나는 8백 명의 순례자들이 몸을 싣고 있었다. 그런데 야심한 시각에 표류하던 한 난파선이 파트나호의 뱃머리를 들이받았다. 짐은 선체의 방수벽이 물의 압력을 이기지 못하고 안으로 휘면서 받쳐 놓은 강철이 부서져 나가는 것을 보았다.

다닥다닥 붙어서 자는 순례자들은 밖에서 무슨 일이 일어났는지 전혀 눈치채지 못했다. 구명보트에는 그들의 절반밖에 탈 수 없었다. 엎친 데 덮친 격으로 밤하늘에는 먹구름이 몰려오고 있었다. 선장과 두 명의 기관사는 애가 달아 부리나케 보트로 몸을 던졌다. 그 순간 이상한 낌새를 눈치챈 몇 명의 순례자들이 갑판으로 뛰어 올라왔다. 선장이 억수같이 퍼붓는 빗속에서 짐에게 소리쳤다. "뛰어내려!" 짐은 나중에 말한 대로 이것이 '비열하고 역겨운 짓'이라고 생각하면서도 선장 명령에 따랐다.

배가 그렇게 가라앉아 버렸다면 아무 일도 없었을 것을 공교롭게도 프랑스 군함이 침몰 직전의 배를 아덴항까지 예인한 것이 문제였다. 법정에는 짐 혼자만 서게 되었다. 그는 유죄를 선고받고 항해사 자격증을 박탈당한다. 이후 자신의 비겁한 행동을 용서치 못하고 말레이시아의 한 섬으로 도주했는데, 거기서 원주민들로부터 신비스러운 존재로 추앙받는다. 그는 자신의 목숨을 걸고 원주민들의 안전을 지키려고 한다. 하지만 해적의 침입을 받았을 때 그가 멈칫거리는 바람에 추장의 아들이 목숨을 잃는다. 짐은 횃불 속에서 '당당하고 의연한 표정으로' 추장의 총살을 받아들인다.

"그 순간 짐은 만족했을까?" 소설 끝머리에 작가 스스로 던진 질문이다.

"우리는 알아야 한다. 그가 우리 중 한 사람이라는 것을……."
그 역시 패배자였지만, 당당히 죽음으로써 자기의 잘못을 배상한 유형이었다.

작가들은 정말 가련하고 불쌍한 패자들도 만들어 냈다. 운명에 찢기고 짓밟힌 사람들이다. 그중에서 가장 슬픈 운명의 주역은 보이체크와 바니카와 바슈마치킨이다.

게오르크 뷔히너 Georg Büchner는 『보이체크 Woyzeck』에서 혹사당하고 놀림받는 병사를 그렸다. 이 병사는 한 의사의 실험 대상이 되기도 한다.

"여기 이 남자를 보십시오. 4개월 전부터 완두콩밖에 먹지 않은 사람입니다."

교수가 학생들에게 설명한다.

"이제 그 결과를 살펴보세요. 뭔가 느껴지지 않습니까? 불규

칙한 맥박, 그리고 저 눈!"

보이체크가 힘이 없어 계속 앉아 있는 것도 힘들어하자 교수가 그를 독려한다.

"용기를 내게, 보이체크. 이제 며칠만 버티면 돼! 어서 힘을 내! 자, 여러분! (…) 지금 이 사람은 당나귀로 변해 가는 과정에 있습니다."

그 순간 보이체크가 이렇게 한탄한다.

"우리같이 불쌍한 것들은 인간으로 사나 당나귀로 사나 비참하기는 매한가지지."

아마 세상에서 가장 고통스러운 존재에 관한 이야기는 안톤 체호프Anton Chekhov의 『바니카Wanjka』일 것이다. 아홉 살의 고아 바니카는 할아버지에 의해 모스크바의 한 구두 수선공에게 맡겨진다. 그런데 구두 수선공은 걸핏하면 바니카를 때리고 굶긴다. 글을 배운 바니카는 할아버지에게 자신이 당하는 무지막지한 고통을 전하려고 한다.

> 부탁이에요, 할아버지. 저는 주님께 늘 기도하고 있어요. 여기서 저를 데려가 주세요. 그렇지 않으면 전 죽을 거예요. (…) 걸어서라도 할아버지한테 가고 싶어요. 하지만 신발이 없어서 너무 추울 것 같아요. (…) 예수 그리스도의 이름으로 할아버지께 부탁드려요. 제발 여기서 저를 데려가 주세요! 이곳에 있는 모든 사람이 저를 때려요. 배도 너무 고파요. 저는 여기서 항상 울고 있어요.

바니카는 할아버지에게 이 편지를 어떻게 전달하려고 했을까? 마침 정육점 주인 아저씨가 바니카에게 이렇게 설명해 주었다. 그냥 우체통에다 편지를 넣기만 하면 돼. 그러면 술 취한 마부가 모는 우편 마차가 와서 편지를 수거해 가. 그러고는 종소리를 울리며 세상 사람들한테 편지를 전달해 줘. 이 말을 들은 바니카는 무척 기뻐했다. 그래서 편지 봉투에다 이렇게 주소를 썼다.

'우리 마을에 사시는 할아버지께!'

러시아 문학에서 가장 유명한 패배자는 니콜라이 고골N. V. Gogol의 『외투Shinel』에 나오는 서기 바슈마치킨이다. 그는 상트페테르부르크에서 하루하루 근근이 먹고사는 가난한 하급 관리다. 동료들은 결혼도 하지 않고 서류를 정서하는 재주밖에 없는 그를 매일같이 괴롭힌다. 심지어 바슈마치킨의 머리 위에다 종잇조각을 뿌리며 일흔 살의 집주인 할머니와 언제 결혼할 거냐고 놀려대기도 한다. 하지만 그의 가장 큰 고민거리는 닳고 닳은 외투였다. 얼마나 닳고 기운 데가 많던지 외투를 걸치고 있어도 찬바람이 무시로 몸속으로 파고들었다.

마침내 바슈마치킨은 이제부터 차 대신 물만 마시고, 속옷을 자주 갈아입지 않으며, 구두 밑창이 닳지 않도록 좀 더 조심스럽게 걸어 다니기로 작정했다. 이렇게 알뜰살뜰 모으면 지금까지 저축한 40루블과 합쳐 150루블짜리 새 외투를 살 수 있을 것 같았다. 이런 필사적인 노력 끝에 드디어 외투를 장만했다. 그가 새 외투를 걸치고 당당하게 사무실로 들어서자 처음으로 동료들이 자신을 부러워하는 것을 느끼며 가슴 뿌듯해했다.

그런데 그날 저녁 집으로 돌아가는 어두운 골목길에서 그만

강도들에게 외투를 빼앗기고 말았다. 그는 절망한 채 하루 종일 침대에 누워 있었다. 하지만 산목숨에 거미줄을 칠 수는 없는 노릇이어서 외투도 입지 않은 채 눈보라를 무릅쓰고 사무실로 출근했지만, 결국 병이 들어 죽고 말았다.

"그는 땅속에 묻혔다. 하지만 상트페테르부르크는 그 없이도 잘 굴러갔다. 마치 아카키 아카키예비치 바슈마치킨이라는 인간이 여기 살았던 적이 없었다는 듯이."

그러나 이 책에 나오는 인물들은 어쩌면 다른 패배자들에 비해서는 훨씬 나은 운명일지 모른다. 어쨌든 그들의 이름만큼은 기억되고 있으니까.

비참한
패배자들

3. 골리앗, 베르블링거, 스미스 선장

호언장담형의 세 사람

2미터 50센티미터가 넘는 거구에 90킬로그램의 갑옷을 걸치고, 어깨에는 베틀 채만큼 무거운 창을 가볍게 둘러메고 있는 사람이라면 적을 향해 이렇게 큰소리를 칠 법도 하다.

"이리 와! 네 놈의 살점을 찢어서 저 하늘의 새들에게 줘 버릴 테니까!"

그러고는 공깃돌 놀리듯이 손쉽게 상대를 물리쳐야 시나리오에 맞다. 그러나 거인 골리앗은 무장도 하지 않은 목동 다윗의 돌팔매질에 단번에 나가떨어져 버렸다. 이후 골리앗은 허풍을 떨다가 볼썽사납게 망신당한 '조롱거리'의 대명사가 되었다.

독일어에서는 참기 어려운 수모와 수치를 안겨 준 패배를 가리켜 '만인의 조롱거리(Blamage)'라는 표현을 사용한다. 원래 프랑스어의 'blâmer'라는 단어에는 '나무라다' '질책하다'라는 뜻밖에 없었으나, 괴테 시대에 독일어로 유입되는 과정에서 '부끄럽게 만들다', '웃음거리로 만들다'라는 뜻으로 변형되었고, 나

싸움이 붙기 전 다윗과 골리앗은 둘 다 큰소리치며 승리를 장담했다.
하지만 왜소한 체격의 다윗이 거인 골리앗의 머리를 베자 골리앗은 뭇사람의
조롱거리가 되었다. 귀스타브 도레의 목판화

중에는 'sich blamieren'은 '조롱거리가 되다'라는 뜻으로 정착되었다. 프랑스어로는 'se rendre ridicule', 영어로는 'make a fool of oneself' 정도로 옮길 수 있다.

잔뜩 뻐기는 사람이 패하면 사람들의 웃음거리가 된다. 하지만 뻐기지 않는데도 다윗의 입에서 나온 말처럼 별로 유쾌하게 들리지 않는 말이 있다. 그는 골리앗을 향해 이렇게 소리쳤다.

"네 머리통을 박살 내 주마! 네 시신은 새들에게 먹이로 줘 버릴 거야!"

실제로 다윗은 거인의 머리카락을 움켜쥐고 예루살렘까지 질질 끌고 갔다. 승자의 아량을 보일 법도 한데 다윗은 패자보다 잔인했다.

『구약 성서』「사무엘상」에서 전해지는 다윗의 영웅담에는 또 다른 그늘이 드리워져 있다. 「사무엘하」에는 전과戰果가 다윗의 것이 아니라 그의 용사 엘하난의 것으로 기록되어 있기 때문이다(사무엘하 21장 19~21절). 이 기록은 단 세 줄에 그친 반면 사무엘상에서 다윗의 행적은 47구절에 이른다(17장 12~58절). 『구약 성서』에서는 이러한 모순이 해명되지 않는다. 엘하난도 다윗에게 패한 또 다른 인물이었다. 어쩌면 잘난 척하는 것이 다윗의 비위에 거슬렸기 때문일지 모른다. 사실 큰소리치거나 거들먹거리지 않으면 누구도 거들떠보지 않는다. 하지만 거들먹거리지 않으면 패하더라도 웃음거리가 되지는 않는다.

독일 울름 출신의 재봉사 루트비히 알브레히트 베르블링거L. A. Berblinger는 이런 점에서 골리앗과 똑같은 운명에 부딪혔다. 큰소리를 치다가 보기 좋게 망신당한 것이다.

그는 1811년에 인간의 몸으로 하늘을 날 생각을 했다. 하지만 하늘이 정한 이치로는 너무 이른 것이었다. 당시만 해도 하늘을 난답시고 땅을 박차고 떠올랐다가 곧장 물속으로 곤두박질치는 것은 결코 창피스러운 일이 아니었다. 다만 베르블링거가 멍청했던 것은 하늘을 나는 시범을 보이는 자리에 수천 명의 관객을 모으고 뷔르템베르크의 국왕 프리드리히 2세까지 손님으로 초청하는 호들갑을 떨었기 때문이다. 그러나 새처럼 하늘을 날겠다는 야심 찬 계획은 결국 수포로 돌아갔고, 그는 도나우강에 추락하고 말았다.

1770년 울름에서 구두장이의 일곱째로 태어난 베르블링거는 스물두 살에 재봉 기능사 자격증을 땄다. 하지만 나중에 그는 재봉 기술보다는 뭐든지 뚝딱뚝딱 잘 만들어 내는 신통한 재주로 유명해졌다. 우산, 유모차, 말 썰매도 만들었고, 나폴레옹 전쟁 중에는 의족을 개발해서 상당한 돈을 벌기도 했다.

이런저런 신기한 물건들을 만드는 일에 재미를 붙인 베르블링거는 곧 다른 문제에 푹 빠졌다. 기구를 타지 않고 다른 식으로 하늘을 나는 방법이 없을까 고민한 것이다. 기구는 1783년에 처음 개발되어 커다란 센세이션을 일으켰고 국제 박람회 때마다 큰 구경거리가 됐지만, 엄청나게 크고 조종이 불가능해서 바람의 힘에 의지할 수밖에 없는 것이 단점이었다.

이렇게 해서 베르블링거는 날개 모양의 기다란 틀을 만들기 시작했다. 처음에는 나무로 만들었지만, 나중에는 고래수염과 철사를 엮어 만들었다. 그는 이 틀에다 범포(나중에는 비단)를 양 날개까지 팽팽하게 씌웠다. 그리스 신화에 나오는 이카루스의 날개와 비슷했고, 레오나르도 다빈치가 3백여 년 전에 고안한 날개와 닮은 모양이었다.

만일 그가 자기 집 지붕이나 외딴 언덕에서 혼자 실험했더라면 우리는 그의 이름을 알지 못했을 것이고, 그도 그런 엄청난 수모를 당하지 않았을 것이다. 그런데 마침 뷔르템베르크 왕국의 국왕이 1811년 5월에 울름시를 방문하게 되었다. 울름은 빈 평화안에 따라 바이에른 왕국이 1809년에 뷔르템베르크에 양도한 도시였는데, 시의 고위 관료들은 국왕에게 뭔가 점수를 딸 만한 일이 없을까 고민하던 차에 베르블링거의 시범 비행 소식을 듣고 무릎을 쳤다. 사람이 하늘을 날아서 도나우강을 건넌다니 그만한 장관이 어디 있겠는가? 게다가 베르블링거 역시 이런 기회를 마다하지 않는 자기 과시형 인간이었으니 서로 이해가 딱 맞아떨어졌다.

행정 당국은 도나우 강변의 언덕에 위치한 독수리 요새에 시 재정을 들여 나무로 탑을 만들었고, 그 근처에 왕이 머물 화려한 천막을 준비했다. 이 소식을 접한 수천 명의 구경꾼들이 양쪽 강변으로 꾸역꾸역 몰려들었다. 절반은 울름 시민이었고, 절반은 평생 한 번 있을까 말까 한 구경거리를 놓칠 수 없어 말과 마차를 타고 부리나케 달려온 외지인들이었다. 건축 기사의 감독하에 날개가 탑 위로 끌어올려졌고, 곧이어 베르블링거가 열화와 같은 환호를 받으며 그곳으로 기어 올라갔다.

그는 날개 아래의 고리에 팔을 끼우고 띠로 날개를 몸에 꼭 묶은 다음 끈으로 다리와 연결했다. 다리를 수영하는 것처럼 움직여 그 힘을 날개에 전달하려고 했기 때문이다. 드디어 팡파르가 울려 퍼지는 가운데 베르블링거가 탑에서 뛰어내렸다. 그러나 하늘을 날기는커녕 제대로 날갯짓도 한 번 못 해 보고 강물 속으로 첨벙 빠지고 말았다. 물론 보릿자루가 떨어지는 것보다는 천천히 떨어졌다. 양쪽으로 펼친 날개가 공기 저항을 많이 받았기 때문이다.

구경꾼들은 실망감과 함께 분통을 터뜨렸고, 국왕은 그저 피식 웃고 말았다. 그 뒤로 베르블링거는 다시 의족 만드는 일에만 열중하다가 18년 뒤에 세상을 떠났다.

인간은 근육의 힘만으로는 날지 못한다. 그 점에 있어서는 레오나르도 다빈치의 생각도 틀린 것이었다. 1903년 라이트Wright 형제처럼 엔진을 장착하지 않으면 오토 릴리엔탈Otto Lilienthal처럼 미끄러지기만 할 뿐이다. 물론 오토는 도나우강 폭의 다섯 배에 해당하는 350미터를 비행했지만, 그것은 날았다기보다 미끄러졌다는 표현이 맞을 것이다. 그는 결국 1894년에 70미터 상공에서 떨어져 목숨을 잃었다.

인간이 하늘을 정복하기 전까지 하늘을 날겠다는 꿈을 가진 사람들이 공중에서 떨어져 죽은 것은 어찌 보면 지극히 당연한 일이기도 했다. 반면에 바다를 건너는 것은 인류에게 수천 년 전부터 익숙한 기술이었다. 그래서 당시까지 가장 크고 호화스러운 배가 바다 밑으로 침몰한 사건은 최악의 실패자가 없었더라면 불가능한 일이었다. 영국의 사우샘프턴을 출발해서 뉴욕으로 향하던 타이태닉호는 1912년 4월 15일, 즉 첫 항해 닷새 만에 바다에 가라앉았다.

이 사건에 책임이 있는 불행한 사람은 에드워드 스미스Edward J. Smith였다. 당시 세계에서 가장 높은 급료를 받은 선장으로서 전형적인 호언장담형 인물이었다. 스미스가 초호화 대형 선박

타이태닉호의 첫 선장이라는 영광을 안은 것은 예순두 살 때였다. 그러나 이 배가 해상에서 떠내려온 빙하와 부딪쳐 1천5백여 명이 목숨을 잃은 것은 전적으로 그의 책임이었다. 만일 그가 살아서 법정에 설 기회가 있었더라면 그의 변호인은 오로지 이런 변명밖에 할 수 없었을 것이다. 그는 감당하기 어려운 임무를 부여받았고, 그 임무를 수행할 능력이 없었으며, 타이태닉호의 선주 화이트 스타 라인White Star Line사는 그것을 간파했어야 했다는 것이다.

불행의 조짐은 이미 반년 전부터 있었다. 타이태닉호의 자매선 올림픽호가 영국의 순양함 호크호와 해상에서 충돌했을 당시에도 올림픽호의 키를 쥐고 있었던 사람은 스미스 선장이었다. 타이태닉호보다 먼저 만들어진 올림픽호 역시 4만 톤이 넘는 초대형 선박이었다. 두 선박은 6킬로미터 정도 떨어져 있을 때 서로를 발견했지만, 엉터리로 운항하는 바람에 호크호의 뱃머리가 올림픽호의 측면을 들이받아 구멍을 내 버렸다. 인명 피해는 없었지만 승객들은 다른 배에 옮겨 타야 했고, 올림픽호는 2주 동안 잠수부들이 수면 밑에서 긴급히 수리를 마친 끝에 벨파스트의 정비 시설로 예인할 수 있었다. 사고 이후 두 선장은 철도 기관사로 전직시키든지 아니면 최소한 책임 소재가 밝혀질 때까지 대기 발령을 내려야 하지 않았을까?

하지만 그렇게 하지 않았다. 스미스는 보란 듯이 타이태닉호의 선장으로 다시 임명되었다.

그는 대서양으로 출항하기 전에 벌써 치명적인 실수를 두 가지나 저질렀다. 배에 탐조등을 설치하지 않았고, 최소한 망원경이라도 갖춘 망대를 설치해야 했는데 그것도 등한시했다. 탐조등은 이미 오래전부터 영국의 모든 군함에 필수적으로 부착하고 있었다. 하지만 상선들은 항해등만으로 충분하다고 생각했다. 일반적인 통념이 그렇다고는 하지만, 지상에서 가장 크고 현대적이고 말도 많던 선박을 책임진 선장이라면 당연히 해운회사에 탐조등을 설치해 달라고 요구해야 했다. 해운회사도 스스로 위험을 감수하면서까지 그런 요구를 뿌리치지는 않았을 것이다.

스미스 선장은 의무 규정이 아닌 망원경 망대의 설치를 불필요한 것으로 생각했다.

"망원경이 있었더라면 먼 거리에서 빙하를 발견할 수 있었다고 생각합니까?"

참사 직후 진상조사위원회가 타이태닉호의 선원 플리트에게 던진 질문이다.

그는 한밤중에 정체를 알 수 없는 검은 덩어리가 선박 쪽으로 떠내려오는 것을 발견하고 급히 선박에 경보를 울린 인물이었다. 그는 이렇게 진술했다.

"예, 좀 더 일찍 발견할 수 있었을 겁니다. 그랬더라면 빙하를 피해 갈 시간은 충분했습니다."

출항과 참사 사이의 4일 동안에도 스미스 선장은 세 번째와 네 번째 실수를 저질렀다. 우선 신참 선원들은 구명보트 대원에 배치하지 말아야 한다는 규정을 어겼다. 구명보트 조작에 서투른 신참들이 구명 작전에 투입됨으로써 두 시간 반이라는 시간이 있었음에도 20척의 구명선을 잔잔한 수면 위에 전부 띄우지 못했다. 두 척은 마지막 순간까지 대빗davit*에 대롱대롱 매달

---

* 보트나 닻을 달아 올리는 기둥

려 있었던 것이다. 게다가 야간에는 돛대 위 망대에 있는 두 명의 선원만으로는 혹시 모를 빙하의 위험을 충분히 감지할 수 없다는 항해상의 일반적인 경험칙도 어겼다. 즉 뱃머리에 또 다른 선원을 세우고, 선교 양측에 항해사를 한 사람씩 배치해서 어둠 속의 바다를 관찰하도록 해야 하는 추가 조치를 내리지 않았던 것이다.

구명 작전의 실패, 탐조등과 망원경의 미장착 그리고 선원 두 사람의 육안에만 의지한 위험 탐지 체계의 미숙함이 사고를 불렀지만, 이것만이 대형 참사의 원인은 아니었다. 스미스 선장의 가장 치명적인 실책은 다섯 번째 실수였다. 즉 북대서양상의 가장 짧은 노선을 시속 22노트의 최고 속도로 무섭게 질주한 것이다. 참으로 무모한 짓이었다. 4월이라면 얼음덩어리가 바다로 떠내려올 것을 충분히 고려했어야 할 뿐 아니라 지난 14시간 동안 다른 선박들로부터 빙하가 해상에 떠다닌다는 경고를 다섯 차례나 분명히 받았기 때문이다. 심지어 충돌 40분 전에도 그러한 경고를 받았다. 게다가 세 시간 이내에 바닷물 온도가 7도가량 떨어져 영하 1도를 가리키고 있었다는 것을 고려한다면 그렇게 빠른 속도로 달리는 것은 위험천만한 일이었다(물론 바닷물이 아직 빙점에는 도달하지 않았지만 말이다).

그렇다면 타이태닉호의 선장은 이렇게 분명한 상황에서 무엇을 할 수 있었고, 무엇을 해야 했을까? 나중에 영국 왕립 진상조사위원회는 이렇게 진단했다. 항로를 대서양 남쪽이나 남서쪽으로 바꾸거나 아니면 속도를 줄여 운항해야 했다는 것이다. 당시 타이태닉호와 가장 가까운 위치에 있던 기선 캘리포니안호는 어둠이 깔리자 엔진조차 끄고 해상의 얼음덩어리처럼 평

타이태닉호의 불행한 선장 에드워드 스미스. 배가 침몰할 때까지 잇달아 실수를 저질렀다. 갑판에 탐조등과 망원경을 설치하지 않았을 뿐 아니라 야간에 빙하 충돌 위험이 있을 때는 일반적으로 다섯 명의 인원을 배치해서 해상 감독을 맡겨야 하는데, 규정을 무시하고 두 명만 망대에 배치했다. 또한 빙하 충돌 가능성에 대한 경고를 무시했고, 미숙한 구조 작전으로 구명보트에 빈자리를 남겨 둬 467명을 더 살릴 기회를 놓쳤다.

화롭게 물살에 몸을 맡겼는데, 그 정도까지는 아니더라도 최소한 속도를 현저하게 줄일 필요는 있었다.

그러나 속도를 줄이게 되면 정확한 시각에 뉴욕에 도착할 수 없는 것은 물론이고, 4월 20일로 예정된 유럽 귀환 시간도 맞출 수가 없었다. 세간의 웃음거리가 되느냐, 아니면 대성공을 거두느냐 하는 양단간 선택에서 선주의 입장은 분명했다. 무리해서라도 반드시 예정 시각을 지켜야 한다는 것이다. 타이태닉호를 '대양의 여왕'으로 선전한 해운회사의 입장에서 보면 당연한 일이기도 했다. 이런 정황을 기초로 많은 영화와 드라마에 즐겨 등장하는 장면이 있다. 화이트 스타 라인사 창업주의 아들이자 후계자인 요셉 브루스 이즈메이J. B. Ismay 경이 타이태닉호의 갑판에서 선장에게 어떤 일이 있더라도 예정 시간을 지키라고 강력하게 지시하는 대목이다.

어쩌면 정말로 그랬을 수도 있다. 하지만 그렇다고 해서 스미스 선장의 책임이 면제되는 것은 결코 아니다. 선장은 승객과 화물의 안전을 최우선으로 고려해야 하고, 시간을 맞추기 위해 사고 위험까지 감수해서는 안 된다. 그것이 항해의 도덕규범이자 국제법의 원칙이며, 심지어 화이트 스타 라인사가 모든 선장에게 요구하는 근무 지침이었다.

그렇다면 책임은 분명하다. 스미스 선장은 선주의 압력에 의해서건, 아니면 37년 동안 해 온 선장 생활을 화려하게 장식하려는 개인적 욕심에 의해서건 자신의 의무를 명확하게 위반했고, 그것이 돌이킬 수 없는 재앙을 낳았다. 하지만 스미스 선장이 대서양을 가장 빠른 시간 안에 횡단한 선박에게 수여되는 영예의 푸른 리본blue ribbon을 받기 위해 그렇게 무리했다는 주장은 근거가 없다. 타이태닉호로는 애초에 그런 신기록을 세울 수가 없었기 때문이다.

1907년 이후 '푸른 리본'을 돛대에 게양하고 다녔던 배는 모리타니아호였다. 타이태닉보다 작고 날렵했지만 힘은 타이태닉을 훨씬 능가했다. 타이태닉이 4만 5천 마력이었던 데 반해 모리타니아호는 7만 마력에 이르렀다. 그러니 타이태닉으로 모리타니아호와 경쟁을 하겠다는 것은 말도 안 되는 소리였다. 타이태닉은 유럽과 아메리카 두 대륙의 귀족들에게 해상에서 최고의 사치와 호화로움을 제공하려고 만들어진 선박이었을 뿐이다.

6만 톤의 강철이 투입된 이 호화 여객선은 1912년 4월 14일 자정 20분 전에 빙하와 충돌했다. 그 충격으로 선박의 앞쪽 3분의 1 중에서 여섯 군데에 틈이 생겼고, 그 틈으로 분당 150톤의 바닷물이 배 안으로 쏟아져 들어갔다. 해상의 궁전이라 불리던 이 선박도 결국 물의 압력을 이기지 못해 선수가 아래쪽으로 꺼지고, 선미가 지상의 탑처럼 바다 위로 우뚝 곤두섰다. 그와 함께 고속 엘리베이터 속도로 달리던 초대형 선박이 대서양 해저 4킬로미터 깊이로 꾸르륵거리며 침몰했다.

빙하와 충돌한 순간부터 타이태닉호가 수면 밑으로 사라진 160분 동안 스미스 선장이 보인 행동은 처음부터 끝까지 잘못되었다. 타이태닉호의 설계기술사 토머스 앤드루스는 배를 한 바퀴 돌아본 뒤 이렇게 단언했다. 타이태닉호는 침몰할 거라고.

이 보고를 받은 선장은 어떻게 행동했을까? 지체 없이 무전실로 달려가 에스오에스sos를 쳤을까? 아니다. 그는 여섯 번째 실수를 저질렀다. 일등석의 가장 지체 높은 승객들을 찾아가 한껏 격식을 갖춘 채 현재 상황을 설명했다. 그다음에야 무전실로 향했다. 타이태닉호가 침몰할 거라는 보고를 들은 지 11분이 지난 시점이었다. 물론 더 서둘렀다고 해서 더 많은 인명을 구조할 수는 없는 상황이었지만, 스미스 선장의 처신은 분명 사리에 어긋나고 직무를 망각한 행동이었다.

 곧이어 그는 마지막 실수를 저지른다. 이 실수의 결과는 빙하 충돌 경고를 무시한 것만큼이나 참담했다. 타이태닉호에는 총 2,201명의 승객을 위해 20척의 구명정이 구비돼 있었는데, 모두 합쳐서 1,178명을 태울 수 있었다. 이처럼 정원에 훨씬 못 미치는 구명정을 구비해 놓은 것이 더 큰 참사를 키웠지만, 이것만큼은 예외적으로 스미스 선장의 책임이 아니었다. 1906년 '영국 상선 운항 지침'에 따르면 더 이상 구명정을 구비해 놓을 필요가 없었기 때문이다. 여객선에 승객 전원을 위한 구명정을 비치해 놓아야 한다는 규정은 타이태닉호의 참사 이후에야 마련되었다.

 그런데 스미스 선장은 가뜩이나 모자라는 구명정에 승선 인원을 채우는 일에도 실패했다. 우현에서 첫 구명정을 풀었을 때 65명 정원에 고작 28명만 타고 있었다. 아직 기울지도 않은 타이태닉호를 떠나 나무로 만든 사발 모양의 구명정에 몸을 싣고 두 개의 로프에 의지해서 18미터 밑의 어둡고 차가운 바다로 내려가고 싶은 사람이 어디 있겠는가? 두려움은 충분히 이해할 수 있다. 게다가 이런 상황에서도 체면에 신경을 쓰거나, 겉보다는 속으로 더 떨고 있는 사람들은 하나같이 선장이 친히 구명정 탑승 작전을 펼치는 좌현으로 달려갔다. 선장이 그전에 "여자와 아이들은 좌현으로 오라"는 명령을 내렸기 때문이다. 그

밖에 구명정에 사람을 태우면서도 그는 계속 이렇게 외쳐댔다.

"여자와 아이들을 먼저 태워!"

기독교적 희생을 실천하는 신사적인 모습으로 비칠 수도 있다.

하지만 스미스 선장은 자신이 내린 이 두 가지 지시가 결과적으로 막대한 혼란을 부채질하고, 어이없는 피해를 키웠다는 사실을 깨닫지 못하고 있었다. 이를테면 여성들만 좌현으로 오고 남성들은 그쪽으로 오지 말라고 했다면 우현에 걸린 10척의 구명정은 누가 타려고 하겠는가? 그런데 선장이 직접 밧줄을 푼 두 번째 구명정에도 65명 정원에 37명밖에 타지 않았다. 그 이유는 무엇일까? 간단하다. 남성들은 타고 싶어도 애초에 탈 수가 없었고, 여성들은 섬뜩해 보이는 어두운 바다로 내려가고 싶지 않았기 때문이다.

그렇다면 시시각각 가라앉는 배의 선장은 이러한 혼란 상황을 어떻게 극복해야 했을까? 여성들을 향해 좋은 말로 타라고 권할 것이 아니라 아예 강압적으로 '명령'을 내리고, 그마저도 신통치 않을 경우에는 빈자리를 남성들로 채우는 것이 선장의 의무가 아니었을까? 구명정의 빈자리만큼 무고한 사망자의 수가 더 늘어난다는 것은 선장 자신이 너무나 잘 알고 있었을 것이다.

이렇게 해서 타이태닉호의 참사에서 마지막까지 목숨을 구한 사람은 구명정의 정원인 1,178명에 훨씬 못 미치는 711명에 불과했다. 구명정에 탈 수도 있었을 나머지 467명은 차가운 바닷물에 익사하거나 얼어 죽거나 아니면 거의 수직으로 곤두선 배 안에서 탁자, 가구, 피아노에 깔려 죽었다. 이 역시 모두 스미스 선장의 책임이었다.

그는 선원의 관례대로 타이태닉호와 함께 스스로 바닷속으로 들어갔다. 이로써 그는 세계를 주름잡던 영국의 해상 권력에 역사상 가장 치욕적인 불명예를 안긴 인물이 되었다. 그리고 타이태닉호의 침몰과 함께 그때까지 맹신하던 기술의 끊임없는 진보에 대한 서양 세계의 믿음도 무너지고 말았다.

울름의 재봉사와 마찬가지로 타이태닉호의 선장도 실패를 자초했다. 베르블링거의 경우는 앞뒤 가리지 않는 무모함이 실패 원인이었다면, 스미스 선장은 경솔함과 과도한 교만이 화근이었다. 두 사람 모두 주어진 과제를 이루지 못했고, 그러한 점에서 그에 합당한 운명을 겪었다. 이들과 기질이 비슷한 사람이 멕시코의 막시밀리안 황제였다. 그는 이해가 되지 않을 정도로 순진해서 좌절을 겪었다.

4. 멕시코의 막시밀리안 황제

황제가 되기에는 너무나도 변변찮은 사람

1860년 오스트리아의 한 대공大公에게 멕시코의 황제가 되어 달라는 청이 들어왔다. 말이 청이지 실은 독촉에 가까웠다. 그런데 오늘날 우리가 보기에는 이해할 수 없는 것이 한둘이 아니다. 첫째, 멕시코 공화국은 왜 갑자기 황제가 필요해졌을까? 둘째, 대체 누가 군주를 외국에서 수입할 생각을 했을까? 셋째, 왜 하필 대서양 건너편에 있는 그 대공을 선택했을까? 어째서 스페인 말이라고는 한마디도 못 하고, 멕시코 땅이라고는 한 번도 밟아 본 적이 없는 청년이었을까? 넷째, 그 순진한 문학청년은 어떤 이유로 그 독촉을 받아들였을까? 자신이 갈 나라가 지구상에서 가장 암담한 상황에 처한 나라들 가운데 하나라는 사실을 몰랐을까?

이 네 가지 수수께끼에는 모두 답이 있다. 하지만 답을 알고 나면 절로 고개를 절레절레 흔들 수밖에 없을 것이다. 캘리포니아와 아르헨티나 사이의 지역을 지배하던 스페인 식민지 통치자들은 1810년 미국의 예를 따라 식민지 모국과 절연을 선언하고 모국에서 파견한 총독과 제독들을 몰아내기 시작했다. 오늘날 멕시코 지방에서 스페인의 마지막 요새가 함락된 것은 1825년이었다. 그 후 수십 년 동안 멕시코는 국가 경영 부실과 내전에 시달렸고, 거기다 엎친 데 덮친 격으로 미국이 1848년에 멕시코 영토를 대량 강탈하는 최악의 사태까지 일어났다. 미국은 이렇게 접수한 멕시코 영토를 텍사스주, 뉴멕시코주, 애리조나주, 유타주, 콜로라도주, 캘리포니아주로 합병했다. 현재 미국 영토의 4분의 1에 이르고, 당시까지 멕시코라 불리던 지역의 절반에 해당하는 어마어마한 땅덩어리였다.

멕시코의 유럽 출신 상류층들은 국민의 80퍼센트에 해당하는 하층민들에 맞서 식민지 시대부터 이어져 온 자신들의 특권을 지키고자 애썼다. 유럽인 상류층은 주로 멕시코 땅에서 태어난 스페인인들의 후손인 크리올Creole 사람이었고, 하층민은 대개 인디언과 메스티소mestizo*였다. 대지주들은 교회, 군대, 식민지 행정 당국과 결탁되어 있었고, 교황과 유럽의 군주국들과도 긴밀하게 연결되어 있었다.

멕시코에서 첫 번째 권력 이동은 1847년에 일어났다. 한 인디언이 멕시코의 오악사카 주지사에 선출된 것이다. 가난한 농사꾼의 아들 베니토 후아레스Benito Juárez가 그 주인공이다. 그는 목동과 사환을 전전하다가 한 백인 주인의 도움으로 사제 교육을 받았고, 이후 법학을 공부해서 변호사가 되었으며, 마지막

---

* 아메리카 인디언과 에스파냐계·포르투갈계 백인과의 혼혈 인종

에는 오스트리아에서 수입해 온 황제를 무찌른 승리자가 되었다. 후아레스는 1855년에 멕시코의 법무부 장관에 임명되었고, 1858년에는 대통령까지 되었다. 당시 멕시코 최대의 과제는 각 지역의 민병대와 사회적 혼란에 맞서 자유주의적 중앙 정부를 지키는 일이었다.

1859년 후아레스는 첫 번째 폭탄을 터뜨렸다. 먼저 후아레스의 조종 아래 의회가 정교 분리 조처를 단행했고, 교회 소유의 막대한 토지들을 한 푼의 배상 없이 몰수했다. 하지만 세속의 대지주들은 전혀 피해를 보지 않았다. 아니, 오히려 그들의 영향력은 더 커졌다. 몰수된 교회 토지를 국가로부터 사들인 사람이 주로 그들이었기 때문이다. 하지만 후아레스는 대다수 인디언에게 유리한 쪽으로 토지개혁을 단행하기에는 아직 자신의 힘이 모자란다고 느끼고 있었다.

감히 교회 재산을 몰수하다니! 로마 교황청은 격분했고 가톨릭 세계는 동요했다. 게다가 멕시코 백인 상류층 사이에서도 위협받고 있다는 자각이 점점 커져 갔다. 이에 따라 한 무리의 부유한 백인들이 유럽 각 지역을 돌며, 인디언 출신의 신흥 권력자에 맞서기 위해 재정적 군사적 지원을 호소했다. 거기다가 유서 깊은 왕족들 가운데에서 멕시코의 군주로 옹립할 인물도 물색했다. 1860년 그들은 마침내 오스트리아의 황제 프란츠 요제프 1세Franz Joseph I의 동생인 막시밀리안Maximilan(1832~1867) 대공을 알현하기 위해 현 이탈리아 북동부 트리에스테의 미라마레성을 찾았다.

오늘날 시각에서 보자면 왕이나 황제를 외국에서 수입하는 것이 퍽 낯설게 느껴지지만, 당시에는 별로 이상한 일이 아니었다. 1918년까지 유럽의 황제와 왕들은 '신의 은총'으로 나라를 다스리는 신의 대리자였다. 왕은 백성들에게 책임을 느끼지 않았고, 백성들도 신의 뜻이 군주를 통해 실현되는 것을 기뻐했다. 그래서 전통적인 귀족 계급은 나폴레옹 1세나 나폴레옹 3세 같이 왕가의 혈통이 아닌, 스스로 왕좌에 오른 인물을 은근히 멸시했다. 1832년 그리스가 튀르키예의 압제에서 독립을 쟁취했을 때도 그들은 아무 그리스인이나 뽑아 왕으로 옹립한 것이 아니라 진정한 왕가의 자손, 즉 바이에른 비텔스바흐Wittelsbach 가문의 오토Otto 왕자를 선택했다.

그러나 바이에른의 비텔스바흐 가문도 막시밀리안이 속한 합스부르크Habsburg 왕가에 비교하면 보잘것없었다. 1273년 독일 선제후*들이 합스부르크가의 루돌프Rudolf 백작을 왕으로 선출한 이후 이 가문에서는 독일 왕 5명, 독일 황제 17명, 스페인 왕 3명, 보헤미아 왕 2명, 헝가리 왕과 카스티야 왕이 각각 1명씩 배출되었다. 그중에는 멕시코를 정복한 스페인의 카를 5세Karl V도 포함돼 있었다.

합스부르크 왕족을 황제로 맞아들이는 것에 대해 멕시코의 왕당파와 보수파 그리고 성직자들은 대찬성이었다. 게다가 유럽의 식민지 모국들과 연을 끊은 신대륙에도 황제라는 직위가 새로운 것은 아니었다. 1840년 이후 브라질을 다스린 사람은 페드루 2세Pedro II였다. 그러나 그는 외국에서 수입해 온 황제가 아닌, 1807년에 나폴레옹의 침공을 피해 자신의 가장 큰 식민지로 도피한 포르투갈 주앙 6세João VI의 손자였다.

* 신성 로마 제국의 황제를 선출할 권리를 가진 제후

동화책에나 나올 법한 바보 같은 군주 막시밀리안 대공. 그는 나폴레옹 3세의 꾐에 넘어가 멕시코의 황제가 되었으나, 허울 좋은 허수아비 노릇만 하다가 결국 처형당하고 말았다.

이러한 측면에서 볼 때 막시밀리안 대공에게 황제가 되어 달라고 부탁한 것은 터무니없는 제안이 아니었다. 하지만 그래도 의문이 남는다. 그는 대체 무엇을 근거로 멕시코인들이 자신을 황제로 받아들일 거라고 믿었을까? 그리고 곤궁과 내전으로 갈기갈기 찢긴 나라에 무슨 희망이 있으리라 믿었을까? 멕시코에 대한 정보가 빈약했던 것은 분명해 보인다. 멕시코까지는 최소한 2주일 정도 배를 타고 가야 하는 거리였고, 멕시코에서 지브롤터 해협을 지나 당시 오스트리아의 항구 도시 트리에스테로 돌아오려면 4주는 족히 걸렸다. 하지만 이러한 거리적 요인 외에 정보원들의 의중에 따라 정보 내용이 달랐다는 것도 멕시코의 실정에 대한 판단을 어렵게 만드는 요인이었다.

하지만 앞으로 가야 할 곳이 포악한 군인들이 끊임없이 약탈을 저지르는 비참한 인디언의 나라라는 사실만큼은 막시밀리안 대공도 모르진 않았을 것이다. 그런데도 그가 솔직하게 '노No'라고 말할 수 없었던 데에는 분명 여러 가지 사정이 있었다. 그러지 않고서야 프랑스어와 이탈리아어 외에 스페인어까지 배우지는 않았을 테니까.

사실 자신의 형처럼 처음부터 황제 자리를 예약한 몸도 아니고, 두 명의 나폴레옹 황제들처럼 무수한 피를 보지 않고도 황제가 될 수 있다니 얼마나 좋은 기회였겠는가! 그것도 '예스Yes'라고 한마디만 하면 당장 황제에 오를 수 있다고 하니 구미가 당길 법도 했을 것이다.

아내의 불타는 야심도 무시할 수 없는 요소였다. 벨기에 공주 출신의 카를로타Carlotta 대공비는 머릿속으로 이리저리 고민만 하는 남편과 달리 현실 권력을 갈망하는 여인이었다. 아니면 막시밀리안 스스로 도탄에 빠진 백성들을 구하라는 하늘의 선한 부름을 받았다고 순진하게 믿었는지도 모른다. 궁전과 정원에서만 유년 시절을 보낸 젊은이라면 충분히 그런 생각을 할 수도 있다. 인생의 쓴맛을 모를 테니까. 더구나 지나칠 정도로 경건한 어머니의 응석받이로 큰 청년이라면 더욱 그러할 것이다.

철저한 왕가 교육을 받고 자란 막시밀리안 대공은 명랑한 성격에다 화려한 것을 좋아하고, 예술과 학문에 관심이 많은 낭만적인 청년이었다. 그는 스물두 살에 왕손의 전형적 코스인 오스트리아 지중해 함대의 총사령관에 임명되었는데, 이 자리는 원래 막시밀리안 같은 사람이 아닌, 40줄이 넘은 유능한 제독에게 돌아가야 할 자리였다. 어쨌든 그는 지중해 함대 총사령관직을 수행하면서 나쁜 인상을 심어 주지는 않았다. 스물다섯 살에 롬바르디아와 베네치아의 총독으로 승진했을 때도 마찬가지였다. 그는 오스트리아가 1859년에 이 영토를 프랑스에 잃을 때까지 총독직을 원만하게 수행했다.

이 모든 것에도 불구하고 막시밀리안은 후아레스 대통령이 유럽 열강들을 그렇게 심하게 도발하지만 않았더라면 결코 멕시코의 황제가 되지는 않았을 것이다. 후아레스는 1861년 스페인 공사와 교황 사절을 추방한 데 이어 국제 사회를 향해 두 번째 폭탄을 터뜨렸다. 유럽 국가들에 지고 있는 막대한 외채 이자를 2년 동안 유예한다는 일방적인 선언이었다. 그사이 이자는 무려 8200만 달러로 불어나 있었는데, 미국이 1867년에 러시아로부터 알래스카를 700만 달러에 사들인 것을 생각하면 얼마나 엄청난 금액인지 짐작할 수 있다.

스페인은 멕시코와 외교 관계를 단절했고, 로마 교황은 후아레스를 파문했다. 반면 1852년에 프랑스의 황제에 오른 나폴레옹 3세는 군사적 해결을 주장하며 외무대신을 미라마레성으로 보냈다. 막시밀리안에게 멕시코의 황제 자리를 맡기기 위해서였다. 막시밀리안도 이번만큼은 부정도 긍정도 하지 않았다.

사기를 당했다는 느낌이 든 채권국들(프랑스, 스페인, 영국)은 1861년 10월 멕시코에 군대를 보내기로 결정했다. 마침 주위 여건도 좋아 보였다. 미국이 4월부터 남북전쟁의 참화에 휩싸이면서 1823년에 천명한 먼로주의 Monroe Doctrine, 즉 아메리카 대륙에 대한 유럽 열강의 개입을 미국에 대한 적대 행위로 간주하겠다는 미국의 외교 원칙이 제대로 작동할 수 없는 형편이었기 때문이다. 게다가 나폴레옹 3세는 이번 기회에 신대륙에서 프랑스를 다시 식민지 강국으로 부상시킬 복안을 갖고 있었다. 1763년 이후 영국에 의해 캐나다에서 쫓겨났던 프랑스로서는 절치부심의 좋은 기회였다.

군사적 개입은 1861년 12월에 개시되었다. 하지만 이듬해 4월 스페인과 영국은 바로 군대를 철수해 버렸다. 패권을 노리는 나폴레옹 3세의 의도를 눈치채고 잽싸게 발을 뺐던 것이다. 그러자 나폴레옹은 곧이어 3만 명을 더 파병했다. 1863년 6월 프랑스군은 마침내 멕시코시티를 함락했고, 후아레스는 북쪽으로 도망쳤다. 얼마 뒤 프랑스 외교 사절단이 백인 상류층으로 임시 정부를 구성하고 군주제를 선포했다.

이제 군주만 있으면 만사형통이었다. 그해 8월 나폴레옹 3세는 막시밀리안 대공을 멕시코 황제라고 지칭했고, 10월에는 편지를 써서 자신의 제안을 부디 수락해 줄 것을 청하였다. 편지에는 의회민주주의로는 무정부 상태에 빠진 나라를 구할 수 없으니 '자유주의적 독재 정치'로 멕시코에 평화와 안정을 되찾아 줄 것을 간곡히 바란다는 내용이 함께 적혀 있었다.

나폴레옹 3세가 편지를 쓴 1863년 10월 무렵 멕시코 대표단도 미라마레성을 찾아 멕시코 국민회의의 뜻이라며 막시밀리안에게 멕시코의 황제 자리에 올라 줄 것을 정중하게 요청하였다. 하지만 국민회의라는 것도 멕시코 임시 정부와 마찬가지로 프랑스 점령 당국이 임명한 어용 단체에 불과했다. 막시밀리안 대공이 황제에 취임하기 전에 멕시코 백성들의 뜻을 물은 것까지는 좋았으나, 국민회의의 투표가 프랑스 군인들의 총칼 아래에서 이루어졌다는 사실을 간파하지 못한 점에서는 순진하다고 말할 수밖에 없다.

1864년 2월 나폴레옹 3세가 대공을 파리로 초대했고, 3월에는 막시밀리안 부부를 위해 성대한 환영 행사를 열었다. '벼락출세한 자'(막시밀리안은 나폴레옹 3세를 이렇게 불렀다)가 '쓸모 있는 바보'(레닌이 막시밀리안에게 붙인 별명인데, 아마 나폴레옹 3세가 이 별명을 들었더라면 깔깔거리며 좋아했을 것이다)를 극진히 대접했다. 벼락출세한 자가 쓸모 있는 바보를 다독여 다음과 같은 계약을 맺었다. 막시밀리안은 멕시코의 황제로서 프랑스군의 점령 비용을 전부 부담하고, 멕시코에서 발생하는 모든 프랑스인의 인명 피해를 배상한다. 또한 동결된 외채 이자를 즉시 상환하고, 프랑스가 막시밀리안에게 국가 재건 자본으로 빌려준 새로운 대출금에 대해서도 적절한 이자를 쳐서 갚을 것을 약속한다. 이에 대해 나폴레옹의 반대급부는 이랬다. 프랑스는 어떤 일이 있어도 멕시코 황국에 대한 지원을 포기하지 않는다.

막시밀리안이 미라마레성으로 돌아오자 형이 보낸 편지가

도착해 있었다. 형은 오스트리아 황제이자 합스부르크 왕가의 웃어른으로서 이렇게 말했다. 아우가 장차 오스트리아의 왕위 계승권과 다른 모든 상속권을 포기할 경우에만 아우의 멕시코 황제직 수락을 용인할 수 있다는 내용이었다. 막시밀리안은 불쾌했다. 그래서 답장을 보내, 처참한 내전을 겪은 900만 명의 멕시코 백성들이 이제 자신에게 모든 희망을 걸고 있다는 사실을 지적했다. 프란츠 요제프 황제는 곧 프랑스 대사를 소환했고, 대사는 나폴레옹 3세에게 전보를 쳐서 새로운 문제가 생겼음을 보고했다. 그러자 프랑스 황제는 협박조로 막시밀리안에게 파리에서 맺은 계약을 상기시켰다.

결국 대공은 모든 상속권에 대한 포기 선언을 했고, 1864년 4월 10일 멕시코 대표단에게 황제직 수락 의사를 밝혔다. "황제 만세! 황제여, 만수무강하소서!" 그들은 이렇게 외쳤다.

그러나 막시밀리안은 갑자기 탈진 증세를 보이며 3일 동안이나 침대에 누워 있어야 했다. 그간 마음고생이 얼마나 심했는지 짐작하게 하는 대목이다. 결국 새 황제는 4월 14일 트리에스테 궁정의 신료들을 이끌고 '노바라' 전함에 몸을 싣고 오스티아항에 내렸다. 로마에 들러 교황의 축복을 받기 위해서였다. 그로부터 4주 뒤 그는 마침내 멕시코의 베라크루스항에 도착했고, 이로써 자신의 나라에 첫발을 내디뎠다.

막시밀리안과 카를로타는 긴 항해 동안 궁정의 의전과 조례를 마련하느라 시간을 다 보냈다. 예를 들어 어떤 직책을 마련하고, 조정회의의 좌석 배치는 어떻게 하며, 어떤 훈장을 제정하고, 근위병들에게는 어떤 제복이 좋을까 하는 등의 문제였다. 이런 문제들은 막시밀리안이 1864년 멕시코시티에 입성했을 때 대부분 애초에 마음먹은 대로 시행되었다. 하지만 나머지는 뜻대로 돌아가는 것이 하나도 없었다.

오늘날 독일 영토의 다섯 배가 훨씬 넘는 멕시코는 도로 사정도 나쁘고, 철도도 아직 부설되어 있지 않았다. 그런데 이러한 열악한 사회 기반 시설도 문제였지만 더 심각한 것은 실각한 대통령 후아레스와 몇몇 장군들이 국토의 절반을 장악하고 있다는 사실이었다. 이런 장군들 중에는 후아레스를 위해 싸우는 이들도 있었고, 독자적인 세력을 구축한 이들도 있었다. 하지만 프랑스의 깃발이 나부끼는 곳에서는 크리올 출신의 보수파들이 권력을 장악하고 있었다. 황제를 수입해서 황국을 세우겠다는 구상을 한 장본인들이었다.

새로 옹립된 황제가 이런 혼란스러운 상황을 자기 쪽으로 유리하게 이끌기 위해서는 강철 같은 의지와 고도의 정치력을 갖추어야 했다. 그러나 막시밀리안은 그런 면모와는 거리가 먼 사람이었다. 그럼에도 어쨌든 고도의 정치적 결단을 내렸다. 몰수된 토지를 교회에 돌려주기를 거부한 것이다. 상류층의 자유주의 세력을 자기편으로 끌어들이기 위한 조처였지만, 결과적으로 원하던 목표를 이루지도 못한 채 보수파의 반발만 사고 말았다. 여러 마리 토끼를 잡으려다 모두 놓친 격이었다.

황제는 점점 궁전에 틀어박혀 정사와 거리를 두었다. 대신들과 장군, 시종과 시녀들의 장막에 둘러싸인 채 주치의와 요리사, 하인들의 시중을 받았고, 오스트리아 근위병들의 호위를 받으며 연회나 열고 사람들을 만나는 데만 집착했다. 그런데 이런 호사스러운 생활 중에 가끔 오한 증세에 시달리기도 했다. 2,230미터 고지에 위치한 멕시코시티는 겨울이면 차가운 북풍이 매섭게 몰아쳤기 때문이다.

막시밀리안은 최소한 국내의 군사적인 대치 상황이라도 종식해야겠다는 생각에서 도주한 후아레스 대통령에게 이렇게 제안했다.

"항복하시오. 그럼 당신을 대법원장에 임명하겠소!"

그러나 후아레스는 북방의 은신처에서 이런 답장을 보냈다.

"신의 뜻이라면 이 공화국의 대통령은 마지막 순간까지 맹세를 지키며 죽을 것이오. 대신 역사가 우리를 심판할 것이오."

강제로 대통령직에서 물러났지만 여전히 대통령의 책무를 다하려는 후아레스의 끈질긴 저항 정신은 멕시코인들에게 점점 깊은 인상을 심어 주었고, 외국에서도 대중적인 인기를 모으기 시작했다. 예를 들어 콜롬비아는 아메리카 대륙을 위한 그의 업적을 높이 평가했다.

막시밀리안 황제는 치세 2년째인 1865년에 프랑스 점령군 사령부의 압력으로 다음과 같은 법령을 공포했다. 무기를 소지한 사람은 누구를 불문하고 범죄자로 간주하여 총살형에 처한다는 무시무시한 내용이었다.

그러나 이 조처는 대중의 불만과 적개심만 고조시켰다. 그사이 미국에서는 남군이 항복을 선언함으로써 워싱턴 정부는 다시 국외로 눈을 돌릴 여유를 갖게 되었다. 미국은 잠시 잊고 있던 먼로주의의 원칙을 거론하며 1866년 2월 나폴레옹 3세에게 최후통첩을 보내 아메리카 대륙에서 철군할 것을 종용했다.

그렇다면 프랑스 황제가 예전에 어떤 일이 있더라도 멕시코 황제를 돕겠다던 약속은 어떻게 되는 것일까? 약속을 지킬 수 있을까? 불가능해 보인다. 미국의 압력 때문만이 아니었다.

나폴레옹은 군사적 모험으로 발생한 예상외의 엄청난 비용 때문에 대내적으로 상당한 정치적 압박을 받고 있었다. 더구나 1866년 7월 프로이센이 쾨니히그레츠 전투에서 오스트리아를 물리치자 프랑스에서는 무엇보다 프로이센의 침공에 대비해야 한다는 목소리가 점점 높아지고 있었다.

카를로타 황비는 즉시 유럽으로 달려가 나폴레옹 3세에게 멕시코에서 발을 빼지 말 것을 간곡히 애원했고, 뒤이어 교황을 찾아가 도움을 호소했다. 그러나 황비가 교황으로부터 받은 약속이라고는 자신과 남편을 위해 기도해 주겠다는 말뿐이었다. 1867년 1월 프랑스의 마지막 군대가 멕시코에서 철수했다. 그들은 막시밀리안에게 함께 이 나라를 떠나자고 제안했다.

황제는 결정을 내리지 못하고 미적거리다가 마침내 그 제안을 거절했다. 자신의 백성이라고 생각한 멕시코인들에 대한 일말의 의무감 때문이었을까? 나폴레옹의 은총으로 황제 자리에 오른 그가 이제야 품위와 위엄을 살리기 위해서였을까? 아니면 후아레스를 상대로 승리를 거둘 수 있다고 믿어서였을까? 그도 저도 아니라면 권력욕 강한 아내가 유럽으로 떠나기 전에 남편에게 남겨 놓은 각서 때문이었을까? 그 각서에는 다음과 같은 내용이 적혀 있었다.

"퇴위란 곧 스스로에게 유죄 판결을 내리는 것이나 다름없습니다."

그러나 꼬부랑 늙은이나 바보들만 퇴위하는 것은 아니었다.

어쨌든 막시밀리안은 떠나지 않았다. 1867년 2월 프랑스의 마지막 군대가 철수하기 직전 그는 아직 황제에게 충성을 바치는 군대의 총사령관직에 올라 멕시코시티에서 북서쪽으로 261킬로미터 떨어진 케레타로로 본영을 옮겼다. 이 도시는 1810년에 멕시코가 독립을 선포한 곳이었다. 막시밀리안은 바로 이곳에서 1867년 5월 15일 후아레스의 군대에 무릎을 꿇었고, 군사 법정은 그에게 사형을 선고했다.

후아레스는 그를 사면할 수도 있었다. 많은 유럽 군주가 막시밀리안의 사면을 탄원했을 뿐 아니라 프란츠 요제프 황제는 아우를 다시 오스트리아 왕위 계승 순번에 포함함으로써 후아레스에게 일종의 신호를 보냈다. 그러나 후아레스는 미동도 하지 않고 사형을 집행했다. 막시밀리안은 마지막으로 아내에게 이렇게 편지를 썼다.

> 나는 군인으로서 영광스럽게 죽을 것이오. 비록 전쟁에서는 패하였지만 비굴한 왕은 되기 싫소. 당신의 슬픔이 너무 커서 주님께서 당신을 내게 곧 보내 주신다면 나는 우리에게 그렇게 가혹했던 주님의 손길을 오히려 고마워할 것이오.

막시밀리안은 사형 집행 부대원들에게 일일이 20페소 금화를 하나씩 나눠 줬다. 그러고는 1867년 6월 19일 케레타로 근교의 한 언덕에서 자신을 따르던 두 장군과 함께 총살당했다. 당시 그의 나이 서른넷이었다.

막시밀리안을 멕시코까지 태우고 왔던 오스트리아의 전함 노바라호가 그의 시신을 싣고 다시 고향으로 돌아가기 전에 오스트리아는 먼저 멕시코 공화국의 정부를 승인해야 했고, 공식적으로는 '막시밀리안 사건'과 거리를 두어야 했다. 그런데 오스트리아에 도착해서 관을 열어 보니 고인이 생전에 그렇게 정성스럽게 길렀던 'W'자 모양의 수염이 도굴꾼과 기념품 수집가들의 손에 의해 잘려 나가고 없었다. 멕시코 황제는 1868년 1월 빈에 있는 카푸치노 교회의 황제 묘역에 안치되었다.

카를로타 황비는 1927년 정신 이상 증세를 보이면서 브뤼셀에서 숨을 거두었다. 향년 여든일곱으로 남편이 죽은 지 60년 뒤였다. 1938년 오스트리아가 독일의 나치와 결탁한 것에 항의한 유일한 나라가 있었으니, 그것은 바로 멕시코였다.

막시밀리안에게 역사적 공로가 있다면 그것은 군주제의 불합리한 이념을 적나라하게 증명한 데 있을 것이다. 일반적으로 군주제는 왕가의 피를 받은 사람이라면 자동으로 백성을 다스리고 백성의 모범이 될 능력이 있는 사람이라는 가정에 기반을 두고 있다(하지만 실은 우연히 왕실의 일원으로 태어난 것뿐이지 피에 무슨 특별한 능력이 섞여 있는 것은 아니다). 만일 막시밀리안이 국내에 계속 머물면서 유능한 신하들의 보필을 받아 선정을 펼치고, 더구나 시대까지 평화로웠다면 왕가의 피를 받아서 그렇다고 했을 것이다. 그랬다면 웃음거리를 면할 수 있었을 것이다.

도탄에 빠진 이민족을 구한다는 명분으로 왕가의 순수 혈통을 바다 건너로 보낸 것은 그것을 추진한 사람들에게조차 애당초 말도 안 되는 짓거리였다. 다만 정치적 음모에 휘둘려 어울리지도 않는 자리에 앉은 희생자만 불쌍할 뿐이다.

영광스러운
패배자들

5. 롬멜

경탄과 환호 그러나 결국엔 죽음

제2차 세계 대전 당시 적과 아군 양쪽으로부터 대중적 인기를 얻은 군인이 있었으니 그가 바로 에르빈 롬멜Erwin Rommel(1891~1944)이다. 그는 기동전의 천재로서 윈스턴 처칠에게는 두려움과 경탄의 대상이었고 아돌프 히틀러에게는 환호의 주인공이었지만, 결국 나치 총통에 의해 최후를 맞이하고 말았다.

1941년 2월 히틀러는 육군 대장 롬멜을 불렀다. 제1차 세계 대전에서 무공 훈장을 받았고, 1939년 폴란드 침공 때에는 총통 본부의 사령관을 역임했으며, 1940년 프랑스에서는 기갑 부대의 사단장을 맡아 혁혁한 전과를 세운 장군이었다. 히틀러가 그런 롬멜에게 영국군을 리비아에서 몰아내라는 특명을 내렸다. 리비아는 원래 이탈리아의 북아프리카 식민지였지만, 1941년 1월쯤에는 이집트에서 밀고 들어온 영국군이 그 절반을 장악하고 있었다. 독일의 그리스 기습 공격은 지중해 동부를 독일의 통제권에 넣음으로써 영국의 생명선에 해당하는 수에즈

운하를 끊으려는 것이었다. 그런데 이것이 이탈리아에는 불행의 시초가 되었다.

롬멜이 상부로부터 받은 명령은 이랬다. 5월까지 현 위치를 사수하고 리비아에 독일의 전차들을 충분히 집결시켜 두라는 것이다. 그다음에 반격하겠다는 뜻이었다. 그러나 롬멜은 명령을 어기고 3월에 공격을 개시했다. 그는 군인이라면 모두 혀를 내두를 정도로 단숨에 동쪽으로 650킬로미터를 진격해서 영국군 두 개 기갑 여단을 포위했고, 적군의 장군 한 명을 생포했으며, 4월 11일에는 영국의 마지막 요새 토브루크만 남기고 영국군을 모두 이집트로 몰아냈다. 처칠은 이 전투를 가리켜 '1급 재앙'이라 불렀고, 영국 언론들은 롬멜에게 '사막의 여우(desert fox)'라는 별명을 지어 주었다. 반면에 독일의 육군 참모총장 프란츠 할더Franz Halder는 "롬멜이 더 이상 유럽의 척도로는 재단할 수 없는 전쟁을 치르고 있다."라고 단언하며 그를 제지하려고 했다. 하지만 히틀러는 롬멜의 강력한 추진력과 필승의 의지에 아낌없는 찬사를 보냈다.

이집트에 주둔 중인 영국군은 병력 면에서 적군을 훨씬 앞질렀을 뿐 아니라 5월에는 전차 238대까지 추가로 증강될 예정이었다. 그런데 처칠은 전문가들의 충고를 무시하고 전차를 지중해로 수송할 것을 지시했다. 전문가들은 아프리카 대륙을 빙 둘러서 이집트로 가야 한다고 주장했다. 그사이 크레타섬이 독일군의 수중에 넘어갔기 때문이다. 게다가 독일의 공군력도 영국에 못지않은 상황이었다. 그러나 영국군 총사령관 아치볼드 퍼시 웨이벌A. P. Wavell에게 내려진 영국 총리의 명령은 단호했다. "롬멜을 처치하라!"는 것이었다.

에르빈 롬멜. 제2차 세계대전 당시 가장 인기가 높았던 장군이다. 1942년 토마스 만은 그를 가리켜 "나치 도당의 저돌적인 우두머리"라 불렀지만, 1949년 영국에서는 '비록 적이지만 끈질기고 대담하고 민첩한 군인'이라고 추앙했다.

1941년 6월 15일 웨이벌이 반격을 개시했다. 그러나 사흘 만에 전차 91대를 잃고 다시 이집트로 퇴각하고 말았다. "롬멜이 웨이벌의 머리에서 월계관을 낚아채서 모래 속에 내동댕이쳐 버렸다." 처칠이 전쟁 회고담에서 밝힌 내용이다. 그는 당시 절망적인 심정으로 혼자 몇 시간 동안 공원을 산책했다고 한다.

마침내 웨이벌이 교체됐고, 그와 함께 이집트의 영국군 전력도 적에 비해 월등하게 보강되었다. 롬멜의 쉰 번째 생일 사흘 전인 11월 18일 독일군의 진지를 향한 영국의 대공세가 시작되었다. 그러나 영국의 전차들이 밀고 들어간 적진은 이미 텅 비어 있었고, 독일군은 땅에서 솟은 것처럼 갑자기 나타나 영국의 비행장들을 깔아뭉갠 뒤 영국 4여단의 전차들을 탈취했다. 전투 닷새째 되던 날 롬멜의 전차들이 새벽안개 속으로 나타나 영국과 남아프리카 연합군의 진용을 송곳처럼 돌파해서 정신없이 휘저었고, 적군은 혼비백산해서 이집트 쪽으로 30킬로미터나 달아나 버렸다.

처칠은 하원에서 롬멜을 이렇게 지칭했다.

"이런 말을 해도 될지 모르겠지만, 전쟁의 참상을 떠나서 이야기하자면 그는 위대한 장수다."

전 세계의 전략가들은 고개를 갸웃거리며 객관적인 전력에서 확연히 열세를 보였던 부대의 지휘관이 어떻게 잇달아 승리를 거둘 수 있었는지 분석하고 있었다.

첫 번째 요인은 자명해 보인다. 베두인족*이 롬멜을 식민지

---

* 아라비아·이라크·시리아·요르단 지역에 살면서 아랍어를 사용하는 유목 민족

압제에서 자신들을 해방해 줄 사람으로 인식한 것이다. 즉 리비아에서는 이탈리아를, 나중에 이집트에서는 영국을 몰아낼 해방군으로 환영한 것이다. 사정이 이렇다 보니 독일인들은 원주민들로부터 다양한 정보를 얻을 수 있었고, 오아시스에서도 좋은 대접을 받았다.

두 번째 요인이 훨씬 더 중요한데, 영국의 장성들은 폴란드와 프랑스에서 승리의 원동력이 되었던 독일 기갑 부대의 섬광전에서 아직 아무것도 배우지 못하고 있었다. 영국군은 여전히 후방의 안전한 보급로를 확보한 상태에서 정규 대형으로 진군하는 습성을 지니고 있었다. 전차로 쏜살같이 적진을 뚫어 적의 후방을 교란하는 전격전의 우수성을 충분히 인식하지 못한 것이다.

반면에 롬멜은 늘 적이 예상하지 못한 곳에 나타나 상대를 놀라게 했다. 적과 본격적으로 맞붙을 때는 항상 적보다 많은 전차를 투입해 집중도를 높였다. 도주하는 적들은 어느새 자기들보다 먼저 와서 기다리고 있는 롬멜의 기갑 부대를 보고 기가 꺾였다. 그는 리비아 사막의 모래 바다를 마치 물 만난 물고기처럼 자유자재로 휘젓고 다녔다. 적의 공중 시찰도 달이 없는 한밤중이나 모래 폭풍, 혹은 새벽녘의 안개 속에서 군대를 이동하는 것으로 무력화해 버렸다. 또한 영국 정찰대의 눈을 현혹해 아군의 전력을 과장하는 수법을 쓰기도 했다. 예를 들어 무개차에 모형을 설치해서 마치 전차처럼 보이게 하거나, 화물차들을 모래 위에서 갑자기 급발진하여 모래 구름을 일으키는 작전을 구사했다.

이처럼 롬멜은 기민하고 영악하고 속임수를 잘 썼을 뿐 아니라 속도 및 위험과 승리에 대한 집착이 누구보다 강했다. 한마디로 도박사적 기질을 갖춘 인물이었다. 병사들은 그를 사랑했다. 그의 휘하에 있으면 승리를 예약한 것이나 마찬가지였기 때문이다. 게다가 롬멜은 늘 최전선에서 불과 몇 킬로미터 떨어지지 않은 곳에서 부대를 지휘했고, 치열한 접전 중에도 물러서는 법이 없었다. "선봉에서 지휘하라!"는 것이 그의 신조였다. 그의 부대원들은 적과 아군 양쪽에서 쏟아지는 경탄과 환호를 즐겼다. 사실 스스로 무적부대의 최정예 용사라고 여기는 군인들의 자부심과 사기만큼 최고의 전투력은 없었다. 롬멜은 어느 날 병사들에게 이렇게 훈시했다.

"우리 부대원들은 이 전투를 통해 단지 고향의 안전만 지키는 것이 아니라 아프리카 기갑 군단*의 전통을 수호해야 한다."

서로 총부리를 겨눈 적들 사이에 유지되고 있는 이상한 신사도 정신도 이러한 전통에 속했다. 제2차 세계 대전 기간 중에 다른 지역에서는 볼 수 없었던 정신이다. 전투가 끝나면 양쪽은 당연하다는 듯이 총격을 멈추고 전선에 쓰러진 부상자를 구해 냈다. 또한 영국군 야전 병원에 식수가 떨어졌다는 이야기를 전해 들은 롬멜은 식수차에 백기를 꽂아 적에게 물을 공급했고, 영국군은 그에 대한 보답으로 위스키와 콘비프corn beef를 화물차에 실어 보냈다. 그리고 저녁이면 전선을 사이에 두고 양측의 야전 막사에서 전선의 인기 가요 「릴리 마를렌Lili Marleen」**이 흘러나왔다.

이제 이집트 서부 국경에서는 반년 가까이 아무런 움직임이

---

* 제2차 세계 대전 당시 아프리카 전선에서 활동한 독일군 소속의 육군 군단
** 제2차 세계 대전 중 독일군과 연합군 양편에서 유행한 독일 노래

없었다. 독일군은 보급 체계를 정비하고 전차를 수리하면서 휴식을 취했고, 영국군은 그사이 전차 수를 적에 비해 3 대 1의 비율로 높이면서 제공권도 장악했다. 롬멜에게는 좋지 않은 상황이었다. 그럼에도 롬멜은 일생일대의 두 승리를 눈앞에 두고 있었다.

1942년 6월 21일 독일군은 미친 듯이 쏟아붓는 폭격 지원을 받으며 토브루크 요새로 돌진했다. 첫 공격에서 실패한 이후 7개월 동안이나 독일군 후방에 남아 있던 적의 마지막 요새였다. 롬멜은 이번 작전으로 3만 5천 명의 적군을 포로로 잡고, 엄청난 양의 연료와 탄약 그리고 생필품을 손에 넣었으며, 거기다가 독일 아프리카 군단의 80퍼센트를 수송할 수 있을 정도로 많은 전차와 군용 트럭을 획득했다. 독일군은 영국 맥주를 마시고 남아프리카산 파인애플 통조림을 따 먹으며 승리를 자축했다.

적의 공격으로 풍비박산된 영국의 아프리카 군단은 사기가 땅에 떨어졌다. 처칠은 아군의 충격적인 손실을 한탄하며 절반밖에 안 되는 적에게 무참히 제압당한 것을 잊을 수 없는 수모로 언급했다. 반면에 히틀러는 무전을 쳐서 롬멜을 육군 원수에 임명했고, 독일 언론 역시 상기된 표정으로 새로운 영웅의 탄생을 찬양했다. 러시아 침공에 실패하고 영국이 퍼붓는 융단 폭격 위협에 시무룩해져 있던 대다수 독일인에게는 둘도 없는 위안거리였던 것이다. 실제로 영국 공군은 5월 31일 쾰른에 1,046발의 폭탄을 투하해서 도심을 잿더미로 만들어 버렸다. 그때까지 전쟁사의 기록에 남는 최대 공습이었다.

토브루크 함락 이틀 뒤, 그러니까 1942년 6월 23일 롬멜은 세 배나 많은 전차를 갖춘 영국 기갑 부대를 향해 이집트 진영으로 160킬로미터 깊숙이 쳐들어갔다. 처칠을 특히 분노케 했던 것은 독일군이 영국의 실탄을 쏘고 영국의 장비와 물자를 이용해서 진격했다는 사실이다. 처칠 총리는 이렇게 썼다.

"카이로와 알렉산드리아가 롬멜의 막강한 군대에 의해 함락되는 것은 이미 예견된 일이었다."

무솔리니도 카이로로 진격하는 모든 이탈리아 병사에게 1리터의 포도주를 약속했고, 자신이 이집트의 수도로 타고 들어갈 백마도 미리 리비아에 공수해 놓았다.

7월 1일 롬멜의 선봉대는 도주하는 영국의 기갑 부대보다 먼저 엘알라메인El Alamein에 도착했다. 나일강에서 90킬로미터 떨어진 지점이었다. 영국 함대는 알렉산드리아항을 떠나 수에즈운하를 거쳐 홍해로 도주했다. 영국의 카이로 사령부는 신체 건강한 모든 남자를 징발하고 비밀문서를 불태웠다. 굴뚝에서는 검은 연기가 쉴 새 없이 피어올랐고, 원주민들은 남쪽으로 향하는 기차로 달려들었다.

그러나 롬멜의 전차들 중에서 당장 움직일 수 있는 것은 불과 20여 대에 지나지 않았다. 보급창이었던 리비아의 트리폴리Tripoli항까지는 무려 1천5백 킬로미터나 떨어진 상황이었고, 병사들도 그간의 강행군과 열사의 열기로 녹초가 되어 있었다. 정오 무렵에는 그늘에 있어도 기온이 45도를 웃돌았는데, 그런 그늘이라도 찾을 수 있으면 다행이었다. 독일의 주간 뉴스는 병사들이 전차 위에서 계란 프라이를 하는 모습을 방영했는데, 병사들도 카메라 앞에서는 당연히 즐거운 표정을 짓고 있었다.

독일군과 영국군은 7월 내내 아무런 충돌 없이 대치만 하고 있었다. 8월 4일 처칠이 카이로의 비행장에 내렸다. 그는 버나드 몽고메리Bernard Montgomery를 총사령관에 임명하면서 이 같은 명령을 내렸다. "다른 건 몰라도 롬멜만큼은 반드시 무찌르시오!"

그와 함께 롬멜이 언제든지 전차 부대를 앞세워 물밀듯이 들이닥쳐 순식간에 피라미드를 지나 나일강으로 돌진할 수 있음을 지적하며, 교량에 폭발 장치를 설치해 둘 것과 저지대를 침수시킬 것과 곳곳에 기관총 발사 참호를 파 둘 것을 지시했다.

8월 30일 롬멜은 실제로 다시 한번 공격을 개시했다. 카이로와 수에즈 운하까지 13킬로미터밖에 남지 않았다. 그러나 그 이후부터 지뢰밭에 막혀 공격이 주춤했고, 독일군 전차 역시 그사이 네 배나 보강된 영국 공군으로부터 폭탄 세례를 받았다.

하지만 엘알라메인은 여전히 독일의 수중에 있었다. 롬멜은 9월에 의사의 간곡한 충고를 받아들여 요양을 위해 독일로 갔다. 9월 30일 히틀러는 롬멜을 열렬하게 환영했고, 독일 언론들도 환호했으며, 전 독일 국민이 그를 전설의 영웅처럼 떠받들었다.

3주 뒤, 그러니까 1942년 10월 23일(처칠이 보기에는 이것도 너무 늦었다) 몽고메리는 마침내 1천여 문의 포를 동시에 발포하면서 그사이 독일군보다 여섯 배로 증강된 전차들을 힘차게 돌진시켰다. 이튿날 히틀러는 급히 롬멜 육군 원수를 전화로 불러 이같이 명령했다.

"지금 즉시 아프리카로 날아가 엘알라메인을 사수하라!"

독일 아프리카 기갑 군단은 월등한 적의 공세에 맞서 10일간 버텨 냈다. 롬멜은 마침내 11월 3일 적의 포위 공격에서 벗어나기 위해 퇴각을 지시했다. 히틀러의 명령을 어긴 것이었다. 독일군의 전차 수는 22대로 줄어 있었고, 그마저도 일부는 취사장에서 구한 에틸알코올을 연료 대신 사용하며 간신히 움직이고 있었다. 하지만 그런 전차들은 곧 멈춰 서고 말았다.

독일군은 이집트에서 리비아를 지나 튀니지까지 2천 킬로미터 후퇴했다. 독일 아프리카 군단에 남은 전력은 군사 1만 5천 명과 전차 11대뿐이었다. 1만 명은 적에게 포로로 붙잡혔다. 미국으로 망명한 토마스 만은 1942년 12월 27일 라디오 방송에 출연하여 독일 청취자들에게 이렇게 말했다.

"나치 도당의 저돌적인 우두머리 롬멜은 비록 그간에는 일련의 전투에서 성공을 거두었지만 결국 참패하고 말았다."

패배는 4개월 동안이나 계속되었다. 이것은 아프리카에서 독일 권력의 몰락을 의미했다. 1943년 2월에 거둔 승리가 롬멜의 마지막 승리였다. 그는 기습 공격으로 적의 전차 40대를 파괴했다. 그중에는 미군의 전차도 상당수 포함돼 있었는데, 이제부터 미국이 본격적으로 북아프리카 전선에 개입했기 때문이다. 롬멜은 아직 전투 경험이 없는 미국 병사들에게 처음부터 깊은 열등감을 심어 주고자 했고, 그것이 먹혀들었다.

1943년 3월 롬멜은 히틀러에게 아직 시간이 있을 때 아프리카에서 철수하자고 간곡하게 제안했다. 그렇지 않으면 예상되는 연합군의 공격에 이탈리아가 무방비 상태로 노출될 거라고 주장했다. 그러나 이 말을 들은 히틀러는 격분했고, 자신의 가장 위대한 장군을 비관주의자라 욕하며 그의 아프리카 지휘권을 박탈해 버렸고, 그가 아프리카로 되돌아가는 것을 막았다.

1943년 5월 독일과 이탈리아의 마지막 아프리카 군단은 결국 튀니지에서 연합군에게 항복을 선언했다. 7월에는 연합군이 시칠리아섬에 상륙했고, 뒤이어 이탈리아반도를 밑에서 위로 치고 올라가기 시작했다.

롬멜은 아직 히틀러에게 완전히 버림받지는 않았다. 1943년 11월 히틀러는 롬멜에게 프랑스 대서양 연안의 해안 방위 책임을 맡겼다. 연합군의 강력한 대규모 침공이 예상되는 지역이었다. 롬멜은 연합군의 공격을 걱정스럽게 바라보는 수많은 독일인에게 작은 희망이 되어 주었다. 혹시 롬멜이라면 '양키들'을 바닷속에 처넣어 버리지 않을까 하는 희망을 가졌던 것이다.

롬멜은 히틀러에게 연합군이 상륙하기 전에 저지해야 한다고 설명했다. 그러니까 해안선에서부터 철저하게 봉쇄해야만 연합군의 침공을 물리칠 수 있다는 것이다. 예를 들어 지뢰 수백만 개를 매설하고, 콘크리트 방벽을 설치하고, 수송용 글라이더를 저지하기 위해 말뚝을 박아 두는 것이 그러한 봉쇄 수단이었다. 롬멜은 설명을 이어 갔다. 만일 연합군이 상륙에 성공해서 어딘가에 교두보를 마련하게 되면 동부전선 방어에 총력을 기울여야 할 독일 국방군으로서는 적의 막강한 공격을 더 이상 감당하지 못하는 사태가 올 수 있었다. 히틀러의 군총리였던 알베르트 슈페어Albert Speer는 이 대화에서 롬멜이 의도적이라고 할 정도로 줄곧 '총통 각하'라는 칭호를 회피했다고 기록했다.

1944년 6월 6일 연합군이 드디어 노르망디에 상륙했다. 독일군은 연합군의 교두보 확보를 저지할 수 없을 정도로 전력이 약화돼 있었다. 그로부터 11일 뒤, 즉 6월 17일에 롬멜과 서부 전선의 총사령관 게르트 폰 룬트슈테트Gerd von Rundstedt가 장성 모임에서 만나, 현 상황은 도저히 가망이 없고 독일이 전쟁을 끝내야 한다는 데 의견 일치를 보았다. 히틀러에게 전화를 걸어 이런 의견을 전달할 사람으로 롬멜이 선정되었다. 롬멜은 어찌되었건 히틀러가 무시할 수 없는 유일한 사람이었기 때문이다. 히틀러는 노발대발했다. 하지만 롬멜은 여전히 직책을 유지하면서 총통에 대한 충성 맹세를 어기지 않았다.

1944년 7월 17일 롬멜의 차가 프랑스에서 미 전투기의 공습에 명중되어 전복됐고, 롬멜은 중상을 입은 채 급히 병원으로 후송되었다. 그로부터 3일 뒤 총통 지휘 본부에서 히틀러의 목숨을 노린 폭탄이 터졌다.

7월 20일에 발생한 이 거사를 도모한 사람들은 애초에 롬멜을 자기편으로 끌어들이려고 애썼다. 그들은 롬멜에게 접근해서 히틀러를 제거한 뒤 군 통수권과 대통령직을 맡아 줄 것을 제의했다. 독일에서 내전을 피하고, 훗날 등 뒤에서 자기편에게 칼을 꽂았다는 또 다른 '패망 음모론Dolchstosslegende'*에 휘말리지 않으려면 롬멜 같은 인물을 거사에 포함해야 했기 때문이다. 그만큼 그들은 롬멜의 대중적 인기를 믿고 있었다.

롬멜이 히틀러의 실각 계획을 사전에 알고 있었던 것은 분명해 보인다. 하지만 그가 그 일에 적극 가담하지 않았다는 것 또한 틀림없다. 롬멜은 처음부터 히틀러를 암살하는 것에 반대했기 때문이다. 하지만 공모자들 가운데 하나가 고문을 받다가 롬멜의 이름을 댄 것이 화근이었다. 히틀러는 분을 삭이지 못하고 미친 사람처럼 날뛰었다. 그러고는 복수를 결심했다. 그러나 여전히 수많은 독일인의 사랑과 존경을 받는 사람을 처형하는 것은 너무 위험한 일이었다.

* 제1차 세계 대전에서 독일의 패망 원인이 군사·경제적인 면에 있는 것이 아니라 국내의 패배주의와 배신 행위에 있었다는 주장

이렇게 해서 간악한 음모가 꾸며졌다. 1944년 10월 14일 두 명의 장성이 울름에 있는 롬멜의 집을 찾았다. 그들은 아직 부상에서 회복되지 않은 육군 원수에게 양자택일을 종용했다. 군사 법정에 서는 수모를 당할 것인지, 아니면 자신들이 건네는 청산가리를 먹고 국립묘지에 묻힐지 선택하라는 것이었다. 전자를 택하게 되면 가족도 재산을 몰수당한 채 평생을 수치스럽게 살아야 하지만, 후자를 택하게 되면 가족에게는 명예와 영화가 보장될 것이라는 친절한 설명도 덧붙여졌다.

결국 롬멜은 독약을 선택했다. 일반 대중에게는 7월 17일에 적의 공습을 받아 죽은 것으로 발표하였다. 하지만 3개월이나 지나서 롬멜의 죽음을 발표한 것을 두고 수많은 사람이 의아하게 생각했다. 그러나 전선이 서부와 동부 양쪽에서 점점 가깝게 다가오면서 사람들도 더 이상 롬멜의 죽음에 신경 쓸 여유가 없었다.

독일의 육군 원수 롬멜에게 최고의 경의를 표한 사람은 다름 아닌 영국의 위대한 전쟁사학자 바실 리델 하트Basil Liddell Hart였다. 그는 롬멜에 대하여 이렇게 썼다.

'성공만큼 성공적인 것이 없다'는 속담이 있다. 그러나 가끔은 '실패만큼 성공적인 것이 없다'는 말이 좀 더 깊은 울림으로 다가온다. 십자가에 못 박혀 죽은 예수는 살아 있는 그 어떤 사람들보다 더 큰 영광과 권세를 얻었고, 승리를 거둔 장군이 오히려 패장보다 뒷전으로 밀리는 경우도 허다했다. 한니발과 나폴레옹, 로버트 리(미국 남북전쟁 당시 남군의 총사령관을 맡았던 장군) 그리고 에르빈 롬멜이 바로 그러한 패자들이다.

1949년 토마스 만은 이렇게 썼다.

> 몽고메리는 늘 롬멜의 사진을 갖고 다녔고, 언젠가 한번 그를 꼭 만나게 되기를 고대했다. 스포츠맨십을 중요하게 생각하는 영국인들은 롬멜을 비록 적이지만, 강인하고 대담하고 기민한 사람으로 예찬했다.

지금도 토브루크와 엘알라메인에서 싸웠던 영국 참전 용사들이 롬멜의 묘 앞에서 거수경례하는 장면을 어렵지 않게 볼 수 있다.

6. 체 게바라

열대우림의 피투성이 구세주

베레모와 덥수룩한 수염 사이로 꿈꾸는 듯한 그의 눈빛은 전 세계 열혈 이상주의자들에게 예수를 떠올리게 한다. 지구촌 곳곳에는 예나 지금이나 나사렛 예수를 닮은 그의 포스터가 역사상 그 어떤 사진보다 많이 걸려 있다. 그는 부드러운 목소리와 밤색 곱슬머리를 가진 자긍심 강한 미남이었고, 뭇 여성들의 우상이었으며, 걸핏하면 총을 뽑아 드는 다혈질에다 직접 사형을 집행하는 잔인한 처단자이기도 했다. 또한 수십 명의 유격대원만으로 전 아프리카 대륙을 정복할 수 있다고 믿었고, 그것이 물거품이 되었을 때는 전 남아메리카를 손에 넣겠다고 덤벼든 천하의 몽상가였다. 장 폴 사르트르 J. P. Sartre는 그를 가리켜 "우리 시대의 가장 완벽한 인간"이라 불렀다. 지금껏 지구상에서 그렇게 철저히 강탈당한 것에 그렇게 엄청난 열정과 의지력을 쏟아 부은 사람은 없었고, 그렇게 잔인했음에도 그렇게 많은 동정을 받은 인물도 없었다.

학식과 교양은 풍부하지만 돈벌이는 시원찮은 자유주의적 좌파 성향의 건축사 아들로 태어난 체 게바라Ché Guevara(1928~1967)는 아르헨티나에서 성장했다. 아버지는 프랑코Franco의 독재 체제를 피해 망명한 스페인 정치인들을 집에 받아들였는데, 그들과 접촉한 것이 열 살의 게바라에게는 무척 인상적인 체험이 되었다.

체 게바라는 부에노스아이레스에서 의학을 공부했다. 그런데 졸업장을 손에 쥔 스물넷에 지금까지의 시민적 일상과 약혼녀를 떠나기로 마음먹었다. 처음에는 파리나 이스터섬으로 갈 생각을 했으나, 결국 그 계획을 포기하고 3년 동안 스페인령 아메리카를 지나 위쪽의 멕시코까지 떠돌아다녔다.

그는 떠돌아다니는 동안 의사 보조, 웨이터, 부두 노동자, 말 사육사, 거리 사진사로 일하며 입에 풀칠했다. 곳곳에서 농민과 광산 노동자들의 고통을 목격했고, 1954년 과테말라에 들렀을 때는 미국중앙정보국CIA의 지원을 받은 군부가 하코보 아르벤스 구스만Jacobo Arbenz-Guzmán 대통령의 좌파 개혁 정부를 무너뜨리는 것을 지켜보면서 양키들에 대한 증오를 불태웠다.

1955년 게바라는 자신의 운명을 결정짓는 만남을 가졌다. 한 살 많은 쿠바 출신의 변호사 피델 카스트로Fidel Castro를 만난 것이다. 카스트로는 쿠바를 바티스타Batista*의 압제로부터 해방하기 위해 유격대원을 모집하고 있었다. 한 사격장에서 게릴라 훈련 과정을 마친 게바라는 1956년 12월 2일 카스트로와 함께 위

* 두 차례에 걸쳐 쿠바를 통치한 독재자

험천만한 항해를 거쳐 쿠바 해안에 상륙했다. 해방군을 자처하는 80명의 유격대원들과 함께 압제에 시달리는 600만 쿠바인들을 구하기 위해서였다.

그러나 그들은 곧바로 독재자의 병사들에게 발각돼 쫓겨 다니느라 불과 며칠 만에 완전히 녹초가 되어 버렸다. 하지만 놀랍고도 놀라운 것은 카스트로와 게바라가 그쯤에서 포기하지 않고, 18명의 통일 혁명군을 이끌고 산으로 들어가 2년 동안 끈질기게 바티스타 정부군에 대항했다는 사실이다. 이후 카스트로는 산산이 흩어져 있던 야당 세력들을 끌어모으고, 착취당하는 농민들로부터 신뢰를 얻고, 그들의 아들을 혁명군의 신병으로 모집하는 데 성공했다. 카스트로와 게바라는 이렇게 서서히 불어나는 신병들에게 엄격한 게릴라 훈련을 시켰다.

노선 이탈자, 밀고자 혹은 탈영 계획자로 의심받는 사람은 즉각 처형됐다. 대개 게바라의 지시로 처형됐거나 아니면 게바라 자신이 직접 총살을 집행하기도 했다. 그가 1957년 1월 처음으로 유격대원의 머리통에다 직접 총을 쏘며 사형을 집행하자 사람들은 그를 강한 남자로 인정하고 '사령관'이라 불렀다. '혁명에서는 모든 것이 용납된다'는 것이 그의 좌우명이었다. 힘겨운 훈련을 받는 대원들의 한결같은 꿈은 바티스타를 타도하고 스스로 집권하는 것이었다. 어떤 수단, 어떤 목표로 대중을 해방할 것인가 하는 문제는 별로 중요하지 않았다. 다만 핵심 지도부는 공산주의 사상에 물들어 있었다.

1959년 1월 1일 마침내 꿈이 이루어졌다. 바티스타가 쿠바에서 도망쳤고, 3일 뒤 카스트로가 유격대원들을 이끌고 하바

체 게바라. 혁명가이자 사형 집행인이었고, 쿠바 중앙은행장과 산업부장관을 역임했으며, 콩고와 볼리비아에서는 유격대를 이끌었다. 68세대의 우상이었고, 지상에서 가장 유명한 질서 파괴자이자 체제 전복자였다.

나Havanna에 입성했다. 내전의 영웅이자 새 국가의 2인자로 부상한 게바라는 혁명 재판소가 대중의 열화 같은 지지 속에 바티스타의 앞잡이들에게 내린 사형 판결을 최소한 2백 건 이상 냉혹하게 집행했다. 쿠바 대중은 그런 그를 가리켜 "혁명이 내린 복수의 천사"라고 불렀다. 카스트로는 아르헨티나 출신의 게바라를 쿠바 시민으로 선포하며 그의 혁혁한 공로를 인정했다.

혁명 때에 의사이자 처단자로 활동했던 게바라는 혁명 후엔 쿠바의 중앙은행장이 되었고, 나중에는 산업부 장관으로 임명되었다. 그런데 그는 돈에 대한 혐오감의 표시로 새로 찍은 지폐에 '체Ché'라고만 서명했고, 구멍 난 양말을 신고 손님들을 맞았다.

게바라는 중앙은행장이라는 직책과 '혁명이 내린 복수의 천사'라는 명성을 토대로 계획 경제와 강력한 중앙 집권제를 무자비하게 추진해 나갔다. 이상적 세계에 맞는 '새로운 인간'을 만들겠다는 것이 그의 목표였다. 그러나 그는 그러한 인간을 만들지 못했고, 경제는 급격하게 추락했다. 그럼에도 전쟁 영웅으로서 그의 대중적 인기는 높았다. 철저한 금욕과 절제를 바탕으로 스파르타식 생활 태도를 견지했고, 상류층의 모든 특권을 포기했기 때문이다. 세계도 이미 그런 그를 주목하고 있었다. 그가 가슴을 풀어헤친 채 손수 사탕수수 농장에서 수확을 도와주는 장면이 우연히 사진 기자의 눈에 잡혔다. 『뉴욕 타임스The New York Times』는 그를 '젊고 역동적인 사업가형'이라고 썼다.

게바라는 다른 모든 쿠바인에게도 일요일과 일과 시간 외에 '자발적인 노동'을 요구했다. 그리고 공사장과 들판과 사무실을 돌며 자발성을 점검했을 뿐 아니라 자신도 정말 신들린 사람처럼 일했다. 그러다 보니 새벽 3시에 보고를 받기 위해 부하들을 부르는 경우도 드물지 않았다. 외국의 사절들을 영접하는 자리에도 종종 자정이 넘어서야 나타나곤 했다. 베레모를 쓰고 윗도리를 풀어 헤친 채 경호원들과 아리따운 아가씨들을 대동하고 있었다. 사람들은 그런 그를 사랑하지 않을 수 없었다.

1962년 소련이 존 F. 케네디의 압력으로 쿠바에 배치한 핵미사일을 철수하자 게바라는 영국 기자와 가진 인터뷰에서 핵미사일 통제권이 모스크바에 있었던 것을 노골적으로 불만스러워했다. 그렇지 않았더라면 쿠바는 미사일을 발사했을 것이고, 그 과정에서 전 인민이 목숨을 잃더라도 쿠바 사람들은 행복했으리라는 것이다.

권력을 잡은 지 6년 뒤, 즉 1964년에 게바라는 한 영국 잡지에 자신이 쿠바의 산업화를 너무 급속하게 추진했고, 그 과정에서 인민의 욕구를 무시했다는 점을 시인했다. 하지만 그러면서도 자신의 원대한 포부를 다시 한번 강조했다. 화폐를 철폐할 것이고, 오로지 도덕적 동기만이 경제와 사회의 동력이라 믿는다고 말이다.

그로부터 1년 뒤 체 게바라는 안주하는 생활과 관료주의적 강압에 염증을 느끼며 모든 관직을 내던져 버렸다. 게바라라는 사람의 성향과 그의 전체 삶을 고려하면 이런 결정이 너무 늦지 않았나 하는 생각이 들 정도다. 그 밖에 그가 이런 결정을 내리게 된 데에는 카스트로가 불러들인 소련 고문들의 영향도 있었다. 그들이 쿠바 내에서 점차 목소리를 높이고 영향력을 넓혀나가는 것에 넌더리가 났기 때문이다. 어쨌든 게바라는 이제부터 다시 예전처럼 불안정한 삶으로 되돌아갔다. 위험과 죽음을 두려워하지 않고, 실패를 일상처럼 받아들이고, 세계적 명성을 하찮게 여기는 삶이었다.

게바라는 양친에게 편지를 썼다. '말라비틀어진 늙은 말의 등에 몸을 싣고' 다시 떠나야 한다고. 이것은 늙고 볼품없는 말을 타고 풍차를 향해 돌진하던 돈키호테를 떠올리게 하는 자기 반어적 표현이다. 그는 카스트로에게 이런 말을 남기고 떠났다. 이제 그를 부르는 다른 나라에서 혁명을 일으킬 차례라고. 쿠바의 혁명을 수출하겠다고!

이렇게 체 게바라는 생애 마지막이 될 두 곳의 전장으로 떠난다. 콩고와 볼리비아였다.

그는 처음엔 가나나 모잠비크에서 시작해 아프리카를 해방하려고 했다. 모잠비크에는 중국의 고문관들이 주둔하고 있어서 한결 수월할 듯했다. 그러나 가장 먼저 기회가 온 곳은 콩고 공화국이었다. 1965년 4월 그는 14명의 쿠바 게릴라 대원들과 함께 탕가니카 호수를 건너 탄자니아에서 콩고로 갔다. 서구에 예속된 정부와 맞서 싸우는 콩고 인민 해방군을 지원하기 위해서였다. 카스트로는 병력과 물자를 추가로 보냈다. 이렇게 해서 105명의 쿠바 게릴라 대원들이 수천 명의 콩고 병력과 연합 작전을 펼쳤다. 그런데 발전소를 공격할 때였다. 콩고 인민 해방군의 3분의 1은 총을 쏘아 보기도 전에 밀림으로 도망쳐 버렸고, 나머지 병사들도 대부분 겁에 질려 아예 총을 쏘지 못하거나 아니면 공중에다 대고 총질했다.

게바라는 입에 거품을 물었다. 군기도 엉망이고 희생정신도 결여된 이런 병력으로 어떻게 해방 전쟁을 승리로 이끈단 말인가? 그는 10월 카스트로에게 이렇게 편지를 썼다.

> 우리 힘으로는 싸울 의욕조차 없는 이 나라를 해방할 수가 없습니다.

1965년 11월 그는 사기가 땅에 떨어진 대원들을 이끌고 탕카니카 호수를 건너 탄자니아로 철수했다. 이후 그는 낙담하고 수척해진 몸을 이끌고 다르에스살람에서 체코슬로바키아로 요양을 떠났다.

이제는 그도 쉴 때가 되지 않았을까? 서른여덟 해를 살면서 두 개의 혁명을 시도했으면 충분하지 않을까? 물론 하나는 성공을 거두고, 다른 하나는 제대로 시작도 해 보기 전에 참담하게 실패로 끝났지만 말이다.

어쨌든 그는 여기서 주저앉지 않았다. 그러기에는 '두려움에 대한 애착'이 너무 컸다. 그는 두려움을 즐겼고, 두려움과 맞서 싸우는 것을 사랑했다. 또한 죽음을 결정할 수 있는 권력도 사랑했다. 그 밖에 그의 머릿속을 떠나지 않는 한 가지 확고한 생각이 있었다. 세계 어디라도 불의로 인해 고통받고 억압받는 사람들이 있다면 그들에게 직접 가서 함께 고통을 나눠야 하고, 그들을 위해 싸워야 한다는 것이다.

예를 들어 1965년부터 쿠바의 정보 요원들이 현지의 공산주의자들과 연계해서 해방 운동을 벌이고 있는 볼리비아가 그런 지역들 가운데 하나였다. 콩고가 아프리카 해방의 출발지였다면 남아메리카 해방의 전초 기지는 볼리비아였다. 1966년 11월 게바라가 볼리비아의 수도 라파스La Paz 공항에 내렸다. 우루과

이 사업가로 위조한 여권을 지참하고 수염까지 싹 밀고 대머리로 변장을 한 채였다. 반면에 서구의 첩보 기관들은 게바라가 이번에는 어느 나라에서 혁명을 획책할 것인지를 두고 수수께끼 같은 퍼즐 게임만 하고 있었다.

게바라는 안데스산맥 동편에 위치한 열대 밀림의 비밀 캠프에 56명의 대원을 집결시키고, 볼리비아 공산주의자들과 연합 전선을 꾀했다. 그런데 다른 건 몰라도 군대의 전체 지휘권만큼은 자신이 맡아야 한다고 강력히 요구하자, 볼리비아군의 지도자는 즉시 군대를 이끌고 캠프를 떠나 버렸다. 이렇게 해서 게바라와 그의 게릴라 대원들만 밀림에 남게 되었다. 물론 볼리비아군이 떠나는 바람에 병기와 미화US 달러는 넘쳐났다.

게바라의 캠프를 방문한 적 있는 프랑스의 급진 좌파 철학자 레지스 드브레Régis Debray는 사령관을 가리켜 '인간적인 면모라고는 전혀 없지만 그저 놀랍기 그지없는' 사람으로 비非인간과 초인의 면모를 동시에 가지고 있는 인물이라고 평했다. 게바라는 '침묵과 공포라는 높은 벽'을 통해 다른 부하들과 확연히 구분되었다.

게릴라 대원들은 "냉혹하고 효과적인 살인 기계가 되라"는 게바라의 명령과 함께 대장정에 나섰다. 그러나 지금 그들에게는 연합군도 없었고, 이곳 지리를 잘 아는 안내인도 없었다. 첫날부터 전혀 가망이 없어 보이는 싸움이었다.

게바라는 현지의 소농과 소작인들을 선동해서 지주들에 맞서 반란을 일으키도록 했지만, 그들은 마치 바윗덩어리처럼 움직일 생각을 하지 않았다. 아니, 오히려 청하지 않은 손님들에게 상당한 공포심을 갖고 있었다. 게릴라 대원들이 마구 권총을 휘둘러댔으니 그럴 법도 했을 것이다. 게다가 쿠바 게릴라 대원들은 미친 사람들처럼 보이기도 했다. 그들에게 돼지 한 마리를 팔면 시세보다 훨씬 더 많은 달러를 윽박지르듯이 찔러주었기 때문이다. 이방인들이 11명의 정부군을 매복 장소로 유인해서 살해하자 농부들은 정부군이 저지를 끔찍한 보복을 두려워했다. 그래서 인디오들은 쿠바인들의 동향을 보고하기 위해 가까운 경찰서로 쪼르르 달려감으로써 자신들이 국가의 충실한 종복임을 증명하려고 애썼다.

그사이 650명의 볼리비아 병사가 베트남 참전 경험이 있는 미해군 특수 부대에 의해 특공대로 양성되었다. 정부는 게바라의 목에 자동차와 오토바이를 내걸었고, 볼리비아 특공대는 인디오들이 제공하는 첩보를 바탕으로 서서히 게바라의 목을 죄어 가고 있었다.

상황이 이런데도 게바라는 여전히 승리를 확신하고 있었을까? 한 줌의 패잔병들로 끝내 승리를 일구어 낸 쿠바 혁명의 잔상이 깊이 남아 있었던 것일까? 아니면 쿠바와는 달리 이곳에서는 원주민들이 해방을 원치 않기 때문에 혁명이라는 가망이 없다는 걸 분명히 인식하고 있었을까? 그는 앞으로 얼마나 더 자신이 내건 이 구호를 지킬 수 있을까?

'우리 모두 리얼리스트가 되자. 그러나 가슴 깊은 곳에서는 불가능한 꿈을 가지자!'

아니면 이미 현실 감각을 잃어버렸을까? 여전히 유토피아와 태양 국가만 꿈꾸고 있었을까? 패배를 시인하는 것보다 차라리 죽는 것이 낫다고 생각했을까? 개중에는 좌절과 죽음을 아주 특별한 매력으로 여기는 사람들이 있다. 토머스 에드워드 로렌스T. E. Lawrence*는 아라비아의 한 캠프에서 이런 이야기를 지어냈다.

"실패야말로 신이 인간에게 허용한 진정한 자유고, 죽음이야말로 인간의 가장 훌륭한 행위다."

체 게바라는 일기에 이렇게 썼다.

"나는 삶을 떨쳐 버릴 수 없는 습관처럼 살고 싶지는 않다."

게바라의 게릴라 대원들은 11개월 동안 밀림 속에 머물며 정처 없이 이리저리 쫓겨 다녔다. 옷은 누더기처럼 너덜너덜해졌고, 몸은 모기에 물려 성한 곳이 없었으며, 몰골은 머리부터 발끝까지 말이 아니었다. 거기다가 구토와 설사에 시달렸고, 조금이라도 군기가 빠진 행동을 보이거나 승리를 의심하는 말을 했다가는 게바라에게 혹독한 벌을 받았다. 게바라는 밀림에서 전 세계 인민들을 향해 메시지를 보냈는데, 이것이 그의 마지막 유언이 되었다.

"미국을 향해 전면전을 펼쳐라. 제2, 제3, 아니, 더 많은 베트남이 나올 때까지 적의 심장부에 증오와 피와 죽음의 화살을 꽂아라!"

그사이 네 명의 대원이 도망쳤고, 46명이 매복한 적의 총탄에 맞아 차례로 쓰러졌다. 이윽고 사령관에게 최후의 시간이 다가왔을 때는 단 여섯 명밖에 남지 않았다. 1967년 10월 8일 그는 라 이구에라La Higuera 마을 근처에서 적의 매복에 걸렸다.

게바라는 자신에게 총구를 겨누는 볼리비아 병사를 향해 이렇게 외쳤다.

* 영국의 고고학자·군사 전략가

"쏘지 마라! 나는 체 게바라다. 죽이는 것보다 살려 두는 것이 더 가치 있을 것이다."

이 말을 액면 그대로 읽는다면 게바라가 목숨을 구걸한 것처럼 비친다. 하지만 그의 의도는 다른 데 있었다. 그는 전 세계 인민들이 지켜보는 재판정에서 미 제국주의와 쿠바의 '새로운 인간'에 대한 진실을 말하고자 했다. 그것이 마지막 희망이었다.

생포된 게바라의 몸에서는 소총 한 자루, 권총 한 자루, 단도 몇 자루, 담배 파이프 두 개, 롤렉스 시계 두 개 그리고 1만 5천 달러가 나왔다. 머리와 수염은 그사이 한 번도 자르지 않았는지 봉두난발이었고, 발에는 자신이 직접 염소 가죽을 기워서 만든 모카신*을 신고 있었다. 정부군은 게바라를 시골 학교의 한 교실 의자에 묶어 두었다. 그에게 남아 있는 시간은 열여섯 시간이었다. 한 젊은 여선생이 몰래 살금살금 다가와 촛불 아래에서 그에게 말을 걸었고, 게바라는 그런 여선생에게 성적 농담을 던지며 시시덕거렸다. 평생 고통스럽게 따라다닌 천식 발작 증세로 대화가 끊길 때만 빼고 말이다.

볼리비아 정부는 미국의 정치 고문단과 미국중앙정보국(CIA)과 긴밀히 협의한 끝에 게바라의 마지막 의도를 눈치채고 기겁한다. 공연히 재판을 진행했다가 문제가 꼬이면 큰일이기 때문이다. 게다가 볼리비아에는 사형 제도가 없었다. 결국 볼리비아 정부는 게바라를 비밀리에 처형하기로 결정했다. 대외적으로는 전투 중에 부상을 입어 숨진 것으로 발표하기로 했다.

이렇게 해서 라 이구에라 마을로 총살 명령이 내려졌다. 그런

* 아메리카 인디언들이 신고 다니는 가죽신

데 몇몇 병사들이 사형 집행을 거부했다. 실제로 누가 총을 쏘았는지에 대해서는 논란이 많다. 어떤 병사에게 일부러 술을 먹여 게바라의 몸에 아홉 발을 쏘게 했다는 설이 유력해 보인다. 어쨌든 병사들은 게바라의 피 묻은 셔츠를 서로 갖겠다고 싸웠고, 한 여성은 그의 머리카락을 잘라 성스러운 유물처럼 보관했다.

게바라는 군용 헬리콥터로 바예그란데Vallegrande라는 작은 도시로 옮겨졌다. 피와 오물이 딱딱하게 엉겨 붙은 게바라의 사체는 병원의 세탁장에서 말끔히 손질되었다. 언론에 공개하기 위해서였다. 실제로 볼리비아 정부는 10월 11일 세상에서 가장 유명한 질서 파괴자의 죽음을 확인시켜 주기 위해 외신 기자들을 비행기에 태워 현장으로 수송했다. 기자들은 아연한 눈으로 깨끗하게 손질된 시신을 바라보며 연신 카메라 셔터를 눌러 댔다. 사람들은 그 사진들을 보며 예수를 십자가에서 내려놓는 고전적인 그림들을 떠올렸다.

그런데 군부는 죽은 사람이 체 게바라라는 사실을 증명할 과학적 증거가 필요했다. 데스마스크*는 날림으로 제작되었고, 왁스가 너무 뜨거워 게바라의 얼굴이 훼손되었기 때문이다. 결국 의사들이 사체의 손을 잘라 아르헨티나로 보냈다. 그곳에 보관되어 있는 게바라의 지문과 대조하기 위해서였다. 그렇다면 나머지 사체는 어떻게 되었을까? 불에 태우려고 한 계획은 성공하지 못했고, 결국 어느 비밀스러운 곳에 매장되었다.

체 게바라의 죽음과 함께 제3세계의 독재자들과 서구의 수많

---

* 사람이 죽은 직후에 그 얼굴을 본떠서 만든 안면상

은 정부가 가졌던 희망, 즉 세계의 골칫거리가 이제야 사라졌다는 안도감은 급속히 실망으로 바뀌어 갔다. 게바라는 살았을 때보다 오히려 죽어서 더 큰 인기를 얻었기 때문이다. 많은 할리우드 배우가 게바라 역을 염두에 두고 수염을 깎지 않았고, 그의 사진은 곧 티셔츠, 농구 모자, 열쇠고리, 스와치 시계, 커피잔에 자랑스럽게 부착되었으며, 그의 이름은 시계와 맥주에까지 붙여졌다. 68혁명 당시 대학생들은 그를 상징 인물로 내세웠고, 페테르 바이스Peter Weiss*는 스웨덴 망명 시절 자학적인 어조로 이렇게 되뇌었다.

"우리 역시 그의 죽음에 공범이 아닐까? 우리는 배신자가 아닐까?"

볼프 비어만Wolf Biermann**은 이런 시까지 지었다.

재킷에 붙어 있는 붉은 별
검은 수염 사이의 시가
총을 든 예수 그리스도,
이렇게 당신의 사진은 우리를 공격으로 이끄는구나.

1969년 게바라의 일생은 오마 샤리프Omar Sharif가 주역으로 나오는 영화로 제작되었고, 전기만 해도 수십 종이 쏟아졌다. 부에노스아이레스대학교에서는 1997년에 '체 게바라학(學)' 과목이 개설되었고, 강의는 즉시 학생들로 넘쳐났다.

같은 해에 쿠바와 아르헨티나의 전문가들이 바예그란데의

* 독일의 극작가이자 소설가
** 독일의 대표적 저항 시인

한 폐쇄된 활주로에서 게바라의 유골을 발견해 냈다. 일대 센세이션이었다. 볼리비아의 한 자그마한 시골 도시 바예그란데는 세계 곳곳에서 몰려올 관광객들을 기대하고 거대한 체 게바라의 무덤을 지으려고 했다. 그러나 쿠바는 시신을 돌려 달라고 요구했고, 결국 게바라는 죽은 몸이나마 쿠바로 돌아갔다. 이렇게 해서 쿠바의 산타클라라Santa Clara에 사원이 생겼다. 게바라가 1958년에 독재자 바티스타에 맞서 결정적 승리를 거두었던 곳이다.

오늘날까지 식지 않는 게바라의 인기는 어떻게 해석되어야 할까? 대체 무엇이 불행과 재앙으로 점철된 한 남자를 세계적 유명 인사로 만들었을까? 그렇게 잔인하게 살인을 저지르고 현실의 벽에 부딪혀 처절하게 무릎을 꿇은, 건방지고 괴팍하기 그지없는 사람이 아니던가? 피델 카스트로는 1967년 이후 체 게바라를 아직 실현되지 않은 모든 혁명의 선도적인 인물로 부각하기 위해 끊임없이 공을 들였다. 그러나 카스트로의 이런 노력 때문에 게바라가 유명해진 것은 아니었다.

그렇다면 게바라의 인기 요인은 무엇일까? 68혁명을 주도한 대학생들은 게바라에게서 자신들의 우상과 순교자를 찾았다. 게바라는 전 세계의 자본주의와 제국주의에 맞서 싸웠다. 그들이 말로만 떠들던 것을 한 개인이 실제로 몸을 던져 실천한 것이다. 사람들은 그를 경탄하고 부러워했다. 그런데 이 휘황찬란한 영웅조차도 끝내 패배에 이르자 그들은 그를 숭배함으로써 자신들이 직접 행동에 나서지 못하는 것에 대한 미안함을 대신했다. 게바라는 이 세계에 비해 너무나 선한 모든 사람이 결국

악한 세상에 의해 맞아 죽고 만다는 것을 몸으로 증명해 주었다.

게바라 붐에는 또 다른 요인이 있다. 인간 세상에서는 예부터 영웅이 되려면 '실패와 요절'이라는 두 가지 요소를 갖추어야 했는데, 게바라 역시 이 두 조건을 모두 충족시켰다. 스파르타의 영웅 레오니다스Leonidas 왕은 전혀 승산이 없는 전투였는데도 끝까지 굴하지 않고 싸우다가 페르시아 병사의 칼에 맞아 쓰러졌고, 프리드리히 바바로사Friedrich Barbarossa*도 십자군원정에서 익사했으며, 호메로스의 영웅들도 전투 중에 장렬하게 전사했다. 또한 북유럽의 에다Edda 신화는 용감무쌍한 죽음의 교과서에 해당한다.

체 게바라는 예수의 눈을 가진 아름다운 남자였고, 권리를 빼앗긴 자들을 위해 헌신적으로 싸운 밀림의 로빈 후드였다. 또한 어떤 위험에도 굴하지 않고, 어떤 고초도 두려워하지 않았으며, 한번 목표를 정하면 무모할 정도로 돌진하고, 파멸에 이를 줄 알면서도 포기하지 않고, 검소한 생활 태도와 무엇에도 매수되지 않는 강직함을 지닌 용감한 전사였다.

반면에 서구 사회의 자본가와 기득권층과 풍족한 시민들에게는 경탄스러우면서도 동시에 혐오스럽고 도발적인 인물이었다. 그들 대부분은 그처럼 살지 않게 된 것을 기뻐했고, 그중 많은 사람은 열대우림의 구세주조차 마르크스주의를 살려 놓을 수 없었던 것을 만족스럽게 생각했다. 하지만 몇몇 사람들은 그렇게 강렬한 삶을 살았던 게바라에게 일말의 부러움을 표시하기도 했다.

* 독일 왕으로, 1152~1190년까지 신성 로마 황제였다.

체 게바라는 철저하게 패배했지만 웃음거리가 되지는 않았다. 살아서는 패자였지만 죽어서는 승자가 되었고, 인류라는 종에서 가장 극단적이면서도 찬란한 이단자였다. 또한 우리가 알고 있는 모든 순교자 가운데 유일하게 섹스어필하는 사람이자, 예수와 레닌Lenin, 타잔과 루돌프 발렌티노Rudolph Valentino*의 모습이 독특하게 한데 섞여 있는 인물이었다.

---

* 무성영화 시대의 이탈리아 태생의 미국 영화배우. 로맨틱한 역의 주연을 많이 맡았고, 여성에게 많은 인기를 얻었다.

7. 고르바초프

다른 민족은 해방했지만
정작 자신의 제국은 잃어버린 남자

소비에트 정치국* 위원이 공식 석상에서 미소를 짓고, 한 번에 계단을 두 개씩 뛰어 올라가는 모습은 당시 런던과 전 서구 사회에 센세이션을 불러일으켰다. 미하일 고르바초프Mikhail Gorbachev(1931~2022)가 런던을 방문했던 1984년 11월의 일이었다. 그런데 그의 파격적인 행보는 여기서 그치지 않았다. 그는 마거릿 대처Margaret Thatcher 총리의 관저는 찾아갔으면서도 정작 런던에 있는 마르크스의 묘소는 방문하지 않았다.

고르바초프는 자신의 쉰네 번째 생일 9일 뒤인 1985년 3월 11일에 소련 공산당 정치국 서기장에 지명되었다. 자신보다 평균 스무 살이 더 많고, 늘 근엄하고 딱딱한 표정을 짓고 다니는 정치국 위원들의 결정이었다. 이로써 고르바초프는 레닌, 스탈린Stalin, 흐루쇼프Khrushchev, 브레즈네프Brezhnev 그리고 건강이 허

---

* 1919년 소련의 공산당 중앙 위원회가 설치한 정책 결정 기관으로, 서기국과 더불어 당의 실권을 가지고 있었다.

약한 안드로포프Andropov, 체르넨코Chernenko의 후임자가 되었고, 2억 5천만 명의 소비에트 인민과 2만여 기의 핵미사일, 지상에서 가장 영토가 큰 나라의 지배자가 되었다. 그러나 불과 6년 뒤 그는 이 제국이 해체되는 것을 지켜봐야 했다.

대체 그사이에 무슨 일이 있었던 것일까? 역사상 고르바초프만큼 평가가 엇갈리는 정치인은 찾아보기 힘들다. 어떤 이들은 그를 가리켜 "승리자, 진정한 몽상가, 해방자"라고 칭하지만, 일각에서는 "패배자, 파괴자, 철모르는 바보 천치"라고 부르기도 한다. 따라서 그의 삶을 추적해 보는 것은 충분히 가치 있는 일이다. 명시적인 패배를 당한 적이 없는 한 인간이 어떻게 그리도 쉽게 승리자의 무대에서 패배자의 거리로 내쫓길 수가 있었을까? 이것은 정치학의 고전적 연구 주제이면서 동시에 패배에 관한 흥미로운 보고서가 될 수 있다.

고르바초프는 1931년 러시아 연방 남서부 스타브로폴 지구의 한 마을에서 농민의 아들로 태어났다. 친가와 외가 두 할아버지 중 한 명은 1년 동안 교도소에 갇혔고, 다른 한 명은 시베리아로 추방되었다. 스탈린의 살인적인 강제 집단화 정책에 동조하지 않았다는 이유에서였다. 또한 그의 식구 중에는 굶어 죽은 사람도 많았다. 이것이 고르바초프의 머릿속에 남아 있는 유년 시절에 대한 가장 인상적인 기억이었다. 제2차 세계 대전이 끝난 뒤 그는 열다섯 나이에 국영 농장의 콤바인 기술자로 일했다. 여기서 성실함을 인정받아 적기赤旗* 훈장을 받았고, 그것을

* 공산주의를 상징하는 붉은빛의 기

계기로 1950년에 모스크바로 이주해 법학을 공부할 수 있었다. 그는 졸업장을 손에 쥐고 스타브로폴로 돌아와서 콤소몰(공산주의청년동맹)의 간부가 되었고, 1966년에는 시당위원회 1서기, 1970년에는 도당위원회 1서기에 올랐다.

여기서 국가보안위원회KGB 의장이던 유리 안드로포프를 만나게 된다. 코카서스산맥으로 요양하러 온 안드로포프를 고르바초프가 도당 위원장 자격으로 여러 차례 초대한 것이다. 이 인연을 계기로 안드로포프는 1978년에 고르바초프를 소련 공산당 중앙위원회 농업 담당 서기로 밀었고, 2년 뒤에는 정치국 위원으로 승진하는 데 힘을 썼다. 안드로포프는 1982년 브레즈네프의 후임으로 서기장에 올랐지만 불과 15개월 만에 세상을 떠났다. 그의 후계자인 체르넨코 역시 13개월 뒤에 숨을 거두었다. 이렇게 해서 최연소 정치국 위원인 고르바초프에게 소련 공산당 서기장직이 돌아갔다.

그는 서기장직에 오르자마자 소련 인민은 물론 세계를 깜짝 놀라게 했다. 볼셰비키주의적 원칙을 흔들림 없이 고수하겠다는 입장을 밝히면서 노동과 당과 국가의 엄격한 기강을 요구했지만, 그와 동시에 '새로운 사고'를 부르짖으며 글라스노스트(개방, 투명성, 서구 여론에 대한 신중한 접근)와 페레스트로이카(국가, 당, 경제의 총체적 개혁)를 천명한 것이다. 물론 어디까지 개방하고 어디까지 개혁할 것인지는 마지막까지도 분명하게 정해지지 않았다.

고르바초프가 서기장으로 취임할 당시 소련 경제는 한마디로 엉망진창이었다. 반면 야당 후보에게 압승을 거두며 재선에 성공한 미국의 로널드 레이건Ronald Reagan 대통령은 그 무렵 전략방위구상(SDI. 미사일 방어 체계. 일명 '스타워즈')을 강력히 추진하고 있었다. 고르바초프는 미국과의 군비 경쟁에서 절대 소련이 이길 수 없다는 것을 깨달았다. 일반 인민들은 단순한 생활필수품마저 부족해서 생활고에 허덕이고 있었지만, 국가는 허황한 군비 경쟁을 위해 매년 1000억 루블을 쏟아붓고 있었다. 미친 짓이었다. 고르바초프는 회고록에서 이렇게 썼다.

"오늘은 세제, 내일은 치약이 부족했다. 집은 늘 모자랐다."

결국 그로서는 긴장 완화를 모색하고 냉전을 종식하는 길을 선택할 수밖에 없었다. 이 결정은 세계 평화를 기원하는 것에서 비롯된 것이라기보다는 오히려 국내 경제가 궁핍해서 내려진 것이었다. 하지만 서방 세계는 이 진정한 배경을 훨씬 나중에 알게 되었다.

이 과정에서 고르바초프 서기장에게 걸림돌이 되는 인물이 있었다. 다섯 명의 서기장 밑에서 28년 동안 외무 장관을 지낸 안드레이 그로미코Andrey Gromyko였다. 유머라고는 손톱만큼도 없이 늘 뚱해 있는 불평불만이 많은 인물이었다. 흐루쇼프는 언젠가 이런 말을 했다.

"그로미코 그 친구는 뭔가 명령을 내리면 몇 달 동안 꿈쩍도 하지 않고 얼음덩어리 위에 앉아 있을 사람이야. 바지도 내린 채 말이야."

결국 고르바초프는 그로미코를 외무 장관에서 밀어낸 뒤 허울만 좋고 실권은 없는 소비에트 최고회의 간부회 의장에 임명했다.

고르바초프는 통찰력과 결단력 그리고 과감함을 겸비한 인

미하일 고르바초프. 1985년부터 1991년까지 소련 공산당 서기장을 역임했다. 서구 사회에서는 소련에 의해 억압받는 민족들을 해방한 구원자로 각광 받고 노벨 평화상까지 받았지만, 정작 자국 내에서는 제국을 분열시킨 인물로 멸시받았다.

물이었다. 그런데 당 간부들 사이에서 동요가 확산하기 시작했다. 심지어 일반 인민들도 고르바초프가 1985년에 추진한 정책에 강한 반기를 들었다. 이야기의 전모는 이렇다. 고르바초프는 흐트러진 노동 현장의 분위기를 쇄신하고 지지부진한 생산성을 높이기 위해 '알코올 중독 퇴치 캠페인'을 대대적으로 펼쳐 나갔다. 아울러 이 정책의 효과를 높이기 위해 서민들의 따뜻한 벗이라 할 수 있는 보드카의 가격을 급격히 올려 버렸다. 서민들은 격분했고, 밀주가 성행했으며, 가짜 알코올을 먹고 죽는 사람들이 속출했다. 결국 고르바초프는 백기를 들고 말았다. 서구에서 그의 인기는 시간이 갈수록 더 높아졌지만 동유럽에서는 점점 시들해졌다.

그런데 헬무트 콜Helmut Kohl 독일(서독) 총리는 크렘린의 새 지도자가 서구 사회를 향해 던진 미소와 긴장 완화의 메시지에 불신을 품고 있었다. 그는 1986년 미국의 시사주간지『뉴스위크Newsweek』와 가진 인터뷰에서 이렇게 말했다.

"고르바초프는 홍보가 뭔지 아는 사람입니다. 나치의 괴벨스도 그랬지요."

레이건 대통령 역시 고르바초프에 대한 의구심을 떨치지 못했다. 그래서 아이슬란드의 레이캬비크에서 고르바초프와 만났을 때 소련 공산당 서기장의 군비 축소 협상안을 단호하게 뿌리쳤다. 그러나 고르바초프는 이런 군축 제의로 독일 평화 운동의 우상이 되었다.

고르바초프는 추방된 정치범들도 풀어 주었다. 예를 들어 소련 체제의 비판자이면서 노벨 평화상까지 받은 안드레이 사하로프Andrey Sakharov를 7년간의 유배에서 풀어 주고 다시 모스크바로 불러들였다. 그런데 곧이어 체르노빌 사건이 터졌다. 1986년 4월 26일 우크라이나 체르노빌 원자력발전소의 제4호 원자로가 폭발한 것이다. 고르바초프가 할 수 있는 것은 아무것도 없었다. 그저 옛 소련식 수법대로 진상을 숨기고, 대수롭지 않은 사고로 치부하며 얼버무릴 수밖에 없었다. 최소한 노동절 행사가 끝날 때까지는 침묵을 지켜야 했다. 결국 사건의 전모는 3주 뒤에야 밝혀질 수 있었다.

미하일 고르바초프는 이후 3년(1987~1989) 동안 세계 정치의 주역이자 서구 세계가 가장 선호하는 정치인으로 급부상했다. 심지어 미국의 『타임Time』은 1987년에 그를 '올해의 인물'로 선정하였다. 고르바초프는 1987년 12월에 레이건과 만나 2천 7백여 기의 중거리 핵미사일을 폐기하는 데 합의했다. 세계 평화로 나아가는 작지만 의미 있는 발걸음이었다. 1945년 이후 어느 정치인도 해내지 못한 일이었다. 또한 고르바초프는 내정에서 언론이 생필품 부족과 사회 범죄에 관해 보도하는 것을 허용하였다. 경제 부문에서는 개인의 책임을 강조하고, 무사안일과 부정부패 척결을 부르짖었다. 그 밖에 소규모 자영업을 허용하기 시작했다.

그러나 이것은 서막에 불과했다. 곧이어 총공세가 펼쳐졌다. 즉 레닌주의에 입각해서 두 세대 동안 절대 침해받을 수 없는 것으로 간주하던 상류층의 특권과 재산을 향해 공격을 개시한 것이다. 이것은 정치·경제·행정 부문의 모든 요직을 독차지한 채 허약한 경제지만 그것이 허용하는 범위 내에서 모든 특권을 향유하고 있던 1800만 소련 공산당원에 대한 공격이었다. 고르바초프는 이 구실 저 구실을 대며 특권층의 권력 기반을 흔들고, 그들의 영향력을 조금씩 축소해 나갔다. 공산당 간부들의 비위가 상한 것은 너무도 당연한 일이었다. 세계는 고르바초프가 무너지지 않는 것을 오히려 경이롭게 지켜보고 있었다.

1988년 소련은 아프가니스탄에서 군대를 철수하기 시작했다. 고르바초프는 유엔총회에서 모든 강대국의 무력 사용 포기 원칙을 주창하며 일방적으로 50만 병력을 감축하겠다고 선언했다. 물론 재정적인 어려움 때문에 내린 결정이었겠지만, 그 동기를 두고 왈가왈부하는 사람은 없었다.

또한 고르바초프는 동구권의 위성 국가들이 소련의 통제에서 벗어날 수 있다는 신호를 보냈다. 소련의 체코슬로바키아 침공을 정당화하기 위해 내놓았던 브레즈네프 독트린(1968년)을 철폐한 것이다. 이와 함께 모든 사회주의 국가는 자신의 문화와 실정에 맞는 사회주의를 건설해 나갈 수 있다고 선포했다(사회주의가 아닌 다른 체제로 전환하는 것까지 용인하겠다는 것이었는지는 불분명하다).

1989년 고르바초프는 독일을 국빈 방문했다. 독일 국민은 그를 뜨겁게 맞았다. 미국의 존 F. 케네디 대통령이 방문한 뒤로 처음 있는 열광적인 환영이었다. 사람들은 연신 "고르비, 고르비"를 외쳤고, 언론들은 '고르비 열풍'을 대대적으로 보도했다. 요하네스 그로스Johannes Gross는 일간지 『프랑크푸르터 알게마이네 차이퉁Frankfurter Allgemeine Zeitung』에 이렇게 썼다.

> 우리는 수많은 독일인이 고르바초프 앞에서 발을 구르며 환호하는 것을 보면서 진정한 실권자의 모습이 어떤 것인지 알 수 있었다.

그러나 유감스럽게도 고르바초프는 진정한 실권자가 아니었다. 그렇지 않다면 그처럼 무력하게 날개가 꺾이지는 않았을 테니까.

동독의 해체는 이미 오래전부터 시작되고 있었다. 서독은 1989년 8월 동베를린과 부다페스트 그리고 프라하의 대표부*를 폐쇄해 버렸다. 동독 피난민들로 문전성시를 이루었기 때문이다. 그런데 그해 9월 헝가리의 줄러 호른Gyula Horn 외무 장관이 동독의 붕괴를 촉진하는 조처를 내렸다. 동독 피난민들에게 오스트리아 및 헝가리와 인접한 국경을 개방한 것이다.

동독은 이미 경제적으로 만신창이가 된 상태였다. 그럼에도 지도부는 건재함을 과시하기 위해 1989년 10월 7일 건국 40주년 기념식 행사를 성대하게 치르기로 결정했다. 고르바초프도 이 행사에 초대되었다. 그런데 그는 여기서 또 한 번 브레즈네프 독트린의 종말을 강조했고, 에리히 호네커Erich Honecker 동독 총리에게 명예로운 퇴진을 종용했다.

11월 9일 저녁 10시 베를린의 보른홀머 거리에 모인 동독 주민들이 서쪽으로 끝없이 걸어가며 시위를 벌였다. 3일 뒤에는 동독 공산당 지도부까지 나서서 굴삭기를 베를린 장벽 앞에 대기해 두었다. 그럼에도 헬기 6백 대와 전차 4천1백 대로 무장한 동독 주둔 소련군은 움직일 생각을 하지 않았다. 고르바초프가 원하지 않았기 때문이다. 그는 11월에 교황을 방문했다.

고르바초프는 1990년 1월 1일자 『타임』지에 1980년대를 대표하는 인물로 뽑혔다. 『타임』지가 10년 단위로 인물을 뽑기는

---

* 정식으로 국교 관계를 맺지 않은 나라나 국제기관에 설치하는 재외 공관

이번이 처음이었다. 『타임』지는 표지 기사에서 고르바초프를 가리켜 "마법사, 슈퍼스타, 계산된 무질서의 관리자, 천재적 정치인, 세계의 조종사"라고 부르며 찬사를 아끼지 않았다. 그러나 이때부터가 내리막길이었다.

내정과 경제 부문에서 고르바초프의 말과 행동에는 심각한 균열이 있었다. 안드레이 사하로프는 죽기 직전에 이렇게 썼다. "어느 영역에서도 개선의 기미는 보이지 않았다."

1990년 2월 공산당 전당대회에서 정치적 무질서와 경제적 침체에 대한 비판이 쏟아졌다. 일반 인민들 사이에서도 불만이 쌓여 갔다. 심지어 스탈린이나 브레즈네프 시대가 더 나았다는 소리가 공공연히 나돌기도 했다. 그때는 그래도 사회 질서가 유지되고 배급도 꼬박꼬박 나왔다는 것이다.

1990년 봄 고르바초프는 더욱 곤궁에 빠졌다. 소련 공산당의 독점적 지위를 폐지하기 위해 인민 대표 대의원들을 움직여 복수 정당을 허용하는 법을 통과시켰는데, 이로 인해 기득권층의 반발이 더욱 거세졌다. 그 무렵 리투아니아 공화국이 독립을 선포하면서 제국의 해체가 시작되었다. 고르바초프는 리투아니아에 전차 부대를 보내고 경제 제재를 가해 봤지만, 결국 독립을 용인할 수밖에 없었다. 그 결과 5월 1일 모스크바의 붉은 광장에서 노동절 행사를 하던 중에 대중의 야유를 받아야 했다.

1990년 7월 16일 그는 헬무트 콜 총리를 만나 독일 통일의 길을 열어 주었다. 심지어 통일 독일이 나토에 가입하는 것까지 허용했고, 4년 안에 동독의 소련군을 철수하겠다고 약속했다. 그 대가로 콜은 120억 마르크에 이르는 철군 비용을 부담하겠다고 보장했다.

그해 10월 고르바초프는 자신의 인생에서 마지막 승리를 거둔다. 노벨 평화상을 받은 것이다. 그러나 소련 군부는 서기장의 노벨 평화상 수상을 기뻐하지 않았다. 서방 세계가 미국과의 군비 경쟁에서 진 패배자에게 내린 선물이라고 생각했기 때문이다. 실제로 레이건은 승리자였고, 고르바초프는 패배자였다. 레이건은 고르바초프가 소련을 무장 해제시킬 수밖에 없도록 몰아갔고, 결국 그 작전은 멋들어지게 맞아 들어갔다.

1991년에는 상황이 급박하게 돌아갔다. 우선 소련 인민대표회의는 헌법에 명시된 공산당 일당독재를 폐지하고 고르바초프를 소련 대통령으로 선출했다. 그와 함께 소련 정부는 리투아니아의 독립을 공식 승인했다. 그사이 민주화와 자유의 분위기에 힘입어 라트비아와 에스토니아도 소련 연방 탈퇴를 선언했다. 이로써 서방의 나토에 대항해서 결성된 공산권의 바르샤바 조약 기구도 해체되었다.

8월 19일 이런 일련의 사태를 더 이상 보다 못한 보수 강경 세력이 마침내 쿠데타를 일으켰다. 국방장관과 국가보안위원회KGB 의장 그리고 옛 스탈린주의자들이 일으킨 반란이었다. 그들은 소비에트 연방 내 러시아 공화국 대통령 보리스 옐친Boris Yeltsin이 보루를 쌓아 놓고 저항하던 모스크바의 정부 청사를 공격했다. 한편 고르바초프는 쿠데타 세력에 의해 크림반도의 여름 별장에 구금된 상태에서 한 발짝도 움직이지 못하고 있었다. 그가 적의 능력을 오판한 것은 이번이 처음이었지만, 그 결과는 참혹했다.

옐친은 쿠데타 세력을 사흘 만에 굴복시켰고, 고르바초프는 다시 모스크바로 돌아올 수 있었다. 그러나 고르바초프의 권력은 예전 같지 않았다. 그가 의사당에서 발언권을 잡아 쿠데타 공모자들과 담판을 벌이려는 순간 옐친이 그 앞에 위협적으로 버티고 서서 집게손가락으로 그가 읽어야 할 내용을 지시했다. 이 장면은 텔레비전 카메라에 잡혀 생생하게 방영되었다. 의사당 내에 있던 기자들은 귓속말을 주고받았다.

"이젠 고르바초프도 끝이군!"

맞았다. 고르바초프는 명목상으로 쿠데타를 주도한 소련 공산당의 서기장이었기에 이런 사태를 부른 책임을 면하기 어려웠다. 그는 결국 서기장직에서 물러나면서 공산당의 해체를 권고했다.

그러나 고르바초프는 최소한 소비에트 연방만큼은 존속시키기 위해 각고의 노력을 기울였다. 변화된 틀 속에서 연방을 유지할 수 있는 여러 모델을 제시하며 그 방법을 찾아 나가고자 했다. 그러나 주도권은 이미 그의 손을 떠나 있었다. 우크라이나의 인민 투표 결과 90퍼센트가 독립에 찬성했다. 고르바초프는 우크라이나의 텔레비전에 출연해서 이렇게 한탄했다.

> 서구의 모든 나라뿐 아니라 제3세계 국가들까지 소비에트 연방의 존속을 원하고 있지만 우리 자신만 그렇지 않습니다. 이게 어찌 된 일입니까? 우리가 지금 제정신입니까?

보리스 옐친의 주선으로 1991년 12월 8일 러시아 공화국, 벨라루스 공화국, 우크라이나 공화국의 세 대통령이 벨라루스의 수도 민스크 근방 별장에 모여 소비에트 연방의 종식을 결의했다. 대신 독립 국가연합CIS의 건설을 선포하며 다른 소비에트 공화국들도 동참할 것을 종용했다. 세 대통령은 협정문에 서명한 뒤 코가 비틀어지도록 퍼마셨다고 한다.

고르바초프는 이 협정을 무효로 선언했다. 소비에트 연방은 세 공화국 대통령의 합의만으로 해체될 수 없다는 것이다. 그러나 15개의 소비에트 공화국 가운데 11개국이 옐친과 독립 국가 연합을 지지하고 나서자, 옐친은 12월 12일 러시아 공화국을 독립 국가로 선포했다.

이로써 예전에 차르가 지배했고, 스탈린이 확장하여 세계의 초강대국으로 부상한 제국은 종말을 고하였다. 로널드 레이건이 '악의 제국'으로 지목했고, 군비 경쟁에서 미국에 패배한 이 제국은 권력욕에 불타는 옐친의 손에 산산이 나누어져 마침내 개혁가 고르바초프 시대의 문을 닫게 되었다.

12월 25일 소비에트 연방의 마지막 대통령은 텔레비전에 나와 사퇴를 선언하며 쓸쓸히 역사의 뒤안길로 퇴장했다. 이제 그의 말에 귀를 기울이는 사람은 더 이상 없게 되었다.

많은 서구 정치인이 고르바초프의 역사적 업적에 감사를 표했다. 동유럽 국가에 자유를 선사했고, 독일의 통일을 지원했으며, 폐쇄된 공산주의 체제를 무너뜨려 세계 평화에 기여했다는 이유에서였다.

1918년부터 줄곧 크렘린궁에 펄럭이던 붉은 깃발이 1991년 12월 31일에 영원히 내려졌다. 오랫동안 주독 소련 대사를 지낸 발렌틴 팔린 Walentin Falin은 고르바초프가 러시아와 다른 소비에트 공화국에 역사상 유례가 없는 손해를 입혔다고 회고했다. 동독의 마지막 총리 한스 모드로 Hans Modrow도 처음 실시한 자유 선거를 앞두고 고르바초프를 "사회주의의 무덤을 판 사람"이라고 지칭했다. 제2차 세계 대전의 승전국이던 소련이 이렇게 한참 뒤에 패전국으로 전락하게 된 것은 모두 그의 책임이라는 것이다.

서구에서는 승리자로 각광을 받던 사람이 왜 자국 내에서는 초라한 패배자로 취급받았을까? 러시아인들은 세계적 제국의 붕괴를 옐친 탓으로 돌린 것이 아니라 고르바초프에게 책임이 있다고 믿었기 때문이다. 또한 소비에트 인민들은 자유를 얻은 대가로 빈곤과 부패가 한층 더 심해진 것을 못마땅하게 생각했다. 게다가 오랫동안 강압적인 질서에 길들여 있던 탓에 사회적 민주화에 따른 혼란을 받아들이기 어려워했다.

소련의 전 외무 장관 예두아르트 셰바르드나제Eduard Shevardnadze[*]도 고르바초프에게 전적인 책임을 돌렸다. 우유부단한 면모, 요리조리 빠져나가는 미꾸라지 성향 그리고 자신이 해방하고자 했던 대중에 대한 불신이 제국의 붕괴를 불렀다는 것이다. 실제로 고르바초프는 한 번도 국민 투표를 받아들이지 않을 만큼 대중을 믿지 않았다. 보리스 옐친이 1991년에 과감하게 국민 투표를 시행해서 57퍼센트의 득표율로 러시아 공화국 대통령으로 선출된 것과 대비되는 부분이다.

옐친은 고르바초프가 직접 발탁한 인물이었다. 고르바초프는 당의 부패를 없애기 위해 그전까지 별로 알려지지 않았던 옐친을 모스크바 시당위원회 1서기로 전격 승진시켰다. 옐친은 기회를 놓치지 않았다. 대중적 평판이 좋지 않은 부패한 당 간부들을 일거에 몰아냈고, 물건을 사기 위해 길게 줄을 늘어선

---

[*] 소련 붕괴 후 그의 고향인 그루지야공화국(현 조지아 공화국)의 대통령이 되었으나 2003년 장미혁명으로 대통령 자리에서 물러났다.

일반인들 틈에 끼여 친근하게 웃기도 하고 정부를 욕하기도 하면서 대중적 이미지를 구축해 나갔다. 한마디로 정치를 아는 인물이었다. 또한 쿠데타가 일어나자 그것을 결정적인 반전의 기회로 삼기도 했다. 과감하게 결단을 내려 쿠데타를 진압했고, 공식 석상에서 고르바초프를 웃음거리로 만들었으며, 쿠데타를 계기로 소비에트 연방의 해체를 적극 밀어붙였다. 반면에 연방 해체는 경쟁 관계였던 고르바초프에게는 재앙이었다. 고르바초프는 제국의 해체를 막기에는 역부족이었고, 옐친의 예민한 정치적 후각과 교묘한 전술을 당해 낼 재주도 없는 사람이었다.

  그런 사람이 지난 6년 동안 어떻게 거대한 관료 기구와 맞서 그렇게 힘든 과업을 성취해 냈을까? 그저 놀라울 따름이다. 고르바초프는 공룡처럼 비대해진 소련 공산당에 정면으로 맞섰고, 70년 전부터 오랜 관행처럼 내려온 당 간부의 특권을 과감하게 박탈했으며, 그런 와중에도 군부를 손아귀에 꽉 틀어쥐고 있었다. 이것은 셰바르드나제가 고르바초프의 결점으로 지적한 미꾸라지 성향이 있었기에 가능한 일이었다. 『타임』지가 "계산된 무질서의 관리자"라고 찬사를 보낸 것도 같은 맥락이었다. 훗날 고르바초프는 이렇게 썼다.

> 나는 항상 대립과 갈등을 극단적으로 해결하는 방법은 피하려고 했다.

  어떻게든 피를 흘리는 일은 막고자 했던 것이다. 그는 결과적으로 그것을 이루어 냈다.

아마 소비에트 연방은 고르바초프가 아니었더라도 언젠가는 붕괴되었을 것이다. 물론 시간상으로는 상당히 늦추어졌겠지만 말이다. 그 과정에서도 심각한 내홍을 겪거나 강대국들끼리 무력 충돌을 벌였을지 모른다. 어쨌든 고르바초프라는 사람이 있었기에 소련 주민들을 포함해서 전 세계인들은 끔찍한 유혈 사태를 피할 수 있었다.

고르바초프는 글라스노스트와 페레스트로이카를 통해 썩은 물처럼 정체되어 있던 소비에트 체제를 부숴 버렸다. 다른 사람이라면 과연 그 일을 해낼 수 있었을지는 미지수다. 미국의 러시아 전문가 로버트 콘퀘스트Robert Conquest는 고르바초프에 대해 이렇게 말했다.

"그는 외줄타기 곡예를 하면서 동시에 사자들을 조련하고자 했던 사람이다."

적기를 놓치고 뒤늦게 개혁을 시행하려면 엄청난 힘과 용기가 필요하다. 고르바초프 자신도 그것을 잘 알고 있었다. 그는 마지막으로 텔레비전에 나와 사퇴 의사를 밝히면서 이렇게 말했다.

> 개혁이란 파충류 껍질처럼 단단한 국가·당·경제 시스템의 극심한 저항을 이겨 내야 할 뿐 아니라 우리들의 습관, 이데올로기적 선입견, 독선과 아집 그리고 무사 안일한 생활 태도와 싸우는 것입니다.

그가 훗날 자책했던 것은 단 한 가지였다. 인민학교 시절에 가입했던 공산당에 너무 깊이 마음을 주는 바람에 공산당의 개혁성을 철석같이 믿었다는 사실이다. 그는 공산당의 체질부터 철저히 바꿔야 했으나 그렇게 하지 않았다. 오히려 2001년 8월 한 인터뷰에서 레닌을 세계사에서 가장 중요한 인물로 주저 없이 꼽았다. 자신의 저서에서도 줄곧 10월 혁명과 사회주의의 업적을 찬양했다.

고르바초프가 서구 사회에 측은한 인상을 주는 이유는 이것만이 아니다. 두 가지 이유가 더 있다. 보편적인 영웅담에 익숙한 우리는 승리자를 좋아한다. 그다음으로 좋아하는 것은 비록 좌절했지만 영웅적으로 스러져 간 인물들이다. 비열한 방법으로 살해된 지크프리트, 서서 죽을지언정 무릎은 꿇지 않았던 나폴레옹, 토이토부르거발트 전투에서 스스로 목숨을 끊은 로마의 바루스Varus 장군, 이들이 그 장본인이다.

승리자와 타협한 패배자들은 합리적이라는 소리는 들을 수 있겠지만, 강한 인상과 매력을 주지는 못한다. 고르바초프는 살아남았다. 그러나 러시아로부터 헌신짝처럼 버림받았을 뿐 아니라, 많은 사람으로부터 멸시받고, 대다수 사람의 기억 속에 잊힌 인물이 되었다.

두 번째 이유는 이렇다. 후세의 역사와 사후의 명성을 생각했다면 그는 이미지를 관리할 필요가 있었다. 그에게는 훗날 역사의 법정에서 당당하게 심판받을 기회가 있었다. 그러나 초라하게 자기의 입장이나 변명하는 책을 써 대는 바람에 오히려 그 기회를 놓치고 말았다. 게다가 1996년에는 러시아 대통령 후보로 나와 0.5퍼센트의 득표율밖에 거두지 못하는 수모를 당했다. 웃음거리를 자처한 꼴이었다.

고르바초프의 명성에 최악의 영향을 미친 것은 따로 있다. 서구에서 그는 돈벌이를 위해 강연이나 다니고, 제막식 행사에 불려 다니고, 기념식이나 축하 행사에 구색 갖추기용 하객으로 초청받는 사람 정도로 각인되었다는 사실이다. 추락도 이만한 추락이 없다. 로마 대사관 1등서기관을 지낸 프랑수아 샤토브리앙François Chateaubriand은 나폴레옹의 명성에 대해 이렇게 썼다.

"나폴레옹을 더욱 유명하게 만든 것은 영국인 승리자들이었다."

그들은 나폴레옹을 세인트헬레나섬으로 유배 보냄으로써 오히려 전설을 만들어 주었다. 죽을 때까지 한 마리 외로운 독수리처럼 대서양의 바위섬에 홀로 앉아 물끄러미 태양을 바라보는 나폴레옹의 모습은 사람들에게 신화를 만들어 주기에 충분했다. 샤토브리앙은 이렇게 묻는다. 그렇다면 승리자들의 원래 의도대로 나폴레옹의 사후 명성에 먹칠하기 위해서는 어떻게 해야 했을까? 무인도로 보내지 말고 진수성찬을 차려 놓은 향연에 초대해야 하지 않았을까?

고르바초프가 함부르크의 어느 대기업 구내식당에서 근엄하게 연설을 마친 뒤 귀빈석에서 극진히 시중받는 모습을 보면서 나폴레옹이 받았을지도 모를 향연을 떠올리는 것은 너무 과한 것일까? 어쨌든 그의 퇴임 이후 모습에서는 찾아보기 힘들지라도 그가 20세기를 움직인 인물이고, 수많은 사람을 압제와 굴레에서 해방한 사람이라는 사실은 잊어선 안 된다. 인류가 필요로 하는 패배자들은 저마다 특성이 있는 것이다.

승리를 사기당한 패배자들

8. 라이너 바르첼

코앞에서 총리 자리를 놓친 사람

바르첼은 누구인가? 국가적 행사가 있을 때마다 고령의 원로로서 묵묵히 자리만 지킬 뿐 누구와도 거의 이야기를 나누지 않는 사람이 아니던가? 한물간 정치인에다 패배자들의 살아 있는 기념물이 아니던가? 또한 불법은 다른 사람이 저질렀는데도 정작 좌절은 그 자신이 맛보아야 했던 인물이 아니던가?

맞다. 바르첼은 그런 인물로, 1972년 4월에 독일 총리까지 될 뻔한 사람이었다. 만일 의원 두 명이 돈에 매수되어 반대표만 던지지 않았더라면 말이다. 그중 한 명은 동베를린으로부터 돈을 받은 것이 분명히 드러났다. 다른 한 명은 누구로부터 돈을 받았는지 아직 명확하게 밝혀지지 않았다. 다만 추측만 무성할 뿐이다. 그렇게 귀신같이 의원을 매수해서 사민당의 브란트Brandt 정권을 구해 낸 것은 누구였을까? 슈타지Stasi(동독의 국가안전부)였을까, 아니면 사민당SPD(독일사회민주당)이었을까? 판단은 각자의 몫이다.

당시 독일의 정치를 좌우한 것이 슈타지였다는 사실은 오늘날까지도 퍽 눈길을 끈다. 또한 1972년의 실패가 바르첼이 공개적으로 겪어야 했던 다섯 번의 패배 가운데 하나일 뿐이라는 사실도 이채롭다. 그러니까 그는 보통 사람들보다 훨씬 더 많은 좌절을 경험한 것이다. 이것이 라이너 칸디두스 바르첼Rainer Candidus Barzel(1924~2006)이 흥미를 끄는 이유이기도 하다. 물론 그가 집권했더라면 서독이 한층 더 멋지고 성공적이고 행복한 나라가 되었으리라는 보장은 할 수 없지만 말이다.

그러나 그가 매우 지성적인 인물이었다는 건 사실이다. 1924년 동프로이센에서 태어나 제2차 세계 대전 중에 공군 소위로 복무한 바르첼은 여느 정치인에 비해 훨씬 정직하고 합리적이었으며, 당파를 초월해서 믿을 만한 사람으로 평가받았다. 그러나 자신의 이런 장점을 일반 대중에게 알리는 데는 성공하지 못했다. 아니, 심지어 자신의 당으로부터도 사랑받지 못했다.

바르첼은 1955년 노르트라인베스트팔렌주의 주지사 카를 아르놀트Karl Arnold의 보좌관으로 정치에 입문하였다. 당시 그는 주로 주지사의 연설문을 작성하는 일을 맡았다. 1957년에는 기민당CDU(기독교민주연합) 의원으로 연방의회에 입성하여 이후 30년 동안 의원직을 유지했다. 1960년에는 서른여섯 나이에 벌써 기민당 당의장으로 승진했다. 또한 1961년에는 네 번이나 총리를 연임한 여든다섯의 콘라트 아데나워Konrad Adenauer의 눈에 띄어 앞으로 기민당이 나아가야 할 방향과 청사진을 그려 보라는 주문을 받았다.

바르첼은 1962년 부활절 무렵에 기민당의 전망에 관한 보고서를 제출했다. 거기에는 이런 내용이 적혀 있었다.

앞으로는 히틀러와 전쟁 그리고 궁핍을 경험하지 않았고, 복지를 지극히 당연한 것으로 여기는 신세대가 사회의 주류가 될 것이다. 종교적 관심은 뒷전으로 밀리고, 권위는 더 이상 먹혀들지 않으며, 원자력 시대와 자동화 시스템이 새로운 조건들을 만들어 내고, 일보다는 자유가 더 중요해지는 시대가 올 것이다.

이것은 아주 날카로운 진단이었지만, 공개된 보고서에는 그 해법이 담겨 있지 않았다.

같은 해에 아데나워 총리는 바르첼을 '전독일문제성'* 장관에 임명했다. 이 직책을 맡은 이상 바르첼도 더 이상 공산주의와 동독을 증오하고 적대시하는 입장에 서지 않았다. 그전까지는 '자유수호투쟁연맹' 의장으로서 미국의 매카시McCarthy 상원의원에 뒤질세라 공산주의자를 색출하고 흑색선전에 앞장섰던 사람이다. 그런 그가 전독일문제성 장관이 된 뒤부터는 공산주의에 전향적인 정책을 폈다.

그러나 이전의 부정적 이미지는 영원히 그를 쫓아다녔다. 미끈한 얼굴과 약간 기름진 목소리도 대중적 이미지에는 걸림돌이었다. 심지어 그의 이름조차 '새의 둔부'**와 발음이 비슷하다는 이유로 개그와 코미디의 소재로 희화화되었다.

바르첼은 연방의회 전독일문제성 분과위원회에서 야당인 사민당의 헤르베르트 베너Herbert Wehner 간사와 긴밀하게 협력했다. 동독 변호사들과 은밀히 접촉해서 동독 정치범들의 석방을

* 나중에 '내독관계성'으로 이름이 바뀌는데, 우리나라의 통일부에 해당한다.
** 독일어로 뷔르첼Bürzel

위해 노력한 것이다. 또한 1966년에는 뉴욕의 독일문제위원회에서 동서 간의 긴장 완화 정책에 찬동하는 발언을 하기도 했다. 이것은 사민당의 당론에 근접하는 정책으로, 기민기사연정의 여론과는 동떨어진 것이었다. 그러나 그는 '행동하지 않는 자는 뒤처질 수밖에 없다'는 지론을 앞세워 자기의 입장을 고수했다.

바르첼은 1964년부터 서독에서 가장 정치적 영향력이 큰 직책 가운데 하나인 기민기사연정의 원내대표를 맡았다. 그 이후 1966년 11월 루트비히 에르하르트Ludwig Erhard 총리가 실각하자 그는 기민기사연합과 자민당FDP(독일자유민주당)으로 구성된 연정의 총리가 될 수 있으리라는 희망을 품었다. 그러나 연정이 기민기사연합과 사민당의 대연정으로 결정되면서 총리 자리도 결국 같은 당의 쿠르트 게오르크 키징거K. G. Kiesinger에게 돌아가고 말았다. 이것이 바르첼이 자신의 인생에서 맛본 첫 실패였다. 그러나 이 첫 실패는 여기서 끝나지 않았다.

대연정 3년 동안 바르첼은 사민당의 헬무트 슈미트Helmut Schmidt 원내대표와 협력해서 삐걱거리기 쉬운 좌우 동거 정부가 큰 잡음 없이 돌아갈 수 있도록 각고의 노력을 기울였다. 2001년 그는 당시를 회고하며 이렇게 썼다. 아마 1972년에 매수 사건만 없었더라면 자신이 집권했을 거라고. 헬무트 슈미트는 2004년 텔레비전 방송과 가진 인터뷰에서 바르첼을 가리켜 "믿을 수 있는 친구"라고 부르며 친근감을 표시했다.

1968년 학생 운동 지도자 루디 두치케Rudi Dutschke가 극우파 청년에게 암살당하자 바르첼은 재야 세력과도 대화를 모색해야 한다고 역설했다. 이것은 키징거 총리와 기사당CSU(기독교사회연합) 당수 프란츠 요제프 슈트라우스Franz Josef Strauß의 의견과 상충하는 것이었다.

1969년 연방의회 선거에서 기민기사연합이 단독으로 과반에 미치지 못했지만 또다시 다수당으로 결정되면서 키징거의 총리 연임은 정해진 사실처럼 비쳤다. 그래서 키징거는 바르첼에게 새로 구성될 내각의 외무 장관을 제의했다.

그런데 당시 연립 정부의 외무 장관직을 맡고 있던 사민당의 빌리 브란트Willy Brandt 당수는 키징거를 교묘하게 속여 자민당과 연정을 구성했다. 장차 폴란드 및 소련과 화해 정책을 추진해 나가려면 자민당과 연정을 해야 한다는 것이 대외적인 명분이었다. 기사당과 기민당 일부, 그리고 폴란드와 소련에 고향을 둔 실향민들은 이러한 화해 정책이 독일의 옛 영토를 완전히 포기하는 행위라며 강력히 비난하고 나섰다. 브란트의 연립 정권은 과반을 두 석밖에 넘지 않았다. 2년 반 뒤에 야당 의원 두 명을 매수하지 않았더라면 실각으로 이어질 뻔했을 정도로 허약했다.

1971년 10월 여전히 기민기사연합의 원내대표직을 맡고 있던 바르첼은—이제는 야당의 대변인까지 겸직하고 있었다—키징거의 사퇴로 치러진 기민당 의장 선거에서 라인란트팔츠의 주지사 헬무트 콜Helmut Kohl에게 큰 표 차(344:174)로 승리를 거두었다. 바르첼은 30년 뒤 이렇게 썼다.

"콜은 당시 나에게 당한 패배를 영원히 용서하지 않았다."

그 무렵 사민-자민 연정에 빨간불이 켜지기 시작했다. 자민당 의원 세 명이 탈당해 버린 것이다. 이로써 여당과 야당의 의석 차이는 254 대 242에서 251 대 245로 줄어 버렸다. 고작 여섯 석 차이였다. 탈당한 세 명의 의원은 자민당 내에서도 우파에 속하는 정치인들로, 연립 정부의 동방 정책*에 반감을 품고 있었다. 그런데 1972년 1월에는 사민당 의원까지 기민당으로 넘어가는 사태가 발생했다. 슐레지엔** 반환 운동 단체의 회장직을 맡고 있던 헤르베르트 후프카Herbert Hupka 의원이 그 주인공이었다. 이로써 연정에 위험 신호가 켜졌다.

그로부터 3개월 뒤, 그러니까 1972년 4월에 사태가 급격히 악화되었다. 두 명의 자민당 의원이 비공개적으로 바르첼을 지지하겠다고 약속한 것이다. 이제 의석수는 248 대 248로 같았다. 브란트 정권의 존립이 위태로워졌다. 4월 22일 니더작센주의 빌헬름 헬름스Wilhelm Helms 의원이 자민당을 탈당했다. 이제 바르첼은 249표, 브란트는 247표로 역전이었다. 4월 23일 바덴뷔르템베르크 지방 선거에서 기민당이 압도적인 승리를 거두었다. 4월 24일 기민당 지도부 회의에서 당대표와 원내대표를 겸직하고 있던 바르첼이 사흘 뒤 현직 총리에 대해 건설적 불신임안을 제출하겠다고 예고했다. 그러나 지도부에 속한 세 명의 의원이 반대 의사를 표했다. 그 가운데에는 나중에 연방 대통령에 오르게 되는 리하르트 폰 바이츠제커Richard von Weizäcker도 포함되어 있었다.

같은 날 소련 대사관 참사관이 바이츠제커를 방문해서 그의 용기 있는 행동에 경의를 표했다. 그러자 바이츠제커도 소련의 놀라운 정보력에 경탄을 금치 못하며 그 외교관의 건투를 빌었다고 한다. 이 일화는 소련 정부가 브란트 정권과 동방 정책의

---

* 독일이 통일되기 전 서독이 소련 및 동유럽 국가들과 외교 관계를 정상화하기 위해 취한 정책
** 폴란드와 독일 사이의 영토 분쟁 지역

운명에 대해 얼마나 지대한 관심이 있었는지를 보여 준다. 그러나 브란트 정부가 직접 자신들의 운명을 조작하고 나서리라고는 아직 아무도 모르고 있었다.

그사이 바르첼은 승리에 대한 지나친 확신을 경계하고 나섰다. 자민당 의원 두 명이 밝힌 지지 의사는 비공개였을 뿐 아니라 총리 선거는 비밀 투표이기 때문에 막상 뚜껑을 열어 봐야 알 수 있다는 것이다. 국가 대사의 향방이 한 표에 걸려 있다는 사실은 쌍방 모두에게 피를 말리는 일이었다. 그렇다고 자민당이 사민당과의 연정을 파기하고 자신들에게로 넘어올 것 같지는 않았다. 그렇다면 자민당 의원 여섯 명이 바르첼을 지지하고 나선 마당에 자민당의 분당 사태 같은 것을 기대해 볼 수는 없었을까? 정치 도의상으로는 있을 수 없는 일이지만 상황이 상황이니만큼 그런 기대도 해 봄 직했다.

어쨌든 이런저런 기대 속에 기민당은 어느 정도 선거를 낙관하고 있었다. 투표 결과가 확정되면 이틀 뒤에 차기 외무 장관으로 내정된 게르하르트 슈뢰더Gerhard Schröder(나중에 총리가 된 사민당의 슈뢰더와는 이름만 같을 뿐 다른 사람이다)를 모스크바로 보낼 비행기표까지 예약해 두었다. 슈뢰더 차기 외무 장관 내정자는 소련 수뇌부에 바르첼의 대외 정책 기조를 설명할 예정이었다. 그 핵심 내용은 이랬다. 교체된 독일 정부 역시 원칙적으로는 지난 정부가 추진해 온 '동구권 협정 정책'*에 동의한다. 다만 그 전에 독일이 통일할 권리를 보장해 주어야 한다는 것이다.

* 브란트 정부가 협정을 통해 동구권(폴란드, 루마니아, 헝가리, 알바니아, 불가리아 등 소련의 영향권에 들었던 동부 유럽 지역)과의 긴장 완화를 모색했던 정책

야당의 이런 분위기와는 달리 4월 27일 아침, 집권 여당의 분위기는 초상집을 방불케 했다. 사민당과 자민당 지도부는 부지런히 자당 의원들을 쫓아다니며 결속을 당부했고, 마지막 순간까지 희망을 버리지 않았다. 심지어 병석에 누워 있던 두 명의 의원까지 의회 본회의장으로 긴급 수송되었다. 한 사람은 휠체어를 타고, 다른 사람은 이동식 침대에 누운 채였다. 외무 장관이자 자민당 당수였던 발터 셸Walter Scheel은 불신임안 투표에 앞서 바르첼에게 이렇게 간곡히 호소했다.

> 바르첼 의원님, 제발 불신임안을 철회해 주시기 바랍니다! 정치적 신뢰를 헌신짝처럼 내던진 몇몇 탈당 의원들의 힘을 빌려 새 정부를 구성하려는 것은 이 나라와 의원님 자신을 불행하게 만드는 일입니다!

비밀 투표였던 까닭에 의원들은 한 사람씩 차례로 기표소로 들어갔다. 그 때문에 투표 시간은 상당히 오래 걸렸다. 생중계로 방송되던 텔레비전 시청률이 월드컵 축구 결승전만큼이나 높았다. 많은 공장과 사무실에서는 사람들이 죄다 일손을 놓고 텔레비전 앞에 모여 있었다. 그리고 상당수 노조는 만일 브란트가 실각하면 경고성 파업에 돌입하기로 예고한 상태였다.

여당 의원들은 대부분 투표에 나서지 않고 본회의장 밖에 있거나 아니면 자리에 그냥 앉아 있었다. 1969년부터 사민당 원내대표직을 맡고 있던 헤르베르트 베너의 지시에 따른 것이었는데, 아예 투표에 참여하지 않는 것만큼 바르첼에 투표하지 않았다는 명백한 증거는 없었기 때문이다. 반면에 바르첼은 헬름스 의원이 자민당을 탈당한 이후 양당 간의 팽팽한 접전이 무너지고 자신이 과반, 즉 249표를 얻을 수 있다고 철석같이 믿고 있었다.

아직 집계가 끝나지 않았을 때였다. 한 의원이 브란트에게 다가가 무언가 귀엣말을 건넸다. 브란트의 얼굴 위로 일순간 놀라는 듯한 기색이 지나가더니 이내 승리를 확신하는 미소가 번지고 있었다. 2분 뒤 의장이 결과를 발표했다. 바르첼이 247표를 얻은 것이다. 이렇게 해서 두 표 차이로 현직 총리 불신임안이 부결되었다.

순간 의사당과 사무실, 공장과 거리는 환호와 울음소리로 뒤범벅이 되었다. 여당 의원들은 부둥켜안고 눈물을 흘리며 브란트 총리를 다시 의사당 내의 국무위원석으로 안내했다. 반면에 바르첼은 어떤 표정을 짓고 있었을까? 패배자의 모습을 놓칠 텔레비전 카메라가 아니었다. 바르첼은 혼자 묵묵히 앉아 있었다. 간혹 믿을 수 없다는 듯이 고개만 젓고 있을 뿐이었다.

두 표의 반란! 누가 배신했을까? 누가 다 된 밥에 재를 뿌린 것일까? 『슈피겔*Spiegel*』은 브란트의 승리가 확정된 뒤 바로 인쇄한 잡지에서 투표 과정에 모종의 흑막이 있었음을 시사했다. 어쩌면 이러한 부패 의혹은 바르첼에게 새로운 기회가 될지도 몰랐다. 그러나 현실은 그렇지 않았다. 부패와 부정은 브란트보다 오히려 바르첼에게 짐이 되었다. 두 명의 변절자가 야당 내 인물이라는 것은 너무나 자명했기 때문이다. 결국 한 명은 13개월 뒤에, 다른 한 명은 27년 뒤에야 밝혀졌다.

슈투트가르트 출신의 기민당 의원 율리우스 슈타이너Julius Steiner는 의원직 외에는 별다른 직업이 없는 시시한 주정뱅이였다. 그런 그가 1973년 5월 『슈피겔』에 깜짝 선언을 했다. 사민당의 사무총장 카를 비난트Karl Wienand가 자신에게 5만 마르크를 주며 표를 매수했다는 것이었다. 비난트는 즉각 그 사실을 부인했다. 하지만 『슈피겔』은 비난트의 배후에 사민당이 있고, 지난번 총리 신임 투표가 도덕적인 불감증에 걸린 한 정당의 추악한 공작에 따라 진행되었다고 주장했다.

사민당 지도부가 이 사실을 사전에 알고 있었고, 그런 점에서 매수 행위를 승인한 것이나 다름없다는 주장에는 율리우스 슈타이너의 진술 외에 믿을 만한 단서가 두 개 더 있었다.

『슈테른Stern』의 비프케 브룬스 기자는 1998년에 이렇게 회고했다.

> 1973년 여름, 즉 슈타이너 의원에 관한 기사가 나온 직후였다. 총리의 노르웨이 별장에 초청받아 갔을 때, 브란트가 완곡한 어법으로 브룬스 기자에게 아주 깜짝 놀랄 만한 이야기를 했다. 도덕적으로 순수한 정치가 더러운 정치에 의해 내몰릴 위기에 처하게 되면 그 순수성을 지켜야 하는 사람들로서는 최악의 상황에 더러운 자들의 수법과 비슷한 방법을 써서라도 그 음모를 막아 낼 필요가 있다는 것이었다.

기자는 당시 이 이야기를 듣고 하도 어이가 없어 말문이 막혔다고 한다.

다른 단서는 사민당 내에서 나왔다. 사민당 원내대표였던 헤르베르트 베너는 1980년에 북부독일방송NDR 라디오 프로그램에 나와 예의 그 어눌한 어투로 당시의 사건을 이렇게 설명했다.

아니에요. 그건 더러운 짓이었어요. 여당의 원내대표라면 최소한 정권의 기반이 무너질지도 모르는 일과 관련해서는 그 내부 사정과 대책을 알고 있어야 합니다. 하지만 지도부라고 해서 모두 알아서는 안 되는 일이 있나 봅니다. 한 사람은 항상 바보가 되어야 했던 거죠. 그 바보가 항상 나였습니다.

그런데 이후 매수 주체를 두고 한바탕 소란이 벌어졌다. 1993년 동독의 해외첩보부 부장이었던 마르쿠스 볼프Markus Wolf가 율리우스 슈타이너 의원의 표를 5만 마르크에 매수한 것이 슈타지였다고 주장하고 나선 것이다. 『슈피겔』은 2000년 11월에 이 사실을 보도하면서 매수를 당한 또 다른 의원의 이름도 공개했다. 『슈피겔』에 따르면 연방검찰청이 2주 전에 연방헌법수호청에 그 사람의 이름을 통보했는데, 동베를린의 슈타지 지부에 매수된 사람은 레오 바그너Leo Wagner 의원이었다는 것이다. 바그너는 기민기사연합의 사무총장을 다년간 역임한 인물로, 1975년에는 당에 너무 많은 빚을 지워 사무총장직에서 물러났으며 1980년에는 사기 혐의로 유죄 판결을 받기도 했다.

이 두 의원, 그러니까 슈타이너와 바그너가 바르첼의 총리직을 도둑질한 장본인으로, 그에게 생애 다섯 번의 패배 가운데 가장 굴욕적이면서도 유명한 첫 패배를 안겼다. 이어진 네 번의 패배는 첫 번째에 비하면 오히려 일상적인 성격을 띠고 있었다. 즉 권력 지형의 변화와 자신이 맡고 있는 직책에 따라 어쩔 수 없이 희생자의 역할을 감수해야만 했던 것이다.

빌리 브란트 총리는 불신임안이 부결된 이튿날(4월 28일)부

바르첼은 독일 정치사에서 가장 크게 사기당한 인물이다. 1972년에 슈타지와 사민당이 두 명의 의원을 매수하지 않았더라면 독일의 수상이 되었을 것이다. 사진은 2000년에 찍은 모습이다.

터 시련을 겪기 시작했다. 정부 예산안이 247 대 247로 거부된 것이다. 그러자 의회를 해산하고 재선거를 시행해야 한다는 목소리가 나왔다. 그러나 자민당으로서는 재선거를 치러 봤자 좋은 결과를 예상하기 어려운 형편이었고, 기민기사연합으로서도 바르첼 외에 총리 후보로 내세울 만한 다른 인물이 없다는 점이 고민이었다. 게다가 많은 의원이 내심 재선거를 반대하고 있었다. 괜히 재선거를 실시해서 의원직을 잃으면 자기만 손해였기 때문이다.

게다가 어차피 중요한 문제는 '동구권 협정 정책'이었다. 브란트는 바르첼에게 협조를 요청했고, 바르첼은 기민당에 동의해 줄 것을 제안했다. 바르첼의 구호는 이랬다. 동구권 협정 정책을 좌절시켜서는 안 된다. 다만 몇몇 문구를 수정해서 야당이 우려하는 내용을 분명히 담자는 것이다. 9월 1일 마침내 3당 간사는 야당의 요구를 반영한 결의안을 채택했다. 이 결의안은 모스크바에서 맺은 협정과 함께 의회에 제출되었다. 결의안 내용은 다음과 같았다.

> 이 협정은 앞으로 있을 평화 협정을 대신하지 않는다.
> 이 협정은 독일인들의 자결권과 독일의 통일 권리를 침해하지 않는다.

사민당의 협상 창구였던 에곤 바르Egon Bahr는 무엇보다 이 마지막 조항만큼은 막으려고 애썼지만 결국 야당의 압력에 밀려 뜻을 포기하고 말았다.

이것은 바르첼의 승리이자 기민기사연합의 승리였다. 바르첼은 기민당 당수로서 결의안을 승인했다. 그러나 연합정파인 기사당의 강력한 반발에 부딪혔다. 기사당 당수 슈트라우스는 기민기사연합이 투표에서 기권하지 않으면 기사당만이라도 반대에 나서겠다고 주장했다. 결국 바르첼은 슈트라우스의 요구를 받아들여 기권을 당론으로 채택했다. 이로써 동구권 협정 정책은 무사히 의회를 통과했지만, 바르첼은 언론으로부터 슈트라우스의 손에 놀아난 꼭두각시로 명명되었다.

1972년 9월 20일 브란트는 자신의 신임 문제를 다시 의회 표결에 붙였다. 그런데 이번에는 계획적으로 투표에 져서 줄곧 연기돼 온 재선거의 길이 열리게 되었다. 재선거 일정은 11월 19일로 잡혔다. 바르첼과 브란트의 대결이 2회전으로 접어든 것이다.

바르첼은 상대 후보에 비해 네 가지 이상의 약점을 안고 있었고, 유권자들은 대부분 그것을 알고 있었다. 우선 그는 대중적 인기가 높은 브란트를 실각시키려고 했지만, 오히려 자신이 패배하고 만 사람이었다. 사람들은 그런 패배자를 좋아하지 않는다. 또한 바르첼은 동구권 협정 정책에 적극 참여하여 협정 내용을 개선하는 활약을 보였지만 그런 노력조차도 정당한 평가를 받지 못했다. 슈트라우스의 압력에 밀려 이리저리 끌려다닌 것처럼 비쳤기 때문이다.

마지막으로 바르첼은 빌리 브란트와 비교하면 인간적인 매력이나 정치적 카리스마가 부족한 사람이었다. 브란트는 선거기간 내내 수많은 유명 인사로부터 공개적인 지지를 끌어내고, 종교계로부터도 열띤 호응을 얻어 냈다. 이전의 총리나 총리 후보들에게서는 찾아보기 힘든 폭발적인 인기였다. 게다가 자민당 당수 발터 셸은 또다시 바르첼에게 독설을 퍼부으며 사람들의 뇌리에 부정적인 이미지를 심어 주는 데 한몫했다.

"만일 바르첼이 정권을 잡게 된다면 그것은 아마 로마의 칼리굴라 황제가 자신의 애마를 총독에 임명한 이래 가장 최악의 정부가 될 게 뻔하다!"

이렇게 해서 사민당은 45.9퍼센트의 득표율을 기록하면서 1932년 이후 처음으로 연방의회에서 제1당이 되었다. 또한 자민당도 함께 약진하면서 브란트는 이제 좀 더 안정적인 상태에서 정권을 꾸려 나갈 수 있게 되었다. 헬무트 슈미트가 그의 자리를 이어받을 때(1974년)까지 말이다. 반면에 바르첼은 44.8퍼센트의 표를 얻었다. 그 자체로는 1969년 키징거가 총리 후보로 나왔을 때보다 불과 1.3퍼센트밖에 줄지 않았다. 따라서 이 결과 하나로만 보자면 결코 부진한 성적이 아니었고, 바르첼이 비난받을 이유는 없을 것처럼 보였다. 그러나 기민기사연합으로부터 뭇매가 쏟아졌다. 두 번의 패배 모두 그에게 책임이 있다는 것이었다. 특히 기사당 내에서 비난의 목소리가 더 컸다. 그가 기사당의 반대를 무릅쓰고 동방 정책에 유화적으로 대응한 것이 주요 패인이었다는 것이다.

선거 패배의 여파는 1973년까지 이어졌다. 바르첼은 헬무트 콜에게 기민당 당수 자리를 내주어야 했고(세번째 패배), 기민기사연합의 원내대표직에서까지 물러나야 했다(네번째 패배). 당내에서 퍼붓는 공격에 지칠 대로 지쳤을 뿐 아니라, 슈트라우스의 재촉에 밀려 당이 동서독의 유엔 동시 가입에 반대 투표를 했기 때문이다. 그의 후임자는 나중에 연방 대통령이 된 카를 카르스텐스Karl Carstens였다.

이후 바르첼은 합동 변호사 사무실에 들어간다. 1977년에는 외동딸이 자살하고, 1980년에는 첫 번째 부인이 암으로 죽는다. 하지만 그의 정치 경력은 아직 끝나지 않았다. 그는 1980년부터 1982년까지 연방의회의 외교상임위원회 위원장직을 맡는다. 1982년에는 사민당의 슈미트를 누르고 새로운 총리가 된 헬무트 콜이 그를 다시 한번 내독관계성(전독일문제성) 장관에 임명한다. 이어 1983년에는 콜이 보수 중도 정치를 표방하면서 야당에 압승을 거둔 뒤 자신의 숙적 바르첼을 연방의회 의장에 추대한다. 의전상으로는 국가 서열 2위가 된 것이다. 바르첼은 이 직책을 상당히 즐긴 것처럼 보인다. 나중에 콜이 다시 선거에서 승리를 거둔 뒤 국회에서 총리 선서를 할 때 두 사람은 모종의 시선을 주고받는다. 내밀한 숙적들끼리만 아는 적의의 시선이었다.

1984년 이제 환갑이 된 바르첼은 마지막 관직에서도 물러나야 했다(다섯 번째이자 마지막 패배). 그가 1973년부터 1982년까지 활동했던 변호사 사무실이 '정당 기부금 스캔들'과 관련해서 플리크 콘체른Flick Kozern 기업의 탈세를 도왔다는 뒷말이 나돌았기 때문이다. 기민기사연합은 바르첼에게 사퇴를 권고했다. 그의 뒤를 이어 연방의회 의장에 오른 필립 예닝거Philipp Jenninger가 나중에 바르첼에 대한 연류설이 근거 없는 것이라며 공식 선언한 것이 그나마 위안이 되었을지 모른다. 하지만 이미 그때는 그의 정치생명이 끝나 있었다. 1987년 그는 마침내 30년간의 의정 생활을 접고 정계에서 은퇴했다.

이후 바르첼은 일곱 권의 책을 썼다. 한 권은 동프로이센에 관한 것이었고, 다른 것들은 정치와 관련된 내용이거나 회고록이었다. 그중에는 『과감한 인생 Ein gewagtes Leben』이라는 제목의 자서전도 있었는데, 지나치게 격정적인 데다가 부분적으로 사실을 미화하기에 급급했다는 지적이 무성했다. 1979년에는 싱겁게도 『용지 Das Formular』라는 제목의 소설도 발표했는데, 짓궂은 언론들은 헛배가 부른 주인공의 모습만 인용할 뿐 전혀 관심을 두지 않았다.

바르첼은 지지리도 운이 없는 인생이었다. 사기를 당해 승리를 놓친 뒤부터는 좌절과 패배의 연속이었다. 어쩌면 정치적 풍향에 대한 후각이 둔하거나, 슈트라우스나 콜처럼 권력 의지의 비정함이 없어서인지 모른다. 아니면 원래 대중의 공감과 동정을 이끌어 낼 만한 성품이 아니었기 때문일 수도 있다.

그러나 빌리 브란트의 말처럼 더러운 정치를 막기 위해 그를 역사에서 몰아낼 수밖에 없었다는 것은 패배자를 또 한 번 짓밟는 비열한 변명일 뿐이다.

9. 앨 고어

선거에 이기고도 대통령이 되지 못한 사람

폭력, 사기, 매수 같은 수법으로 권력을 잡는 경우는 지구상에서 드문 일이 아니다. 하지만 조지 부시George W. Bush가 2000년 12월 미국의 대통령에 당선된 것은 참으로 웃기지도 않는 한 편의 코미디였다. 어떤 다른 나라보다도 국민의 뜻과 민주주의 원칙에 충실하기로 유명한 미국이라는 나라가 바로 그 민주주의 때문에 세계의 웃음거리가 된 것이다.

부시는 우선 537표를 더 얻었다는 선거 당국의 발표와 함께 승리를 낚아챘다. 여기서 537표는 전체 유권자의 0.000005퍼센트에 불과하다. 둘째, 이 표 차이조차 사기일 가능성이 아주 농후하다. 셋째, 부시의 승리는 결국 미연방 대법원 투표에서 부시의 손을 들어 준 한 판사의 표에 의해 결정되었다. 이 판사의 결정으로 부시 진영의 음모에 정의로운 법의 심판이라는 외피가 입혀진 것이다.

이제껏 선진 민주주의 국가의 자유선거에서 앨 고어Al Gore

(1948~)만큼 그렇게 처절하게 기만당한 패배자는 없었다. 정작 선거에서는 이겨 놓고 말이다. 고어는 인물면에서는 분명 역사의 관심을 끌 만한 축에 들지 않는다. 그러나 합법적인 승리자인 것으로 보이는 사람을 갑자기 패배의 나락으로 떨어뜨린 미국의 메커니즘에 대해서는 충분히 연구해 볼 가치가 있을 듯하다. 헤겔의 주장처럼 '세계정신'의 일꾼이 역사를 만들어 나간다고 믿는 사람이라면 그 세계정신이—그것이 있다고 가정한다면—2억 8천만 미국인들 가운데 하필 조지 부시 같은 사람을 일꾼으로 쓰기 위해 동원한 지저분한 수단들에 대해 놀라움을 금치 못할 것이다.

2000년 11월 7일 화요일, 1억 300만 명의 미국인들이 자신들의 대통령을 뽑기 위해 투표소로 향했다. 선거는 처음부터 고어와 부시 두 사람의 대결이었다. 앨 고어는 민주당 후보로서 빌 클린턴Bill Clinton 정부에서 부통령을 지냈고, 부시는 공화당 후보로서 텍사스 주지사를 지냈으며, 1989년부터 1993년까지 미국 대통령을 역임한 조지 부시의 아들이기도 했다.

처음부터 숨 막히는 접전이 예상된 선거였다. 전문가들의 일반적인 평가에 따르자면 부시는 지력이 좀 떨어지는 인물인 데 반해 고어는 무척 이지적이지만 인간적인 매력이 느껴지지 않는 인물이었다. 고어가 대중적으로 인기가 높은 클린턴 대통령을 선거 운동에서 배제한 것도 실수였다. 아마 백악관에서 인턴 여직원과 행한 부적절한 관계가 고어에게 오히려 부정적으로 작용하지 않을까 염려했기 때문으로 보인다.

동부 시간으로 수요일 새벽 2시 45분, 텔레비전 방송은 부시를 승리자로 선언했다. 고어는 부시에게 전화를 걸어 축하 인사를 건넨 뒤 자신의 패배를 인정하는 대국민 연설문 작성에 돌입했다.

새벽 4시 15분, 텔레비전 방송은 좀 전에 했던 발표를 철회한다면서 아직 선거 결과는 확정되지 않았다고 밝혔다. 고어는 다시 부시에게 전화를 걸어 유감의 뜻과 함께 당선 축하 인사를 취소했다.

아침 8시, 고어가 앞서 나가고 있었다. 고어는 260명, 부시는 246명의 선거인단을 확보했다는 발표가 나왔다. 마지막 남은 곳은 25명의 선거인단이 배정된 플로리다주였다. 차기 대통령의 향배는 이 주의 선거 결과에 달려 있었다.

미국의 대통령 선거 제도는 아주 묘하다. 유권자가 대통령을 직접 뽑는 것이 아니라 각 주에 배정된 선거인단이 대통령을 선출하는 방식이다. 선거인단은 자신들의 주에서 0.1퍼센트라도 더 얻은 후보에게 표를 전부 몰아준다. 이런 방식 때문에 1984년 로널드 레이건은 총 59퍼센트의 득표율에 선거인단을 무려 525명이나 확보할 수 있었다. 반면에 민주당의 월터 먼데일Walter Mondale 후보는 41퍼센트의 지지를 얻고도 13명의 선거인단밖에 확보하지 못했다.

이번에는 민주당 후보인 고어가 총득표율에서 분명히 앞섰다. 최종 집계 결과 33만 8천 표를 더 얻은 것으로 확인됐기 때문이다. 이것은 1960년 존 F. 케네디 후보가 리처드 닉슨Richard Nixon 후보를 눌렀던 것보다 세 배나 많은 표 차이였다.

그러나 이제 승리는 오로지 플로리다주의 선거에 달려 있었다. 여기서 한 표라도 더 얻는 사람이 선거인단을 독식해서 최

앨 고어는 많은 사람을 자기편으로 끌어들이는 설득력과 치열함이 부족한 후보였다. 그런데도 2001년 미국의 새 대통령이 될 수 있었지만, 부시의 기습적인 대법원 제소와 한 사람의 대법관에 의해 꿈을 접어야 했다.

후의 승리자로 결정되는 것이다. 수요일 플로리다주의 선관위는 부시가 최종적으로 327표 앞섰다고 공식 발표했다. 플로리다주에 600만, 미국 전체에 1억 300만의 유권자가 있는 것을 생각하면 한마디로 개미 뒷다리만큼도 안 되는 표 차이였다. 하지만 단 한 표의 차이라도 합법은 합법이었다. 단 투표와 검표 과정이 정상적으로 진행되었다고 신뢰할 수 있다면 말이다.

고어 진영으로서는 그 과정에 의구심을 품을 만한 충분한 이유가 있었다. 결국 고어 측은 플로리다주 선거법에 근거해서 수작업 재검표를 주장했다. 플로리다주의 선거법에 따르면 검표기로 최소한 1퍼센트의 표를 시험 집계해서 선거 결과에 영향을 미칠 수 있다고 판단되는 오류가 발생할 때에는 선거 후 7일 이내에 모든 후보가 수작업 재검표를 요구할 수 있다고 명시되어 있었다. 그런데 검표 과정에서 의혹만 있었던 것은 아니었다. 영국의 『가디언 The Guardian』은 플로리다주의 공화당 지지자들이 계획적으로 흑인들이 선거에 참여하지 못하도록 방해하거나 위협했다는 의혹을 제기했다.

고어의 참모들은 즉시 행동을 개시했다. 선거법에서 요구한 1퍼센트의 시험 검표를 기한 안에 마치려면 서둘러야 했다. 그들은 검표기가 읽어 내지 못한 투표용지에 주목했다. 플로리다주 유권자들은 천공기로 투표용지에 구멍을 뚫는 방식으로 투표했는데, 이때 구멍을 뚫은 부분이 투표지에서 떨어져 나가지 않았거나 그냥 꾹 누른 표시만 있는 경우에는 검표기가 제대로 읽어 내지 못했다(145쪽 글 상자 참조). 이것 역시 플로리다 주의 선거법에 분명히 명시되어 있었다. 만일 투표용지에서 투표자의 의사를 분명히 확인할 수 있다면 무효표로 간주해서는 안 된다는 것이다.

> **종잡을 수 없는 검표기**
>
> 검표기는 각 후보 옆에 뚫린 구멍을 보고 분류해 낸다. 그렇게 되면 투표용지를 일일이 손으로 셀 필요가 없다. 그런데 검표기는 투표용지에 구멍이 깨끗하게 난 경우에만 제대로 검표 기능을 수행한다. 만일 기술적 결함이 있거나 천공기를 너무 약하게 누르면 구멍 속의 종이가 떨어져 나가지 않고 누른 자국만 남거나(이 경우는 검표기가 읽지 못한다), 아니면 동그란 종잇조각이 구멍 속에 걸려 반쯤 너덜거리는 경우가 자주 발생했다. 이럴 경우 검표기는 이렇다 할 기준도 없이 어떤 때는 유효표로, 어떤 때는 무효표로 제멋대로 판정을 내렸다.
>
> 영국의 『가디언』은 공화당원이면서 플로리다주의 선관위원장직을 맡았던 캐서린 해리스Katherine Harris가 주로 흑인들이 많이 사는 지역에 낡고 고장이 잦은 검표기를 배치했다고 보도했다. 전통적으로 민주당 후보를 선호하는 흑인들의 표에서 무효가 많이 나오기를 기대한 셈이다. 민주당은 연방 대법원에서 검표기 고장률이 5퍼센트에 이른다며 이의를 제기했었다.

수백 표의 차이라면 승패는 얼마든지 재검표로 뒤집힐 수 있었다. 공화당으로서는 결사적으로 재검표를 저지할 수밖에 없었다. 그러나 플로리다의 선거법은 공화당의 요구를 들어주지 않았다. 결국 공화당은 워싱턴의 연방 대법원에 플로리다의 수

작업 재개표 중지를 요청했다. 공화당 측의 제소 이유는 이랬다. 투표용지에서 투표자의 명확한 의사를 확인하는 것은 주관적인 해석에 따라 다를 수밖에 없는데, 플로리다 선거법이 수작업 재검표를 허용한 것은 미국 헌법이 보장한 평등 원칙을 침해한다는 것이었다. 부시의 법정대리인들조차 뒤에서 입을 가리고 키득키득 웃을 정도로 너무나도 빈약한 논거였다.

선거 엿새 뒤인 11월 13일, 워싱턴에서 한 연방 대법원 판사가 공화당의 제소를 접수했다. 그런데 플로리다에서는 민주당원인 검찰총장과 선관위원장 캐서린 해리스 사이에 치열한 공박이 벌어지고 있었다. 해리스는 공화당원이었을 뿐 아니라 부시 선거 캠프에서 활동한 적이 있는 사람이었다. 해리스는 이렇게 주장했다. 어차피 재검표된 투표용지에서도 오류가 나올 수밖에 없다면 검표기 오류로 판명된 표들만 재검표를 하자.

그러나 검찰총장은 반대 의사를 분명히 밝혔다. 검표기가 유권자의 의사를 분명히 확인할 수 있는 투표용지까지 읽어 내지 못했을 가능성이 있으니 모든 표를 재검표할 필요가 있다는 것이다(아래의 글상자 참조).

헷갈리는 투표용지

플로리다주의 67개 선거구(카운티)는 투표용지를 자체적으로 제작할 수 있었다. 플로리다 선거법에 따르면 후보자의 이름 오른쪽 빈 칸에 'X'표를 치도록 투표용지를 만들어야 한다고 규정되어 있지만, 팜비치 선거구의 투표용지는 다른 곳과 달랐다. 중앙에 콩알만 한 10개의 검은 점들이 아래쪽으로 다닥다닥 붙어 있었다. 10명의 대통령 후보들(부통령 후보까지 합치면 모두 20명이다)에게 하나씩 해당하는 점들이었다.

10개의 검은 점을 중심축으로 해서 각각 10명의 이름이 좌우로 배치되어 있었다. 그런데 부시와 고어는 각각 왼쪽과 오른쪽에 같은 높이로 배치되어야 할 텐데, 그렇지 않고 왼쪽 한곳에 몰려 있었다. 게다가 고어의 자리는 부시와 체니Cheney(부시의 부통령 후보) 바로 밑이었다. 그러니까 위에서 세 번째였다. 유권자들에게 심리적으로 영향을 끼칠 의도가 아닐까 하는 의심이 들 정도로 퍽 이상한 배치였다.

그런데 고어에게 이보다 훨씬 더 불리하게 작용한 것이 있었다. 고어와 리버먼Liebermann(고어의 러닝메이트)의 이름이 쓰인 칸에는 공교롭게도 세 개의 점을 연결할 수 있었는데, 그중에서 가운데 점에 구멍을 뚫어야만 고어에게 표가 돌아갔다. 첫 번째 점은 오른쪽 첫 줄에 자리 잡은 팻 뷰캐넌Pat Buchanan 개혁당 후보의 것이었고, 세 번째 점은 뷰캐넌 후보 바로 밑에 위치한 사회주의 후보의 것이었다. 혼동을 줄이기 위해 미궁과도 같은 투표용지에 화살표로 고어에서 중간점으로 화살표가 표시되어 있었지만, 이런 시각적 장치도 유권자들이 실수로 다른 후보에 기표하는 것을 원천적으로 막을 수는 없었다. 유권자들은 평소 경험에 따라 이름과 점의 순서가 기본적으로 같을 것이라는 생각을 하고 있었기 때문이다.

이렇게 해서 후보와 구멍을 잘못 연결한 표가 최소한 9,869표나 나왔다. 이 9,869명의 유권자는 어디에다 구멍을 뚫어야 할지 몰라 헤매다가 결국 두 군데에다 구멍을 내고 말았는데, 모두 무효표로 처리되었다. 부시와 팻 뷰캐넌 양쪽에 구멍을 낸 표는 1,631표였고, 고어와 뷰캐넌 양쪽에 구멍을 낸 표는 5,330표였으며, 고어와 사회주의 후보 양쪽에 구멍을 낸 표는 2,908표였다.

일반적으로 부시와 뷰캐넌 양쪽에 구멍이 뚫린 투표용지는 부시의 표로 볼 수 있고, 고어와 다른 후보 양쪽에 구멍이 뚫린 투표용지는 고어의 표로 추정해도 무리가 없을 것이다. 그렇다면 부시는 1,631표밖에 잃지 않았지만, 고어는 8,238표의 손실을 보았다. 부시가 플로리다주에서 고어에 앞선 것으로 발표된 537표는 고어가 이중 기표로 잃은 표와 비교하면 15분의 1밖에 되지 않는다.

이중 기표의 수는 『팜비치 포스트 Palm Beach Post』가 조사한 것이다. 그런데 구멍은 정확하게 한 군데에 뚫었지만, 고어를 찍는다는 게 그만 잘못해서 뷰캐넌 칸에 구멍을 낸 유권자들의 표는 계산에 넣지 않았다. 아마 그런 표도 수없이 많을 것이다.

그런데 민주당은 투표용지 자체에 대해서는 공격할 수가 없었다. 그 도안을 디자인한 사람이 팜비치의 선관위원장으로, 민주당원이었기 때문이다. 그전에는 서너 명의 후보밖에 나오지 않아 문제가 되지 않았으나, 이번에는 10명의 후보가 출마하는 바람에 그만 이런 실수를 저지르게 된 것이다.

고어의 변호사는 플로리다주 대법원이 이 분쟁의 결론을 내릴 때까지 수작업 재검표를 중지하기로 합의했다고 선언했다. 그러자 고어를 지지하는 사람들은 절망했다. 이것이 선거 엿새 뒤의 일이었다. 캐서린 해리스는 하루만 더 지나면 플로리다주 선거법이 정한 시한에 따라 더 이상 수작업 재검표 결과를 받아들이지 않겠다고 공포했다.

11월 18일 선거 열하루 뒤였다. 그 사이 플로리다는 미국의 조롱을 받는 지역이 되었고, 미국은 그 특이한 선거 방식 때문에 세계의 웃음거리가 되고 있었다. 캐서린 해리스는 이날 지금까지의 재검표에 마침표를 찍고 최종 선거 결과를 발표하려고 했다. 그 사이 부시는 930표를 앞서고 있었다. 추가로 도착한 부재자 투표를 개표해 본 결과 표 차이가 더 벌어졌다는 것이다. 그러자 민주당은 부재자 투표 가운데에도 상당수가 공화당 선거 운동원들의 손에 의해 유효표로 둔갑했다고 주장했다.

플로리다주 대법원은 캐서린 해리스의 선거 결과 공포를 금지하며, 3일 뒤인 11월 21일 검표기의 오작동이 원인이든 유권자의 실수가 원인이든, 논란이 되는 모든 투표용지의 수를 조사할 것을 명령했다. 이로써 민주당은 12일간의 추가 시간을 얻게 되었다.

민주당 선거 운동원들은 즉시 수작업 재검표에 들어갔다. 이것이 두 번째 재검표 시도였다. 그들은 무엇보다 1만여 장의 무효표가 쏟아져 나온 마이애미 데이드 선거구에 집중했다.

11월 23일 플로리다는 완전히 아수라장으로 변했다. 공화당 과잉 충성파들의 소행인지, 아니면 공화당 선거 전략사무소의 지시를 받은 것인지는 모르겠지만, 돌격대를 방불케 하는 한 무리의 사람들이 난데없이 재검표가 진행 중이던 사무실의 문과 창문을 깨고 진입해서 재검표에 참여하던 사람들을 죄다 승강기 안으로 몰아넣은 것이다. 이튿날 『월 스트리트 저널 The Wall Street Journal』은 '부시 구하기에 나선 사람들의 자발적인 폭발'이라는 제목으로 환호했다. 『뉴욕 타임스』는 나중에 이때를 고비로 고어는 선거에 패배했다고 총평을 내렸다.

11월 24일 미국 연방 대법원은 5 대 4의 찬성으로 플로리다주 대법원의 재검표 속개 판결에 대한 공화당의 제소를 받아들여 심리에 착수하기로 했다. 소관 사항이 아니라는 이유로 각하 판결을 내릴 것으로 예측하던 법률가들의 대체적인 예상을 뒤집는 결정이었다.

11월 26일 캐서린 해리스 선관위원장이 마침내 정면 돌파를 시도했다. 조지 부시를 플로리다주 선거의 최종 승리자로 공포한 것이다. 이로써 미국의 새 대통령은 사실상 확정되었다. 플로리다 선관위의 계산으로는 부시의 537표 우세였다. 미 전역이 혼란으로 들썩였고, 플로리다주를 조롱하는 목소리는 점점 커졌으며, 민주당 간부들은 노골적으로 불만을 드러냈다. 심지어 아프리카 신문들조차 미국에 공정선거감시단을 파견할 용의가 있다는 말로 미국의 혼란스러운 선거 문화를 비꼬았다.

12월 3일 대통령 선거가 치러진 지 거의 한 달이 지난 시점이었다. 연방 대법원이 재검표 속개와 그 기간의 연장을 허락한 플로리다주 대법원의 결정에 대해 사실 관계를 재심사하라며 플로리다주로 돌려보냈다. 전문가들은 나중에 이것을 연방 대법원이 성가시기만 한 사건을 떨쳐 버리려는 시도로 해석했다. 사실 지금껏 미국 역사에서 법원이 대통령 선거를 결정한 적은 한 번도 없었다. 물론 1876년에도 비슷한 선거 결과로 혼란을 겪은 적이 있지만, 그때는 의회가 임명한 위원회가 8 대 7로 결과를 확정했다.

2000년 12월 8일 플로리다주 대법원은 연방 대법원의 재심리 결정을 존중하여 사실 관계를 재심사한 뒤 재판관 4 대 3의 표결로 이렇게 판시했다.

"마이애미 데이드 선거구에서 폭력적으로 중단된 재검표는 지체 없이 속행되어야 한다."

그 즉시 민주당 선거 운동원들은 다시 재검표 작업에 들어갔다. 벌써 세 번째였다. 그러나 재검표는 불과 20시간 동안밖에 진행되지 못했다.

12월 9일 오후 3시 마침내 주사위가 던져졌기 때문이다. 연방 대법원은 부시 측 변호인단의 청구를 받아들여 대법관 5 대 4의 표결로 수작업 재검표를 즉시 종결하라는 명령을 내렸다. 사유는 부시 진영이 제시한 그대로였다. 플로리다 선거법에 명시된 유권자의 '명확한' 의사란 해석에 따라 다를 수 있기 때문에 수작업 재검표를 허용한 플로리다 선거법은 헌법의 평등권을 침해한다는 것이다.

이로써 검표기의 오작동, 헷갈리는 투표용지로 인한 유권자들의 기표 실수, 공화당 운동원들이 저지른 것으로 추정되는 온갖 불법들, 그리고 심지어 11월 23일에 일어난 폭력 행위조차 모두 땅속에 묻히게 되었다. 부시는 공식적으로 플로리다주에서 537표의 우세로 승리를 거두었다. 그러나 실제로는 아마 고어가 몇 천 표는 너끈히 앞섰을 것이다. 아홉 명의 대법관 중 한 명만 더 고어 손을 들어 줘 정상적으로 재검표가 실시되었더라면 말이다.

미국의 유명한 법학자 앨런 더쇼비츠 Alan M. Dershowitz는 자신의 책 『최대의 부정 Supreme Injustice』에서 이렇게 썼다.

> 그 다섯 명의 판사는 법을 제멋대로 해석했고, 원칙을 어겼으며, 자신들의 지위를 당파적인 판결을 하는 데 악용했다.

> (…) 나는 설사 조지 부시가 간청했더라도 그 다섯 판사가 수작업 재검표를 중지시키라고는 생각지 않았다.

표결에서 졌던 네 명의 대법관 중 한 명은 이렇게 말했다.

> 한 가지는 분명하다. 이 선거에서 진정한 승리자가 누구인지 분명하게 아는 사람은 없다는 것이다. 그러나 승리자가 누구인지는 몰라도 패배자가 누구인지는 너무나 분명하다. 의인화해서 얘기하자면 당파를 초월해서 법을 지켜야 할 법관들에 대해 땅에 떨어진 국민의 신뢰가 곧 패자다.

미국 법학과 교수 554명은 『뉴욕 타임스』에 광고 기사를 실어 이보다 더 극명하게 대법관들을 비난했다.

> 다섯 명의 판사가 재검표를 중지시켰을 때 그들은 더 이상 법관이 아니라 부시 후보의 지지자였다.

12월 13일, 아직 대통령 선거인단이 소집되기 전이었다. 고어가 텔레비전 방송 연설을 통해 자신의 패배를 인정하며 지지자들에게 작별 인사를 했다.
"나는 방금 조지 부시 후보에게 당선 축하 인사를 전했습니다. 이번에는 결코 또다시 전화를 걸어 인사를 번복하는 일이 없을 것이라는 점도 함께 약속했습니다."
대법원의 판결을 인정해서가 아니라 "국민의 분열을 막고 민주주의의 힘을 보여 주기 위해 결과를 겸허하게 수용"한다는 내용이었다. 고어는 모든 미국인에게 새로운 대통령의 영도 아래 하나로 뭉치자고 호소했다.

"여러분, 이제 제 시간은 지나갔습니다. 감사합니다. 늦은 시간 안녕히 주무십시오. 미국에 신의 가호가 내리길 빕니다."

12월 18일 마침내 선거인단이 소집되어 텍사스 주지사인 조지 부시를 차기 대통령으로 선출했다. 표결 결과는 271 대 260이었다. 그런데 이런 식으로 선출된 대통령이라면 단상에 서서 이렇게 일갈해야 하지 않았을까?

"국민 여러분, 나는 일부 대법관들의 당파적 결정과 검표기의 오류 그리고 잘못 찍은 수천 표에 의해 대통령에 당선되었다는 소리를 듣고 싶지는 않습니다. 우리 다시 투표소로 가서 투표합시다. 이번 선거는 무효입니다!"

그러나 이것은 터무니없는 기대였다. 전력을 다해 생애 최고의 목표를 쟁취한 사람에게 어떻게 그런 걸 기대할 수 있겠는가? 그것도 보통 자리인가? 세계에서 가장 막강한 권력을 휘두를 수 있는 자리가 아니던가? 지미 카터Jimmy Carter 대통령의 보좌관으로서 다년간 『타임』지 편집국장을 지낸 헤들리 도너번Hedley Donovan은 1982년에 상당히 냉소적인 어조로 이렇게 말했다.

> 대통령 후보가 되고자 할 때부터 자신의 야망을 위해 무슨 일이든지 다 할 각오가 되어 있는 사람은 사실 도덕적으로 대통령직에 오를 자격이 없는 사람들이다.

부시가 대통령에 선출된 지 9개월 뒤 뉴욕의 세계무역센터

건물이 테러범들에 의해 내려앉았다. 그러자 그때까지 놀림의 대상이 되곤 하던 대통령의 인기가 갑자기 하늘로 치솟았다. 이후 그는 아프가니스탄을 점령하고 이라크를 침공했다. 그렇다면 이 시점에서 또다시 이런 의문이 솟구친다. 만일 '세계정신'이 플로리다주의 조작 사건을 받아들이지 않기로 결정했다면 세계사는 어떻게 흘러갔을까?

대통령 선거에서 패배한 이후 고어에 관한 이야기는 거의 들려오지 않는다. 처음에는 다음 선거에서 부시에게 아주 통쾌하게 앙갚음해 주겠다는 야심만만한 소리가 들려오기도 했다. 그러나 그는 '패배자'로 낙인찍혀 더 이상 반향을 얻지 못했다. 역대 대통령 선거에서 낙마한 대다수 다른 후보들의 운명도 그랬다. 오늘날 닉슨에게 패한 허버트 험프리Hubert Humphrey와 조지 맥거번George McGovern, 레이건에게 패한 월터 먼데일, 아버지 부시에게 패한 조지 듀카키스George Dukakis 그리고 클린턴에게 패한 밥 돌Bob Dole에 대해 말하는 사람이 어디 있는가?

그러나 그들 역시 승리의 희망에 모든 것을 걸었다. 1980년 『타임』은 한 기사에서 패배한 대통령 후보들에 대해 이렇게 썼다.

> 그들은 다른 사람들에게서 받은 수천만 달러의 기부금뿐 아니라 상당액의 사재까지 털어 선거에 쏟아부었다. 수만 마일을 돌아다니며 거의 똑같은 연설을 수천 번 이상 되풀이하고, 가족은 뒷전일 정도로 선거에 매달리고 직장까지 내팽개쳤지만 이도 저도 다 소용이 없었다. 전투가 끝나자 그들은

만신창이가 된 몸을 이끌고 터벅터벅 자신들의 옛집으로 돌아갔다. 그러나 그들을 기다리고 있는 건 절망과 막대한 빚뿐이었다. 그들은 권력과 위신을 위해 싸운 것이 아니라 역사에 이름을 남기기 위해 싸웠다. 그러나 결국 패배했고, 우리 뇌리에는 그들의 그런 모습이 깊이 각인되어 있다.

그런데 멀지 않은 과거를 되돌아보면 패배 뒤에도 사라지지 않고 여전히 중요한 역할을 한 대통령 후보가 두 명 있다. 놀라운 저력을 발휘해서 대통령 자리까지 차지한 닉슨(이 책의 제26장)과 아들라이 스티븐슨Adlai Stevenson이 그 주인공이다. 스티븐슨은 앨 고어와 마찬가지로 상대 후보와 비교가 안 될 정도로 지적이고 박학다식한 인물이지만, 고어처럼 승리를 사기당하지는 않았다. 패배가 뻔히 보이는 선거에 잇달아 두 번이나 도전해서 예상대로 처절하게 패배당한 것이다. 이런 점에서는 1953년과 1957년 두 번에 걸쳐 당시 하늘을 찌를 듯한 인기를 누리던 아데나워에 맞서 질 줄 뻔히 알면서도 사민당 당수라는 책임감 때문에 어쩔 수 없이 출마한 에리히 올렌하우어Erich Ollenhauer와 비슷해 보인다.

스티븐슨의 상대는 드와이트 아이젠하워Dwight D. Eisenhower였다. 제2차 세계 대전에서 히틀러의 독일을 무찌른 미국의 전쟁 영웅이었다. 그는 1948년에 『유럽의 십자군Crusade in Europe』이라는 책을 출간해서 부자가 되었고, 그와 함께 명성도 더욱 높아졌다.

아이젠하워는 자신의 진면목보다 여론의 평가가 훨씬 더 좋은 인물이었다. 그는 결코 천부적인 재능을 갖춘 야전사령관이 아니었다. 오히려 연합군 내의 치열한 갈등을 중재할 줄 아는 쓸 만한 조정자이자, '전쟁을 사고파는 거대한 기업체 사장'(아이젠하워의 전기를 쓴 피어스 브렌던의 표현이다)에나 어울릴 법한 인물이었다. 그의 가장 큰 무기는 아마 주위 사람들의 이야기처럼 '20개 사단의 위력에 맞먹을 만한' 백만 불짜리 미소였다.

1947년 현역에서 은퇴한 아이젠하워는 유명한 컬럼비아대학교의 총장이 되었다. 그러나 이것은 그의 명성만을 좇은 잘못된 선택이었다. 그와 가까운 사람들의 말처럼 아이젠하워는 결코 지적인 인물이 아니었을 뿐 아니라 지적인 사람들을 몹시 불신했다. 1950년 해리 트루먼Harry S. Truman 대통령은 그를 새로 창설된 북대서양 조약 기구NATO의 최고 사령관에 임명했고, 1952년에는 공화당이 그를 대통령 후보로 영입했다. 아이젠하워는 공화당의 바람대로 상대 후보에 압승을 거두며 대통령에 당선되었다. 그런데 얼마 지나지 않아 아이젠하워가 대통령 자리에 앉아 예의 그 매력적인 미소를 짓는 것 말고는 하는 게 별로 없다는 사실이 알려졌지만, 그조차도 그에게 아무런 영향을 주지 못했다. 아이젠하워는 정사를 주로 부통령인 닉슨과 존 포스터 덜레스J. F. Dulles 국무장관, 셔먼 애덤스Sherman Adams 비서실장에게 넘겼다. 1955년에 심장발작으로 쓰러질(예순네 살) 때까지도 그는 여전히 백악관의 주인이 아니라 손님이었다. 골프나 치러 다니고, 자신의 목장에서 휴식을 즐겼으며, 부자들 틈에 묻혀 한없이 인생을 향유하기 바빴다.

그런데도 공화당은 어째서 1956년에 그를 다시 대통령 후보로 내세울 생각을 했을까? 아이젠하워는 국민 사이에 인자한 국부國父 같은 존재로 자리하고 있었을 뿐 아니라 나치 독일을

아들라이 스티븐슨. 미국 정치인들 가운데 드물게 비상한 머리를 지녔던 인물이다. 승산이 전혀 없는 상황에서도 아이젠하워에게 맞서 두 번 연속 패배를 당했다. 아이젠하워는 인자한 이미지로 '미국의 국부'라는 소리를 들었으나 말년에는 정신이 약간 흐려졌다.

앨 고어

무너뜨린 전쟁 영웅으로서 소련과 벌인 냉전에서도 확실한 승리를 거두리라 믿었기 때문이다.

그렇다면 아이젠하워의 상대 후보였던 아들라이 스티븐슨은 어떤 사람이었을까? 비상한 머리에 능수능란한 외교관이었던 아들라이 스티븐슨은 로스앤젤레스의 유복한 가정에서 태어나 변호사로 성공한 사람이었다. 1945년에는 유엔 창설 과정에서 미국의 이익을 대변했고, 1948년에는 일리노이 주지사로 선출되었다. 그는 지식인들과 교류가 두터웠고, 세계 각지를 여행했으며, 여성들로부터 사랑을 듬뿍 받았다. 이혼한 그의 아내는 공개적으로 그의 여자관계를 헐뜯기도 했다. 연설문을 자신이 직접 썼던 스티븐슨은 '우아한 독설가'로도 유명했다. 이를테면 이런 식이었다.

"공화당에 제안을 하나 하겠다. 만일 그들이 우리와 관련한 거짓말을 유포시키지 않는다면 우리도 더 이상 그들과 관련한 진실을 말하지 않겠다."

그는 두 번의 대통령 선거에서 아이젠하워를 상대로 44퍼센트와 42퍼센트라는 놀라운 득표율을 기록했다. 그러나 그가 이길 수 없다는 것은 두 번 다 너무나 명백했다. 그런데도 왜 출마를 결정했을까? 어쨌든 선거였기에 상대 후보는 있어야 했고, 당이 그에게 그 역할을 요구했기 때문이다. 또한 스티븐슨 개인으로서도 여론의 관심을 한 몸에 받는 것을 은근히 즐겼다. 게다가 그에게는 조지프 매카시 공화당의원의 무차별 마녀사냥에 맞서 자유주의의 깃발을 높이 치켜들 책임이 있었다. 매카시는 1954년까지 아이젠하워의 암묵적인 용인하에 애매한 사람들을 공산주의에 동조하는 것처럼 몰아붙여 살벌한 공안 정국을 조성한 장본인이었다.

스티븐슨은 두 번째 대선에서 실패한 뒤 한숨을 지으며 이렇게 말했다.

가슴이 미어져서 도저히 웃음이 나오지 않습니다. 그렇다고 엉엉 울어 버리기엔 나이가 너무 들었죠.

그는 대선에 패배한 뒤에도 여전히 대외적으로 활발하게 활동하며 우아한 독설을 날렸고, 신진 학자들의 신선함에 경탄을 보냈으며, 세상사에 대해 이래저래 주석을 다는 역할을 그만두지 않았다. 그런데 아이젠하워가 임기 두 해를 남겨 두고 정치적 패배와 시련을 겪자 스티븐슨은 아마 속으로 고소해했을지도 모른다. 아이젠하워가 겪은 실패는 이랬다.

첫째, 상하원 모두에서 야당에 과반수를 빼앗겼다. 둘째, 비서실장 셔먼 애덤스가 부패 사건에 연루되어 정치적 위기를 맞았다. 셋째, 위대한 국무장관 존 포스터 덜레스가 죽자 지금까지 공들여 쌓아 온 대외 정책에 금이 갔다. 즉 모스크바의 초청이 취소되었고, 일본을 방문할 계획도 초청국의 취소 통보로 물거품이 됐다. 그러나 대중은 오히려 그런 아이젠하워를 동정했다.

1961년 민주당 후보 존 F. 케네디가 백악관에 입성하자 스티븐슨은 내심 국무장관 자리를 탐냈다. 그러나 백악관은 그에게 유엔 수석대표 자리를 제의했다. 그는 실망이 컸지만, 제의를 뿌리치지는 않았다. 1962년 10월 쿠바 미사일 위기가 터졌을 때 그는 생애 최고의 활약을 했다. 41년 뒤, 그러니까 2003년

콜린 파월Colin Powell 국무장관이 이라크에 핵무기가 있다는 주장과 관련해서 사실 관계뿐 아니라 수사학적으로도 제대로 설명해 내지 못하자 미국의 유력 신문들은 과거 스티븐슨의 활약을 들추며 파월을 궁지에 몰아넣었다.

그렇다면 당시 무슨 일이 있었을까? 1962년 10월 22일 미국은 쿠바를 해상 봉쇄했다. 소련이 쿠바섬에 미사일 기지를 설치했기 때문이다. 10월 25일 미국의 스티븐슨 수석대표는 유엔안전보장이사회에서 소련이 쿠바에서 미사일을 철수시켜야 한다고 요구했다. 그러자 소련 대표는 "무슨 미사일을 말하느냐"고 되물었다. 스티븐슨이 대답했다.

"소련이 쿠바에 미사일을 배치했고, 지금도 쿠바에 미사일을 배치해 두고 있다는 사실을 부인하시는 겁니까? 그렇습니까, 안 그렇습니까? 설마 지금 통역이 끝나길 기다리시는 건 아니겠죠? 예스Yes냐, 노NO냐만 대답하십시오."

소련 대표는 이런 식의 질문에는 답변할 수 없다며 어물쩍 넘어갔다. 그러자 스티븐슨이 말했다.

"좋습니다. 기다리죠. 지옥이 내려앉을 때까지 대사님의 답변을 기다릴 용의가 있습니다."

이렇게 말하며 그는 26장의 사진을 증거로 제시했다.

케네디는 나중에 측근들에게 이렇게 털어놓았다고 한다.

"스티븐슨한테 그런 면이 있을 줄은 상상도 못 했어!"

그랬다. 스티븐슨한테는 그와 같이 당찬 면이 있었다. 하지만 그런 면도 대중이 원하는 것을 갖춘 사람과 싸울 때는 아무런 도움이 되지 못했다.

스티븐슨은 자신이 무척 경멸하던 린든 존슨Lyndon B. Johnson

대통령 시절에도 유엔 수석대표직을 계속 맡아 대통령의 뜻을 충분히 대변하는 직분에 충실한 모습을 보였다.

나는 그냥 한 손에 와인 잔을 들고 그늘에 앉아 젊은 친구들이 춤추는 모습을 구경하고 싶었을 뿐이야.

주위 사람들이 전하는 그의 마지막 말이다. 아들라이 스티븐슨은 1965년 7월 예순다섯 일기로 세상을 떠났다.

왕좌에서 쫓겨난
패배자들

10. 메리스튜어트

참수당한 '음모의 여왕'

세계사의 패배자들 가운데 메리스튜어트Mary Stuart(1542~1568) 만큼 후세인들을 매혹한 여성은 없었다. 고혹적인 자태에다 권모술수에 능한 메리스튜어트 스코틀랜드 여왕은 갖은 고초를 겪은 뒤 참수당했다. 여왕이 죽은 지 6년 만에 그의 삶을 다룬 연극이 처음 나온 뒤로 수많은 드라마가 여왕을 한편으론 순교자로 기리고 슈퍼우먼으로 경탄했으며, 다른 한편으론 살인 공범으로 혹평하기도 했다. 이런 드라마들은 프리드리히 실러와 비에른스티에르네 비에른손Björnstjerne Björnson,* 그리고 마리 폰 에브너에셴바흐Marie von Ebner-Eschenbach**의 비극에 이르기까지 100여 편을 헤아린다. 앨저넌 스윈번Algernon Swinburne***은 16년에 걸쳐 메리 여왕을 다룬 3부작 드라마를 집필했고, 테오도어

* 노르웨이의 시인·소설가
** 오스트리아의 소설가
*** 영국의 시인이자 비평가로, 빅토리아 왕조 중기의 시적 반란을 상징하는 인물

폰타네는 발라드 한 편을 바쳤으며, 월터 스콧Walter Scott과 슈테판 츠바이크Stefan Zweig는 여왕의 전기를 소설로 썼다. 이 작가들은 잉글랜드의 권력자 엘리자베스 여왕에게 무릎을 꿇은, 고통에 몸부림치고 걱정에 찢긴 여왕에게 매료되었다.

1542년 메리는 세상에 태어난 지 일주일 만에 스코틀랜드의 왕좌에 앉았다. 부친이었던 스튜어트 왕가의 제임스 5세가 서른 살이라는 젊은 나이로 세상을 떠난 것이다. 그는 숙부인 헨리 8세의 잉글랜드 침략군에게 참패당한 뒤 쓰러져 정신 이상에 빠졌었다.

메리는 생후 6개월에 계약 결혼했다. 스코틀랜드의 섭정자가 메리를 헨리 8세의 아들이자 왕위 계승자인 여섯 살짜리 에드워드와 결혼시키기로 약속한 것이다. 이것은 수백 년 동안 앙숙으로 지내 온 그레이트브리튼섬의 두 왕국을 평화롭게 통일시키기 위한 헨리 8세의 포석이었다. 그런데 이 계약에는 너무나 당연한 것으로 받아들인 잔인한 전제가 두 가지 깔려 있다. 하나는 무한한 가능성이 열려 있는 두 사람에게 스스로 삶을 설계할 권리를 전혀 인정하지 않았다는 것이고, 다른 하나는 두 나라의 백성을 마치 부동산이나 주식처럼 왕가의 상속 대상으로 삼았다는 점이다.

그런데 6개월 뒤 한 살이 된 메리스튜어트는 다시 자유의 몸이 되었다. 이 계약이 결국은 남쪽의 이웃 나라 잉글랜드에 예속되는 것을 의미한다는 사실을 깨달은 스코틀랜드가 잉글랜드와 맺은 계약을 파기한 것이다. 잉글랜드는 스코틀랜드에 비해 거의 두 배나 크고 인구수도 네 배나 많은 왕국이었다. 게다가 근대적인 상업과 광업, 방직 수공업에서도 스코틀랜드에 훨씬 앞섰고, 군사력도 월등했다. 그런데도 스코틀랜드가 오랫동안 정복되지 않은 것은 오로지 잉글랜드의 숙적 프랑스와 동맹을 맺고 있었기 때문이다.

메리스튜어트는 이러한 끝없는 국제적 갈등 속에서 성장했다. 그런데 갈등은 이것만이 아니었다. 스코틀랜드 자체도 깊은 분열 속에 빠져 있었다. 우선 언어의 분열을 들 수 있다. 영어가 스코틀랜드의 상류층 사이에서 서서히 퍼지면서 켈트어는 북부 고지대로 밀려나고 있었다. 두 번째는 귀족 대지주와 소작인·소농·도시 빈민들 사이의 계층적 갈등이었다. 세 번째는 가톨릭과 칼뱅파의 종교적 분열이었다. 칼뱅파는 메리가 네 살이던 1546년부터 종교개혁가 존 녹스John Knox를 중심으로 서서히 세를 넓혀 가고 있었다. 그런데 두 종파 모두 헨리 8세의 영국국교회(영국성공회)로부터 핍박받았다.

이처럼 방목장과 귀리밭, 보리밭, 우중충한 성곽으로 이루어진 메마르고 척박한 스코틀랜드는 한마디로 안팎으로 심대한 위협을 받고 있어서 메리스튜어트보다 더 직선적인 성격의 소유자라고 할지라도 이 땅에서는 무너질 수밖에 없었을 것이다.

메리가 다섯 살이 되자 프랑스 로렌 지방 출신인 어머니 마리 드 기즈Marie de Guise는 딸을 프랑스로 보내 교육하기로 결정하고, 카트린 드메디시스Catherine de Médicis 프랑스 왕비의 장남과 약혼시켰다. 왕세자가 열네 살, 메리가 열다섯 살 되던 해에 둘은 결혼했다. 그로부터 1년 뒤 병약하고 덜떨어진 왕세자가 왕위에 올랐다. 프랑수아 2세였다. 그런데 그가 열여섯에 숨을 거두자 메리스튜어트는 열일곱 어린 나이에 '프랑스 왕비'라는 칭호와 함께 과부가 되었다.

　이것이 1560년에 일어난 일이었다. 프랑스에 있던 메리의 눈에 브리타니아 두 왕국의 상황은 갈수록 악화해 가는 듯했다. 스코틀랜드에서는 의회가 칼뱅파를 국교로 승격시켰고, 이에 격분한 가톨릭교도들이 들고일어나 내전에 버금갈 만한 폭력 사태가 발생했다. 6월에는 스코틀랜드를 섭정 통치하던 메리의 어머니가 세상을 떠났다. 더구나 로마 가톨릭이 이단자로 간주했음에도 2년 전에 잉글랜드 여왕으로 등극한 엘리자베스 1세가 스코틀랜드의 칼뱅파를 군사적으로 지원하는 실정이었다.

　엘리자베스는 헨리 8세의 둘째 부인이던 앤 불린Ann Boleyn의 딸이었다. 헨리 8세는 첫째 왕비의 여관女官이었던, 정열적이고 아름답고 야심만만한 앤과 결혼하기 위해 바티칸에 첫 부인과 결혼을 파기해 달라고 요청했다. 교황이 이를 거부하자 헨리 8세는 1534년 교황의 잉글랜드 교구 관할권을 박탈하고 교회 재산을 몰수하는 한편, 자신을 수장으로 하는 영국 국교회를 설립했다. 그 후 헨리 8세를 위시해서 영국 국교회를 신봉하는 모든 잉글랜드인이 로마 가톨릭으로부터 파문당했다.

　결국 가톨릭의 입장에서는 헨리 8세와 앤 불린의 결혼은 무효였고, 엘리자베스는 사생아였다(이미 세상을 떠난 엘리자베스의 이복자매들도 마찬가지였다). 따라서 잉글랜드의 왕위는 당연히 헨리 7세(헨리 8세의 부친이다)의 증손녀인 메리 스튜어트에게 돌아가야 한다는 것이 가톨릭 측의 생각이었다.

　1560년 12월 프랑수아 2세가 세상을 떠난 직후 스코틀랜드에 돌아온 메리는 백성들로부터 열광적인 환호를 받았다. 아름다운 미망인의 수행원 중에는 프랑스 시녀와 여관들 외에 모호한 성격의 인물도 여럿 섞여 있었다. 시인 피에르 드 샤스텔라르Pierre de Chastelard와 여왕의 개인 비서였던 피렌체 출신의 다비드 리치오David Riccio가 그 대표적 인물인데, 이들은 나중에 죽임을 당하게 된다.

스코틀랜드의 새 여왕이 된 메리는 국내의 칼뱅파들, 특히 그중에서도 막강한 대지주 계층과 투쟁을 시작했다. 이 과정에서 그가 보여 준 뚜렷한 목표 의식과 유연한 전술은 퍽 돋보였다. 메리 여왕은 강력한 적대자인 존 녹스를 초청해서 자부심과 재치와 경건함으로 깊은 인상을 심어 주었고, 동시에 칼뱅파 지지자들에게 예배의 자유를 허용하는 아량을 보였다.

다른 한편으로는 윈스턴 처칠이 영어권 민족의 역사를 다룬 책에서 썼던 것처럼 '감정과 정치를 분리하지 못한 메리의 무능력함'이 두드러지게 나타나기 시작했다. 메리에게는 경쟁자인 엘리자베스 여왕이 갖고 있던 자제력이 부족했다. 또한 신하와의 재혼이라는 신중치 못한 결정을 내리는 바람에 귀족들의 반발을 사기도 했다.

1565년 메리는 스물두 살 나이에 사촌인 단리Darnley 백작과 결혼했고, 그에게 '스코틀랜드의 왕'이라는 칭호를 부여했다. 처칠의 표현대로 '나약하고 허영심으로 가득 찬 청년'에 불과한 인물을 말이다. 이로써 메리는 이번에도 자신보다 훨씬 못한 남자를 남편으로 맞이하였다. 물론 이번에는 자신의 자발적인 선택이었다. 그런데 여왕에 대한 단리 백작의 영향력은 무척 컸다. 연적으로 생각한 피에르 드 샤스텔라르를 죽이라고 여왕에게 요구할 정도였다. 이로써 광기의 회전목마가 돌아가기 시작했다.

　단리 백작과의 결혼이 가톨릭 의식으로 진행되자 스코틀랜드인이 다수를 차지하는 칼뱅파가 다시 봉기를 일으켰다. 그런데 에든버러로 진격한 칼뱅파의 군대는 왕궁의 대포에 막혀 결국 항복을 선언하고 말았다. 1만 8천 병력으로 이루어진 메리 여왕의 군대에서 가장 두각을 나타낸 인물은 보스웰Bothwell 백작이었는데, 그는 이번 전쟁을 통해 여왕의 총신으로 떠올랐다. 칼뱅파 주동자들은 잉글랜드로 피신했고, 반란군은 뿔뿔이 흩어졌다. 그러나 만인에 대한 만인의 끔찍한 음모는 물밑에서 계속 진행되고 있었다.

　왕의 신분이었던 단리는 비밀리에 칼뱅파를 지원한 사실과 왕의 지위를 평생 보장해 달라는 요구로 메리의 분노를 샀다. 메리는 프랑스에서 데려온 개인 비서 다비드 리치오를 내세워 남편을 견제했다. 그 결과 어떤 일이 벌어졌을까? 리치오는 1566년 3월 9일 메리의 면전에서 단리의 부하들에게 질질 끌려 나가 죽임을 당했다. 메리의 측근 가운데 두 번째 희생자였다.

　이제 메리는 어떻게 할 것인가? 단리에게 맞섰을까? 그렇지 않다. 메리는 스코틀랜드로 돌아온 칼뱅파 지도자들의 공격을 피해 남편과 함께 도주했다. 단리는 리치오의 죽음에 대한 자신의 결백을 주장하며 오히려 그를 살해한 사람들을 밀고했다. 그런데 당시 사람들은 이 모든 것을 지금의 우리처럼 혼란스럽고 이해 못 할 일로 생각하지 않았다. 메리 여왕의 종조부인 헨리 8세는 여섯 명의 아내 가운데 두 명을 추방하고 두 명을 참수하지 않았던가! 엘리자베스 여왕의 생모인 앤 불린도 참수의 변을 당한 사람 중 한 명이다.

3월 28일 보스웰 백작이 이끄는 2천 명의 기병대가 반란군을 진압했고, 국왕 부처는 당당하게 에든버러로 재입성했다. 같은 해 6월 19일에 메리는 아들을 낳았다. 그런데 8개월도 지나지 않아 새로 태어난 왕자의 아버지인 단리 백작이 에든버러 외곽의 한 영지에서 교살된 채 발견되었다. 세 번째 살인이었다.
    사람들은 즉시 보스웰이 살인자고 메리가 공범이라고 생각했다(역사학자들도 비슷한 견해를 보인다). 보스웰 백작은 자신이 속해 있던 왕실추밀원에 출석해서 자신을 변호해야 했고, 결국 무죄 판결을 이끌어 냈다. 보스웰은 1567년 5월 3일 첫 번째 아내와 이혼했고, 메리스튜어트는 5월 15일 그를 남편으로 맞아들였다. 그런데 이번에는 새 남편을 스코틀랜드 왕에 책봉하지 않고, 오크니 앤드 셰틀랜드 공작에 임명했다. 두 명의 약골 남편을 거친 메리는 이번엔 강하고 기백이 넘치는 남자를 선택했다.
    그러나 이것은 참으로 경솔하고 몰염치한 행동이었다. 전남편이 죽은 지 이제 겨우 4개월밖에 지나지 않았을 뿐만 아니라 전남편의 살해범으로 의심까지 받는 사람을 새 남편으로 맞았으니 누가 이 결혼을 축복하겠는가! 게다가 보스웰은 가톨릭 결혼식을 거부하는 프로테스탄트였다.
    이러한 일련의 사건은 신하들의 의견과 일반적인 정서를 존중하지 않는 메리 여왕의 무분별함을 보여 주는 행동이었고, 이것이 그를 몰락으로 이끈 한 요인이었다. 테오도어 폰타네의 발라드 「메리와 보스웰」에서 메리는 이렇게 속삭인다.

    이제 당신에게 다가가 뜨겁게 키스할래요.
    고마워요 당신, 모두 다,

19년간 잉글랜드 여왕의 볼모로 잡혀 있어야 했던 스코틀랜드의 메리스튜어트 여왕(우)과 아들 제임스. 제임스는 나중에 잉글랜드의 왕이 되기 위해 어머니의 처형을 받아들였다.

나의 목숨과 그 남자*의 죽음까지.

흉악한 살인과 공범자들끼리의 결혼으로 이어진 일련의 사건에 분노한 귀족들이 반란을 일으키면서 스코틀랜드는 또다시 내전으로 치달았다. 메리와 보스웰의 결혼식이 끝난 지 한 달 뒤 에든버러의 왕궁 앞에서 전투가 벌어졌고, 이번에는 여왕 지지파들이 패배했다. 보스웰은 덴마크로 피신했고, 메리는 감옥에 갇혔다. 승리자들은 메리에게 이제 겨우 돌이 지난 아들에게 왕위를 물려주고 퇴위할 것을 강요했다.

메리는 11개월 동안 감금 생활을 한 끝에 충신들의 도움으로 도주에 성공하여 다시 한번 군대를 소집했다. 그러나 1568년 5월 13일 메리와 이복남매로 스코틀랜드를 섭정하고 있던 제임스에게 패배했다. 스코틀랜드의 여왕 메리는 굶주림과 추위에 지친 초라한 모습으로 사흘 동안이나 정신없이 잉글랜드 국경을 향해 달렸고, 마침내 국경을 넘으면서 스코틀랜드를 향해 소리쳤다.

"내 반드시 다시 돌아와 이 나라를 불바다로 만들어 버릴 것이다!"

그러나 메리는 다시는 돌아가지 못했다.

그렇다면 자신을 스스로 잉글랜드 왕위의 합법적인 계승자라고 생각하는 경쟁자에게 엘리자베스 1세는 어떤 태도를 취했을까? 메리스튜어트보다 아홉 살 많은 엘리자베스는 남자처럼 강인하고 위압적이고 두려운 독설가였다. 또한 누가 뭐래도

---

* 메리의 전남편인 단리 백작을 가리킨다.

10년 전부터 잉글랜드를 확고하게 틀어쥐고 있는 명실상부한 지배자였다.

메리는 엘리자베스가 자신을 내치지는 않으리라 생각했다. 자신이 스코틀랜드에 감금되어 있을 당시 엘리자베스가 석방을 위해 노력했고, 용기를 잃지 말라는 뜻으로 자신에게 반지를 보내 준 것을 선명하게 기억하고 있었다. 엘리자베스는 잉글랜드의 국경을 넘어온 메리를 환영하기 위해 두 명의 백작을 보냈다. 메리는 일단 요크셔의 볼튼성으로 안내되었다. 그런데 메리는 여기서부터 감금 생활을 했던 것으로 보인다.

이후 메리는 19년 뒤 처형당할 때까지 다시는 자유를 누리지 못했다. 후세 사람들이 메리에게 공감과 동정을 느끼는 것은 아마 그토록 오랜 세월 동안 비정하게 내쳐져 있어야 했다는 사실과 비참한 종말 때문일 것이다. 또한 메리는 자기의 의사와는 상관없이 많은 사람의 피를 흘리게 했다.

메리스튜어트가 감금된 지 몇 개월 뒤 그의 존재가 엘리자베스 1세에게 어떤 위협이 될지 분명히 드러났다. 대다수가 가톨릭교도로서 남부의 프로테스탄트 신흥 부자들에게 혐오감을 느끼고 있던 잉글랜드 북부의 대지주들이 메리를 잉글랜드 왕위에 앉힐 목적으로 엘리자베스에 대한 반란을 모의했던 것이다. 그들 중 한 사람으로 엘리자베스 여왕의 신임을 받던 노퍽Norfolk 공작이 메리에게 접근하는 데 성공했다. 그는 포로 상태인 메리에게 청혼했고, 북부 지역에서 소집된 군대가 메리를 구하기 위해 볼튼성으로 밀고 들어온다면 자신도 그 자리에 함께 있겠다고 약속했다.

엘리자베스는 마지막 순간에 메리를 훨씬 더 남쪽 지역으로 이송시켰고, 북부 귀족들의 반란은 유혈 진압으로 막을 내렸다. 노퍽 공작은 런던 타워에 갇혀 1572년에 처형되었고, 반란의 배후 조종자였던 스페인 대사는 국외로 추방당했다. 스페인 대사는 혼란을 틈타 자국의 잉글랜드 침공을 노렸던 것으로 보인다. 어쨌든 이 사건을 계기로 잉글랜드인들 사이에서는 예측불허의 교만한 가톨릭교도인 메리 여왕에 대해 깊은 불신이 퍼지기 시작했다.

메리는 이전보다 훨씬 더 가혹해진 조건에서 14년 동안 셰필드성에 감금되었다. 그나마 이런 식으로라도 목숨을 유지할 수 있었던 것은 모두 엘리자베스 덕분이었다. 1572년에 잉글랜드 의회의 상하 양원이 메리의 처형을 요구했기 때문이다. 엘리자베스 여왕도 내심 메리가 죽기를 바랐겠지만, 자신의 땅에서 자신의 지시로 그런 일이 일어나는 것에 대해서는 주저했다. 대신 스코틀랜드의 통치자들에게 그 역할을 떠넘겼다. 즉 스코틀랜드에서 지체 없이 처형만 이루어진다면 메리를 넘기겠다고 제안한 것이다. 그러나 스코틀랜드인들 역시 망설였다.

메리스튜어트는 여러 차례 자신의 가혹한 감금 상황에 대해 엘리자베스 여왕에게 탄원하고, 개인적인 만남을 요청했지만 아무 응답이 없었다. 두 사람의 만남은 프리드리히 실러의 드라마에서나 성사되었다. 이 작품에서 포로 상태의 메리는 경쟁자이면서 동시에 자신의 생사여탈권을 쥔 지배자이기도 한 엘리자베스를 강하게 도발한다.

> 잉글랜드의 왕위는 사생아에 의해 농락당하고
> 잉글랜드의 고결한 백성들은

교활한 사기꾼에게 속아 넘어갔소.
법이 지배한다면 지금 내 앞에서 굽실거릴
사람은 바로 당신이오. 내가 당신의 여왕이니까.

실러는 메리스튜어트의 감정 상태를 기막힐 정도로 정확하게 포착해 냈다. 지금은 비록 날개 꺾인 새에 불과하지만, 한때는 프랑스의 왕비이자 스코틀랜드의 여왕이었던 여인이다. 9년 사이에 결혼식을 세 번이나 올리고, 반란도 여러 차례 진압했으며, 신료와 대신들의 운명을 쥐락펴락하면서 살인을 용인하거나 교사하기도 했다. 그것도 가톨릭교도의 양심에 따라서 말이다. 그런 사람이 이제 아무것도 할 수 없는 처지가 되었으니 그 한이 얼마나 사무치겠는가!

감금 생활 13년째인 1581년 메리는 서른여덟 나이에 다시 한 번 음모를 꾸몄다. 시어머니 카트린 드메디시스와 시동생인 프랑스의 앙리 3세로부터 자기의 아들을 스코틀랜드 왕으로 옹립해서 왕권을 아들과 나누라는 권고를 받은 것이다. 그렇게 되면 스코틀랜드 군대가 잉글랜드를 공격해서 메리스튜어트를 사지에서 구해 줄 것이라는 게 프랑스 쪽의 설명이었다.

모의는 사전에 발각됐지만, 메리는 도리어 공세를 퍼부었다. 메리스튜어트는 자신이 겪고 있는 고초에 대한 책임을 물어 엘리자베스에게 온갖 악담을 퍼부었다. 그와 함께 자신은 지상의 왕국이 아니라 오로지 천상의 왕국만을 얻고자 할 따름이라고 맹세하였다.

물론 이것은 거짓이었다. 그로부터 4년 동안 메리는 여러 차례 강제 이주를 당했다. 그러던 1585년 메리가 스페인의 힘을 빌려 잉글랜드를 칠 계획이었음을 증명해 주는 편지들이 발각되었다. 1년 뒤에는 잉글랜드 여왕의 암살을 꾀하고 있던 앤서니 배빙턴Anthony Babington과도 연락을 주고받은 것으로 드러났다. 배빙턴은 가톨릭교도로서 스코틀랜드와 스페인의 연합 작전으로 메리를 구해 내려 했다. 스페인의 펠리페 2세는 엘리자베스가 제거되면 메리를 잉글랜드 여왕으로 추대하기 위해 즉시 스페인 군대를 보내기로 약속했다.

그러나 스페인 함대가 출정하는 일은 일어나지 않았다. 엘리자베스는 무탈했고, 배빙턴은 체포되어 처형당했다. 이제 메리 스튜어트에게도 최후의 순간이 기다리고 있었다. 메리는 반란과 암살 공모 혐의로 왕실추밀원에 넘겨져 1686년 10월 25일에 사형 선고를 받았다. 메리는 능숙한 연기와 달변 그리고 의연한 자세로 자신을 변호하며, 끝까지 두 차례의 반란 책동을 공모한 적이 없다고 강하게 부정했다. 재판관들은 메리의 변론에 강한 인상을 받았지만 대세를 뒤집을 수는 없었다.

엘리자베스는 메리의 사형 집행을 계속 망설였다. 스코틀랜드 왕좌에 앉아 있던 메리의 스무 살 아들 제임스가 어떤 반응을 보일지 몰랐기 때문이다. 그러나 제임스가 어머니의 목숨보다 왕권에 더 관심이 많다는 사실을 확인한 순간 그에게 거래를 제안했다. 어머니의 처형을 받아들이는 대신 엘리자베스가 죽으면 잉글랜드의 왕으로 삼겠다는 조건이었다. 결국 거래는 무사히 성사되었고, 1587년 2월 1일 엘리자베스는 사형 집행에 서명했다.

2월 7일 두 명의 백작이 포더링헤이성에 거주하고 있던 메리를 찾아와 다음날 사형을 집행한다고 통보했다. 메리는 군주의 위엄을 잃지 않고 담담하게 그 사실을 받아들이며, 자신의 신앙을 위해 순교할 준비가 되어 있다고 말했다. 이튿날 아침 메리는 검은 장막이 드리워진 단두대로 인도되었다. 여섯 명의 시녀가 메리를 수행했고, 잉글랜드 귀족 몇 명이 증인으로 배석했다.

피터버러 대교구의 수도원장은 죽음을 앞둔 메리스튜어트를 마지막 순간까지 영국 국교회로 개종시키려고 애썼다. 그러나 메리는 자신이 가톨릭교도고, 가톨릭교도로서 당당하게 죽음을 맞이할 것이며, 수도원장의 기도는 자신에게 아무 소용이 없을 것이라고 호통쳤다. 그럼에도 수도원장이 메리를 위해 기도를 시작하자 메리는 상기된 얼굴로 라틴어 전례문을 함께 낭송하였다.

메리스튜어트는 처형당하기 직전 자신이 입고 있던 검은색 비단옷을 벗은 뒤 진홍색 속옷 차림으로 단두대에 섰다. 손에는 마지막까지 십자가를 들고 있었다. 메리는 무릎을 꿇고 머리를 통나무 받침대 위에 올려놓았다. 사형 집행인이 도끼로 머리를 내리친 뒤 잘려져 나간 머리통을 집어 올렸다. 윈스턴 처칠의 표현을 빌리자면 '가발을 쓴 중년 여인의 머리'였다. 피가 흐르는 치마 밑으로 메리가 키우던 애완견이 기어 나왔다. 메리의 죽음이 알려지자 런던의 거리마다 환호성이 터졌다. 그러나 엘리자베스는 홀로 처소에 앉아 눈물을 흘렸다. 한 여인의 운명보다는 같은 여왕으로서 비참한 최후에 비애를 느낀 것이다. 엘리자베스는 이 행위에 대한 책임을 애써 자기의 남성 충복들에게 전가하였다.

가톨릭계는 분노했고, 스페인의 펠리페 2세는 이듬해에 무적

함대를 잉글랜드로 출정시켰다. 메리의 죽음에 대한 책임을 물어 잉글랜드를 징벌하기 위해서였다. 그러나 잘 알려져 있다시피 이 출정은 실패로 돌아갔고, 엘리자베스 여왕은 꿋꿋하게 살아남아 미래 대영제국의 초석을 놓았다.

1603년 엘리자베스 여왕이 후사 없이 세상을 떠나자 메리스튜어트의 아들인 스코틀랜드의 제임스 6세가 잉글랜드의 제임스 1세로 왕위를 계승했다. 이로써 그는 어머니가 목숨까지 바쳐도 이루지 못한 과업을 마침내 이룩해 내고야 말았다.

이제 두 나라는 하나의 군주국으로 통합되었다. 그러나 스코틀랜드가 국력 면에서 잉글랜드에 뒤처지는 것은 불을 보듯 뻔했다. 더욱이 1651년 올리버 크롬웰Oliver Cromwell이 우스터 전투에서 또다시 봉기를 일으킨 스코틀랜드인들을 맞아 대승을 거둔 뒤로는 힘의 균형추가 급격하게 잉글랜드 쪽으로 기울었다. 1707년 두 나라는 마침내 잉글랜드를 중심으로 통합되어 그레이트브리튼을 구성하였다.

혹시 메리스튜어트가 조금만 더 격정적인 여인이 아니었다면 이 길을 막을 수 있었을까? 비단 교만하고 무절제하고 분별없는 성격이 메리를 파국으로 몰아간 것은 아니었다. 승리자들도 대부분 이와 비슷한 성격을 지니고 있었기 때문이다. 메리가 승리를 거둘 수 없었던 것은 오히려 욕망을 절제하게 만드는 냉철한 목표 의식의 부재 때문이었다. 그러나 그게 아니었더라도 어차피 소국의 스코틀랜드는 거대하고 탐욕스러운 잉글랜드에 패배할 수밖에 없는 운명이었는지 모른다.

11. 루이 16세

어떻게 그리 사랑스러운 인간이
단두대의 제물이 됐을까?

루이 16세Louis XVI(1754~1793)는 선량하고 검소하고 악의가 없는 성품인 동시에 줏대가 없고 약간 게으르고 정신적으로 편협한 사람이었다. 또한 왕실의 자손으로 태어났다는 이유만으로 왕좌에 오른 다른 어떤 사람들보다 왕이라는 내키지 않는 역할이 주는 중압감에 시달린 인물이었다. 어쨌든 그는 결코 학정과 폭압으로 백성들의 원성을 산 전제군주가 아니었다. 백성들에게 처형당할 만한 짓도 하지 않았다. 그럼에도 단두대의 이슬로 사라질 수밖에 없었던 것은 당시 그가 왕이었기 때문이다. 아무리 멍청한 바보라도 그처럼 큰 낭패는 당하지 않았을 것이다.

그의 불행은 그보다 왕위 계승 서열이 높은 세 사람이 먼저 세상을 떠남으로써 시작되었다. 그러니까 아버지를 포함해서 두 명의 형이 너무 일찍 숨을 거둔 것이다. 이렇게 해서 그는 열한 살 때 루이 15세의 맏손자로서 갑자기 프랑스 왕세자에 책봉되었다. 그런데 그가 왕위를 물려받으리라고는 그전까지 누구도 예상하지 못하고 있었기에 그에게는 왕세자에게 어울리는 교육이 부족한 상태였다.

1770년 루이 15세는 열다섯 살의 손자를 오스트리아 마리아 테레지아Maria Theresia 여제의 열네 살 막내딸과 결혼시켰다. 그 유명한 마리 앙투아네트Marie Antoinette가 그 주인공이다. 아리땁지만 경박한 성품의 앙투아네트는 정신적으로나 기질 면에서 남편을 압도했다. 루이 16세도 그런 아내를 별로 좋아하지는 않았다. 앙투아네트는 곧 궁중의 신료와 백성들로부터 미움을 샀고, 그것이 앙투아네트를 멸망의 나락으로 떨어뜨리는 요인으로 작용했다. 반면에 남편은 아마 앙투아네트가 없었더라면 더 오래 살아남지 못했을 것이다.

1774년 5월 10일 루이 15세가 세상을 떠나자 열아홉의 왕세자는 이렇게 외치며 눈물을 흘렸다.

"신이시여, 어찌 이런 불행을 안겨 주시나이까!"

그가 눈물을 흘린 것은 할아버지를 잃은 슬픔 때문만은 아니었다. 이제부터 한 나라의 왕으로서 감당하기 어려운 짐을 져야 했기 때문이다. 사실 그는 좋아하는 것이라고는 사냥밖에 없었다. 하루라도 야생동물을 사냥하지 않으면 온종일 풀이 죽어 있었다. 게다가 철물공처럼 끌이나 망치로 무언가 뚝딱뚝딱 만들길 좋아했고, 틈나는 대로 인쇄용 잉크나 흙손 같은 것을 갖고 놀았다.

어쨌든 루이 16세는 즉위하자마자 호사스러운 궁중 생활에 들어가는 막대한 비용을 절감시켰다. 원래 사치스러운 것을 좋아하지 않는 성향인 데다 국가 재정이 파탄에 이른 것을 간파했기 때문이다. 그런데 개혁은 이것으로 그치지 않았다. 흐릿하던

왕의 자리에 앉아 있다는 이유만으로 군주제의 죄상을 모두 뒤집어쓴 채 처참한 결말을 맞아야 했던 루이 16세. 파리의 백성들로부터 사랑받은 성실하고 천진한 제왕이었지만, 1793년에 단두대의 이슬로 사라지는 운명을 피하지는 못했다.

머릿속이 갑자기 탁 트이기라도 했는지 유명한 국민 경제학자 안 로베르 자크 튀르고Anne-Robert-Jacques Turgot를 재정 총감에 임명했다. 평소의 루이 16세에게는 어울리지 않는 참으로 단호하고 명석한 결정이었다. 튀르고는 즉시 강력한 긴축 정책을 추진해 나갔다. 게다가 농민들의 부역을 줄이고, 길드의 강제 가입 제도를 폐지하며, 지방에 자치권을 부여하려고 했다.

그러나 이러한 정책은 조정 신료들과 귀족 그리고 성직자들의 반발을 살 수밖에 없었다. 결국 루이 16세는 이들의 압력에 밀려 직위에 오른 지 채 2년도 안 된 재정 총감을 해임했다. 이것이 그의 첫 번째 개혁 후퇴 조처였고, 이후 과거로 돌아가는 회귀는 계속 이어졌다.

프랑스 군주제를 몰락으로 이끈 요인 중 하나는 해괴한 '다이아몬드 목걸이 사건'이었다. 일반적으로 사람들은 이 사건의 책임을 모두 앙투아네트 왕비에게 뒤집어씌웠다. 그만큼 프랑스 사람들은 앙투아네트를 극도로 싫어했다. 그들은 지엄한 왕비를 아무 호칭 없이 그냥 "오스트리아 여자"라고 칭할 정도로 경멸했을 뿐 아니라 낭비나 일삼는 정신 나간 여자에다 왕을 사악한 길로 인도하는 요부 정도로 생각했다. 그런데 그들이 갖는 선입견이야 그렇다 치더라도 이번 사건만큼은 앙투아네트로선 너무 억울했다. 앙투아네트 본인 역시 아무 관련 없는 음모의 무고한 희생양이었기 때문이다.

사건의 전말은 이렇다. 방탕아로 악명 높은 스트라스부르의 추기경은 마리 앙투아네트에게 잘 보이려면 천하에 둘도 없는 값비싼 다이아몬드 목걸이를 사서 갖다 바쳐야 한다고 부추긴 한 여자 사기꾼의 꾐에 넘어가 덥석 목걸이를 할부로 구입했다.

그간 왕비에게 잘못 보인 것을 일거에 만회하려는 속셈이었다. 그런데 그 사기꾼 여자가 중간에 다이아몬드 목걸이를 가로채서 영국으로 도망가 버렸다. 그 뒤 사기 행각이 백일하에 드러났지만, 백성들은 왕비가 스트라스부르 추기경과 바람을 피운 게 분명하다는 뜬소문에 더 솔깃했다.

운명의 해인 1789년 5월까지는 프랑스도 평온을 유지하고 있었다. 사실 당시 유럽에서 가장 잘살고 가장 자유로운 나라 가운데 하나가 프랑스였다. 루이 16세는 재무 대신으로부터 삼부회를 소집해야 한다고 재촉받았다. 삼부회란 프랑스 전국에서 뽑은 귀족·성직자·시민 대표들로 이루어진 신분제 의회로, 1302년에 처음 모인 이후 175년 전부터는 한 차례도 소집되지 않았다. 프랑스는 현재 심각한 재정 위기를 맞고 있었다. 이 위기를 타파하기 위해서는 대폭적인 세금 인상이 불가피했는데, 명목상으로는 어쨌든 이런 결정을 내릴 권한은 오로지 삼부회 밖에 없었다.

삼부회가 소집되기 직전 루이 16세는 생애 세 번째로 진보적인 결정을 내렸다. 물론 그는 이 결정이 단두대로 향하는 첫걸음이었다는 사실을 아직 모르고 있었다. 루이 16세는 궁중 생활에 들어가는 비용을 줄이고 튀르고를 재무 총감에 임명하는 개혁 조처를 내린 이후 이제 제3신분인 시민 계층의 삼부회 대표단 수를 두 배로 늘리는 결정을 내렸다. 이로써 시민 대표의 수가 6백 명으로 늘어나 각각 3백 명씩의 귀족·성직자 대표 수와 똑같게 되었다.

시민 대표 6백 명은 개혁 일성으로 예전처럼 신분에 따라 표결하지 말고 머릿수에 따라 투표하자고 요구했다. 그러나 귀족과 성직자들이 예상대로 거부하자 시민 대표단은 1789년 6월 17일 몇몇 개혁적인 귀족들의 후원 아래 단독으로 국민의회를 구성했다. 그들은 헌법을 제정할 때까지 단결하기로 굳게 맹세했고, 곧이어 귀족과 성직자들의 '세금 특혜 철폐'라는 과격한 결정을 내렸다. 지배 계층에 대한 전쟁 선포나 다름없는 결정이었다.

상업과 생산 활동을 통해 부를 구축한 시민 계층은 이제 그에 걸맞은 정당한 정치권력을 요구하고 나섰다. 이러한 요구에는 시민 계층의 사회적 힘이 안팎으로 성숙해 있었다는 사실과 프랑스가 유럽의 다른 나라에 비해 일찍부터 중세의 제도와 관습에서 탈피해 있었다는 사실이 전제되어 있었다. 프랑스의 정치학자 알렉시 드 토크빌Alexis de Tocqueville은 1856년 자신의 저서 『구체제와 혁명L'Ancien Régime et la Révolution』에서 이렇게 언급했다.

> 대중은 억압의 강도가 줄어들 때 그 억압적인 법을 무너뜨린다. 프랑스인들은 상황이 점점 더 나아질수록 그 상황을 더 견디기 힘들어했다. 혁명을 통해 생겨난 정부는 거의 항상 그 이전의 정부보다 낫다.

프랑스 국민의 다수를 차지하는 노동자, 일용직, 소농, 소시민들은 1789년 당시에는 주도 세력이 아니었다(이 계층은 19세기로 넘어가서야 '제4신분'으로 분류된다). 프랑스 혁명은 결코 이러한 하층민이 주도하는 하층민을 위한 혁명이 아니었다. 그러나 거리를 돌아다니며 난동을 부린 것은 바로 이들이었다. 이를

테면 제3신분의 보병 역할을 한 셈이다.

  6월 23일 루이 16세는 무장 병력을 곳곳에 배치한 상태에서 1천2백 명의 삼부회의원들을 모두 소집했다. 그러고는 두 봉건 신분의 압력에 밀려 제3신분이 결정한 '세금 특혜 철폐안'을 무효로 선언했다. 튀르고 재정 총감이 해임된 데 이어 역사적 흐름을 거꾸로 돌리는 두 번째 결정이었다. 하지만 제3신분의 반발을 무마하기 위해 귀족과 성직자들에게 합당한 세금만큼은 부과하겠다고 약속했다. 그런 다음 세 계급에게 각자 회의장으로 돌아가라고 명령하였다.

  그러나 시민 대표들은 거부하고 자리를 뜨지 않았다. 궁정 의전관이 와서 국왕 폐하의 명령을 듣지 못 했느냐고 묻자 제3신분의 대변인 격인 미라보H. Mirabeau 백작이 나서서 일장 연설을 했다.

> 당신을 이리로 보낸 사람들에게 가서 전하시오. 우리는 지금 백성들의 뜻에 따라 여기 있는 것이고, 총칼이 아니면 우리를 여기서 끌어낼 수 없다고 말이오.

  이것이 바로 프랑스 혁명의 도화선이 되었다는 평가를 받는 말이다.

  궁정 의전관이 왕에게 상황을 보고한 뒤 명령을 기다렸다. 루이 16세는 과연 어떤 반응을 보였을까? 그는 몇 분간 뒷짐을 지고 왔다 갔다 하다가 이윽고 이렇게 심드렁하게 말했다고 한다.

  "그냥 내버려 두도록 해라!"

  질 미슐레Jules Michelet가 자신의 기념비적인 저서 『프랑스

사『Histoire de France』에서 밝힌 내용이다. 왕이 구세력이 아닌, 신세력에게 겁을 먹은 것은 이번이 처음이었다. 곧이어 루이 16세는 또다시 조정 신료들의 강압적인 권고를 받아들여야 했다. 만일의 사태에 대비해서 파리 인근에 3만 명의 병력을 집결시켜 두라는 것이었다. 파리에서 폭동이 일어났다는 소문이 빠르게 번지고 있었다.

이틀 뒤인 7월 14일 일부 대담한 폭도들이 바스티유 성채를 습격했다. 이곳은 철통같은 요새이자 탄약고이자 감옥이자 왕권의 상징이었다. 그런 곳이 습격당했다는 것은 무언가 큰 사건을 예고하는 새로운 전환을 의미했다. 그제야 파리를 포함한 프랑스와 유럽은 이것이 단순한 폭동이 아니라 모든 것을 뒤엎는 혁명이라는 예감을 하게 된다.

그런데 루이 16세는 파리에서 이런 일이 일어난 줄은 꿈에도 모르고 여느 때와 마찬가지로 베르사유궁의 숲속에서 사냥을 즐기고 있었다. 그가 쓴 그날 일기에는 이렇게 적혀 있다.

"오늘은 한 마리도 잡지 못했다."

마리 앙투아네트가 그런 한가한 남편에게 파리에서 발생한 폭력 사태에 관해 설명하며 어서 빨리 결정을 내리라고 재촉했다. 피신하든지 아니면 군대의 선봉에 서서 폭도들을 진압하라는 것이다. 과연 어떤 결정을 내려야 할 것인가? 루이 16세는 망설였다. 어느 쪽도 마뜩잖았다. 이런 상황에서 군대가 자신의 명령을 따라 줄 것인가 하는 점도 불확실했다.

국민의회 의장이자 국민의회에 의해 파리 시장에 임명된(사실 이것은 말도 안 되는 일이었다. 파리 시장의 임명권은 당연히 국왕에게 있었기 때문이다) 장 실뱅 바이Jean Sylvain Bailly는 이러지도 저러지도 못하고 있는 왕에게 제3의 길을 제시했다. 파리로 오라는 것이다. 그렇지 않으면 파리를 잃을 것이라고 말했다. 그렇다면 파리로 가는 것이 옳은 길일까? 어쨌든 도망을 치거나 전쟁을 벌이는 것보다는 훨씬 덜 극단적인 방법처럼 보였다. 결국 루이는 파리로 가기로 결정했다. 대신 돌아오지 못할 경우를 대비해서 유서도 작성해 놓았다.

7월 17일 아침 왕은 새벽 미사를 마친 뒤 창백한 얼굴로 마차에 올라탔다. 마차는 낫과 쇠스랑을 든 수만 명의 군중 사이를 지나갔다. 마차가 시청 앞에 닿자 국민의회 간부들이 나와 그를 정중히 맞았고, 시장이 삼색三色으로 이루어진 혁명 리본을 달아 주었다. 하얀색은 프랑스, 푸른색과 붉은색은 봉기를 일으킨 파리에 바치는 색이었다. 왕이 이 리본을 순순히 달았던 것은 새로운 세력에 대한 두 번째 패배를 의미했다.

루이 16세가 시청의 창문으로 다가가 군중 앞에 모습을 드러내자 주위에서 한마디를 하라는 재촉이 쏟아졌다. 결국 그는 마지못해 대중에게 이렇게 한마디 했다.

"내가 그대들을 사랑하고 있다는 것을 믿어도 되노라!"

몇몇이 박수를 쳤다. 베르사유궁으로 돌아가는 길에 일반 백성처럼 보이는 일단의 무리가 왕의 마차와 수행원들에게 짓궂게 포도주를 뿌리며 장난을 쳤고, 그러고는 자기들끼리 신이 나서 웃으면서 왕의 만수무강을 위해 축배를 들었다.

마리 앙투아네트는 살아 돌아온 왕을 눈물로 맞았다. 왕의 아우와 조정 신료의 절반은 이미 식솔과 함께 뒤도 안 돌아보고 도망친 상태였다. 궁정 안은 쥐 죽은 듯이 고요했다.

프랑스는 한마디로 무정부 상태였다. 사회 질서를 유지하던 과거의 권위는 온데간데없고, 새로운 권위는 아직 형성되지 않았다. 귀족과 성직자 계급은 폭도들의 습격에 대비해서 성에 보루를 쌓고 틀어박혀 있거나 아니면 벌써 피신했다. 농민들은 대지주들을 습격했고, 영주의 저택에 불을 질렀다. 대지주와 영주들도 사병들을 모아 노략질을 일삼는 반란 무리를 막았다. 2년 동안 계속된 흉작으로 곡식은 귀했고, 밭은 기병들의 말발굽에 짓밟혔다. 파리에서는 굶주림이 일상이었고, 거리마다 도적 떼가 판을 쳤다.

1789년 8월 4일 이런 혼란의 와중에 국민의회가 인권 선언을 발표했다. 1776년 미국의 독립선언문에서 차용한 이 인권 선언은 이미 이름(정식 명칭은 '인간과 시민의 권리 선언'이었다)부터가 왕·귀족·성직자 계층에 대한 강력한 도전이었다. 지금까지 일반 백성들은 '권리는 없고 의무만 있는 존재'였기 때문이다. 인권 선언 내용은 다음과 같다.

> 제1조: 인간은 자유롭고 평등한 권리를 가지고 태어났고, 죽을 때까지 그 권리를 유지한다.
> 제2조: 국가의 목표는 자연적이고 양도할 수 없는 인간의 권리를 보전하는 데 있다. 이러한 권리는 자유·사유 재산·안전·압제에 대한 저항의 권리를 이른다.

국민의회는 왕에게 이 선언에 서명할 것을 요구했다. 왕의 참모들은 차라리 왕당파가 주둔하는 메스로 도주해서 군사를 일으키자고 권했다. 루이는 또 머뭇거렸다. 하지만 결국 세 번째로 새로운 세력에게 무릎을 꿇고 인권 선언에 서명하고 말았다.

그것은 왕위를 지키기 위한 몸부림이 아니었을까?

귀스타브 플로베르Gustave Flaubert는 1850년 자신의 『상투어 사전』에서 루이 16세가 혁명 세력의 법령을 인가한 것에 빗대어 '인가'라는 단어를 이렇게 풀이했다.

> 인가: 전혀 소용없는 짓을 하는 것을 말한다. 그들이 요구한 것은 결국 루이 16세의 머리였다.

그런데 문제는 이러한 반어적 개념 규정에 일말의 진실이 포함되어 있었다는 사실이다. 즉 왕이 끊임없이 이리저리 미꾸라지처럼 빠져나갈 생각만 하지 않고 투쟁과 항복 둘 중에서 분명히 하나를 선택했더라면 목숨은 구하지 않았을까?

루이 16세는 한쪽의 요구만 인가한 것이 아니라 다른 쪽의 요구도 들어주었다. 즉 일관성 없이 양다리를 걸쳤다. 왕은 근위대와 플랑드르 연대를 베르사유궁으로 불러들였다. 그런 다음 1789년 10월 1일 궁정 연회실에서 두 부대의 장교단을 위해 환영식을 베풀었다. 장교들은 감격을 주체하지 못하고 왕을 위해 목숨을 바칠 것과 국민의회파를 완전히 소탕하겠다고 맹세했다.

왕이 국민의회를 배신했다는 소문이 들리자 파리의 거리가 술렁거렸다. 10월 5일 수많은 군중이 주먹을 불끈 쥐고 베르사유궁으로 쳐들어갔다. 생활고를 겪던 여자들이 다수였는데, 4만 명의 시민군이 그 뒤를 따랐다. 아침에 사냥을 나간 왕이 돌아오자 마리 앙투아네트가 급히 왕에게 달려가 이제는 정말 도망을 치든지 아니면 싸우든지 결정을 내려야 한다고 다그쳤다. 아무튼 여기를 한시라도 빨리 벗어나야 한다는 것이었다. 그러나 이번에도 왕은 결정을 내리지 못하고 망설였고, 그래서 또 때를 놓치고 말았다.

시민군이 궁전 안으로 들이닥쳤다. 경호원들은 군중에 의해 죽임을 당했고, 여자들은 왕비의 처소로 밀려들어 갔다. 왕비는 절체절명의 순간에 몸을 빼내 남편에게로 도망쳤다. 왕은 발코니로 나가 경호원들의 목숨만큼은 살려줄 것을 청한 뒤 순순히 시민군의 지시에 따라 베르사유궁을 떠나 파리로 향했다. 파리의 새 거처는 튈르리 궁전이었다. 이것은 새로운 세력에 대한 일종의 항복 선언이었다.

루이 16세는 파리에 가면 포로나 다름없는 상태에서 감금 생활을 하리라는 것을 예감하고 있었다. 그 좋아하는 사냥도 하지 못하고 하루 종일 폭도들에게 겹겹이 둘러싸여 있어야만 할 것이다. 왕은 가슴이 미어지는 듯했지만 모든 것을 현실로 받아들일 수밖에 없었다. 어쩌면 파리에서 다시 백성들의 환심을 사게 될지도 모를 일이었다. 미슐레는 이렇게 썼다.

> 파리 주민들은 여전히 그 뚱뚱한 남자(루이 16세)에게 호감을 느끼고 있었다. 악의 없는 성품과 넉넉한 자태에서 인자한 아버지의 인상을 받은 것이다. (…) 루이 16세는 별로 머리가 좋지 않았다. 또한 약속도 잘 어겼지만, 이는 대부분 왕비 탓이었다.

이듬해인 1790년은 비교적 조용히 흘러갔다. 그해 2월 루이 16세는 백성들의 환호를 받으며 새로 제정된 헌법에 공개적으로 선서했다. 이제껏 그가 새로운 권력 체제에 표시한 최고의 경의였다. 내용은 이랬다. 귀족 제도를 철폐하고, 성직자들은 국가 행정 체제에 예속시키며, 교회의 재산은 몰수한다. 군주제는 계속 유지하되 국왕의 권력은 대부분 박탈한다. 루이 16세는 이 공식 행사만 빼면 한 해를 조용히 무탈하게 보낸 셈이었다.

1791년 4월 온건파의 대부 미라보 백작이 죽고 로베스피에르Robespierre가 이끄는 급진 성향의 자코뱅당이 권력을 잡자 국왕 부부는 마침내 도주하기로 마음먹었다. 급진파들 밑에 있다가는 무슨 일을 당할지 몰랐기 때문이다. 하지만 어디로 간단 말인가? 루이 16세는 평소대로 갈피를 잡지 못하고 머뭇거렸다. 그러자 앙투아네트는 일단 가장 가까운 오스트리아로 몸을 피하자고 재촉했다. 오늘날의 바덴 지역에서 라인강만 건너면 바로 오스트리아 땅이었다. 국왕 부부는 믿을 만한 장수였던 부레Bouillé 후작에게 자신들의 계획을 털어놓고 도움을 구했다. 그러자 부레는 도주로 곳곳에 병사들과 갈아탈 말들을 배치해 놓겠다고 약속했다.

6월 20일 저녁 국왕 부부가 왕자와 공주, 여자 가정교사, 몸종 하나 그리고 세 명의 경호원과 함께 튈르리궁 뒷문으로 빠져나가 미리 대기하고 있던 마차에 올라탔다. 네 마리의 말이 끄는 4인승 마차는 바퀴가 크고 지붕이 젖혀지는 마차였다.

마차는 이튿날 자정 직전에 베르 지방 북서쪽에 위치한 바렌 인근의 한 언덕에 도착했다. 그런데 부레 후작이 대기시켜 두기로 했던 말들은 보이지 않고, 40여 명의 독일인 용병들만 술에 곯아떨어져 있었다. 그중 한 병사가 왕의 행차를 알아보았고, 곧이어 사람들이 횃불을 들고 속속 언덕으로 올라왔다. 경호원들이 마부에게 바렌시를 관통해 버리라고 명령했다. 그런데 마을을 벗어나는 다리는 봉쇄되어 있었다. 그때 갑자기 어디선가 비상사태를 알리는 종소리가 정신없이 울려 퍼졌고, 그에 발맞추어 인근 마을에서도 종소리가 어지럽게 울렸다. 이것을 신호로 무장한 농부들이 떼를 지어 몰려들기 시작했다. 곧이어 이런 목소리들이 고요한 밤하늘에 울려 퍼졌다.

"왕이 우리를 배신했다!" "왕이 적에게 넘어가려고 한다!"

한 상인이 마차로 다가가 왕의 일가에게 자신의 가게로 도피할 것을 제안했다. 루이는 종의 복장으로 변장하고, 자신을 영주의 하인 뒤랑으로 소개했다. 그러나 그의 말을 믿는 사람은 아무도 없었다. 아낙네들은 가게의 창문에 얼굴을 바짝 갖다 대고 안을 들여다보았다. 눈물을 흘리는 이도 많았다. 시민군 장교들과 마을위원회 간부들이 가게 안으로 들어와 왕에게 이렇게 애원했다.

"폐하, 제발 저희를 떠나지 마소서!"

왕은 단호하게 대답했다. 떠나지 않겠노라고. 프랑스에 남을 것이라고. 다만 사악한 파리로부터 잠시 몸을 피한 것뿐이라고.

그러나 왕은 다시 그런 파리로 돌아가야 했다. 파발꾼이 갖고 온 국민의회의 명령이었다.

이제 파리에서는 루이 16세를 어떻게 처리할 것인지를 두고 논의가 벌어졌다. 국민의회 안에서는 왕이 백성들로부터 인간적으로 동정받지 않을까 하는 두려움이 팽배했다. 그런 인간적인 동정은 혁명 상황에선 잠재적 위험 인자로 작용할 수도 있었다. 결국 급진파 조르주 당통Georges Danton이 영리한 제안을 내놓았다. 루이 16세를 바보 얼간이 왕으로 선포하고 그의 흉상들을 파리의 거리에서 모두 파괴하자는 것이었다. 그러나 실현 불가능한 제안이었다.

그사이 왕의 일가는 나흘에 걸쳐 바렌에서 파리로 돌아오는 중이었다. 그런데 도중에 간혹 무기를 들거나 술에 취한 백성들이 마차를 에워싸고 위협을 가하기도 했다. 그때마다 사고를 면할 수 있었던 것은 열세 살 공주와 여섯 살 왕자 덕분이었다. 그 고결한 어린것들을 보는 순간 해코지할 마음이 싹 달아났기 때문이다. 특히 장차 프랑스의 왕이 될 왕자가 창문으로 손 키스를 보내면 그들의 굳었던 마음도 풀어질 수밖에 없었을 것이다.

왕의 일가를 태운 마차가 먼지구름을 일으키며 파리에 도착했다. 무척 건조하고 무더운 날씨였다. 사람들은 창가에 기대서거나 지붕에 앉아 왕의 행차를 구경했다. 모자를 벗어 경의를 표하는 사람들은 없었다. 그사이 국민의회는 이 모든 사태를 무마할 좋은 방법을 생각해 냈다. 왕이 도주한 것이 아니라 납치됐다고 선포한 것이다. 이러한 아이디어는 부레 후작이 제공했다. 오스트리아령 네덜란드로 도주한 부레 후작은 루이 16세가 체포된 직후 국민의회에 편지를 보내 왕은 잘못이 없고, 자신이 왕을 납치한 것뿐이었다고 밝힌 것이다. 사태 확대를 바라지 않던 국민의회로서도 쌍수를 들고 환영할 일이었다.

의회는 형식적으로 왕을 조사한 뒤 무죄 석방했다. 치욕스러운 도주 사건이 일어난 지 석 달 정도 지난 1791년 9월 14일 루이 16세는 수정헌법에 다시 선서해야 했다. 개정된 헌법상으로도 그의 왕위는 여전히 유지되었다. 그러나 궁으로 돌아온 루이는 강제로 서명할 수밖에 없는 자신의 처지에 울분이 북받쳐 올라 하염없이 눈물을 흘렸다.

국민의회는 격렬한 논쟁 끝에 왕의 다른 권한은 전부 박탈하지만, 의회 결정에 대한 거부권은 인정하기로 결론을 모았다. 물론 왕이 거부권을 행사한다고 해서 즉각적인 실효성을 갖는 것은 아니었지만 최소한 몇 달간은 국가 기구를 마비시키기에 충분했다.

1791년 가을, 루이 16세는 자신에게 주어진 거부권을 두 번 행사했다. 구체제 권력에 대한 습관적인 굴종일 수도 있고, 아니면 단순히 자신의 출신 성분과 교육과 환경이 만들어 낸 '어쩔 수 없는 무지'의 소산일 수도 있다고 미슐레는 분석했다.

1791년 11월 루이는 망명객들을 제재하는 법률안에 거부권을 행사했다. 법안 내용은 이랬다. '1월 1일까지 프랑스로 돌아오지 않는 사람은 전 재산을 몰수하고 목숨도 보장하지 않는다.'

두 번째 거부권은 성직자 계급에 관한 법안이었다. '성직자들도 이제 일반 국민으로서 법과 종교의 자유를 존중하겠다는 맹세를 해야 한다. 만일 이 맹세를 하지 않는 사람은 반역 혐의가 있는 것으로 간주한다.'

루이 16세는 이 두 법안에 대해 거부권을 행사함으로써 새 헌법하에서 구체제 기득권자들을 옹호하는 반동으로 몰렸고, 그와 함께 그의 몰락도 한층 가시화되었다. 국민의회 내에서는 군주제 폐지를 주장하는 목소리가 점점 높아졌고, 파리의 거리에서도 '거부권을 타도하자'는 성난 주민들의 함성이 힘차게 울려 퍼졌다.

1792년 6월 20일 파리의 군중들이 춤을 추고 노래를 부르고 함성을 지르며 튈르리 궁전으로 쳐들어갔다. 성문을 부순 뒤 정원을 가로질러 루이 16세의 처소까지 밀고 들어갔지만, 경비를 담당하던 국민 방위군 병사들은 아무런 제지를 하지 않았다. 폭도들이 국왕 면전에 이르자 그제야 네 명의 근위병이 칼을 빼 들고 왕을 보호하고 나섰다. 그러나 군중들은 왕을 죽이려던 게 아니었다. 그저 겁만 주려고 했을 뿐이었다.

왕은 웬일인지 이들을 당당한 태도로 맞았다. 백성을 속이는 짓을 그만두라는 군중의 외침에 루이는 차갑고도 근엄하게 대꾸했다.

"나는 그대들의 왕이다. 나는 법과 헌법이 내게 부여한 권한을 행사한 것뿐이다."

그는 두 시간 동안이나 용상에 선 채 성난 군중들의 위협을 꿋꿋이 버텨 냈다. 많은 사람이 왕의 이런 태도에 감명받았다. 특히 왕이 결연한 목소리로 이렇게 말했을 때는 감동이 더욱 커졌다.

"나는 두렵지 않다. 교회의 성사는 모두 마쳤다. 그러니 그대들 마음대로 하라!"

루이 16세의 인생에서 가장 군왕다웠던 순간을 들라면 아마 이 두 시간이었을 것이다. 군중들은 어전을 물러나 서서히 흩어졌다. 그러나 궁전의 기물을 부수고 난동을 피우는 것까지는 어쩔 수가 없었다.

그로부터 3주 뒤 1792년 7월 6일 국민의회에서 피에르 베르니오Pierre Vergniaud 의원이 우레와 같은 박수를 받으며 군주제 폐지를 요구했다.

"왕이라는 인간은 헌법에 몇 번 서약만 하면 으레 백성들이 먹여 살려 줄 줄 알고 있는 모양인데, 이제 어린애 장난도 아닌 그런 짓거리를 집어치워야 합니다!"

또한 왕을 당신이라고 호칭하며 이렇게 말했다.

"백성을 그렇게 비열하게 속인 당신은 이제 그 백성에게 아무것도 기대해서는 안 됩니다."

결전이 시작되었다. 그러나 루이에게도 아직 힘이 남아 있었다. 튀를리 궁전에 잘 훈련받은 1천3백 명의 교황청 근위대가 주둔하고 있었기 때문이다. 병사들은 1인당 50발의 실탄을 갖고 있었고, 궁전의 1층 창문들은 모두 두꺼운 널빤지로 막아 두었다. 게다가 아직 희망을 가져 볼 만했던 것은 프랑스에 전쟁을 선포한 프로이센-오스트리아 연합군이 벌써 샹파뉴 지방까지 진격했다는 소식이 들려왔기 때문이다.

1792년 8월 10일 밤, 상황이 긴박해졌다. 시민군의 공격이 시작된 것이다. 왕은 만일의 경우에 대비해서 고해성사를 마쳤다. 새벽 무렵 선봉에 섰던 수천 명의 시민들이 튀를리궁으로 밀고 들어오자 왕의 일가는 몰래 궁을 빠져나와 도보로 인근의 국민의회 건물로 대피했다. 그나마 안전을 보장해 줄 수 있는 유일한 공간이 바로 국민의회였다.

곧이어 4만 명으로 추산되는 군중이 튀를리궁으로 쇄도해 들어왔다. 교황청 근위대의 1천3백 개 소총에서 불을 뿜었고, 1천 명 이상의 시민이 사살되었다. 그러나 성난 파도같이 쏟아져 들어오는 군중의 힘을 막기에는 역부족이었다. 군중들은 미친 듯이 돌격해서 불을 지르고 집기들을 창문 밖으로 집어 던졌다. 이들의 손에 맞아 죽은 병사만 부대원의 절반에 이르렀다.

국민의회는 왕의 마지막 거처로 탑 형태의 음습한 성당을 지정했다. 예전에 성전기사단이 보물 창고로 쓰던 곳이었다. 분노한 군중들의 공격을 막을 요새 역할도 하고, 왕을 가두어 놓을 감옥도 될 수 있으니 국민의회로서는 일석이조였다.

3주 뒤인 1792년 9월 2일 프랑스 동북쪽의 작은 도시 베르됭Verdun이 프로이센군에 함락당했다는 소식이 파리로 전해졌다. 그와 함께 적군이 점령지마다 프랑스 왕가의 상징인 백합 문양 깃발을 게양한다는 사실이 알려지자 파리 시민들의 분노는 극에 달했다. 국민의회 내의 과격파는 시민 폭동을 조장해서 감옥에 갇힌 정치범들과 왕을 따르거나 옹호하는 이들을 모두 죽여 버리도록 했다. 유사시를 대비한 결정이었지만, 이 일로 인해 수천 명의 무고한 사람들이 목숨을 잃었다. 심지어 피의 광란에 취해 빈민소나 고아원에 수용되어 있던 사람들까지 죽이는 일이 발생했다. 살인과 약탈로 물든 파리의 난동은 나흘이나 계속되었다.

1792년 9월 21일 새로 선출된 국민공회가 소집되었다. 국민공회는 대부분 중상·중하층 출신의 745명 의원으로 구성되었다. 노동자는 한 명, 귀족은 극히 일부에 지나지 않았다. 그들을 하나로 묶은 것은 광란적인 살인에 대한 경악과 군주제 폐지에 대한 확고한 의지였다. 그 전날 프랑스군이 프로이센-오스트리아 연합군의 진격을 발미Valmy에서 저지하는 쾌거를 올렸지만, 대부분 국민공회 의원은 프랑스에서 국왕의 존재를 계속 내버려 두는 것을 원치 않았다. 침략자의 승리를 바라고 있는 것이 뻔한 왕을 어떻게 프랑스의 군주로 인정할 수 있겠는가? 결국 국민공회는 군주제의 철폐를 결의했다.

그런데 루이 16세는 음습한 성당 안에 갇혀 있으면서도 본의 아니게 또 다른 위험을 만들고 있었다. 매일 번갈아 가며 왕의 거처를 감시하는 병사들이 뚱뚱하고 자상한 루이 16세의 인간적인 매력에 빠진 것이다. 병사들의 노고를 위로하고, 병사들 가족의 안부를 묻고, 아들을 성실하게 가르치고, 틈나는 대로 기도하고, 점심 식사 뒤에는 누가 보든 말든 꾸벅꾸벅 앉아서 조는 그런 사랑스러운 인간을 어떻게 미워할 수 있겠는가?

감금된 왕이 병사들의 동정을 받는 것은 위험한 일이었다. 게다가 왕이 살아 있는 한 그의 복위를 원하는 다른 유럽 군주국들의 책동을 원천적으로 막을 방법은 없었다. 또한 왕이 여전히 다른 나라들과 내통하고 있을지도 모르는 일이었다.

루이 16세가 감금된 지 두 달 반이 지난 1792년 12월 3일 로베스피에르가 국민공회에서 이렇게 연설했다.

> 왕은 지금 우리와 전쟁 중입니다. 감옥 안에서도 우리에게 반기를 들고 있습니다! 그는 죽어야 합니다. 그래야 조국이 살기 때문입니다. 우리는 그를 프랑스의 반역자로, 인류의 범죄자로 선포해야 합니다.

12월 11일 국민공회에서 루이 16세에 대한 재판이 열렸다. 왕은 평소와는 다르게 강한 어조로 자신을 변호했다. 우선 지금 자신에게 쏠리는 비난이 대부분 헌법이 자신에게 보장한 권한 안에서 행사한 행위에 대한 것이 아니냐고 반문했다. 그리고 정치인들에 대한 매수 의혹에 대해서는 당당하게 시인했다.

"절실하게 무언가 필요로 하는 사람들에게 그것을 채워 주는 것만큼 즐거운 일이 어디 있겠소?"

이렇게 반론을 펴는 피고인을 어떻게 해야 할 것인가? 살려 두면 혁명의 위험 요소가 될 것은 불을 보듯 뻔했지만, 그렇다고 죽여 버리면 자신들과 자손들까지 다른 유럽 군주들의 적이 될 것이다. 게다가 망명객들은 칼날을 갈며 호시탐탐 복수의 날이 오기만을 기다리고 있지 않은가?

1793년 1월 15일 국민공회는 루이 16세에게 프랑스의 자유를 파괴할 목적으로 반란을 공모했다는 이유로 유죄를 선고했다. 기권 37표에 나머지는 모두 찬성표였다. 1월 19일 왕에게 어떤 벌을 내릴 것인지를 두고 표결이 이루어졌다. 기명으로 진행된 이 투표는 이튿날 새벽이 되어서야 끝났다. 1월 20일 마침내 국민공회는 387 대 334로 단두대의 처형을 확정했다.

법무장관이 선두에 선 의회 대표단이 루이 16세를 찾아가 이튿날 아침에 사형이 집행될 것이라고 통보했다. 왕은 평온한 표정으로 듣기만 했다. 의회 대표단이 떠나자 왕은 점심 식사를 가지고 오라고 했다. 밤새 푹 자고 일어나서는 무릎을 꿇고 새벽 미사를 올린 뒤 아내와 아이들에게 작별 인사를 했다. 그는 수레를 타고 가면서 시편을 낭송했고, 고해 신부가 단두대까지 동행했다. 왕이 마지막으로 시민군을 향해 이렇게 외쳤다고 하는데, 사실인지는 불확실하다.

> 프랑스인들이여, 짐은 무고하게 죽어 간다! 부디 프랑스에 내 피를 뿌리지는 말아다오!

그런 다음 그가 단두대에 목을 올려놓자 예리한 칼날이 단숨에 내리쳤다.

그 순간 유럽의 왕실과 귀족 가문에서는 통곡과 절규가 터져 나왔다. 프랑스인들의 반응도 당혹감과 만족감으로 나뉘어졌고, 승리와 애도와 공포의 감정으로 찢겼다.

마리 앙투아네트는 7개월 뒤에 남편의 뒤를 따라 단두대에 올라갔다. 한때 왕세자였던 루이의 일곱 살 난 아들이 이제 프랑스의 왕(루이 17세)으로 선포되었다. 독일로 도주한 루이의 막냇동생이 왕실의 어른 자격으로 그렇게 선포한 것이다. 그러나 이 소년도 2년밖에는 살지 못했다. 국민공회가 이 아이를 과격한 사이비 혁명가였던 한 구두장이에게 맡겼는데, 이 사람이 아이의 몸과 마음을 완전히 망가뜨렸기 때문이다. 소년의 숙부는 나중에 나폴레옹이 실각하고 난 뒤 파리로 돌아와 루이 18세로 즉위해서 죽을 때까지 프랑스를 다스렸다.

프랑스의 시인 알퐁스 드 라마르틴Alphonse de Lamartine은 1847년에 이렇게 물었다.

> 누가 루이 16세를 구할 수 있었을까? 없다. 그 누구도 그 무엇도 그를 구할 수는 없었다. 그는 과거의 조정과 왕들이 저지른 온갖 잘못과 패악 때문에 목숨을 잃었다. 왕과 그 왕으로 대변되는 왕정의 죄를 씻기 위해 도살돼야 했던 희생양이었다.

토크빌은 1856년에 이런 결론을 내렸다.

> 프랑스에서 혁명 이후의 어떤 시기도 혁명 이전의 20년만큼 삶의 수준이 빠르게 나아진 적은 없었다.

12. 빌헬름 2세

어떤 패배자도 그처럼 무기력하게 무너지지는 않았다

그는 타고난 승리자처럼 보였다. 독일의 황제이자 프로이센의 왕이었던 빌헬름 프리드리히 빅토어 알베르트 폰 호엔촐레른Wilhelm Friedrich Viktor Albert von Hohenzollern(1859~1941)을 가리키는 말이다. 스물아홉 살이던 1888년에 한 나라가 그의 품 안에 떨어졌다. 20년 내에 지상에서 가장 강대한 두세 나라 가운데 하나로 비상할 독일이었다. 독일의 산업은 미국에 이어 세계에서 두 번째였고, 그 뒤를 영국이 성큼성큼 따라오고 있었다. 함대 규모는 영국 다음이었고, 군사력은 러시아에 이어 두 번째였다. 하지만 전투력에 있어서는 러시아를 훨씬 능가했다. 게다가 독일의 과학 수준은 세계 으뜸이었다. 1901년부터 1914년까지 물리학·화학·의학 분야의 노벨상 수상자 49명 가운데 14명이 독일에서 배출되었고, 미국이 2명이었다.

독일 제국을 물려받은 빌헬름 2세는 바보 멍청이나 호전적 악인이 아닌, 수려한 외모에 빠른 이해력과 뛰어난 기억력을 갖춘 이지적 인간이자 재치 넘치는 다변가였다. 게다가 변덕이 심하고, 말실수가 잦고, 감상적이고, 자만이 넘치고, 화려한 것을 좋아하는 성품이었다. 물론 이러한 성품도 그가 단순히 오늘날 재벌 집 자제들처럼 수십억 달러를 물려받은 귀공자에 불과했더라면 결코 해가 되지는 않았을 것이다. 아니, 오히려 비슷한 부류에서는 호탕하고 인간적인 매력이 넘치는 사람으로 인기를 얻었을지 모를 일이다.

하지만 그가 물려받은 것은 단순히 돈이 아닌, 융성하는 세계 제국이었다. 이것은 그에게나 제국에는 숙명이자 재앙이었다. 빌헬름은 충동적이고, 끈기가 없고, 생각과 일 처리가 무절제하고, 그저 다방면으로 관심만 많고, 신하들을 선택하는 것도 서툴고, 측근의 귀엣말에 쉽게 혹하고, 교만함을 숨기지 않는 사람이었다. 또한 비스마르크의 지적처럼 입담이 좋은 건 사실이지만, 때를 가리지 않고 말을 많이 하고 싶어 해서 탈이었다. 그러니까 입이 간지러워 견디지 못하는 사람이었다.

물론 다른 한편으로는 이러한 다변이 장점으로 작용하는 면도 있었다. 영국의 역사가 고든 크레이그Gordon A. Craig는 빌헬름 황제를 가리켜 누구를 만나든 전문 지식을 가지고 막힘없이 대화를 이끌어갈 줄 아는 인물이라고 표현했다. 상대가 사업가건, 극장장劇場長이건, 고고학자건 아니면 남성 합창단 단장이건 걱정할 필요가 없었다. 또한 푸석푸석한 목소리였음에도 곧잘 대담한 즉흥 연설로 청중의 감동을 이끌어 내는 명연설가였다.

그런데 독일의 역사가 골로 만Golo Mann의 지적처럼 바로 이러한 기고만장하고 거침없는 연설이 글로 인쇄되는 순간 외교적 재앙이 되었다. 빌헬름 황제의 인터뷰나 전보도 마찬가지였다. 더욱이 국빈, 외교관, 장관, 군인, 명망가 그리고 전 국민이 반드시 자신의 연설을 들어야 할 의무가 있는 것처럼 구는 태도도 사태를 더욱 꼬이게 했다. 그는 연회, 기념식, 기념비 제막식, 기공식, 진수식, 야전 예배, 신병 선서식 등 때를 가리지 않고 연설하고 또 했다.

1892년 황제는 대중 앞에서 이런 연설을 했다.

> 우리는 위대한 나라를 건설할 소명을 타고났다. 나는 여러분을 찬란한 시대로 인도할 것이다!

1895년에는 사회민주주의자들을 가리켜 "독일인이라는 이름을 달고 다닐 가치가 없는 족속들"이라고 매도했다. 또 1896년에는 남아프리카 트란스발 공화국의 옴 크뤼거Ohm Krüger 대통령에게 전보를 쳐서 그 나라로 쳐들어온 '무장 난동꾼들'을 용감하게 무찌른 것을 축하했다. 그런데 그 난동꾼들은 바로 영국군이었다.

1898년 빌헬름 황제는 이렇게 선언했다.

> 독일 독수리*의 발톱에 한 번 채인 나라는 독일이 되고, 영원히 독일로 남을 것이다.

1900년에는 프랑스가 모로코를 접수한 것을 두고 이렇게 토를 달았다.

---

* 독수리는 독일의 국가 문장이다.

"나는 여러분을 찬란한 시대로 인도할 것이다!" 빌헬름 2세가 자기 백성에게 약속한 말이다. 1913년 독일인들은 그가 두 아들과 함께 베를린의 중앙대로를 활기차게 행진하는 모습을 보면서 그가 정말로 그렇게 믿고 있다고 생각했다.

"나는 우리 독일 민족이 국제 정치계의 결정에 있어서 국외자나 되려고 30년 전에 그렇게 피를 흘려가며 승리를(프랑스에 승리를 거둔 것을 말한다) 거둔 것은 아니라고 생각한다."

또한 같은 해 브레머하펜에서 중국 의화단을 토벌하기 위해 원정대를 떠나보내면서는 이렇게 말했다.

"조금도 인정사정 봐줄 것 없다. 예전에 훈족이 유럽에서 그랬던 것처럼 극동에서도 똑같은 모습을 보여 주길 바란다."

참모들은 깜짝 놀라 황제의 연설 중에서 훈족에 대한 부분은 빼달라고 볼프 전신국Wolffische Telegraphenbüro에 압력을 행사했다. 그러나 브레멘의 양대 신문과 「함부르거 프레멘블라트Hamburger Fremenblatt」지는 현장에 있던 자사 기자들의 증언을 바탕으로 문제되는 내용까지 상세히 보도했다. 유럽 곳곳에서 독일 황제의 막말과 호전적인 언사를 비아냥거리는 목소리가 쏟아져 나왔다. 그런데 시간이 갈수록 이러한 비아냥거림은 점차 불안으로 바뀌어 갔다. 빌헬름의 호전적인 언사가 실제로 전쟁으로 나타난 것이다. 1914년 영국의 전쟁홍보국은 1900년에 행한 그 막말을 다시 끄집어내 벨기에를 침공한 독일 병사들을 피도 눈물도 없는 잔학한 훈족으로 묘사했다.

처칠에 따르면 빌헬름의 이러한 쾌도난마식의 단호한 어법이 영국인들에게 '독일의 위험'을 주입했다. 실제로 빌헬름이 20세기 첫 재앙인 제1차 세계 대전의 발발에 관여한 것이 있다면 그것은 아마 그의 오만불손한 언행일 것이다. 그러나 이 전쟁은 빌헬름 황제 때문에 일어난 것도 아니고, 그가 원한 전쟁도 아니었다. 물론 베르사유조약에는 빌헬름 황제의 전쟁 책임이 분명히 명기되어 있지만, 모든 나라의 주요 역사가들은 이미 오래전에 빌헬름 황제의 전쟁 책임설을 일축했다.

　제1차 세계 대전은 제2차 세계 대전과 달리 한 미치광이 범죄자가 저지른 시대착오적인 현상이 아니었다. 골로 만은 이렇게 썼다.

> 이 전쟁은 시대 정신의 산물이자 그 당시 사람들의 사고방식과 삶의 양식에서 기인한 것으로 볼 수 있다. (…) 1914년 8월 유럽은 환호의 물결로 넘쳐났다. 전쟁에 대한 광기, 분노, 영광. (…) 런던의 거리에서조차 군중들은 억누를 길 없는 욕구에 가득 차서 떼를 지어 몰려다니며 전쟁을 부르짖었다. (…) 전쟁은 빨리 끝날 것이고 아름다울 것이며, 해방을 선사할 흥분된 모험이다. 신은 전쟁에 나선 모든 나라의 손을 들어 줄 것이고, 모두가 승자가 될 것이다.

　빌헬름 2세는 독일의 최고 사령관이자, 제국 총리를 임명하고 해임할 수 있는 막강한 황제로서 승리에 눈먼 장군들을 제어하거나, 아니면 이 참혹한 전쟁을 막지는 못하더라도 최소한 일찍 종결시킬 힘은 갖고 있었다. 그것이 궁극적으로 독일의 피해를 줄이고 수백만 병사들의 목숨을 살리는 방책이자, 자신의 자리까지도 지킬 수 있는 묘책이었는지 모른다. "그러나 황제는 전쟁 메커니즘을 통제하는 방법을 제대로 모르고 있었다." 영국의 전쟁사학자 존 키건John Keegan의 말이다.

　빌헬름에게는 목표 의식과 에너지가 부족했다. 특히 전쟁 후반기에 독일의 실질적인 주인 노릇을 하던 장성들, 즉 파울 폰 힌덴부르크Paul von Hindenburg와 에리히 루덴도르프Erich Ludendorff

빌헬름 2세　207

를 과감하게 내쳤어야 했는데, 그러한 단호함이 모자랐다.

1918년 1월 루덴도르프는 무례하게도 황제에게 호통을 쳤다. 전쟁이 임박한 러시아와 갖은 단독 강화 협상에서 황제가 러시아 측에 너무 적은 영토를 요구한다는 이유에서였다. 빌헬름은 두 장군에게 심하게 반발하지 못했다. 그때마다 두 장군은 즉각 폐위시켜 버리겠다는 위협으로 황제를 압박했다. 빌헬름은 미국의 우드로 윌슨Woodrow Wilson 대통령이 비난했던 것처럼 '독일 민족의 무자비한 폭군'이 아니었다. 차라리 스러져 가는 세계 제국의 '얼굴 마담'에 가까운 인물이었다.

비슷한 시기 힌덴부르크 장군은 황제에게 독일의 마지막 프랑스 대공습이 실패로 돌아갔음을 시인했다. 잠을 설친 빌헬름은 이튿날 아침 부스스한 얼굴로 뮐러Müller 해군 참모총장에게 밤새 악몽에 시달렸다고 털어놓았다. 꿈속에서 자기의 장군들과 대신들, 사촌들 그리고 러시아 황제와 영국 왕이 모두 자신을 손가락질하고 비웃었는데, 노르웨이의 모드 왕비만 따뜻하게 대해 주었다고 했다.

1918년 9월 29일 독일의 실권자였던 두 장군이 황제에게 전쟁 패배를 보고한 뒤 평화 협정을 체결하는 것이 상책이라고 권고했다. 묵묵히 듣고 있던 빌헬름은 마침내 입을 열어 심신이 지친 병사들의 노고를 위로하고 국민의 용기를 칭송하면서 패배의 책임이 모두 정치인들에게 있다고 말했다. 그의 솔직한 심정을 대변하는 말이었다.

이제 그는 어떻게 해야 했을까? 현실을 직시하고 훗날을 기약하는 혜안이 있었더라면 책임을 통감하는 뜻으로 퇴위를 선언해야 하지 않았을까? 그랬더라면 아들이나 손자에게는 왕위가 돌아갔을지 모른다. 그러나 그는 퇴위할 생각이 전혀 없었다. 다만 점점 강하게 퇴위를 요구하는 정치인들의 압력을 피하고자 10월 29일 베를린과 영원히 작별을 고한 뒤 자신의 장원莊園*이 있는 벨기에의 스파로 떠났다.

빌헬름은 스파에서도 입을 다물지 않았다. "프리드리히 대왕의 후예에게 퇴위란 없다!" "프로이센의 왕은 독일을 배신해서는 안 된다."

이 정도 말이라면 그나마 이해하고 넘어갈 만했다. 그런데 곧바로 이어진 발언이 증오와 오해를 불러일으켰다.

"나는 수백 명의 유대인과 수천 명의 노동자들 때문에 왕위를 포기할 생각은 추호도 없다."

1918년 11월 4일 폭동을 일으킨 수병들이 독일 북부의 항구도시 킬Kiel의 시청을 점거했다. 11월 7일에는 새로운 제국 총리로 임명된 막스 폰 바덴Max von Baden 왕자가 황제에게 정식으로 퇴위를 권고했다. 그러나 빌헬름은 퇴위는 고사하고 참모들에게 출정 계획을 짜 보라는 명령을 내렸다. 자신이 친히 충성스러운 군대를 이끌고 베를린으로 진격해서 허튼소리를 하는 인간들을 모조리 섬멸한 뒤 나라 질서를 되찾겠다는 의지 표명이었다.

11월 8일 루덴도르프의 후임으로 제1 병참감이 된 빌헬름 그뢰너Wilhelm Groener 장군이 황제에게 차라리 전쟁터로 나가서 명예롭게 죽는 것이 낫지 않겠느냐고 물었다. 그러나 그럴 만한

---

* 유럽의 중세기에, 귀족이나 교회가 사유하던 토지

전선은 더 이상 남아 있지 않았다. 이런 상황에서 빌헬름의 고문들은 또다시 경악했다. 이번에는 반란군이나 적군에게 붙잡힐 위험 때문이었다.

11월 9일 아침, 황제와 그의 부관들 그리고 힌덴부르크와 그뢰너 장군이 벨기에 스파의 장원에 모였다. 황제는 참담한 표정으로 오슬오슬 떨고 있었다. 그뢰너 장군이 그런 황제에게 독일군은 더 이상 황제의 명령을 따르지 않을 것이라고 차갑게 설명했다. 그때 베를린에서 막스 폰 바덴 제국 총리가 전화를 걸어 빌헬름을 바꿔 달라고 하더니 숨찬 목소리로 이렇게 쏟아 냈다. '노동자들이 제국의회로 진격해 오고 있다. 군인들까지 그들을 동조하고 나섰다. 황제는 즉각 퇴위 선언을 해 주길 바란다. 그것만이 상황을 악화시키지 않는 최선의 길이다.' 그러나 빌헬름은 이러한 요청을 단호하게 뿌리치고는 분노로 몸을 부들부들 떨면서 정원으로 나갔다.

같은 날 11시 30분 막스 폰 바덴 제국 총리가 베를린에서 독단적으로 사임 의사를 밝히며 황제와 황태자도 곧 퇴위할 것이라고 공표했다. 이 소식을 들은 빌헬름은 절규했다.

"이건 반역이야!"

그러자 힌덴부르크까지 직설적인 표현으로 황제를 몰아붙였다.

"폭도들이 폐하를 베를린으로 끌고 가 혁명 정부에 포로로 넘긴다 해도 소신의 책임이 아닙니다. 폐하께 마지막 간언을 드리건대 부디 퇴위하시고 네덜란드로 피신하시기 바랍니다."

빌헬름은 어찌 선장이 침몰하는 배를 두고 떠날 수 있느냐는 말로 항변했다. 그러나 이것이 그의 마지막 항변이었다.

11월 10일 새벽 그는 경호 차량의 호위를 받으며 40킬로미터를 달려 네덜란드 국경에 도착했다. 거기서 여섯 시간을 기다린 뒤에야 같은 요한기사단* 소속의 벤팅크Bentinck 백작이 빌헬름에게 자신의 성을 망명 장소로 제공했다.

1920년 승전국들이 네덜란드 정부에 빌헬름을 넘기라고 요구했다. '국제적 도덕을 어긴 책임'을 묻겠다는 것이었다. 헤이그 정부는 거부했다. 대신 모든 정치 활동을 금하겠다는 빌헬름의 약속을 받아 냈다. 실제로 그는 이 약속을 지켰다.

이제 제1차 세계 대전을 통해 기존의 네 강대국이 무너졌다. 오스만제국과 오스트리아-헝가리 제국이 붕괴됐고, 러시아와 독일은 내부적으로 뒤집어졌다. 러시아의 차르는 암살되었고, 오스트리아의 카를 1세는 마데이라로 추방됐으며, 술탄 메흐메트 6세는 몰타로, 빌헬름 2세는 네덜란드로 각각 도망쳤다. 이들 모두 패배자였다.

이들 중에서 그나마 가장 상황이 나았던 사람은 독일의 빌헬름이었다. 러시아의 차르는 재산 전부를, 합스부르크 왕가는 일부를 몰수당했지만, 독일 공화국은 빌헬름의 막대한 재산에 손을 대지 않았다. 이렇게 해서 예전의 독일 황제는 위트레흐트 인근에 50만 금마르크Goldmark**를 들여 해자垓子와 29개의 방이 딸린 성을 구입할 수 있었다. 성 이름은 도른 하우스Haus Doorn였다. 빌헬름은 독일에 있는 자신의 옛 성에서 가구와 책, 제복 그리고 값나가는 예술품들을 58대의 화물차에 실어 이 도른 하우스로 날라 오게 했다. 50명에 이르는 시종들이 묵을 숙소로 건

---

* 예루살렘 순례자들을 돕기 위해 1099년에 창설된 종교 조직
** 제1차 세계 대전이 끝나고 인플레이션 기간에 사용되었던 화폐

물을 한 동 더 짓기도 했다. 쿠르트 투홀스키 Kurt Tucholsky는 이에 관하여 이렇게 언급했다.

> 누가 이 사람을 폐위당한 황제라 했던가? 누가 이 사람을 위해 눈물을 흘릴 것인가? 그는 왕위에서 물러난 뒤에도 부족함이 없는 사람이었다.

빌헬름은 도른 하우스에서 21년을 더 살았다. 자그마한 성에서 시종들의 시중을 받으며 살아가는 백발이 성성한 군주의 모습이었다. 가끔 친지들과 옛 친구들이 찾아오기도 했다. 그는 만찬이 있을 때면 여전히 예전의 제복을 입고 나타났다. 나중에는 대필가를 고용해서 『사건과 인물 Ereignisse und Gestalten』이라는 일종의 자기 변명서를 집필했고, 또 어린 시절의 기억을 담은 책을 쓰기도 했다. 그는 35헥타르(35만 제곱미터)에 이르는 정원을 한가롭게 거닐며 백조와 사슴에게 먹이를 주고 꽃밭을 가꾸었다. 1년 중에 한 차례는 자신의 성에서 문화 강연회를 주최하기도 했다. 그의 영국인 전기 작가 마이클 밸푸어 Michael Balfour는 이렇게 썼다.

> 특별한 목적 없는 한가한 삶이었지만 그는 이러한 생활에 잘 적응해 갔다.

1938년 10월 히틀러가 체코슬로바키아의 주데텐란트 지방을 합병하자 빌헬름은 영국 왕실에 전보를 쳐서 네빌 체임벌린 Neville Chamberlain 총리가 '하늘의 영감을 받아' 세계 평화를 지킬 수 있기를 기원했다. 1940년 히틀러가 네덜란드를 침공했을 때는 처칠이 나서서 빌헬름 전 황제에게 망명 장소를 제공하자고 영국 왕에게 제안하기도 했다. 빌헬름이 영국에 망명을 요청하면 영국 정부는 그를 최대한 예우를 갖추어 모실 뜻이 있음을 사적으로 전달했다. 그러나 이 제안을 받은 빌헬름은 고맙다고 하면서 정중히 사양했다. 대신 히틀러에게 전보를 쳐서 독일군의 파리 진격이 성공하기를 빌었다.

1941년 6월 4일 빌헬름이 여든둘의 일기로 세상을 떠나자 히틀러는 그의 시신을 베를린 국립묘지에 안장할 것을 제안했다. 그러나 그의 가족은 히틀러의 제안을 사양했다. 빌헬름이 생전에 자신의 시신을 도른 하우스에 묻어 달라고 지시했다는 것이다. 그의 장례식은 의장대의 예우를 받으며 장중하게 거행되었고, 아흔한 살의 전 육군 원수 아우구스트 폰 마켄젠August von Mackensen도 이 자리에 참석했다. 빌헬름 황제가 여전히 '찬란한 시대'에 대한 희망을 버리지 않고 있던 시절(1915/1916년)에 러시아, 세르비아, 루마니아를 무찌른 장군이었다. 나치의 선전장관 파울 요제프 괴벨스Paul Joseph Goebbels는 독일 언론에 다음과 같은 보도 지침을 내렸다.

> 빌헬름 2세는 패배한 시스템의 상징적 인물이다. 그가 최선을 다했던 것은 인정하지만, 이 세계에서 중요한 것은 의도가 아니라 성공적인 결과다.

도른 하우스는 1948년 이후 박물관으로 바뀌었다.
독일의 마지막 황제는 세계사의 위대한 패배자들 가운데에서 두 가지 기록을 세웠다. 첫째, 한창 강대국으로 융성하던 제국을 그렇게 짧은 시간 내에 잃어버린 지도자는 없었다. 러시아의 차르와 고르바초프도 제국을 잃었지만, 그들이 잃은 것은 이미 오래전부터 휘청거리고 있던 제국이었다. 둘째, 패배한 뒤에도 빌헬름처럼 반감과 물질적 걱정, 절망과 부끄러움에서 멀찍이 떨어져서 살았던 사람은 없었다. 물론 패배에 따르는 일말의 쓸쓸함이야 어쩔 수 없었겠지만 말이다.

1914년에 독일의 전시 경제를 기획하고 1922년에는 외무 장관으로 활동하다가 극우주의자들의 손에 암살된 발터 라테나우Walther Rathenau는 1919년에 빌헬름을 가리켜 "매력이 넘치는 아주 특이한 사람"이라고 불렀다. 하지만 빌헬름에게는 다른 속성도 있었다. 라테나우는 1901년 첫 만남부터 '빌헬름이 자각 증세가 없는 자기 분열증' 환자라는 것을 알아보았다. 그래서 황제가 자기도 모르게 나락으로 빠져들어 가는 것을 막으려면 외부에서 그를 제어하는 강력한 힘이 있어야 한다고 말했다.

"모든 게 잘못이었을까?" 빌헬름이 1935년에 직접 써서 자신의 전기 작가 요아힘 폰 퀴렌베르크Joachim von Kürenberg에게 넘긴 메모에 나오는 대목이다. 이 물음을 통해 빌헬름은 부분적으론 잘못일 수 있지만, 절대 전부가 잘못되지는 않았다는 점을 강력히 암시하고자 했던 것으로 보인다. 어쨌든 그는 통찰력이 부족하고 세상 물정을 모르는 사람이었다. 퀴렌베르크의 말에 따르면 빌헬름은 미국을 '버르장머리 없는 자식들을 접시닦이로나 보내 버릴 머나먼 미지의 땅'으로 생각하고 있을 정도였다.

가까운 사람들에게
내몰린 패배자들

13. 요한 슈트라우스

아들에 가려진 아버지:
세계적인 명성을 얻기 위해 바이올린을 켰지만
결국 패배한 아버지

엘비스 프레슬리Elvis Presley가 등장할 때까지 요한 슈트라우스Johann Strauss(1804~1849)의 왈츠와 갈롭Galopp*처럼 수많은 사람을 열광시킨 음악은 없었다. 그중에서도 슈트라우스의 「라데츠키 행진곡」은 서양 역사상 가장 자주 연주되는 작품이다. 그런데 사후의 명성은 「아름답고 푸른 도나우강」, 「빈의 혈통」, 「박쥐」를 작곡한 아들 요한 슈트라우스(아버지와 아들의 이름이 같다)에게로 돌아갔다. 어떻게든 음악가가 되는 것만큼은 막으려고 했던 바로 그 아들에게 말이다. 아버지 요한은 세계적인 명성을 얻기는 했지만, 아들에 대한 질투심으로 찢기고 지친 나머지 마흔다섯 나이에 에밀리에 트람푸시라는 여자의 초라한 집에서 숨을 거두었다. 그는 이 여자와의 사이에서 다섯 명의 자식을 두었다.

* 빠르고 생동적인 4분의 2박자 춤곡으로, 왈츠·폴카와 함께 19세기에 가장 유행하던 춤곡 중 하나다.

1820년대 빈은 세계적인 음악의 중심지였다. 하이든과 모차르트, 베토벤(슈베르트는 당시 거의 알려지지 않은 상태였다)의 향취가 듬뿍 묻어나는 이 도시의 홀과 정원에서는 수없이 연주회가 열렸다. 또한 어디를 가나 시녀들의 합창 소리가 울려 퍼졌고, 웬만한 중산층 가정에서는 피아노 소리가 흘러나왔다.

그런 음악 중에 왈츠가 있었다. 왈츠는 오스트리아 농부들의 전통춤으로, 두 번째 박자에서 발을 한 번 구르는 느린 4분의 3박자의 랜틀러 춤과 드레어 춤에 뿌리를 두고 있었다. 18세기에 이르러 랜틀러는 독일 바이에른을 거쳐 북쪽과 서쪽 지방으로 전파되었다. 프란츠 슈베르트Franz Schubert는 1815년 「제3번 교향곡」 3악장을 '빈 왈츠' 풍에 맞게 작곡했다. 즉 좀 더 빠른 템포에, 발을 구르기보다는 미끄러지듯이 선회하고, 첫 번째 박자에 강세를 두는 왈츠였다. 로시니도 1825년에 오페라 「랭스 여행」의 피날레에서 비슷한 풍의 왈츠를 작곡했다.

이 무렵에 왈츠를 하나의 장르로 독립시켜 무도회장으로 진출시킨 사람은 빈 출신의 바이올리니스트 요제프 라너Josef Lanner였다. 그의 왈츠는 느린 도입부와 휘몰아치듯이 환호하는 종결부, 거기다가 1845년판 브로크하우스 대백과사전의 표현대로 '고통스럽게 동경하는 요소'로 이루어져 있었다. 라너의 왈츠곡으로 인해 자연스럽게 껴안듯이 몸을 맞대고 춤추는 자세가 생겨났는데, 이것은 기존의 사교댄스에서는 볼 수 없었던 새로운 춤이었다. 점잖은 궁중 예법에서 보자면 스캔들이나 다름없는 상스러운 몸놀림이었지만, 빈 시민들에게는 라너의 무도회장으로 달려가게 만든 이유가 되었다.

라너보다 세 살 어린 요한 슈트라우스는 헝가리계 유대인의 손자로, 그의 부모는 맥줏집을 운영했다. 다섯 형제 가운데 넷이 태어난 직후에 모두 죽었다. 어머니는 요한이 일곱 살 되던 해에 세상을 떠났고, 아버지는 요한이 열두 살 때 빚으로 쪼들리다가 도나우강에 빠져 죽었다.

요한의 후견인은 그를 제본소로 보내 일을 배우게 했다. 요한은 제본공 도제 수업을 마친 뒤 바이올린을 배웠고, 열여덟에 요제프 라너의 6중주단 일원이 되었다. 시작은 이처럼 보잘것없었다. 요한은 스무 살에 독자적인 악단을 구성했고, 얼마 지나지 않아 14명의 악단으로 발전했다. 라너와 슈트라우스는 경쟁 관계였지만 서로 헐뜯으며 진흙탕 싸움을 벌이지는 않았다. 당시 빈은 왈츠 열풍에 빠져 있던 터라 둘 다 쏟아지는 주문을 주체하지 못할 정도였기 때문이다.

슈트라우스가 세 살 연상의 여관집 주인 딸 안나 슈트라임을 알게 된 것도 스무 살 때였다. 안나가 그의 아이를 가졌다고 말하자 그는 몰래 도망칠 생각을 했다. 그래서 외국으로 떠나기 위해 비밀리에 여행 증명서를 신청했다. 그러나 이 계획을 알아챈 안나의 아버지가 그를 단단히 붙잡아 두고는 딸과 결혼할 것을 종용했다. 처음부터 불행한 결혼이었지만, 어쨌든 두 사람 사이에서 여섯 아이가 태어났다. 요한은 살아남은 세 명의 아들에게는 결코 음악을 가르치려고 하지 않았다. 그러나 세 아들 모두 아버지의 뜻을 거스르고 음악가가 되었고, 장남 요한은 특히 아버지의 미움을 샀다.

아버지 요한의 명성은 빈과 오스트리아를 넘어 유럽 전역으로 뻗어 나갔다. 처음으로 라너를 제치고 빈의 사육제에 쓰일 굵직한 주문을 따낸 1829년부터 아들 요한이 대담하게도 아버

아버지 요한 슈트라우스는 보잘것없는 제본공에서 일약 세계적인 음악가로 성장했지만, 아들의 그늘에 가려 절망 속에서 삶을 마감했다. 그의 왈츠 속에는 "샴페인의 악마들이 5만 명이나 춤을 추고 있"다고 한다.

지와 공식적인 경쟁을 하기 시작한 1844년까지의 일이었다.

라너와 슈트라우스는 원래 악단을 이끄는 지휘자 겸 바이올리니스트면서 가끔 무도회를 직접 주최하기도 했다. 그런 그들이 작곡으로 활동 분야를 옮기게 된 것은 레퍼토리의 수를 늘릴 목적도 있었고, 끊임없이 새로운 곡을 원하는 청중의 욕구를 채워 주려는 목적도 있었다. 그런데 오늘 저녁에 청중에게 새로운 왈츠를 선보이기로 예고해 두었는데 아침까지 전혀 준비가 안 된 경우도 왕왕 있었다. 그러면 대개 이런 식으로 문제를 해결했다. 슈트라우스가 하나의 멜로디를 고안해서 제1바이올린 악보에 기록한다. 나머지 파트의 악보는 플루트 연주자와 번갈아 가며 기록해 나간다. 예를 들어 플루트 연주자가 플루트 파트를 맡으면 슈트라우스는 콘트라베이스를, 플루트 연주자가 다시 트롬본 파트를 맡으면 슈트라우스는 제2바이올린을 맡아서 악보를 기록했다. 이런 식으로 총 14개 악기의 총보가 완성되었다. 때로는 공연 한 시간 전에 곡이 완성된 적도 있었다.

종종 그들은 시연도 없이 즉석에서 새로운 왈츠를 연주했다. 브로크하우스 백과사전에 따르면 '음악의 관능적인 마력에 끌려 저절로 두 발을 움직이게 만드는' 왈츠였다. 브로크하우스는 부연 설명을 달았다. '예전에는 절제되고, 독일인의 민족성에 더 어울리는 움직임'을 만들어 내던 왈츠가 최근 빈에서는 '쾌활함과 즐거움, 때로는 광란의 분노로까지 고조되어' 나타났다.

리하르트 바그너Richard Wagner는 열아홉 살 때인 1832년 빈에서 모든 관객이 하나가 되어 열기에 휩싸이는 모습을 보면서 '그 괴팍한 요한 슈트라우스의 광기에 가까운 열정'에 놀라움을 금치 못했다. 바그너의 눈에 비친 슈트라우스는 왈츠가 시작되면 마치 신탁을 받으려고 삼각대에 앉아 몸을 떠는 무녀 피테이아처럼 '신들린 악마' 같았다. 이듬해에는 훗날 궁정 극장의 음악 감독이 된 하인리히 라우베Heinrich Laube 역시 슈트라우스의 빠른 폴카와 갈롭에 찬사를 아끼지 않았는데, 정교하고도 빠른 템포로 연주되는 그의 음악을 듣고 있노라면 "오케스트라에 찬탄을 보내야 할지 아니면 미친 듯이 열광하는 관객을 보고 놀라워해야 할지 알 수가 없을 정도"였다고 한다.

슈트라우스는 벌써 1833년에 헝가리로 첫 순회공연을 떠날 정도로 인기가 대단했다. 이런 인기몰이에 힘입어 그는 카르멜리터 광장의 한 저택에 딸린 집 두 채를 세낼 만큼 돈을 벌었다. 하나는 자신이 거주할 집이었고, 다른 하나는 악기들을 보관해 두는 창고와 연습실로 사용했다. 이제부터 빈 사람들의 총아로 확고하게 자리 잡은 스물아홉 살의 슈트라우스는 이듬해에 자기 애인 에밀리에를 위해 또 다른 집을 샀다. 에밀리에는 모자 만드는 직업을 가진 아리따운 여인이었다.

슈트라우스는 1837년과 1838년에 자신의 생애에서 잊을 수 없는 명성을 누렸다. 22명의 음악가와 함께 떠난 독일, 네덜란드, 벨기에, 프랑스 순회공연이 큰 성공을 거둔 것이다. 프랑스에서는 작품번호 101번 「파리의 왈츠」를 4분의 3박자의 프랑스 국가 마르세예즈로 끝맺음으로써 파리 시민들을 열광케 했다. 곧바로 영국, 아일랜드, 스코틀랜드 순회공연이 이어졌다. 런던에서는 사적인 무도회는 차치하고 공식 연주회만 72번 열렸고, 빅토리아 여왕의 대관식에 참석해서 축하 공연을 하는 영예를 누리기도 했다. 그의 명성은 런던을 넘어 대서양으로 이어졌고, 미국과 오스트레일리아에서도 그의 음악이 울려 퍼졌다. 이런 일은 이제까지 한 번도 없던 일이었다.

몹시 쇠약해진 상태로 빈에 돌아온 슈트라우스는 장남 요한을 상인으로 키우기 위해 빈 공업전문학교 경영학부에 입학시켰다. 그런데 2년 뒤인 1843년 아들 요한이 학교에서 쫓겨났다. 수업 시간 중에 갑자기 떠오른 악상을 속으로만 흥얼거린다는 것이 그만 자기도 모르게 큰 소리로 불렀기 때문이다. 아버지는 매우 화내면서 아들을 은행 회계원으로 있던 사람에게 보내 개인적으로 회계 업무를 배우도록 했다. 그러나 아들은 상습적으로 수업을 빼먹었다. 게다가 몰래 바이올린까지 배우고 있다는 사실이 들통나자 갈등은 극에 달했고, 아버지는 지나칠 정도로 자의식이 강한 가족 모두에게 진절머리를 냈다. 결국 1843년 여름, 가족을 떠나 그사이 다섯 아이를 낳은 에밀리에가 사는 집으로 들어가 남은 6년 동안을 이 집에서 살았다.

바이올린을 배우는 것이 그렇게 나쁜 일이었을까? 당시 빈에서는 남자아이들이 피아노를 치는 것은 흔했고, 사교에 속하는 일이었다. 그래서 아들 요한도 피아노 개인 교습을 통해 자기의 바이올린 수업료를 벌려고 했다. 이것은 아버지의 뒤를 잇겠다는 무언의 의사 표시였다. 그렇다면 아버지 요한은 무엇 때문에 아들이 바이올린 배우는 것을 그토록 막으려고 했던 것일까? 이유는 분명치 않지만, 불안정하고 비정상적이고 고통스러운 음악가의 직업을 아들에게만큼은 물려주고 싶지 않은 부성의 발로일 수 있다. 하지만 어쩌면 아들에 대한 때 이른 질투심 때문이었는지도 모른다.

1843년 4월 요제프 라너가 숨을 거두었다. 불과 그의 나이 마흔하나였다. 이제 빈과 왈츠의 영역에서는 아버지 요한과 경쟁할 상대는 없었다. 그런데 1년 6개월 뒤 믿을 수 없는 일이 벌어졌다. 1844년 10월 15일 열아홉 번째 생일을 열흘 앞둔 아들 요한이 빈 근교의 돔마이어 카지노에서 24명으로 구성된 악단과 함께 야간 무도회를 개최하여 열띤 박수갈채를 받은 것이다. 여기서 그는 서곡과 오페라 발췌곡들을 비롯해 네 곡의 자작곡을 연주했는데, 돔마이어 카지노는 요한 슈트라우스의 아들이 직접 연주한다는 소문이 퍼지면서 호기심에 찬 빈 시민들로 만원을 이루었다. 어쩌면 이러한 만원사례는 부자간의 갈등을 은근히 즐기려는 대중의 악동 같은 심리도 한몫했을 것이다. 어쨌든 정열적인 청년 요한은 청중들의 열띤 환호 속에서 자신의 첫 작품 「단시短詩 왈츠」를 다섯 번이나 연주해야 했다.

아버지는 법적으로 아직 완전한 성인이 안 된 아들의 독단적인 직업 선택을 법원의 결정으로 막으려고 해 봤지만, 그마저도 성공을 거두지 못했다. 이때부터 아버지와 아들은 4년 동안 기묘한 경쟁 관계에 돌입했다. 빈 시민들의 호응뿐 아니라 공연 횟수와 자작곡의 수를 놓고 벌이는 부자간의 경쟁에 대해 빈의 음악 평론가들과 남 말하기 좋아하는 일반인들은 부지런히 입방아를 찧었다.

1845년 아버지는 15곡의 새로운 왈츠와 폴카, 카드리유quadrille*를 내놓았고, 아들은 10곡을 작곡하는 데 그쳤다. 사육제 기간에 아버지는 76회의 무도회를 지휘하며 전에 없이 활발한 활동을 보였다. 아들을 훨씬 능가하는 횟수였다. 그런데 이것은 아버지 요한이 각각 다른 무도회에서 연주하는 2백 명

* 프랑스에서 유래한 사교댄스로, 네 명 혹은 다섯 명의 남녀가 한 조가 되어 마주 보며 추는 춤

의 음악가와 고용 계약을 해 놓았기에 가능한 일이었다. 아버지는 이곳저곳의 무도회장으로 바쁘게 이동하며 한두 곡만 지휘하고 갈채를 받은 뒤 다시 마차를 타고 또 다른 무도회장으로 서둘러 달려갔다. 하인리히 라우베는 아버지 요한을 가리켜 까만 곱슬머리에 입꼬리가 올라가고 코가 뭉뚝한 사람으로 묘사하면서 이렇게 덧붙였다.

> 그는 진짜 아프리카풍으로 무도곡을 지휘했다. 왈츠의 폭풍이 시작되면 그의 사지는 더 이상 그의 것이 아니었다.

1845년 아버지 요한은 드레스덴과 베를린에서 대성공을 거두었다.

1846년 아버지와 아들은 각각 17편의 무도곡을 발표했다. 아버지는 스스로 "황실과 왕실의 궁정 무도회 음악 감독"이라 불렀고, 얼마 뒤 실제로 황제로부터 그 칭호를 받기도 했다. 아들은 부다페스트에서 성공을 거두었고, 1847년에는 처음으로 자작곡 수에서 아버지를 뛰어넘었다.

아버지 요한은 죽기 1년 전인 1848년에 다시 한번 작품 수에서 아들을 눌렀고(18 대 13), 그와 아울러 생애 최고의 승리를 맛보았다. 오스트리아의 요제프 라데츠키 Joseph Rdetzky 장군이 쿠스토차에서 이탈리아군을 격파한 지 5주 만에 이 승리자의 영광을 기리는 불후의 행진곡을 작곡한 것이다. 파리에서는 프랑스 국가를 왈츠로 변형시켰다면 이번에는 빈의 거리에서 빵 굽는 청년들이 휘파람으로 불러 대는 왈츠 노래에서 영감을 얻었다. 슈트라우스는 이 노래에 행진곡의 박자를 가미했고, 아름다운 선율의 중심부에 3중창을 배치했다. 대담하고 활기에 넘치는 이 행진곡은 빈 시민들로부터 전에 없는 각광을 받았다.

1849년 아버지 요한은 다시 한번 런던 순회공연에 나섰고, 또다시 병들고 지친 몸으로 빈으로 돌아왔다. 그러고는 9월 19일 빈 공연을 마지막으로 6일 뒤 에밀리에의 집에서 성홍열과 만성피로로 생을 마감했다. 그의 나이 마흔다섯이었다.

그와 같은 시대를 살았던 혹자는 그의 왈츠 속에 "샴페인의 악마들이 5만 명이나 춤을 추고 있다."라고 말했고, 빈의 한 신문은 이렇게 예찬했다.

> 그의 왈츠는 미국인들을 매혹했을 뿐 아니라 중국의 만리장성 너머로도 울려 퍼졌으며, 아프리카의 군 막사까지 뜨겁게 달구었다.

또한 오스트레일리아에서도 거리의 악사들이 바이올린으로 슈트라우스의 선율을 연주하는 광경을 심심치 않게 발견할 수 있었다. 요한 슈트라우스는 '왈츠의 모차르트', '갈롭의 파가니니'라는 찬사를 받았고 리스트, 바그너, 베를리오즈, 슈만의 사랑과 존경을 받았다.

그런데 오늘날 그의 왈츠가 거의 잊힌 것은 무엇 때문일까? 또한 빈 필하모니가 신년 연주회 때 청중의 환호를 받으며 마지막 곡으로 연주하는 「라데츠키 행진곡」만 후세의 기억에 남아 있는 까닭은 무엇일까?

아들 때문이었다. 아들 요한은 아버지와 자신의 악단을 통합한 뒤 아버지의 명성과 작곡 기법을 토대로 성장해 나갔다. 그는 아버지보다 50년을 더 살았는데, 이 시간은 아버지의 명성을 가리기에 충분한 세월이었다. 그의 왈츠는 웅장한 형식으로 꼼꼼하게 작곡되었고, 대규모 관현악으로 편성되기도 했다. 그 밖에 대중적 인기를 얻은 오페레타도 나왔다. 아들 요한은 음악 역사에서 가장 많은 사람이 연주하고, 가장 많은 음악적 모티프가 인용되는 작곡가가 되었다. 오늘날 그의 음악은 백화점, 엘리베이터, 비행기, 호텔 로비할 것 없이 곳곳에서 울려 퍼지고 있다.

그 밖에 아버지와 아들의 이름이 같았던 것도 아들보다 덜 위대한 아버지의 존재를 쉽게 잊게 했다. 한때는 자멸에 이를 정도로 스스로 가혹하게 혹사하면서 왈츠 세계를 정복한 아버지였는데도 말이다. 아버지 요한의 가장 아름다운 왈츠에 속하는 「인생은 하나의 춤」(작품 49번)을 듣다 보면 삶이 마치 첫날처럼 생기 있고 달콤하게 흘러가는 것을 느끼게 된다. 그의 삶도 쾌락과 고통 사이를 오가는 춤이었다. 물론 고통이 훨씬 더 큰 삶이었다. 패배할 수밖에 없는 경쟁에 뛰어들었기 때문이다. 결국 요한 슈트라우스는 자신을 스스로 불태워 인간의 영혼에 따스한 온기를 나누어 준 불쌍한 악마들 가운데 하나였다.

14. 하인리히 만

동생에게 짓밟힌 형:
토마스 만의 그늘에서 살아야 했던 고통

이 이야기는 강력한 경쟁자로서 동생이 형을 궁지로 몰아넣지만 않았더라면 어느 정도 만족스러운 삶을 살았을 한 뛰어난 작가의 슬픈 발라드다. 하인리히 만과 토마스 만은 평생 서로 사랑하고, 칭찬하고, 조롱하고, 미워하고, 음험하게 지켜본 형제간이었다. 그러나 토마스 만이 형을 공개적으로 칭찬하기 시작했을 땐 이미 형은 오래전에 좌절한 뒤였다. 아마 하인리히 만으로서는 말년에 동생의 경제적 도움이 없었더라면 굶어 죽었을지도 모를 상황이 가장 참기 어려운 굴욕이었을 것이다. 하인리히 만은 세인들에게 거의 잊힌 채 망명지에서 외롭고 쓸쓸하게 숨을 거두었다.

하인리히 만Heinrich Mann(1871~1950)은 1871년 뤼베크의 대상인이자 재무위원이던 토마스 요한 하인리히 만의 다섯 자녀 중 맏아들로 태어났다. 토마스는 4년 뒤에, 빅토어Viktor는 19년 뒤에 태어났다. 그 중간에 태어난 두 딸은 자살로 생을 마감했다.

어린 시절 하인리히는 아버지를 자랑스럽게 여겼지만, 어머니에게는 소외감을 느꼈다. 적어도 네 살 때 동생 토마스가 태어난 뒤로는 그랬다. 이때부터 동생은 죽을 때까지 그의 숙적이자 경쟁자였다. 하인리히는 자전적인 색채가 강한 단편소설 모음집 『한 아이 Ein Kind』(1929)에서 유년 시절에 있었던 인상적인 체험을 털어놓았다. 동생 토마스가 하인리히의 작은 바이올린을 일부러 부숴 버렸는데도 어머니는 토마스를 꾸짖거나 벌주기는커녕 하인리히를 위로해 주지도 않았다. 이 일로 당시 열다섯과 열한 살이던 형제는 같은 방에 지내면서 1년 동안 서로 한마디도 하지 않았다고 한다.

훗날 하인리히는 열세 살 때 작가가 되기로 마음먹었다고 회고했다. 그래서 시와 희곡을 끼적거려 보았고, 열네 살 때 단편소설 「매력 Apart」을 썼다. 이 작품은 1965년 동독에서 발간된 그의 전집에 수록되었는데, 뤼베크 시민들을 조롱하는 내용이었다.

아버지는 하인리히가 가업을 물려받지 않으리라는 것을 오래전에 예감하고, 그럴 것 같으면 차라리 법학을 공부하라고 다그쳤다. 그러나 하인리히는 열일곱 살 때 김나지움(인문계 고등학교)까지 그만둠으로써 그 길마저 자발적으로 차단해 버렸다.

그의 나이 열여덟이던 1889년에 아버지는 이 말썽꾸러기 맏아들을 드레스덴으로 보내 출판 일을 배우게 했다. 주머니에 용돈도 두둑이 찔러주었다. 하인리히는 한 친구에게 보낸 편지에서 그곳 생활을 이렇게 적었다.

"연극과 연주회, 카페, 매춘부······. 인생은 정말 너무 재미있어!"

그러나 이듬해에 하인리히는 두 번째 단편소설 「무절제 Haltlos」에 나오는 일인칭 화자의 입을 빌려 당시 자신이 내면에 숨어 있던 '난폭한 야수'에게 휘둘렸다고 털어놓았다.

아버지는 드레스덴에 머물고 있던 열아홉 살 아들에게 편지로 장차 무엇이 되려고 그렇게 허송세월하느냐고 나무랐다. 아들의 스승으로부터 그가 어떤 생활을 하고 있는지 이미 연락받았던 것이다. 그 후 1년도 되지 않아 하인리히는 교육 과정을 중단하려고 했다. 그러자 아버지는 아들의 반항심과 의지력 부족을 들먹이며 또다시 심하게 꾸짖었다.

"내 아들이라면 도망치듯이, 쫓겨나듯이 스승의 명예로운 집을 떠나지 않는다."

그러나 하인리히가 베를린의 저명한 피셔 출판사 수습사원 자리를 얻자 아버지도 마침내 그 일을 허락했다. 그 직후 아버지는 방광 수술이 잘못돼 쉰한 살의 나이로 세상을 떠났다. 그는 유서에 작가가 되려는 생각을 접으라고 장남에게 일렀다. 작가가 되기 위해선 대학 공부와 포괄적인 지식이 필수적인데, 하인리히에게는 그것이 부족하다는 이유에서였다. 아버지는 유서에 이렇게 썼다.

> 그 아이는 인생을 제멋대로 살고 타인을 무시하는 성향이 있다.

반면 토마스에 대해선 '심성이 좋아 무슨 일을 하더라도 쉽게 적응할' 아이라고 평가했다. 두 아이에 대한 이러한 성격 규정에 의문이 들지 않는 것은 아니지만, 하인리히와는 달리 토마스는 실제로 그런 사람이었다. 지나칠 정도로 자기 관리가 철저했고, 모든 형태의 육체적 방종을 끔찍이 싫어했다. 그러나 하인리히는 베를린에서 그런 생활을 다시 시작하고 있었다.

1894년 하인리히는 스물세 살에 첫 장편소설 『어느 집안In einer Familie』을 발표했고, 토마스는 열아홉 살에 첫 단편소설 「타락Gefallen」을 썼다. 그런데 이 소설은 내용 면에서 형의 「무절제」와 놀라울 정도로 유사했다. 토마스 만은 1895년에 군주제·국수주의·반유대주의를 표방한 『독일 민족성과 번영을 위한 잡지Blätter für deutsche Art und Wohlfahrt』를 발간했는데, 자신이 이 부끄러운 잡지의 발행인이었다는 사실을 평생 숨기려 했다.

1897년 만의 가문에서 처음으로 문학적 성공을 거둔 작품이 나오게 되는데, 그 주인공은 토마스 만이었다. 그의 『키 작은 프리데만 씨Der kleine Herr Friedemann』는 아름다운 여인을 사랑하는 한 장애인의 이야기인데, 주인공은 이 여인으로부터 한껏 비웃음을 받으며 거절당한 뒤 물에 빠져 스스로 목숨을 끊는다. 독선적인 성격의 스물두 살 총각이던 토마스 만은 같은 해에 장편소설 『부덴브로크가의 사람들Buddenbrooks』을 쓰기 시작했다. 한동안 형제는 한 뤼베크 가문의 몰락을 그린 이 소설을 공동 집필할 계획을 세울 정도로 화해했지만, 근본적으로 두 사람의 기질은 너무 달랐고 질투심 또한 너무 깊었다. 결국 토마스 만 혼자 이 소설을 쓰게 되었다.

『부덴브로크가의 사람들』이 발표되기 1년 전(1900년) 경쟁심에 자극받은 하인리히가 『환락의 땅에서: 고상한 사람들의 소설Im Schlaraffenlans-Ein Roman unter feinen Leuten』을 발표해 최초로 성공을 거두었다. 이 작품은 독일 제국 치하의 베를린 사회, 프로이센 귀족, 유대인 은행가, 부패한 저널리스트 들에 대한 신랄한 풍자의 시작을 알리는 신호탄이었다.

1901년 하인리히는 평생 회복할 수 없는 충격을 받게 된다. 『부덴브로크가의 사람들』이 시장에 나오면서 당시 스물여섯이던 토마스가 일약 유명 인사로 껑충 뛰어오른 것이다. 최고의 문학적 성취를 보여 주는 이 작품은 곧 세계적인 베스트셀러가 되었다. 이것은 몇십 년 만에 한 번 있을까 말까 한 일이었다. 하인리히는 겉으로는 태연한 척했지만, 속으로는 무척 낙담했을 것이다.

그러나 하인리히는 포기하지 않았다. 더 강력해진 동생에 맞서 싸우기 위해서는 오로지 열심히 글을 쓸 수밖에 없었다. 1902년 3부작 소설 『여신들 Die Göttinnen』(단순히 한 가문이 아니라 유럽 귀족 계급의 전반적인 몰락에 관한 이야기다)을 발표했고, 1903년에는 슈바벤 지방의 집시들을 풍자한 『사랑 사냥 Die Jagd nach Liebe』을 내놓았다. 당시 평론가들은 이 소설을 산만하고 피상적인 함량 미달의 작품으로 평가했다. 하지만 이런 평판도 1903년 12월 5일 토마스 만이 승리의 왕좌에서 지긋이 내려다보듯이 형 하인리히에게 보낸 편지만큼 충격을 주지는 못했다.

토마스 만은 『사랑 사냥』을 읽는 것이 고통이었다고 썼다. '뒤틀린 농담', '인간성과 진리에 대한 지독한 모독', '품위 없는 불평과 어설픈 재주넘기'가 판을 치는 이 소설은 왜곡과 극단적인 과장 그리고 무절제함의 전형이라고 깎아내렸다. 또한 형이 동생에게 뒤처질지 모른다는 불안감에서 부지런히 글쓰기에 몰두하고 있지만, 진지한 작가라면 지난해의 하인리히처럼 양적으로만 그렇게 많은 작품을 내놓지는 않는다고 비꼬았다.

"형이 만들어 낸 건 병적이야. 그 자체가 병적이라는 게 아니라 비뚤어지고 부자연스러운 욕구의 결과이기 때문이지. 형과는 전혀 어울리지 않는 성취욕의 결과이기도 해."

편지는 이런 식으로 계속 이어졌다.

"형은 정말…… 극단적으로 잔뜩 찌푸린 이런 작품 세계에 만족해?"

또한 '끊임없이 이어지는 맥 빠진 성욕과 지속적인 살냄새'를 언급하면서 전날 저녁에 레즈비언이나 게이 간의 성행위를 종이에 써 놓고 나면 이튿날 아침에 어떻게 다시 글을 쓸 수 있는지 형에게 물었다.

"내가 내 아우를 지키는 사람입니까?" 카인이 아벨을 때려죽인 뒤 여호와에게 되물은 말이다. 하인리히가 형제 살인에 버금갈 정도로 지독한 동생의 혹평을 듣고도 글쓰기를 포기하지 않고 2년 뒤에 그리고 15년 뒤에 잇달아 두 편의 성공작을 발표할 수 있었던 것은 아마 그의 인생에서 최고의 성취였을 것이다.

하인리히는 1905년에 『운라트 교수 Professor Unrat』를 발표했는데, 이 소설은 1931년에 영화화되어(영화 〈푸른 천사〉) 세계적인 성공을 거두었다. 하인리히의 승인하에 카를 추커마이어 Karl Zuckermayer가 쓴 영화 대본에서는 운라트 교수가 어여쁜 롤라에게 매혹당해 비참한 최후를 맞지만, 소설 속에서는 사람들의 편협한 속물근성을 신랄하게 공격하고 조롱하는 인물로 그려진다. 또한 불법 도박장을 열고, 마지막엔 핸드백 절도죄로 체포되는 것으로 끝맺는다.

하인리히에 비하면 그다지 열심히 창작에 임하지 않았던 토마스는 1905년 중상류층 예술 애호가 집안의 딸인 카트야 프링

스하임과 결혼했다. 카트야는 토마스의 정열적인 구혼에 오랫동안 버티다가 결국 넘어가고 말았다. 카트야와 그의 형제들은 하룻밤 사이에 세계적으로 유명해진 토마스 만을 "만성 간질환으로 시달리는 기병대 대장"이라고 불렀는데, 그것은 토마스가 창백하고 마른 데다가 늘 지나칠 정도로 단정하게 옷을 입고 콧수염까지 길렀기 때문이다. 반면에 토마스는 카트야를 "영리하고, 귀엽고, 착하고, 사랑스러운 여왕"이라고 불렀다.

 토마스 부부는 슬하에 여섯 자녀를 두고 50년을 해로했다. 반면에 하인리히는 결혼을 두 번 했다. 1914년에 체코 출신의 여배우 마리아 카노바와 결혼했다가 1930년에 이혼한 뒤 1939년에 스물일곱 살 연하의 넬리 크뢰거와 재혼했다. 넬리는 쿠르퓌르스텐담의 한 술집에서 일하는 여자였는데, 하인리히와 함께 망명길에 올랐다가 1944년에 로스앤젤레스에서 자살했다. 이처럼 가정사도 하인리히에게는 훨씬 더 가혹했다.

 그러던 1918년 마침내 하인리히가 승리의 나팔을 불었다. 1914년 제1차 세계 대전 발발로 연재가 중단됐던 소설 『충복Der Untertan』이 단행본으로 출간되면서 하룻밤 사이에 동생의 인기를 능가해 버린 것이다. 하인리히의 이 소설은 같은 해에 출간된 오스발트 슈펭글러Oswald Spengler*의 『서구의 몰락Der Untergang des Abendlandes』처럼 시대 정신에 딱 들어맞는 작품이었다. 『충복』은 6주 만에 무려 10만 부가 판매되는 경이로운 기록을 달성했다.

 * 독일의 사상가, 문화 철학자

하인리히 만은 『충복』과 『운라트 교수』를 통해 세계적인 작가로 떠올랐지만, 그보다 훨씬 더 큰 명성을 얻은 동생의 그늘에 가려 제대로 빛을 보지 못했다. 하인리히는 세인들의 기억 속에 거의 잊힌 채 가난하고 비참한 모습으로 망명지 로스앤젤레스에서 숨을 거두었다.

이 소설이 나온 시기는 여전히 제정 시대였기 때문에 소설의 부제 역시 '빌헬름 2세 치하의 공인들에 관한 이야기'였다. 그런데 빌헬름 황제가 네덜란드로 도주하자 독일 좌파들은 작품 속에 그려진 제정 시대의 추악하고 적나라한 실상을 보면서 즐거움을 감추지 못했다. 소설의 주인공 디더리히 헤슬링은 지방 제지 공장 주인의 아들로서 나약하고 소심한 청년이다. 그런 청년이 베를린에서 학우회 회원으로 활동하면서 정신이 번쩍 드는 새로운 경험을 하게 되고, 그러면서 오로지 권력을 숭배하고 황제를 찬미하고 프롤레타리아를 광적으로 증오하는 사람으로 변해 간다.

헤슬링은 황제가 말을 타고 브란덴부르크 성문을 지나가는 것을 보면서 마치 권력이 살아서 걸어가는 듯한 느낌을 받는다.

> 아 저 권력을 보라! 우리들의 머리 위를 지나가는 저 권력! 우리는 고작 그의 말발굽에 입맞춤할 자격밖에 없다. 굶주림과 반항과 비웃음을 초월한 저 권력! 우리는 저 권력에 저항할 수 없다. 우리 모두 권력을 사랑하기 때문이다! 권력은 우리의 핏속에 있다. 우리는 핏속에서부터 권력에 복종하기 때문이다. 권력은 우리를 짓밟을 때 더욱 기세가 당당하다. 권력은 그런 식으로 우리의 사랑을 확인시켜 주기 때문이다!

토마스의 만의 아들 골로 만은 1966년 백부의 가장 유명한 이 작품을 회고하면서 하인리히를 가리켜 "민중과 어울리지 않는 낭만주의자"고, "풍자가이자 화려함을 사랑하는 심미주의자"라고 썼다. 또한 "민중의 사람인 것처럼 행동하지만 실은 달

갑지 않은 진실을 회피하고, 유리처럼 투명한 예술 양식 속에서 프랑스의 이상을 모방한" 사람이라고 규정했다.

한편 토마스 만은 내적으로 이중 고통을 겪고 있었다. 형의 대대적인 성공에 대한 당혹감과 침체기를 맞고 있는 자신의 문학적 부진 때문이었다. 토마스는 『부덴브로크가의 사람들』이 성공을 거둔 이후 17년 동안 단편소설만 몇 편 발표했고, 그중에서도 고작 『베네치아에서의 죽음 Tod in Venedig』(1912) 정도만 세인의 관심을 불러일으켰다. 게다가 이 시기에 나온 유일한 장편소설 『대공 전하 Königliche Hoheit』(1909)도 『부덴브로크가의 사람들』에 매료되었던 독자들에게 실망감을 안겨 주었다.

두 형제의 공개적인 정치적 반목도 이러한 질투심에서 비롯되었다. 하인리히 만이 줄곧 권력층에 대한 공세의 고삐를 늦추지 않은 데 비해 토마스 만은 거의 정치적 발언을 하지 않다가 제1차 세계 대전이 발발하자 저돌적으로 달려들었다. 1915년 그는 역사 에세이집 『프리드리히와 대동맹 Friedrich und die Grosse Koalition』을 발표했다. 독일에서 가장 격한 산문집에 속하는 이 작품은 1918년 토마스 만 자신의 반어적 표현처럼 정치적으로는 '아주 소박한 형태의 국수주의'를 표방하고 있었다. 『전쟁에 대한 상념 Gedanken zum Kriege』도 같은 해에 발표되었다. 이 작품은 "1년 뒤면 총칼로 승패가 결정되기 전에 정신적으로는 독일이 승리했음이 분명히 드러날 것이다."라는 말로 시작해서 독일인들은 "미식가들의 표정이 일그러지는 것을 두려워 말고 정의는 독일 편에 있다는 사실"을 당당하게 인정해야 한다는 말로 끝을 맺었다.

이 두 형제만큼 극심한 정치적 대립을 보인 경우는 아마 생각하기 어려울 것 같다. 하인리히 만은 1915년에 자신의 우상 에밀 졸라Émile Zola에 관한 에세이를 쓰면서 동생을 조롱하는 내용을 담았다. 물론 토마스의 이름을 직접 거론하지는 않았지만, 관심 있는 사람이라면 누가 보아도 그것이 토마스를 지칭하는 것임을 알 수 있을 정도였다. 이 글을 발표하는 동시에 두 형제의 불화는 완전히 공개되었다. 형은 자신의 글에서 "환호에 눈멀고 일신의 영달에 사로잡혀서 다가오는 재앙을 알지 못하고 덩달아 무책임하게 날뛰는 국민 작가"가 있다고 했다.

깊은 상처를 받은 토마스는 편지를 보내 형이 '에밀 졸라 에세이'에서 비겁하게 자신을 비난한 것에 대해 강력히 항의했고, 1918년에는 그 치욕을 똑같은 형식으로 되갚았다. 토마스 만은 『어느 비정치적인 인간의 고찰Betrachtungen eines Unpolitischen』 가운데 '문명의 작가' 장에서 이렇게 말한다. "통속적 도덕주의자"에다 "얼치기 심리 분석가"고, 거기다 "인류애의 원칙주의자이면서 동시에 단두대를 선호하는" 그런 작가(하인리히를 가리킨다)는 독일인이 얼마만큼 자기혐오와 자기 체념에 빠질 수 있는지를 보여 주는 놀라운 사례라고.

1921년 쉰 번째 생일을 맞은 하인리히 만은 독일 좌파의 대표적 인물로서 동생 토마스가 그때까지 경험했던 것보다 훨씬 더 큰 박수갈채를 받았다. 그런데 이듬해에 두 형제는 화해했다. 동생이 중병으로 앓아누운 형을 방문한 것이다. 토마스의 장녀 에리카와 장남 클라우스는 차츰 백부를 좋아하게 되었다. 백부는 아주 재미있는 사람이었을 뿐 아니라 아버지와는 전혀 다른 성격이었기 때문이다. 사실 토마스는 대외적으로는 위대한 작가였지만, 가정 내에서는 가족에게 절대적인 복종을 요구하는 가부장적인 인물이었다. 그래서 아이들은 하인리히를 더 편하게 생각했다. 전혀 다른 유형의 사람들을 만날 수 있는 백부의 집에서도 그랬고, 익히 알려진 하인리히의 베를린 밤거리 배회를 동행할 때도 그랬다.

형이 동생을 잠시 추월했던 시기는 1924년을 기점으로 완전히 끝맺는다. 토마스 만은 『마의 산*Zauberberg*』을 발표해서 두 번째로 세계적인 명성을 얻었고, 1929년에는 첫 번째 히트작 『부덴브로크가의 사람들』로 노벨 문학상까지 거머쥐었다. 하인리히는 패배했다. 모든 사람이 그렇게 생각했고, 그 역시 그것을 알고 있었다.

그러나 그 후로도 하인리히의 창작 작업은 꾸준히 계속되었다. 무엇보다 '정신 노동자들의 주권'을 부르짖는 정치 논쟁서가 점차 많아졌다. 또한 해마다 장편소설을 최소한 한 편 이상씩 발표하려고 노력했다. 그러나 『충복』이나 『운라트 교수』에 비견할 만한 작품은 나오지 않았다. 하인리히의 애독자들조차도 간혹 비약이 심하고, 다듬어지지 않은 언어와 이야기 전개에 당혹스러워할 정도였다.

토마스 만은 형의 이러한 활동에 대해서도 개인적인 의견을 피력했다.

"무료함의 고통이 두려워 쓸데없는 책이라도 잇달아 써야 한다고 생각하는 것은 비도덕적인 행위다."

토마스 자신은 하루에 한 쪽 이상 쓰지 않는다는 원칙을 정해 놓고, 엄격한 자기 관리를 바탕으로 이 원칙을 지켜 나갔다. 이렇게 해서 3년에 한 권씩 제법 두툼한 소설이 완성돼 나왔다.

1926년 하인리히 만은 프로이센 예술아카데미 문학 분과의 창립 회원이 되었고, 1931년에는 회장으로 선출되었다. 정당에는 한 번도 가입한 적이 없었다. 그런데 1933년 그의 이름이 알베르트 아인슈타인Albert Einstein, 케테 콜비츠Käthe Kollwitz와 함께 어느 정치 성명서에 포함돼 있었다. 독일이 '야만적인 상태로 침몰하는 것'을 막기 위해 3월에 열린 제국의회 선거에서 사민당과 공산당의 연합을 촉구하는 성명서였다. 하인리히는 토마스에게 보낸 편지에서 이것을 "파렴치한 남용 행위"라고 썼다. 자신은 결코 이런 성명서에 서명한 적이 없었기 때문이다.

그런데 새로운 권력자들도 파렴치한 면에서는 별반 차이가 없었다. 1933년 2월 21일 하인리히는 베를린을 떠나 니차로 향했다. 이후 다시는 독일로 돌아오지 못했지만, 미리 독일을 떠난 것은 결과적으로 아주 잘한 일이었다. 나치는 그의 시민권을 박탈했고, 4월에는 그의 작품들을 공개적으로 불태웠다.

하인리히는 프랑스에 머무는 동안 처음에는 망명 생활을 하고 있다는 느낌이 전혀 들지 않았다. 프랑스를 사랑했을 뿐 아니라 자신이 존경하는 프랑스 작가들과 있었고, 프랑스어도 유창하게 구사했기 때문이다. 그는 여기서 방대한 역사소설 『앙리 4세Henri Quatre』를 썼다. 앙리 4세는 1589년부터 1610년까지 프랑스를 통치하면서 종교적 관용과 사회적 책임감을 우선시하는 정책으로 대중적 인기가 높았던 왕이었다. 이 군주를 지극히 흠모하던 하인리히는 그를 사회주의의 시조로 묘사했다.

1935년 하인리히 만은 파리에서 개최된 국제작가회의에서 '다른 독일'(히틀러 독일과는 다르다는 뜻)의 대표자로서 열렬한 환영을 받았다. 이것이 그의 삶에서 누린 마지막 갈채였다.

1939년 하인리히는 자신을 따라 니차로 왔던 술집 여자 넬리 크뢰거와 결혼했다. 그의 프랑스 친구들은 등 뒤에서 그를 비웃었고, 토마스 만은 가족과 있는 자리에서 매춘부를 형수로 맞이하게 되었다며 울분을 토했다. 그러나 그녀는 하인리히가 동생에게 편지를 보낼 때마다 시동생의 안부를 함께 물었고, 토마스의 의례적인 인사에 대해서도 항상 고마움을 표시했다.

히틀러가 프랑스를 점령하자 넬리와 하인리히, 그의 조카 골로 만은 피레네산맥을 넘어 스페인으로 피신했고, 곧이어 다시 리스본으로 떠났다. 당시 미리 미국으로 망명해 있던 토마스 만이 그들에게 여권과 비자를 마련해 주었고, 1940년 11월 뉴욕에 도착한 형의 가족을 따뜻하게 맞아 주었다. 세계적 유명 인사인 토마스 만이 이제 자선가의 역할까지 한 셈이었다. 하인리히 만은 미국에는 거의 알려지지 않았다. 영화에서 운라트 교수 역을 맡았던 배우 에밀 야닝스Emil Jannings보다 무명일 정도였다.

당시 예순아홉 살의 하인리히 만이 무일푼으로 이 낯설고 거대한 나라를 가로질러 로스앤젤레스까지 가는 길이 얼마나 고되고 슬픈 여행이었을지는 충분히 상상된다. 그를 기다리고 있던 나라도 아니었고, 그 역시 이 나라의 말을 거의 할 줄 몰랐다. 그는 할리우드에서 영화 〈푸른 천사〉를 기반으로 시나리오 작가로 일할 수 있기를 바랐다. 실제로 워너브라더스는 그와 1년간 계약을 체결해서 시나리오를 쓰게 했다. 매일 여덟 시간 근무에 5백 달러의 월급을 지급한다는 조건이었다. 그런데 독일어로 써도 된다고 해서 대본을 썼지만, 하나도 영화로 나오지 못했다. 계약 기간이 만료되자 하인리히 부부는 방 두 개짜리 집으로 이사해야 했다. 넬리가 병원에서 허드렛일을 하면서 약간의 돈을 벌었지만 생활을 꾸려 나가기엔 턱없이 모자랐다. 결국 나머지 생활비는 토마스 만이 매달 수표로 보내 주는 돈에 의존해야 했다. 한번은 송금이 다소 늦어지자 하인리히 만이 제수인 카트야에게 이런 편지를 보냈다.

"집세가 밀려서 집주인이 아니라는 것을 확인한 연후에야 문을 열어 주곤 해요."

이런 열악한 상황에도 불구하고 하인리히는 어느 때보다 열심히 글을 썼다. 그러나 시간이 갈수록 자신의 좁은 울타리 안에만 갇혀 사는 괴팍한 사람으로 변해 갔다. 미국에서는 아무도 그의 글을 알아주지 않았고, 독일에서 출판할 기회도 전혀 보이지 않았다. 하인리히는 토마스에게 이렇게 썼다.

"너는 바쁘겠지. 하지만 나는 아주 한가해."

아마 내면의 절망을 이보다 더 간결하게 표현할 수는 없었을 것이다.

1941년 하인리히는 마침내 일흔 번째 생일과 함께 미국 시민권을 얻었다. 토마스는 형을 주제로 연설했다. 고상한 듯하면서도 거만하고, 자비로운 듯하면서도 동정심이 묻어나는 내용이었다. 형은 이제 더 이상 그의 경쟁자가 아니었다. 토마스는 하인리히의 소설을 가리켜 '고결한 예술과 예언이 함께 담겨 있는' 작품이라고 칭찬하고, 수준 높은 문학성과 동화 같은 소박함을 통해 '천재의 면모'를 구현했다고 치켜세웠다.

1944년 12월 넬리가 마흔여섯 나이로 세상을 떠났다. 다섯 번째 자살 기도 끝에 이루어진 일이었다. 넬리는 마지막까지 하인리히에게 자신을 알코올 중독 전문 병원에서 꺼내 달라고 애원했다.

"당신이 병들었을 때를 생각해 봐요. 주머니에 돈이 없어 당신을 병원으로 데려가지도 못했어요. 그래서 하도 속이 상하고 사는 게 힘들어서 포도주를 좀 많이 마시고 취했던 적은 있지만 완전히 정신을 잃은 적은 없었어요. 이제 나도 살고 싶어요. 제발 살려줘요!"

넬리가 죽은 지 3주 후 토마스 만은 한 친구에게 이렇게 썼다.

"형에게는 불행일지 모르지만, 나는 그렇게 생각지 않네. 어쨌든 아내를 잃은 형이 당분간 우리 집에 머물기로 했네."

일흔셋의 하인리히는 외부와 접촉을 거의 끊고 로스앤젤레스의 골방에 틀어박혀 살았다. 그러나 글은 계속 썼다.

황량한 노년기에 마지막으로 따스한 햇살이 잇달아 두 번 찾아들었다. 1945년 스톡홀름에서 하인리히의 자전적 회고록 『시대의 점검 Ein Zeitalter wird besichtigt』이 출간된 데 이어 1946년에는 '독일 민주주의 재건을 위한 문화 동맹'의 요하네스 베허 Johannes R. Becher 회장이 그의 귀국을 촉구하는 편지를 보낸 것이다. 이 두 번째 소식은 아마 회고록의 출간이 계기가 되었던 것으로 보인다. 하인리히 만은 『시대의 점검』에서 파시즘을 독일의 민족적 특성이 아니라 국제적 후기 자본주의의 전형적인 현상으로 특징지었고, 소비에트 연방을 '지금까지 유럽에서 실현된 최고의 도덕적 단계'로 파악했다.

토마스 만은 1946년 하인리히의 일흔다섯 번째 생일을 맞아 「나의 형에 관한 보고 Bericht über mein Bruder」라는 에세이를 썼다. 토마스는 이 글에서 『시대의 점검』을 가리켜 '자신에게 엄격하면서도 쾌활함이 빛나고, 소박한 지혜와 도덕적 기품'이 배어 있는 매혹적인 회고록이라고 평하면서 형에 대한 개인적인 찬사도 아끼지 않았다. "독일에서 적시에 구원의 혁명이 일어났더라면 아마 제2공화국의 대통령에 앉을 사람은 형밖에 없었을 것이다."

1946년 토마스 만은 하인리히의 일상에 대해 '여전히 죽은 아내의 숨결이 남아 있는' 그 초라한 집을 잊지 못하고 집착하듯이 살고 있다고 썼다. 하인리히는 근사한 고급 책상이 있는 거실보다 침실에서 작업하는 것을 더 좋아했다. 라디오를 즐겨 들었고, 프랑스어와 독일어 그리고 영어로 소리 내어 읽는 것을 좋아했다. 특히 격조 높은 산문은 큰 소리로 낭송했다. 하인리히는 '예전의 기개와 자긍심을 잃지 않고' 아침 7시가 되면 작업을 시작했다. 하지만 하인리히 자신과 본래 모습은 달랐다. 그는 1947년 친구 펠릭스 베르토에게 보낸 편지에서 자신이 처한 처지를 이렇게 표현했다. "내 세계는 황량한 묘지와 같네."

토마스 만은 1949년 괴테 탄생 200주년 기념행사에 연사로 초청받아 프랑크푸르트와 바이마르를 방문해서 대대적인 환영을 받았다. 암스테르담에서는 하인리히 만의 마지막 작품 『호흡Der Atem』이 출간되었다. 소설로 발표된 작품이었지만, 그보다는 오히려 꿈과 기억, 연상과 단상들로 이루어진 몽타주이자 토마스 만의 지적처럼 '한 늙은 전위주의자의 독백'에 가까웠다.

1950년 요하네스 베허는 일흔여덟의 하인리히 만이 동독의 예술아카데미 회장에 선출되었다며 그를 정중히 베를린으로 초대했다. 하인리히는 망설였다. 이곳저곳으로 불려 다니며 사람들에게 시달릴 것이 분명했기 때문이다. 동생이 설득했으나 먹히지 않았다. 토마스는 훗날 형이 죽은 직후 당시의 일을 이렇게 회고했다.

> 형은 그냥 조용히 사는 것 외에는 더 이상 바랄 게 없는 사람처럼 보였다.

하인리히는 죽음을 몇 주 앞두고 이따금 사람들 앞에서 큰 소리로 낭독했다고 전해진다.

1950년 3월 12일 아침 간병인이 죽은 채 침대에 누워 있는 그를 발견했다. 밤사이에 뇌출혈로 조용히 숨을 거둔 것이다. 울적하고 외로운 삶이 이렇게 끝을 맺었다.

15. 렌츠

괴테에게 발길질당한 천재 작가:
미워하기에는 재능이 너무 뛰어난 사람

세상에는 처음부터 패배자의 운명을 안고 태어나는 사람들도 간혹 있다. 더구나 그런 사람이 뛰어난 재능이라도 타고났다면 비극적인 길은 이미 예정된 것이나 다름없다. 이런 사람 중 하나가 야코프 미하엘 라인홀트 렌츠Jakob Michael Reinhold Lenz(1751~1792)였다. 그런데 그런 그가 설상가상으로 괴테와 경쟁까지 벌였다. 결과는 어떻게 됐을까? 한마디로 비극적인 소극笑劇이었다. 젊은 시절의 렌츠가 괴테에 버금갈 정도로 뛰어난 재능을 과시한 것이 괴테에게는 모욕이었기 때문이다.

두 사람은 1771년 초 스트라스부르에서 처음 만난 뒤로 차츰 우정을 키워 나갔다. 그런데 바로 이 우정이 훗날 괴테에게는 분노로, 렌츠에게는 불운으로 변했다. 두 사람은 전통적 교육을 받았고, 시를 썼으며, 연극을 완전히 뜯어고치려는 대담한 생각을 품고 있었다. 하지만 이런 점만 빼면 둘은 상당히 달랐다.

당시 스물두 살이던 괴테는 유복한 부모 밑에서 아무 걱정 없이 자란 풍채 좋은 법학 석사였고, 그보다 1년 6개월 어린 렌츠는 신학 공부를 중단한 뒤 가정교사로 근근이 살아가는 산만하고 왜소한 청년이었다. 헤센 지방 출신의 괴테는 상당히 수다스러웠던 반면, 개신교 목사의 아들로 태어나 오늘날의 라트비아에 해당하는 곳에서 성장한 렌츠는 발트 지역의 억양으로 천천히 말하는 유형이었다. 그 밖에 두 사람의 마지막 안식처도 극단적으로 갈렸다. 괴테는 기품 있는 바이마르 영주 묘지에 묻혔지만, 렌츠는 모스크바의 빈민굴에서 초라한 죽음을 맞이했다.

괴테가 1771년 8월 스트라스부르에서 프랑크푸르트로 이주했을 때 렌츠는 그에게 기묘한 것을 물려주었다. 렌츠는 제젠하임의 아름다운 목사 딸 프리데리케 브리온Friederike Brion을 연모했는데, 렌츠가 프리데리케에게 서신으로 이별을 고하기 전에 괴테가 먼저 열렬히 사랑에 빠진 것이다.

렌츠에게 프리데리케는 놓치고 싶지 않은 흠모의 대상이었다. 그러나 렌츠는 저돌적으로 달려들기에는 너무 소심한 사람이었고, 자신의 가난한 처지를 생각하면 결혼 같은 건 아예 가당하지 않은 일이라고 여겼다. 한 친구에게 자신의 연정을 이렇게 털어놓은 것이 고작이었다.

"내가 정말 그 여인을 사랑해도 될까?"

그런데 괴테로서는 렌츠가 자신에 앞서 프리데리케를 사랑했다는 사실을 평생 불쾌하게 생각했던 것으로 보인다. 괴테는 나중에 제젠하임을 방문했을 때 프리데리케에게 싫은 소리를 들었다. 괴테가 연애편지를 보내는 바람에 괜히 자기가 렌츠에게 양다리나 걸치는 몹쓸 사람으로 취급받았다는 것이다. 괴테는 렌츠에 대해 이렇게 썼다.

그는 늘 자기 방식대로 사랑했고, 프리데리케가 그런 그를 알아주지 않자 유치하게도 자살 소동까지 벌였다. 게다가 이런 소동의 배경에는 나에게 피해를 주고, 주위의 동정을 끌어 나를 파멸코자 하는 의도가 깔려 있었다.

괴테에게는 어울리지 않는 참으로 이상할 정도의 거친 반응이었다. 왜 그랬을까? 괴테가 한동안 렌츠를 위험한 경쟁자로 생각했다는 것밖에는 설명이 되지 않는 부분이다. 실제로 그런 증거도 있다. 청년 렌츠는 괴테에게 결코 뒤지지 않는 시인이었다. 괴테가 세상을 떠난 지 3년 뒤, 그러니까 프리데리케가 죽은 지 23년이 흐른 1835년 괴테의 『제젠하임 시가집 Sesenheimer Liederbuch』이 출간되었다. 이 중에서 프리데리케에게 보낸 연애시 11편이 프리데리케의 유품에서 발견됐는데, 모두 괴테가 쓴 것으로 알려져 있었다. 하지만 그중 최소한 다섯 편은 렌츠의 작품으로 증명됐다.

괴테는 1773년에 희곡 『괴츠 폰 베를리힝겐 Götz von Berlichingen』으로 명성을 얻었다. 렌츠는 이듬해에 『연극에 관한 주석 Anmerkungen übers Theater』을 발표했다. 그는 이 책에서 프랑스 드라마의 경직된 규칙들을 포기하고, '사건이 마치 천둥소리처럼 잇달아 전개되는' 셰익스피어의 드라마로 전환할 것을 요구했다. 이것을 실현한 작품이 바로 괴테의 『괴츠 폰 베를리힝겐』이었다. 그런데 렌츠는 『연극에 관한 주석』 서문에서 자신이 벌써 1771년에 친구들이 모인 자리에서 이 책의 내용을 낭독한 적이 있다고 밝혔다. 이것은 괴테에게 영감을 준 사람이 바로 자신이었다는 인상을 불러일으킬 수 있는 말이었다. 괴테는 당연히 불쾌하게 생각했다. 그 불쾌감이 얼마나 컸던지 수십 년이 지난 1813년 『시와 진실Dichtung und Wahrheit』에서도 렌츠 때문에 야기된 일종의 '정신적 저작권' 시비를 거론하며 렌츠를 강한 어조로 비난했다. 그는 렌츠가 이런 시비를 불러일으킨 이유를 이렇게 썼다.

> 아마 나만큼 그 사람에게 가상적 증오의 대상이 되기에 적합한 인물은 없을 것이다. 그는 자신이 추구해야 할 위험하고 망상적인 목표로 나를 선택했다.

이것은 이미 오래전에 패배자로 낙인찍히고, 러시아에서 행방불명까지 된 사람에 대한 지나친 공박처럼 보이기도 한다. 하지만 괴테는 1774년에도 렌츠로 인해 불쾌한 일을 겪었다. 까다로운 성격인 렌츠는 괴테의 주선으로 간신히 자신의 희비극 『가정교사Hofmeister』를 출간할 출판사를 찾았다. 그런데 렌츠는 별난 성격 그대로 이 작품을 익명으로 발표했다(사실 렌츠의 유별난 행동은 이것만이 아니었다. 나중에 발표된 희곡들도 가명으로 발표했을 뿐 아니라 평생 자신의 시를 한자리에 모아 볼 생각조차 한 적이 없는 사람이었다).

당시 사람들은 『가정교사』에서 나타난 활기찬 언어와 급격한 사건 전개를 보면서 괴테가 썼다고 느낄 정도로 『괴츠 폰 베를리힝겐』과 매우 유사하다고 생각했다. 심지어 시인 크리스티안 슈바르트Christian F. D. Schubart가 발행한 『독일 연대기Deutsche Chronik』 잡지는 아예 괴테 작품으로 확정 짓기도 했다.

"셰익스피어에 버금가는 괴테 박사가 『가정교사』라는 드라마를 발표했습니다."

괴테와 경쟁을 벌였던 시인 렌츠의 모습. 유일하게 남은 그의 초상화다. 렌츠는 탁월한 재능을 지닌 작가였다. 그래서 당시에는 그의 작품을 괴테의 것으로 착각한 사람들도 있었다. 그 때문에 렌츠는 괴테에게 미움을 샀고, 말년에는 모스크바의 빈민굴에서 비참하게 생을 마감했다.

이 드라마의 줄거리는 혼란스럽게 엉켜 있다. 1950년 베르톨트 브레히트Bertolt Brecht가 이 드라마를 개작하면서 줄거리를 가지런히 정리했는데, 1778년 초연에서 제5막에 나오는 자기 거세 장면은 삭제되었다. 그런데 가난한 가정교사가 부유한 육군 소령의 딸을 유혹하는 사회비판적 요소는 동시대인들을 매료시켰다. 또한 드라마의 언어 역시 60년 뒤에 게오르크 뷔히너가 표상으로 삼고 현재의 우리에게도 생생하고 활기찬 느낌을 줄 정도로 정곡을 찌른다. 가정교사는 극 중에서 이렇게 말한다.

"내가 진실을 말하더라도 기분 나쁘게 생각하지 마십시오!", "그건 오이샐러드의 후추처럼 대화의 맛을 살리는 양념입니다."

퇴역 소령은 집으로 돌아온 딸을 맞이하며 내적 갈등을 드러낸다.

"내가 너를 다시 안게 되었구나, 이 몹쓸 것아!"

괴테와 착각을 일으키고, 뷔히너의 찬탄을 받았던 렌츠는 시에서도 하인리히 하이네Heinrich Heine를 연상케 하는, 춤추는 듯한 냉소적 가벼움을 보여 준다.

가련한 어린 소녀여, 환영해요,
요란한 거짓의 계곡에 온 것을!
그대 그곳으로 가는구려, 미소 짓는 소녀여,
그대를 영원히 속이기 위해.

그대 어째서 우는 건가요? 세상은 둥글고
그 위에 영원한 것은 아무것도 없다오.

울음은 건강을 해칠 뿐
상실은 필연이라오.

렌츠는 이 시를 자신의 대녀이자 괴테의 조카딸에게 바쳤다. 1776년 초 렌츠는 무일푼으로 스트라스부르를 등졌다. 그는 친구들 앞에서 소름 끼치면서도 달콤하게 울리는 이별의 송가를 낭독했는데, 그 안에는 이런 구절이 들어 있다.

나는 인생에서 내가 좋아하는 것과
세 번이나 헤어져야 했네……

1776년 3월 렌츠는 바이마르에 모습을 나타냈다. 괴테가 지난해 11월부터 작센-바이마르 공국의 카를 아우구스트Karl August 공작의 초청으로 머물던 곳이었다. 렌츠는 괴테에게 이렇게 편지했다.

여기 날갯죽지 꺾인 종달새 한 마리가 도착했네만 이제 어디로 발걸음을 옮겨야 할지 모르겠네.

렌츠는 아우구스트 공작에게 근사한 시를 한 편 써서 바쳤고, 궁정 사람들은 그를 받아들였다. 그런데 사람들은 렌츠의 재치 있는 말솜씨에 무척 즐거워하면서도 다른 한편으로는 종잡을 수 없는 그의 성격과 제어할 수 없는 조롱에 당혹스러워했다. 그래서 렌츠는 바이마르궁이 생활비 전액을 책임지는 공작의 손님이었지만, 궁전에서 10킬로미터가량 떨어진 바트 베르카에서 지내야 했다.

같은 해 6월, 아직 스물일곱도 되지 않은 괴테가 시종관의 자리도 거치지 않고 공작의 외교참사관에 임명되었다. 그는 감성과 열정만 넘치던 '질풍노도Sturm und Drang'* 시기의 자기 모습을 아는 사람과 바이마르 궁정에 함께 있는 것이 몹시 불편했을 뿐 아니라, 그런 렌츠가 궁정에서 어릿광대 노릇이나 하고 있는 것도 못마땅했다. 게다가 자신이 흠모하던 슈타인Stein 부인이 9월에 렌츠를 자기 영지로 불러 일곱 자녀에게 영어를 가르치게 한 것도 상당히 신경을 자극하는 일이었다.

1776년 11월 렌츠는 '미련한 짓'(괴테의 표현이다)을 저질러 걷잡을 수 없는 사태를 불렀다. 이 미련한 짓이 어떤 일이었는지는 정확히 알 수 없지만, 궁정 사람들을 조롱하는 시를 쓴 것이 아닌가 싶다. 어쨌든 괴테는 더 이상 참을 수 없어 렌츠를 24시간 안에 여기서 떠나게 하라는 공작의 명령을 받아 냈다.

한편으로는 괴테의 심정이 이해되지만, 다른 한편으로는 무척 비정하고 매몰찬 행동으로 느껴진다. 현실 논리에 어둡고 현실을 타개할 재주도 없는 옛 친구를 이런 식으로 내팽개치는 행동은 자칫 파멸의 구렁텅이로 내모는 것일 수도 있다는 것을 괴테도 분명히 알고 있었다. 그렇다면 결국 승리자가 패배자에게 발길질까지 한 셈이다.

이처럼 렌츠의 파멸에는 천차만별의 요인이 복잡하게 얽혀 있었다. 모두 다섯 개 정도로 원인을 구분하면 그중 세 개가 괴

---

* 합리주의 계몽 숭배에서 벗어나 자연, 감정, 개인주의를 고양하는 문예 운동으로, 18세기 말 독일에서 일어났다.

테 때문이었다.

첫째, 렌츠에게는 혼란스럽게 뒤엉킨 수많은 착상을 일목요연하게 하나의 작품으로 엮어 내는 데 필요한 '형상화의 의지'와 '철저한 장인 정신'이 부족했다. 게오르크 뷔히너는 렌츠의 나이에 이미 그러한 능력을 갖추고 있었다. 아마 렌츠가 괴테만큼 오래 살았다고 하더라도 긴 호흡을 가지고 자신의 몇몇 위대한 작품에 지속적인 생명력을 부여하는 작업을 수행하지는 못했을 것이다. 토마스 만은 요셉에 관한 4부작 소설을 완성하는 데 16년이라는 인고의 세월이 걸렸고, 괴테는 1771년에 처음 구상한 『파우스트』를 구체적인 형식으로 완성하기까지 무려 60년 동안 자신과 씨름해야 했다.

둘째, 렌츠는 자신의 재능을 과시하고, 자기 작품을 선전하고, 자신을 상품화하는 기술이 없었다. 이 점에서는 괴테와 극단적으로 대비된다. 괴테는 자신을 찬양하는 시를 자신이 발행하는 잡지 『예술과 고대에 관하여 über Kunst und Altertum』에 실었는데, 이것만 보더라도 그가 얼마만큼 자기선전에 능한 사람인지 알 수 있다. 게다가 렌츠에게는 리하르트 바그너나 브레히트, 또는 살바도르 달리 Salvador Dali처럼 자신의 명성을 기발하게 관리하는 능력도 없었다. 자신의 책에 자신의 이름을 올리는 것조차 거부한 사람이 아니던가!

'나는 형상화 능력이 없는 사람'이라는 생각과 '내 작품이 어떻게 되든 상관없다'는 태도, 이 두 가지만으로도 렌츠가 괴테처럼 높은 명성을 누릴 수 없었던 이유는 충분해 보인다. 그가 괴테에 버금갈 정도로 걸출한 문학적 재능을 갖추었다고 하더라도 말이다. 그런데 엎친 데 덮친 격으로 이런 예정된 실패 위에 괴테의 그림자가 3겹으로 짙게 드리워지는 바람에 렌츠가 겪은 좌절은 한층 더 가속화되었다.

렌츠보다 강인한 성격을 가진 사람이라도 『괴츠 폰 베를리힝겐』을 쓴 작가가 1년 사이에 연이어 『젊은 베르터의 고통Die Leiden des jungen Werther』*을 발표해서 엄청난 성공을 거두었다면 아마 기가 꺾일 수밖에 없을 것이다. 니체는 언젠가 "모든 위대한 재능은 다른 사람들이 지닌 보다 미약한 능력과 싹을 억누르고, 주변의 다른 재능을 황폐하게 만드는 재앙적인 요소를 지니고 있다."라고 말했다. 베토벤도 잠재력을 지닌 수많은 작곡가의 용기를 꺾어 놓은 위대한 천재에 속했다.

물론 이것은 괴테를 탓할 수만은 없는 노릇이다. 하지만 그는 두 가지 점에서 비난받아 마땅하다. 우선 괴테는 다른 위대한 남성들과 마찬가지로 자신과 동등한 자리에 서고자 하는 사람들을 참지 못하는 성향이었다. 실러가 '문학적 천재'라는 말로 칭찬을 아끼지 않았던 프리드리히 휠덜린Friedrich Hölderlin이 1794년 바이마르를 방문했을 때 괴테는 뭐라고 했던가? 그는 실러에게 보낸 편지에 이렇게 썼다.

> 나는 그(휠덜린)에게 좀 더 짧은 시를 쓰고, 인간과 관계되는 개별적인 것에 관심을 가져 보라고 충고했네.

---

* '젊은 베르테르의 슬픔'이라는 제목으로 알려진 작품으로, '을유세계문학전집'에서는 학계의 의견을 반영하여, 정착된 잘못된 제목 대신 원어의 의미를 살린 제목을 사용했고 이 책에도 적용하였다.

베티나 브렌타노*Bettina Brentano*는 이러한 괴테를 가리켜 '자기보다 뛰어난 문학적 재능'을 견디지 못하는 성격이라고 지적했다.

그뿐이 아니다. 괴테는 1808년 하인리히 폰 클라이스트Heinrich von Kleist**에게는 뭐라고 썼던가? 클라이스트는 "존경하는 추밀 고문관(괴테의 직함)께"라는 말로 시작되는 편지에서 자신의 비극『펜테질레아Penthesilea』의 일부를 동봉하며 이 작품을 바이마르 궁정 극장에서 공연할 수 있는지 정중히 타진했다. 그런데 괴테는 이렇게 썼다.

> 나는 자기 작품이 반드시 상연되리라고 생각하고 극장을 기다리는 총명하고 유능한 젊은이들을 보면 우울하고 걱정스럽네.

게다가 마치 메시아를 기다리는 유대인을 보는 것처럼 불쾌하다고까지 말했다. 나중에는 한 서평에서 이렇게 덧붙였다.

> 클라이스트가 지은 작품은 자연이 만든 아름다운 몸이 마치 갑자기 불치병에 걸린 것처럼 언제나 소름과 혐오감을 유발한다.

토마스 만은 괴테의 이 평가를 '비난받아 마땅한' 평가라고 했고, 스위스 작가 헤르만 부르거Hermann Burger는 1987년에 이렇

---

* 독일의 시인이자 극작가인 클레멘스 브렌타노의 누이
** 19세기 독일의 가장 위대한 극작가

게 얘기했다.

> 괴테가 클라이스트에게 내뱉은 그 교만하기 짝이 없는 말들을 세상에서 사라지게 할 수 있다면 나는 기꺼이 파우스트 2부를 포기하겠다.

괴테는 렌츠를 왜소한 인물로 만들려고 두 번의 시도를 했다. 한 번은 1776년에 자신의 근거지인 바이마르에서 렌츠를 몰아낸 일이었고, 다른 한 번은 1813년 『시와 진실』 제3부에서 렌츠를 언급한 일이었다. 괴테는 렌츠를 가리켜 키는 작지만 귀여운 외모에 '다소 뭉툭한 얼굴선을 지닌 사랑스럽고 영리한 사람'이고, 그다지 유려하지는 않지만 편안한 언어를 구사한다고 말했다. 또한 "짧은 시들, 특히 자신이 쓴 시들을 아주 잘 낭독하고, 천박한 것을 문학적으로 표현하는 재능이 뛰어나다."라고 칭찬했다.

그런데 이 부분에서는 어쩐지 위에서 아래로 내려다보는 듯한 어조가 희미하게 느껴진다. 아마도 감히 자신과 재능을 견주려고 했던 젊을 적 친구에 대한 불쾌감에서 유래한 것이 아닌가 싶다. 렌츠는 실제로 자신의 행방불명된 원고 「우리의 결혼에 관하여 *über unsere Ehe*」에서 그런 시도를 한 적이 있었다.

괴테는 『시와 진실』에서 횔덜린과 클라이스트라는 두 천재의 문학적 가치를 미흡하나마 어느 정도 인정해 줬지만, 렌츠에 대해서는 단순히 깎아내리는 데 그치지 않고 악의에 찬 비방까지 서슴지 않았다. 괴테와 렌츠가 마지막으로 만난 지 37년 지났고, 렌츠가 죽은 지 21년이 흐른 1813년의 일이었다. 물론 바이마르에서는 렌츠가 죽었는지 살았는지 모르고 있었다. 『프랑크푸르터 알게마이네 차이퉁』은 렌츠 탄생 250주년 기념식에 부친 추도사에서 『시와 진실』 제14권에 나오는 괴테의 언급을 "이미 고인이 된 동료를 두 번 죽이는 최악의 공격"이었다고 평했다. "(괴테의) 한마디 한마디는 자신에 대한 기합이자 (렌츠의) 무덤으로 보내는 잘 다듬어진 저주였다."

당시 예순넷의 괴테는 이렇게 썼다.

> 그(렌츠)는 음모를 꾸미는 데 소질이 많은 사람이었다. 그것도 특별한 목적 없이 그냥 음모가 좋아서 음모를 꾸미는 성향이었다. (…) 그는 도착적인 수단으로 자신의 애착과 미움에 현실성을 부여하려 했고, 언제나 스스로 일을 망쳐 버렸다. 그래서 사랑하는 이들에게도 도움이 된 적이 없거니와 증오하던 이들에게도 해를 끼친 적이 없었다. 전체적으로 평한다면 렌츠라는 인간은 단지 자신을 벌하기 위해 죄를 짓는 것처럼 보였다.

괴테의 글은 계속 이어졌다.

> 나름대로 상당한 특색이 있는 것은 부인할 수 없다. 아주 우둔하고 괴팍한 인간한테도 사랑스러운 부드러움이 풍겨 나올 수 있으니까. (…) 그의 일상은 아무 쓸모없는 조합이었다. 하지만 그는 거기에 나름대로 의미를 부여할 줄 아는 교묘한 재주가 있었다.

이 말에 이어 괴테는 앞서 인용했던 것처럼 렌츠가 자신을 '가상적 증오의 대상'으로 삼았다고 썼다.

그렇다. 증오가 없을 수는 없다. 1776년 바이마르에서 쫓겨난 렌츠는 스위스에서 힘들게 살아갔고, 때때로 스스로 통제력을 상실하는 모습을 보이기도 했다. 1778년 1월 렌츠는 포게젠 지방의 발더스바흐에서 개신교 목회 일을 하던 요한 프리드리히 오베를린Johann Friedrich Oberlin의 집을 비척거리며 찾아 들어갔다. 오베를린은 그런 그를 따뜻하게 받아들였다.

1845년 게오르크 뷔히너는 오베를린의 일기와 렌츠의 편지를 토대로 한 천재 작가의 폭발적 광기를 묘사한 소설 『렌츠Lenz』를 발표했다. 그런데 이 작품에서 뷔히너가 어느 정도까지 광기를 문학적 자유로 포장하고, 세상에 대한 냉소로 생각하고 있는지는 미지수다.

렌츠는 백설로 뒤덮인 포게젠 지방을 이리저리 돌아다녔다.

"피로도 느끼지 않았다. 다만 때때로 머릿속이 맑지 않은 것이 불쾌할 따름이었다. (…) 정체불명의 공포가 엄습했다. (…) 마치 광인이 말을 타고 그를 쫓아오는 듯했다."

그 외에 렌츠의 일상은 평범했다. 심지어 오베를린 목사의 권고로 직접 설교를 한 적도 있었다. 그런데 그 이후 2층 창문에서 몸을 내던져 팔이 부러지는 일이 있었고, 또 한번은 우물에 빠져 죽으려고 한 적도 있었다. 그러던 중에 가슴속으로 또다시 '저승의 피리 소리가 들려왔다. (…) 그는 엄청나게 큰 주먹을 불끈 쥐었다. 그 주먹을 하늘로 뻗어 신을 움켜잡고 구름 사이로 끌어내릴 수도 있을 것 같았고, 이 세상을 이빨로 질근질근 씹어 창조주의 얼굴에 뱉어 버릴 수도 있을 것 같았다.'

결국 오베를린은 더 이상 감당하지 못하고 렌츠를 스트라스부르로 쫓아 보냈다. 뷔히너의 유명한 마지막 문장처럼 "그는 그렇게 살아갔다." 렌츠는 『가정교사』의 주인공처럼 이렇게 말하고 싶었는지도 모른다.

나는 이 참담한 삶을 이대로 마지막까지 지켜볼 수밖에 없다. 내게는 죽음조차 허락되지 않았기 때문이다.

렌츠는 카이저슈툴 근처 에멘딩겐에 사는 괴테의 매제 요한 게오르크 슐로서J. G. Schlosser 집에 거처를 구했다. 그런데 분노와 광기의 화신처럼 행동하는 렌츠를 더 이상 두고 보지 못한 슐로서는 그를 처음엔 구두장이 집에 보냈다가 나중에는 산지기 집에 맡겼다. 괴테가 외교참사관에서 추밀고문관으로 승진한 1779년 여름, 예나에서 법학을 공부하던 렌츠의 동생 카를이 형을 리가의 고향집으로 데려갔다.

그사이 리보니아의 관구 총감독이 된 아버지는 아들의 병을 남에게 털어놓기도 부끄러운 병으로 생각했고, 아들의 문학 작품도 정신병적 탈선으로 여겼다. 그런데 다행히 고향집에서 건강을 회복한 렌츠는 1781년에 모스크바로 떠났고, 거기서 한 문학회에 가입해 셰익스피어 작품을 러시아어로 번역했다. 한동안 가정교사로 일하기도 했다. 그러던 1792년 5월 그는 일정한 거처도 없이 거리를 방황하다가 빈민가에서 죽은 채로 발견되었다. 향년 마흔한 살이었다. 누구에게도 따뜻한 사랑 한 번 받지 못한 외로운 인생이었다.

그런데 그해 렌츠의 재능을 기리는 일이 있었다. 살아서 겪지 못한 것을 죽어서야 처음 경험해 보는 찬사였다. 러시아 작가 니콜라이 카람진Nikolay Karamzin이 『러시아 여행자의 편지Pisma russkogo puteshestvennika』에서 렌츠에 대해 이렇게 썼다.

> 깊은 우울증이 그의 정신을 갉아먹었다. 그러나 이런 상태에서도 그는 탁월한 문학적 착상으로 우리를 놀라게 했고, 선량한 정신으로 우리에게 감동을 줬다. (…) 사람들은 그가 스물다섯 살 때까지 쓴 모든 작품을 보면서 한 위대한 정신의 여명을 느꼈다. 그러나 먹구름이 이 아름다운 여명을 덮었고, 해는 결코 뜨지 않았다. 셰익스피어를 위대한 문호로 만들었던 그 깊은 감성의 바다가 렌츠에게는 오히려 몰락의 요인으로 작용했다. 아마 상황이 조금만 달랐더라도 렌츠는 불멸의 작가가 되었을지 모른다.

렌츠의 문학이 오랫동안 제대로 평가받지 못한 데에는 괴테의 『시와 진실』이 상당한 영향을 미쳤다. 당시 문화 권력의 핵심에 있던 괴테의 말 한마디는 곧 진리나 마찬가지였기 때문이다. 그래도 1828년 루트비히 티크Ludwig Tieck에 의해 세 권짜리 렌츠 전집이 발간됐다. 렌츠가 쓴 글 중에 이런 시구가 있다.
"파괴하는 삶이여, 너울너울 날아라!"
대부분 다른 시처럼 이 시구에도 날짜는 보이지 않는다. 아마 렌츠처럼 그렇게 한 점 희망 없이 철저하게 무너진 사람도 없을 것이다.

16. 라살레

마르크스에게 눌린 패배자:
노동운동의 메시아

열렬히 사모하는 여인을 얻으려고 그 여인의 스무 살 약혼자에게 결투를 신청했다가 목숨을 잃고, 세계적인 명성조차 마르크스에게 빼앗긴 한 남자가 있다. 바로 페르디난트 라살레Ferdinand Lassalle(1825~1864)다.

유대계의 부유한 지성인이었던 라살레는 노동자에게 늘 깍듯이 존칭을 쓰고, 지상에서 처음으로 노동자 정당을 건설하고, 수십 년 동안 마르크스가 부러워할 정도로 대중적 인기를 누렸다. 하인리히 폰 트라이치케Heinrich von Treitschke*는 그를 가리켜 독일 "노동운동의 메시아"라 불렀고, 알렉산더 폰 훔볼트Alexander von Humboldt**는 "신동", 하이네는 내가 만난 사람들 가운데 "가장 뛰어난 직관력의 소유자"라 명명했다. 그러나 마르크스는 "자꾸 귀찮게 쫓아다니는 곱슬머리 흑인 유대인"이라고 욕을 퍼부었다.

* 독일의 역사가·정치학자
** 독일의 박물학자·탐험가

그런데 라살레의 이력과 면모는 이것으로 끝나지 않는다. 짧은 생애에서 무려 10년 동안 스무 살 연상인 한 백작 부인이 이혼하도록 36회에 걸쳐 소송을 진행한 결과 마침내 승리로 이끌었고, 헤라클레이토스Heracleitos에 관한 두 권의 철학서로 학문적인 명성을 쌓았으며, 자기도취에 관한 한 둘째가라면 서러울 정도로 자기 연출력이 뛰어난 사람이었고, 여러 차례 감옥 신세를 진 정치범이었으며, 조만간 오스만제국이 무너지고 나면 독일 군대나 독일 노동자들이 보스포루스 해협의 주인이 될 거라 꿈꾸는 사람이었다. 이런 점을 감안할 때 지금껏 정치계에서 이만큼 다양한 색채를 지닌 별종은 없었던 것으로 보인다.

브레슬라우에서 비단 도매상을 하던 아버지는 라살레를 라이프치히의 상업고등학교에 보냈다. 그런데 아들은 열여섯 살에 학교를 때려치우고 독학으로 대학 입학 자격시험을 본 뒤 브레슬라우와 베를린에서 철학 공부에 매진했다. 하지만 이것도 오래가지 않았다. 열아홉 살 때 지체 높은 한 부인을 알게 되었기 때문이다. 당시 서른아홉 살의 조피 폰 하츠펠트Sophie von Hatzfeldt 백작 부인은 남편과 사이가 좋지 않아 몹시 힘들어하고 있었다. 참으로 아름답고 총명한 귀부인이 이렇게 불행을 겪는 것을 차마 두고 볼 수가 없었던 라살레는 즉시 부인에게 자신의 모든 시간과 정력과 능력을 쏟아부어 돕겠다고 제의했다.

무엇이든 한번 매료되면 완전히 빠져 버리는 성격과 자기만이 옳다고 생각하는 독선적 사고, 그리고 고매한 기사도 정신에 사로잡혀 있던 그로서는 당연한 행동이었다. 라살레는 고귀한 소명을 받은 듯한 느낌이 들었다. 이러한 소명 의식은 철학 연구를 할 때도 썩어 빠진 사회 계층과 투쟁할 때도 늘 그 곁에 머물러 있었다.

후작의 딸로 태어난 하츠펠트 부인은 열여섯 살에 곱사등이지만 엄청나게 재산이 많은 백작에게 시집을 가야 했다. 그런데 결혼 후 남편은 부인을 버리고 첩과 함께 살면서 부인에게는 생계비를 한 푼도 지원해 주지 않았다.

이처럼 이미 정상적인 가정을 유지하기 어려운 상태였는데도 백작은 위자료 문제 때문에 이혼을 차일피일 미루고 있었다. 라살레는 풋내기 철학도로서 법률에 관해서는 무지했지만, 아름다운 백작 부인의 개인 변호사 역을 자처하며 여러 차례 법정을 드나들었다. 얼마 지나지 않아 현란하기 짝이 없고 법률적으로 완벽한 그의 변론은 사회적 물의를 일으켰다.

이 소송을 둘러싸고 공작과 매수 행위가 판쳤고, 숱한 증거가 소멸됐다. 그런데 막강한 재력을 뽐내는 백작만 이런 수단을 마련한 것은 아니었다. 약자였던 라살레 측도 이런 수단을 마다하지 않았다. 그는 백작의 애첩이 갖고 다니는 자그마한 보석함 속에 백작이 부인에게 엄청난 재산을 약속한 문서가 들어 있을 것으로 짐작했다. 그래서 1846년에 친구 두 명에게 애첩이 가지고 다니는 여행 가방에서 보석함을 훔쳐 내게 했다. 그런데 상자는 텅 비어 있었고, 두 사람은 체포되어 법정에 서게 되었다. 라살레 역시 1848년에 '절도 사주' 혐의로 구속되었다. 하지만 그는 5개월 뒤 열띤 법정 공방 끝에 석방되었다. 화려한 변론의 힘이었다.

이번 일을 계기로 라살레는 비용은 많이 들지만 엄청난 효과를 노릴 수 있는 새로운 '자기 상품화' 가능성에 주목했다. 바로 책을 출간하는 것이었다. 그는 『보석함 절도 사주 혐의에 관한 변론*Die Verteidigungsrede wider die Anklage der Verleitung zum Kassettendiebstahl*』이라는 책자를 출간했고, 그와 아울러 『나의 형사 소송*Der Kriminalprozess wider mich*』이라는 책을 통해 소송에 관한 전 과정을 상세히 기술했다.

이 특이한 사건은 1848년 독일에서 일어난 3월 혁명이 무산된 지 불과 몇 주 뒤에 일어났지만, 터지자마자 세간의 관심을 끌었고 라살레를 유명 인사로 만들었다. 또한 3개월 뒤 그가 또다시 당국에 체포되자 그에 관한 관심은 더욱 커졌다. 그런데 이번에는 일반 형사 사건이 아니라 정치적 공안 사건이었다. 혐의는 '조직적인 납세 거부 운동을 통한 국가 권력에 대한 선동죄'였다. 화근은 라살레가 혁명의 좌절감 속에서 쓴 연설문이었다. 이 연설문은 실제 연설로 이어지지는 못했지만, 곧바로 인쇄되어 나왔다. 라살레는 열띤 변론을 통해 무죄 판결을 얻어냈지만 석방되지는 못했다. 검찰이 공소 내용을 변경해서 구속 상태를 계속 유지했기 때문이다. 결국 라살레는 '공무원에 대한 선동죄'라는 비교적 가벼운 죄목으로 기소되어 6개월 감옥형을 선고받았다.

라살레가 일곱 살 연상의 카를 마르크스를 처음 만난 것도 1848년이었다. 마르크스는 바로 얼마 전에 프리드리히 엥겔스*Friedrich Engels*와 공동으로 '공산당 선언문'을 발표했는데, 별다른 반향을 불러일으키지 못하자 결국 1849년에 런던으로 이주하고 말았다. 그런데 라살레는 죽을 때까지 마르크스 이론을 자신의 이념적 토대로 삼았다. 마르크스에게 계속 편지를 보내고 찬사를 아끼지 않았으며, 자신을 마르크스의 독일 총독 정도로 간주했다. 그런 그에게 마르크스가 돌려준 것은 질투와 증오였다. 과연 누가 사회주의의 정신적 지도자가 될 것인가? 후세에 누가 살아남을 것인가?

1796년 프랑수아 바뵈프François Babeuf가 '프롤레타리아 독재'를 주창한 이래 유럽에서는 빈자들을 구하기 위해 스스로 고난 길에 뛰어든 부유층 자제들이 우글거렸다. 물론 독일의 첫 사회주의자 빌헬름 바이틀링Wilhelm Weitling이나 아우구스트 베벨August Bebel처럼 하층 출신들도 있었지만(바이틀링은 재단사, 베벨은 선반공이었다), 그렇지 않은 상류층 출신이 훨씬 더 많았다. 사회주의 이론의 창시자 클로드 생시몽Comte de Saint-Simon 백작은 유서 깊은 제후 가문 출신이었고, 마르크스의 아버지는 명망 있는 변호사였으며, 엥겔스의 아버지는 공장주, 장 블랑Jean Joseph Charles Louis Blanc의 아버지는 재정부 차관, 레닌의 아버지는 장학사이자 대지주였다.

그런데 비교적 좋은 가문 출신이었던 초기 혁명가들이 활동하던 시기에는 문제가 하나 있었다. 19세기 전반에 이르기까지 별반 거론되지 않았던 문제인데, 사회주의 혁명가들의 이론적 토대였던 노동자 계층이 극히 소수에 불과했다는 사실이다. 예를 들어 독일에는 총 노동자의 3분의 2가 농부, 하인, 일용직이었고, 공장 노동자는 10퍼센트가 채 되지 않았다.

물론 일을 하는 모든 사람을 '노동자'로 볼 수도 있다. 예를 들어 제3제국 시대에는 노동자를 정신 노동자와 육체 노동자로 분류하면서 이들을 노동자의 범주 안에 넣었다. 하지만 사회주의 사상가들이 투쟁의 주체로 삼았던 프롤레타리아 계급은 주로 공장에서 일하는 임금 노동자를 가리켰다. 공장 노동자들이 처한 비참한 삶은 지금까지 볼 수 없었던 새로운 유형이자 어디를 가더라도 쉽게 눈에 띄는 광경이었다. 공장 노동자들은 급격히 제4계급으로 부상했고, 정치적으로 동원할 가능성을 제공했다.

노동자들이 처한 이런 상황은 1863년에 노동자 정당이 만들어지기 전까지 계속되었다. 이 정당을 창건한 사람이 라살레였는데, 이처럼 다양한 인생 편력을 지닌 사람도 드물다. 1851년 라살레는 7년간의 소송 끝에 하츠펠트 백작 부인의 이혼 소송을 승리로 이끌었다. 이로써 부인은 전남편에게서 막대한 재산을 얻어 냈고, 라살레는 그 대가로 부인으로부터 죽을 때까지 상당한 액수의 연금을 지급받기로 했다. 그런데 그 후 라살레는 또다시 3년 동안 전남편과 재산 분할 문제를 둘러싸고 소송을 벌였다.

그는 10년간에 걸친 소송이 일단락되자 대학 때부터 관심을 두고 있던 고대 그리스 철학자 헤라클레이토스 연구에 박차를 가했다. 이렇게 해서 1857년 헤라클레이토스에 관한 철학서가 두 권 출간됐다. 이어 1859년에는 『프란츠 폰 지킹겐*Franz von Sickingen*』이라는 희곡을 발표하기도 했다. 출간은 됐지만 상연되지는 않았던 이 작품은 카를 5세의 용병대장이면서 마르틴 루터Martin Luther의 추종자였던 한 제국 기사에 관한 이야기를 다루고 있다.

국가 권력에 대한 선동죄 사건이 일어난 지 13년 뒤(1861년) 라살레는 완전히 정치계에 몸을 던졌고, 생애 마지막 3년 동안 정치계에서 누구도 예측하지 못했던 핵심 역할을 해냈다. 그는 같은 해에 『획득된 권리 체계*Das System der erworbenen Rechte*』라는 책을 출간했다. 사회 개조에 학문적 토대를 제공할 의도로 쓴 법철학 저술이었다. 그는 이 저술에서 이렇게 묻는다. 한 번 획득한 권리는 영원히 지속되어야 하는가? 이것을 계속 참고 있어야 하는가? 아니다. 우리는 낡은 법체계를 새로운 법체계로 바꿀 방도를 찾아야 한다.

학계는 헤라클레이토스 철학에 관한 저술 이후 다시 한번 라살레의 탁월한 학문적 능력에 찬사를 보냈다. 하지만 당시 사회주의 계열 외에는 아직 알려지지 않던 마르크스가 이제껏 이런 식의 파렴치한 표절 행위는 본 적이 없다며 펄펄 뛰었다. 라살레가 자기의 작품을 도용했다는 것이다.

마르크스는 1861년 베를린에서 하츠펠트 백작 부인의 집에 초대받아 갔을 때 그동안 있었던 일을 엥겔스에게 이렇게 전했다. 라살레의 격정적인 태도에 심하게 핀잔을 주어 그가 절절히 사모하는 백작 부인 앞에서 웃음거리로 만들어 버렸다고 말이다. 엥겔스도 마르크스에게 보낸 한 편지에서 라살레를 "곱슬머리 유대인 친구"라고 부르며 반감을 드러냈다.

어쨌든 라살레가 짧은 기간이지만 정치계에서 조명받기 시작한 것은 이 책이 아니라 다른 사건 때문이었다. 그의 정치적 비상은 1862년 대규모 노동자 집회에서 했던 연설과 함께 시작되었다. 연설 제목은 '현재의 역사 시기와 노동자 계층과의 특별한 관계'였다.

그런데 제목만 얼핏 보아서는 선동적으로 들리지 않는 이 연설 내용이 문제였다. 당국은 그가 국가 구성원들끼리 공공연히 증오를 부추겨 공공질서 파괴를 조장했다는 이유로 그를 고발했다. 라살레는 1심에서 4개월 구금형을 선고받았고, 2심에서

마르크스가 '곱슬머리 흑인 유대인'이라고 폄하한 페르디난트 라살레. 그는 수많은 노동자의 메시아였다. 1863년 세계 역사상 최초로 노동자 정당을 창건했지만, 사랑에 눈멀어 젊은 연적에게 결투를 신청했다가 허무하게 목숨을 잃었고, 명예는 마르크스에게 빼앗겼다.

는 무죄로 석방되었다.

이제 그는 감옥에서 나와 무엇을 했을까? 라살레는 예전에 충분히 입증된 본인의 장기를 최대한 살려서 감옥에서 나오자마자 세 개의 팸플릿을 인쇄해서 뿌렸다. 첫 번째 팸플릿은 자신의 변론 요지였고, 두 번째는 전 재판 과정에 대한 설명이었으며, 세 번째는 '간접세와 노동자 계층'이라는 제목의 정치적 성명서였다.

1862년 7월 라살레는 마르크스의 초대로 그의 집에 갔다. 그런데 그는 자신이 지닌 타고난 성향대로 마르크스 부인에게 최대한 호의를 보이며 살갑게 대했다. 하지만 마르크스의 눈에는 발정 난 수캐의 치근거림으로밖에 보이지 않았다. 그는 엥겔스에게 편지를 보내 라살레를 이렇게 비꼬았다.

> 그 이상주의자가 보인 호색한 기질은 정말 못 봐주겠더군. (…) 위대한 학자고, 심오한 사상가고, 천재적인 연구자인 줄로만 알고 있었더니 그게 아니네. 가만히 보니까 그 친구 속에는 돈주앙이나 혁명가 리슐리외 추기경 모습도 들어 있더군. (…) 이제야 그 친구가 모세의 유랑 행렬에 따라붙은 흑인들의 자손이 분명하다는 확신이 들었네.

공공질서 위협 혐의로 받은 자신의 재판과 관련해 세 편의 팸플릿을 출간한 뒤, 라살레는 1863년 2월 라이프치히의 한 노동자위원회로부터 이런 문의를 받았다. 지금까지 지역별로 결성되어 있던 여러 노동자 단체의 전체 회의를 준비하던 위원회였다. 문의 내용은 이랬다. 노동자 문제에 관한 당신의 생각을 설명해 주실 수 있겠습니까? 2주 뒤 라살레는 답변을 보냈고, 이것이 '전 독일 노동자동맹 창설을 위한 중앙위원회' 강령이 되었다.

강령의 요체는 노동자 계층의 이념이 지배하는 국가로 만들자는 것이었다. 다시 말해서 노동자가 국가 기구에 주도적인 영향력을 행사하는 시스템 구축이 목표였는데, 그 수단은 민주적인 선거였다. 지금과 같은 3등급 선거 제도 대신 보통·평등 선거가 실시되면 노동자들은 다수를 점유할 수 있고, 그러한 수적 우위를 바탕으로 노동자의 이익과 권리를 지키자는 내용이었다. 프로이센 제국에서 1918년까지 실시된 3등급 선거 제도는 모든 성인 남자에게 선거권을 부여하고는 있지만, 세금 납부 실적에 따라 투표권 비중이 달랐다. 우선 직접세로 거두어들인 총수입을 3등분 했고, 그중에서 3분의 1의 세금을 납부한 소수의 부자가 다수의 노동자·무산자 계층과 똑같이 3분의 1의 선거인단을 선출했다.

라살레는 계속해서 이렇게 써 내려갔다.

> 노동자들이 평등 선거를 통해 다수를 차지하게 되면 국가에 자신들을 지원하고 장려해 달라고 요구할 수 있다. 경제는 노동자들이 생산한 것을 자신의 온전한 몫으로 차지할 수 있는 생산협동조합 형태로 재편되어야 한다. 이러한 생산협동조합을 만드는 것이 국가가 해야 할 일이다. 국민의 생명과 사유 재산을 지키는 것만을 최고의 목표로 삼는 야경국가는 거부되어야 한다.

노동자위원회는 라살레가 보내온 답변이 무척 마음에 들었다. 그래서 1863년 5월 23일 라이프치히 판테온 무도회장에서 열린 '전 독일 노동자동맹 창립총회'에 라살레를 초대했다. 라살레는 6백 명의 대의원들 앞에서 이렇게 외쳤다.

"여러분은 건립해야 할 교회의 반석과도 같은 존재입니다!"

노동자들은 열광했고, 라살레는 몇 차례 형식적인 고사 끝에 '전 독일 노동자동맹'(독일 사민당의 전신이다) 총재직을 수락했다. 라살레가 요구한 대로 5년 임기의 총재에게 전권이 주어졌다. 노동자들은 다 함께 이렇게 노래 불렀다.

> 노동자여 깨어나라
> 너희 힘을 깨달아라!
> 너희 힘센 팔이 원하면
> 모든 기계를 멈춰 세울 수 있다.

게오르크 헤르베크Georg Herwegh가 지은 시에 유명 지휘자 한스 폰 뷜로Hans von Bülow가 곡을 붙인 노래다. 여기서 '기계'라는 말에서 알 수 있듯이 노동자동맹은 무엇보다 공장 노동자들을 대변하는 단체였다. 노래를 조금 더 들어 보자.

> 우리는 적을 두려워하지 않는다.
> 그 어떤 위험도 겁내지 않는다.
> 우리는 라살레가 이끄는 길을
> 용감하게 따라가리라!

감격스러운 물결이 독일 전역을 뒤덮었다. 곳곳에 라살레 사진이 내걸렸고, 심지어 카드 뒷면에도 라살레의 얼굴이 인쇄되었다. 수많은 사람이 그의 연설문을 돌려 가며 읽었다. 화려한 수식으로 치장했으면서도 이해가 쉽고 격정적인 어조의 연설문이었다. 라살레는 사회주의를 이론이라는 감옥에서 해방하고 대중에게 상품화하는 비결을 알고 있는 사람이었다. 그랬기에 사회주의에 토대를 둔 첫 노동자 정당도 창건할 수 있었다.

반면에 사람들이 자신을 알아주지 않는다는 것을 글쓰기로 분풀이하며 쓸쓸하게 사회주의 이론을 집필하는 데에만 골몰하고 있던 마르크스는 라살레의 성공을 접하고 분노를 금치 못했다. 자신은 이제껏 그렇게 대중적인 관심을 한 몸에 받은 적이 없었는데, 그 한량 같은 인간은 화려하고 열정적인 연설로 단번에 대중을 휘어잡았으니 억울할 만도 했다.

1862년부터 프로이센 제국 총리직을 맡았던 비스마르크가 라살레에게 관심을 보인 것은 놀랄 일이 아니다. 그는 격정적이면서도 처세에 능하고, 위험한 신사고(사회주의)에 물들어 있으면서도 애국심으로 불타는 라살레라는 인물을 흥미롭게 지켜보았다. 라살레가 요구하는 보통·평등 선거권도 비스마르크가 보기에는 자신을 증오하는 자유주의적 진보 정당이 정치적 우위를 이용하여 노동자와 보수파가 연계하면 무너뜨릴 수 있는 수단이 될 것 같았다.

두 사람은 여러 차례 만났다. 철저하게 보안을 유지한 만남이었지만 소문은 순식간에 퍼졌다. 오늘날 관점에서는 라살레가 어떤 점에서 비스마르크라는 사람과 어울릴 수 있었는지가 관심거리다. 그는 1863년 6월 비스마르크 총리에게 이렇게 편지했다.

노동자 계층은 본능적으로 독재를 선호하는 사람들입니다. 물론 노동자를 이해하고 보장하는 독재여야 한다는 전제가 깔려 있어야 하지만 말입니다.

라살레는 군주제가 '특권 계급의 왕정에서 공공 이익을 중시하는 혁명적 민중 왕국'으로 바뀌는 것이 사실상 불가능하다고 생각했지만, 그럼에도 군주를 '공리적 독재를 추진할 수 있는 사람'으로 보았다.

그런데 1863년으로 넘어가면서 기질이 비슷해 보이는 두 사람 사이에 대화는 뚝 끊겼다. 라살레가 실권을 행사하지 못하는 공상가에 불과하다는 사실을 비스마르크가 깨달았기 때문이다. 하지만 훗날 비스마르크는 이렇게 말했다.

"개인적으로는 가까이 두고 사귀고 싶은 사람이다. 그렇게 교양 있고 영민하고 상냥한 사람이 어디 흔하겠는가?"

실제로 실권이 없었던 라살레는 급속도로 내리막길을 걸었다. 이리저리 돌아다니며 연설하고 환호받았지만, 당 총재라기보다는 대중으로부터 호응을 불러일으키기 위해 동원된 연사에 가까워 보였다. 게다가 라살레가 살아 있는 동안에는 노동자 동맹의 회원 수도 수천 명을 넘지 않았다. 1864년 라살레는 '베를린 노동자들에게 부치는 글'이라는 연설 때문에 국가 반란죄로 기소되었다. 그러자 이번에도 즉시 자신이 작성한 연설문을 인쇄해서 배포했고, 다시 무죄 판결을 받아 냈다.

1864년 6월 라살레는 요양하러 스위스로 갔다. 심신이 지친 상태였다. 게다가 당시 예술가와 교양 있는 사람들 사이에서 유행병으로 통하던 매독에 걸려 있었다. 그 시대의 의료 기술로는 치료할 수 없는 병이었다. 라살레는 더 이상 지상에서 할 일이 없을 것 같은 예감이 어렴풋이 들었다. 예전에는 그렇게 자긍심으로 똘똘 뭉쳐 있던 사람이 자기 회의로 스스로 야금야금 갉아먹고 있었다. 그는 언젠가 이런 말을 했다.

"내가 제일 싫어하는 두 가지 유형의 사람이 있다. 하나는 유대인이고, 다른 하나는 문필가다. 그런데 내가 바로 그 둘에 다 해당한다."

라살레는 제네바에서 바이에른 외교관의 딸을 만나 사랑에 빠졌다. 당시 스무 살이었던 이 여인에게 이미 약혼자(루마니아 귀족이었다)가 있었음에도 그런 것에 전혀 구애받지 않았다. 심지어 라살레가 결혼까지 들먹거리자 이 여인은 마침내 부모에게 이 사실을 털어놓았고, 부모는 그와의 교류를 금지한 뒤 급히 딸의 약혼자를 불러들였다. 지금까지는 모든 싸움에서 승리를 거둔 라살레였지만, 이제 처음으로 좌절의 시련이 눈앞에 있는 듯했다.

결국 라살레는 루마니아 청년에게 권총 결투를 신청했다. 대부분 문명국가에서는 이미 오래전에 법적으로 금지된 이 결투에서 라살레는 치명상을 입고 사흘 뒤 숨을 거두었다. 1864년 8월 31일 그의 나이 서른아홉이었다.

엥겔스는 마르크스에게 이렇게 편지했다.

> 공장주들이 얼마나 환호성을 올릴지 눈에 선하네. 독일에서는 라살레만큼 무서운 친구가 없었거든.

반면에 마르크스는 이렇게 답했다.

그렇게 시끄럽던 친구가 이제 쥐 죽은 듯이 주둥이를 다물고 있어야 한다는 게 믿기지 않네.

라살레가 죽은 지 4주 뒤 유럽 각국에서 급진적 사회주의 대표자들이 런던에 모여 '국제노동자협회'(줄여서 '제1인터내셔널'이라고 한다)를 창설했다. 여기서 34인의 임시 집행위원회가 구성되었는데, 그중에는 마르크스도 포함돼 있었다. 마르크스에게는 강령과 정관을 기초하라는 주문이 떨어졌고, 그는 이것을 아주 매끈하게 처리했다. 이리하여 그는 최소한 자기의 조직 내에서는 위상과 영향력을 확보하게 되었다. 그런데 자신이 해방을 약속했던 노동자들에 대해서는 그나 엥겔스나 여전히 부정적인 생각을 떨쳐 버리지 못하고 있었다. 마르크스와 엥겔스가 주고받은 편지를 보면 노동자들을 '황소', '혹', '어리석은 당나귀'라고 지칭하는 대목들이 나오는데, 특히 마르크스는 노동자들을 만나면 현란한 수사학으로 그들을 꾸짖고 훈계했다는 사실을 엥겔스에게 자랑삼아 늘어놓기도 했다.

1869년 아우구스트 베벨과 빌헬름 리프크네히트Wilhelm Liebknecht는 아이제나흐에서 사회민주노동당을 창건했다. 마르크스 이론에 토대를 두고 제1인터내셔널의 독일 지부를 자처하는 정당이었지만, 내용 면에서는 라살레와 똑같은 것을 요구하고 나섰다. 즉 평등 선거와 생산협동조합에 관한 국가적 지원을 주창한 것이다.

이 정당과 라살레의 유산인 노동자동맹과 연대하는 것은 시간문제인 것처럼 보였다. 1875년 마침내 두 세력은 고타에서 발대식을 하고 독일사회주의노동당으로 통합했다. 마르크스와 엥겔스가 격렬하게 항의했지만 대세를 막지는 못했다. 정당 이름에서 '민주'라는 단어가 삭제되었으나 정강政綱은 라살레 쪽에 가까워 보였다. 하지만 사회민주노동당이 지닌 월등한 조직력과 더 강력한 혁명성을 바탕으로 리프크네히트와 베벨은 점차 자신들의 노선을 관철해 나갔다. 즉 투표로 결정하는 라살레식의 점진적 개혁이 아니라 오로지 혁명을 통해서만 노동자들이 승리할 수 있다는 주장이 힘을 얻기 시작했다.

1891년 에르푸르트 강령이 채택되면서 마침내 마르크스주의자들의 승리가 확정되었다. 이 강령을 수립한 사람은 엥겔스의 전 개인 비서이자 25년 동안 마르크스 이데올로기의 대제사장 역을 맡았던 카를 카우츠키Karl Kautsky였는데, 그는 이렇게 단언했다.

> 자본주의의 파산은 필연적인 자연법칙처럼 임박해 있다!

라살레는 패배했다. 아마 어리석은 결투로 서른아홉 젊은 나이에 죽지 않았더라도 사회주의 운동의 여론 주도권 경쟁에서 무릎을 꿇어야 했을 것이다. 그가 주창한 이론으로는 대중을 움직일 수 없었을 뿐 아니라 원래 그라는 인물은 승리자의 재목이 아니었기 때문이다.

라살레의 지독한 애국심을 시대 정신의 산물로 젖혀 두면 라살레는 평등 선거같이 지극히 합리적인 요구나, 생산협동조합에 대한 국가적 지원같이 민주적인 방식으로도 실현 가능한 요구를 내세웠다. 하지만 마르크스는 달랐다. 그는 프롤레타리아의 승리를 단순히 요구 수준으로만 설파한 것이 아니라 역사적인 필연성으로 예언하여 자신이 내세운 이론이 엄격한 학문성에 토대를 두고 있는 것처럼 보이게 했다. 폴란드 철학자 레셰크 코와코프스키Leszek Kołakowski의 표현에 따르면 마르크스는 '저기 길모퉁이 바로 뒤에 모든 사람을 만족시키는 행복의 세계가 기다리고 있다는 맹목적인 확신'을 가르쳤다. 이것은 많은 대중과 뜨거운 열정을 지닌 맑은 정신의 소유자들까지 감전시킨 '숭고한 망상'이었다.

라살레에게는 여러 가지 면에서 승리자가 갖춰야 할 요소가 부족했다. 당을 이끄는 지도자로 일상적인 당무에 대한 이해가 없었던 것은 작은 부분에 불과했다. 그에게는 무엇보다 인고의 세월을 버티며 오직 하나의 목표를 향해 나아가는 강한 집념과 냉철한 권력 의지, 그리고 적이건 친구건 승리에 장애가 되는 것이라면 무엇이든 가차 없이 잘라 버리는 비정함이 부족했다. 마르크스와 레닌, 비스마르크, 콘라트 아데나워 그리고 헬무트 콜은 이러한 면모를 갖추고 있었다. 또한 타고난 승리자라면 사적인 일로 결투를 벌이지는 않을 것이고, 아무리 동정을 느끼는 여인이더라도 그 여인만을 위해 10년이라는 소중한 시간을 허비하지는 않는 법이다.

하지만 바로 이러한 성격 때문에 라살레는 대중적 인기를 얻을 수 있었다. 그가 죽은 지 26년 뒤, 마르크스가 죽은 지는 7년이 흐른 1890년 라살레는 그해에 출간된 마이어Meyer 대백과사전에서 마르크스보다 세 배 더 비중 있게 다루어졌다. 라살레에 대한 설명이 무려 네 단락에 이르렀다. 심지어 생시몽 백작과 프랑스 사회주의자 샤를 푸리에Charles Fourier도 마르크스보다 더 비중 있게 취급되었다. 마르크스가 세계적인 명성을 얻은 것은 레닌이 마르크스주의를 소련 공산당의 이념적 토대로 천명한 1917년 이후였다. 물론 레닌은 마르크스 이론을 거꾸로 적용한 측면이 없지 않았다. 프롤레타리아 독재를 프롤레타리아 위에 군림하는 공산당 독재로 대체시켰기 때문이다.

1917년 독일사회주의노동당에서 좌파가 스파르타쿠스단을 결성해서 떨어져 나가 1919년에 독일공산당을 창당하자 이제 사회민주당SPD 내에는 프리드리히 에베르트Friedrich Ebert가 이끄는 우파만 남게 되었다. 이후 사민당은 여성 참정권까지 보장하는 만인의 평등 선거권을 쟁취하고, 강령에서 사회주의 혁명을 포기함으로써 라살레에게 한 걸음 더 다가갔다. 어쨌든 사민당은 라살레의 정신을 절대 저버리지 않았다. 이것은 1959년에 극명하게 드러났다. 사민당이 기존 노동자 정당에서 대중 정당으로 변신을 꾀하는 고데스베르크 강령을 가결한 것이다.

이런 점에서는 라살레도 승리자일지 모른다. 그는 원대한 꿈을 품은 거만한 사람이었다. 대중을 휘어잡는 카리스마와 도박사의 기질을 갖추었고, 암울한 정치적 일상에서 불꽃 같은 삶을 살았던 이방인이었다. "덧없는 인간 존재의 최고 행복은 인품밖에 없다"라는 괴테의 말이 옳다면 라살레는 독일 역사의 요행이었다. 골로 만은 그를 이렇게 표현했다.

> 라살레는 북부 독일의 하늘을 잠시 비추다가 별똥별처럼 일순간에 사라져 버린 정치적 수호신이었다. 아마 더 이상 이런 사람은 찾아보기 힘들 것이다.

17. 트로츠키

스탈린에게 쫓겨난 패배자:
10월 혁명의 열혈한

레프 다비도비치 브론시테인 Lev Davidovich Bronstein (1879~1940) 만큼 극적으로 승리를 거뒀으면서도 비참하게 패배당한 사람은 없을 것이다. 브론시테인은 시베리아 유배지에서 트로츠키 Trotsky라는 이름으로 위조 여권을 사용해 도망쳤는데, 그 뒤부터 이 이름을 혁명가로서 자신의 가명으로 사용했다. 그는 천부적인 대중 선동가였고, 감탄을 자아내는 야전사령관이었으며, 끊임없는 변혁의 전도사이자 추상같은 집행자였으며, 나중에는 러시아 혁명의 구원투수를 자임했다. 그런데 레닌 앞에서는 납작 엎드려 있었고, 스탈린의 벽에 부딪혀 무릎을 꿇었으며, 결국 스탈린의 복수로 목숨을 잃었다.

트로츠키는 1879년 11월 7일 우크라이나의 한 마을에서 비교적 풍족한 유대인 농부의 다섯째로 태어났다. 아버지는 아들을 여섯 살 때 학교에 보냈고, 여덟 살 때는 당시 혁명의 기운으로 불안하던 오데사 항구도시의 성 바울 실업학교로 전학시켰다.

그는 여기서 독일어와 프랑스어를 배웠고, 대부분 과목에서 두각을 나타냈다.

열일곱 살 때 대학 입학 자격시험을 최상위 성적으로 통과한 뒤 '남러시아 노동자연맹'이라는 지하 혁명 조직에 가담했다. 이 조직에서는 손으로 직접 써서 잡지를 발간했는데, 이에 대해 트로츠키는 자서전에서 다음과 같이 밝혔다.

> 나는 글자 하나하나에 정성을 다 기울였다. 겨우 띄엄띄엄 글을 읽는 수준의 노동자들도 우리가 쓴 성명서를 읽을 수 있도록 하는 것은 명예로운 일이라고 생각했기 때문이다. 이따금 나는 집회에 참석하기 위해 몸을 일으킨 경우를 빼고는 일주일 내내 허리 한 번 펴지 못하고 책상에 앉아 있었다.

재산이 있고 여전히 차르를 신봉하던 트로츠키의 아버지는 몹시 화가 나서 아들에게 모든 경제적 지원을 끊어 버렸다. 몇 달 뒤 트로츠키의 지하조직은 차르 비밀경찰에 체포되어 감옥에 들어갔다. 이로써 열여덟 나이에 트로츠키도 유배를 떠나게 되는데, 이것이 그의 삶에서 첫 유형이었다.

트로츠키는 스무 살 때 감금 상태에서 여섯 살 연상인 혁명동지와 결혼했다. 같은 유형지를 배정받기 위해서였다. 1900년 트로츠키 부부는 바이칼호 북쪽의 우스티쿠트로 보내졌다. 황량한 금광촌 내에 빈대가 우글거리는 오두막이 그들의 보금자리였다. 트로츠키는 이르쿠츠크에서 발행하는 한 신문사에서 일하게 되었는데, 여기서 자신의 진가를 유감없이 발휘했다. 어느 분야든 못 쓰는 글이 없었기 때문이다. 러시아 문학, 독일 문학, 니체, 헨리크 입센Henrik Ibsen은 말할 것도 없고 농촌 경제의 문제점까지 두루 꿰뚫고 있었다. 그는 신문사에서 일하며 약간의 돈을 벌었고, 아울러 늘 깨어 있는 정신을 유지할 수 있었다.

1902년 그는 지하에서 유통되던 마르크스주의 책을 처음으로 접하게 되었다. 그중에는 레닌이 라이프치히에서 발간하던 『이스크라Iskra』('불꽃'이라는 뜻)라는 잡지와 레닌의 첫 야심작 『무엇을 할 것인가?Chto delat?』도 포함되어 있었다. 이 작품은 마르크스 이론에 대한 일종의 코페르니쿠스적 전환이었다. 주요 내용은 이렇다.

> 프롤레타리아 혁명을 노동자 계급 스스로에게 맡겨 두어서는 안 된다. 지식인들이 나서서 그들의 승리를 도와야 한다. 강철같이 단단한 직업 혁명가 조직만이 프롤레타리아 독재를 일구어 낼 수 있다.

같은 해에 트로츠키는 아내와 두 딸을 데리고 수레의 짚 더미 밑에 몸을 숨긴 채 유형지에서 도망쳤다. 가장 가까운 역에서 이미 친구들이 옷가지와 위조 여권을 마련해 놓고 기다리고 있었다. 얼마 뒤 그는 가족들만 남겨 두고 홀로 떠나야 했는데, 훗날 그는 이것을 '혁명가의 의무'였다고 썼다. 트로츠키는 볼가강 강변에 있는 쿠이비셰프에 도착했다. 이곳에 『이스크라』 잡지의 불법 러시아 편집국이 있었기 때문이다. 그는 이 잡지에 글을 쓰기 시작했다. 그러던 중에 당시 런던에 있던 레닌의 눈에 띄어 영국으로 건너가게 되었다.

1902년 10월 두 남자가 런던에서 만났다. 트로츠키보다 아홉 살 많은 연상의 변호사이자 대지주의 아들인 블라디미르 울리야노프(레닌의 본명)와 트로츠키의 만남이었다. 냉철한 전략가였던 레닌은 입이 무겁고 목소리가 찢어질 듯 날카로워서 결코 대중을 열광시킬 수 없었던 사람인 데 반해 트로츠키는 대중을 열광시킬 줄 아는 열혈한이었다. 공통점이 있다면 둘 다 최고의 교육을 받은 엘리트였다는 점이다.

직업 혁명가 길로 나선 두 사람이 서로 호의를 보였는지에 대해서는 논란이 많다. 하지만 두 사람은 곧 갈라졌고, 나중에 세계사적인 혁명을 위해 단결할 때까지 서로 치열하게 싸웠다. 트로츠키는 우선 『이스크라』 잡지의 지시에 따라 파리로 갔다. 거기서 러시아 여대생 나탈리아 세도바Natalia Sedova를 만나 암살될 때까지 함께 살았다. 물론 본부인과 이혼은 하지 않았다.

1905년 2월, 이제 스물다섯이 된 트로츠키는 나탈리아와 함께 상트페테르부르크로 잠입했다. 1월 22일 이곳에서는 파업 노동자들이 여성들, 아이들과 함께 차르의 겨울 궁전 앞에서 시위를 벌이다 수천 명의 사상자가 발생했다. 1905년 6월에는 전함 포템킨에서 선상 반란이 일어났고, 9월에는 페테르부르크에서 첫 노동자평의회, 즉 소비에트가 만들어졌다.

1905년 11월 26일 소비에트 의장에 선출된 트로츠키는 며칠 뒤인 12월 6일에 체포됐다. 트로츠키는 소비에트 집행위원회에서 체포 영장을 낭독하려는 경찰 간부에게 호통을 쳤다.

"잠깐, 내 말을 방해하지 마시오! 꼭 할 말이 있으면 여기 모인 분들에게 당신한테 발언권을 줘도 되는지 먼저 물어보겠소."

그들이 승낙하자 경찰 간부가 영장을 낭독했다. 낭독이 끝나자 트로츠키가 그 간부에게 나가 달라고 요구했다. 이제는 자신의 발언권 시간이라는 것이다. 경찰 간부는 트로츠키의 기세에 눌려 주춤주춤 밖으로 나갈 수밖에 없었고, 몇 분 뒤 동료들을 한 무더기 끌고 다시 들어왔다.

1906년 10월 트로츠키는 대중적 인기를 한 몸에 누리며 전 러시아 제국에서 유명 인사로 부상했다. 그 무렵 레닌은 거의 6년 동안 외국에서 생활하며 사회주의 사상가들 사이에서만 알려져 있었고, 스탈린은 아직 카프카스 사회주의 조직의 하급 간부에 불과했다. 법정에 선 트로츠키는 전혀 위축됨 없이 오히려 소비에트에 감사해야 한다고 큰소리쳤다. 수만 명에 이르는 파업 노동자들의 거센 격랑은 오로지 소비에트가 이끄는 지도를 통해 잠잠해질 수 있었다고 이야기했다. 그러나 트로츠키와 나머지 피고인 열다섯 명은 시베리아 종신 유배형을 선고받았다.

1907년 1월 15일 트로츠키는 머나먼 유배 길을 떠났다. 신발 밑창에 금화와 위조 여권을 숨겨 둔 채였다. 툰드라 지대를 거쳐 북극 빙하와 이어지는 오브강 어귀로 향하는 길이었다. 지옥 같은 목적지를 코앞에 남겨 둔 시점에서 트로츠키는 한 농부의 도움으로 다시 도망칠 수 있었다. 농부는 트로츠키를 순록 썰매로 아흐레 동안이나 극지의 밤을 내달려 우랄산맥에 면한 한 정거장에 데려다줬다.

이렇게 해서 그는 유배지로 출발한 지 7주 만에 다시 페테르부르크에 도착했다. 그런데 일단 나탈리아 세도바의 집을 은신처로 정했지만 그사이 그가 너무 유명해져서 더 이상 숨을 곳이 마땅치 않았다. 결국 트로츠키와 나탈리아는 해외로 피신할 수밖에 없었다. 이렇게 시작된 망명길은 10년 동안 핀란드와 독일을 거쳐 오스트리아, 스위스, 프랑스 그리고 마지막엔 미국으로까지 이어졌다.

트로츠키는 오스트리아에 가장 오래 머물렀다. 시기적으로는 1907년부터 1914년까지였다. 트로츠키 가족은 빈에서 방 세 개짜리 집에 살았는데, 가구도 없는 방에 책만 산더미처럼 쌓여 있었다. 생계는 그가 기자와 예술비평가 그리고 발칸 전쟁(1912~1913) 동안 군 통신원으로 활동하면서 꾸려 나갔다. 트로츠키는 빈에 있는 카페들을 마치 제집 드나들듯 했던 것으로 유명한데, 얼마나 카페에 오래 진을 치고 있었던지 이런 일화가 나돌 정도였다. 한 오스트리아 장관이 러시아 혁명의 전망에 관해 이야기하면서 이런 말을 했다.

"누가 혁명을 한다고요? 설마 첸트랄 카페에 죽치고 있는 그 트로츠키라는 사람은 아니겠죠?"

트로츠키는 망명 중에도 위대한 혁명의 꿈을 차곡차곡 준비해 나가고 있었다. 예나에서 열린 사민당 전당대회와 런던, 슈투트가르트, 파리, 프라하, 브뤼셀에서 개최된 사회주의자대회에 빠지지 않고 참석했다. 1912년 프라하에서 레닌이 러시아 사회민주당의 다수파를 '볼셰비키'라 부르며 독자적인 당을 선포하자 노동자 운동 진영은 분열되었다. 트로츠키는 이러한 분열 행위에 격분해서 레닌의 '더러운 음모'를 소리 높여 비난했다. 심지어 1904년에는 레닌을 가리켜 마르크스주의를 '걸레 조각'처럼 다루고 마지막엔 일인 독재를 꿈꾸는 "악질적이고 퇴락한 변호사"라고 부르기도 했다.

1914년 8월 트로츠키는 전쟁을 일으킨 오스트리아를 피해 스위스로 이주하는 편이 낫다고 판단했다. 그는 취리히에서 감격에 찬 목소리로 전쟁도 자본주의 경제를 파멸에 이르게 하는 객관적인 의미가 있기에 조국 방위를 말하는 자들은 위선자거나 눈먼 사람들일 뿐이라고 말했다.

1914년 11월 트로츠키는 파리로 거처를 옮겼다. 1915년 9월 11개국에서 온 38명의 사회주의 정당 대표들이 베른에 모여 마차 네 대에 나누어 타고 베른 고지대의 침머발트로 향했다. 트로츠키는 마차를 타고 가면서 이렇게 외쳤다고 한다.

"제1인터내셔널이 창설된 지 반세기가 지났건만, 전 세계 인터내셔널 회원들을 다 모아도 마차 네 대면 충분하구나!"

레닌이 침머발트에서 발표한 성명서는 대다수 대표에게 항의받았다. 그 성명서대로 따랐다가는 자신들이 자국에서 사형을 면치 못할 것이기 때문이었다. 성명서 내용은 이랬다. 모든 전쟁 대부금을 거부하고, 참호에 있는 병사들을 선동해서 총부리를 자국의 부르주아에게 돌리게 하라는 것이었다. 반면 트로츠키의 제안에 대해서는 레닌조차 한목소리로 찬성했다. 그는 노동자들을 향해 이렇게 촉구했다.

> 너무나 긴 세월 동안 지배 계층에게 길들어 온 압제의 사슬을 끊고 이제 자신의 문제, 즉 타협할 수 없는 프롤레타리아 계급투쟁을 향해 힘차게 돌진하라!

그러나 레닌이 요구한 폭동이나 보이콧같이 구체적인 방법은 회피했다.

레닌은 침머발트에서 트로츠키에게 패배했다. 아니, 그걸 넘어서 국제적인 명성에서도 트로츠키에 훨씬 못 미쳤다. 두 경쟁자가 1915년에 화해를 한 데에는 레닌의 철저한 전략적인 계산이 깔려 있었던 것으로 보인다. 미국 속담에 이런 말이 있다.

"패배시킬 수 없는 사람이라면 차라리 연합을 하라."

레닌은 스탈린과는 전혀 다르게 어떤 모욕에도 상처를 입지 않을 정도로 자기 확신이 굉장히 강한 사람이었다.

1916년 10월 트로츠키는 러시아 비밀경찰의 사주를 받은 프랑스 경찰에 쫓겨 스페인으로 달아났다. 러시아가 전 전쟁 동맹국에 사회주의 거물들을 색출하고 체포를 요청해 두었기 때문이다. 트로츠키는 마드리드에서 체포돼 12월에 추방되었다. 1916년 12월 25일 그는 마침내 나탈리아와 두 아들을 데리고 바르셀로나에서 미국행 배에 올랐다. 그러고는 '이 지긋지긋한 낡은 유럽'으로는 다시 돌아오지 않겠다는 심정으로 등을 돌렸다.

그런데 1917년 3월, 취리히에 있던 레닌과 뉴욕에 있던 트로츠키를 아연하게 만드는 사건이 발생했다. 러시아에서 혁명이 일어난 것이다. 레닌과 트로츠키가 오랫동안 꿈꿔 오던 진정한 프롤레타리아 혁명을 무용지물로 만들 위험이 있는 혁명이었다. 차르는 가택 연금되었고, 권력은 파업 노동자·반란군·사회주의 정치인들로 이루어진 한 소비에트 손에 넘어갔다. 이 소비에트 지도자는 사회혁명당 출신인 서른다섯의 변호사 알렉산드르 표도로비치 케렌스키A. F. Kerensky였다. 사회혁명당은 합법적인 토지개혁을 통해 대지주들이 소유한 땅을 농민들에게 나눠 주는 정책을 우선으로 삼고 있었다.

트로츠키와 레닌은 즉시 러시아로 향하면서 흥분과 불안을 감추지 못했다. 이 혁명이 그들의 목표에 한 걸음 가까이 다가

간 것은 분명해 보이지만 결코 그들이 꿈꾸던 진정한 혁명은 아니었기 때문이었다. 트로츠키는 미국에 도착한 지 불과 2개월 만인 3월 17일에 다시 유럽으로 가는 배에 몸을 실었다. 그런데 도중에 캐나다와 영국 당국이 몇 차례 억류하는 바람에 덴마크와 핀란드를 거쳐 페테르부르크에 도착한 것은 1917년 5월 17일이었다. 레닌보다 한 달 늦은 시점이었다. 이것이 혁명 전선에서 타고난 연설가인 트로츠키가 은밀한 전략의 달인 레닌에게 한 걸음 뒤지게 된 요인이 되었다.

레닌은 트로츠키에게 볼셰비키에 입당해서 당을 이끌어 줄 것을 제안했다. 그러나 트로츠키는 거절했다. 이 행동은 당 간부들에 대한 그의 영향력을 축소했을 뿐 아니라 많은 옛 동지들이 트로츠키를 불신하는 계기가 되었다. 이것이 레닌과 벌인 경쟁에서 트로츠키에게 불리하게 작용한 두 번째 요인이었다. 하지만 트로츠키는 노동자 집회가 있는 곳이면 어디든 달려가 연설했다. 하루에 여섯 차례나 연설한 적도 있고, 한 번 연설이 시작되면 두 시간 동안 이어진 적도 있었다. 이런 식의 강행군으로 파김치가 될 정도였지만, 그의 연설은 항상 우레와 같은 박수갈채를 받았다.

1917년 7월 21일 임시 정부 수반으로 임명된 케렌스키는 레닌에 대한 체포령을 내렸고, 레닌은 즉시 핀란드로 몸을 피했다. 5일 뒤에 열린 볼셰비키 제6차 전당대회에도 참석하지 못했다. 그런데 이번에는 트로츠키가 체포되었다. 이로써 볼셰비키 기관지 『프라우다 Pravda』(러시아어로 '진실'이라는 뜻)의 편집장이던 스탈린이 처음으로 전면에 등장했다. 트로츠키는 감옥에 있으면서도 투쟁을 촉구하는 글을 『프라우다』에 연재했고, 이를 계기로 볼셰비키당에 정식으로 입당했다.

  1917년 9월 17일에 석방된 트로츠키는 자신의 인기를 이용해서 지체 없이 노동자들로 이루어진 적군赤軍(붉은 군대)을 창설했고, 10월 6일에는 열띤 박수를 받으며 페테르부르크 소비에트 의장에 선출되었다. 1905년에 이어 두 번째였다. 레닌은 2주 뒤에야 변장한 채 핀란드에서 돌아왔는데, 머문 시간은 불과 하루였다. 그가 참석한 볼셰비키 중앙위원회는 12 대 9의 찬성으로 케렌스키 정부를 무력으로 전복시키기로 했다. 레닌은 중앙위원회 회의가 끝나자마자 곧장 핀란드에 있는 은신처로 되돌아갔는데, 떠나면서 동지들에게 노동자와 적군으로는 시가전에서 승리하기 어려울 것이라는 회의적인 견해를 피력했다.

  그러나 이런 전투는 일어날 필요가 없었고, 혁명 과정에 레닌의 힘도 필요치 않았다. 트로츠키 혼자서 거의 무혈혁명에 가까운 승리를 이끌어 냈기 때문이다. 그의 서른여덟 번째 생일이던 1917년 11월 6일과 7일 사이 밤에 일어난 일이었다. 적군은 혁명지도부가 세운 주도면밀한 계획에 따라 페테르부르크역과 중앙전신국, 발전소를 일거에 점령했고, 그와 아울러 교량과 중앙은행 그리고 군대 보급창을 순식간에 손에 넣었다. 겨울 궁전은 포위되었고, 장관들은 그 속에 갇혀 버렸다.

  트로츠키는 혁명 과정에 대해 이렇게 썼다.

> 일반 시민들은 거리에 바리케이드가 세워지고, 방화와 약탈이 자행되고, 곳곳에 처참한 시신들이 나뒹굴 거라고 생각했다. 그러나 실제 혁명은 세상의 그 어떤 천둥소리보다 더 섬

뚝한 정적 속에서 일어났다. 어제의 지배자들이 뒤로 물러나고 민중이 전면에 등장하는 회전 무대처럼 사회적 기반은 소리 없이 뒤바뀌어 버렸다.

트로츠키는 『프라우다』에 이런 성명을 냈다.
"정부가 민중들에 대한 모반을 일으켰고, 모반자들은 처형될 것이다."
그러나 페테르부르크는 평온했다. 다만 겨울 궁전을 점거하는 과정에서만 무력 충돌이 있었을 뿐이다. 이로써 트로츠키는 약 5천 명의 노동자 군대로 1억 5000만의 제국을 완전히 뒤엎어 버렸다.
핀란드에서 급히 귀국한 레닌은 인민위원회 정부를 구성하고 트로츠키를 외무 장관으로 임명했다. 혁명 주도권이 레닌에게로 넘어간 것이다. 왜 그랬을까? 노동자들의 영웅이자 적군의 지휘관은 트로츠키가 아니었던가? 그런 그가 어떻게 혁명에 성공하고도 권력을 쥐지 못했을까? 트로츠키가 쓴 저술뿐 아니라 그의 전기 어디에도 이런 의문을 명쾌하게 밝혀 주는 설명은 나오지 않는다. 다만 추측건대 그에게는 두 가지 요소가 부족했던 것 같다.
첫째, 트로츠키는 불같고 격정적이면서도 예측할 수 있는 사람이었다. 음모와 계략에는 문외한이었고, 레닌처럼 개인적인 권력욕에 사로잡히지도 않았다.
둘째, 트로츠키는 대중과 프롤레타리아의 지지를 기반으로 삼고 있었지만, 그것은 중앙 권력에서는 부차적 요인이었다. 그보다 중요한 것은 당 간부들의 지지였다. 레닌은 그사이 자신

'세상의 그 어떤 천둥소리보다 더 섬뜩한 정적' 속에서 10월 혁명을 완수해 낸 사람은 레닌도 스탈린도 아닌 트로츠키였다. 그는 두 사람을 합친 것보다 인기가 좋았고, 그 대가로 스탈린에게 죽임을 당해야 했다.

이 목적한 바에 따라 당 간부들을 육성해서 지지 세력으로 만들어 놓았다. 프롤레타리아에 대한 독재를 이루어 내려는 목적이었다.

1917년 12월 새로 들어선 소비에트 정부는 1915년부터 러시아 땅에 깊숙이 진격해 있던 독일과 오스트리아군에 휴전을 제안했다. 트로츠키 외무 장관은 브레스트리토프스크 평화 회담에 러시아 대표단의 수장으로 참석했다. 그런데 그는 회담장에서 뻔뻔하게 느껴질 만큼 당당한 태도로 일관하여 독일 장군들을 당황하게 했다. 또한 러시아 혁명의 불꽃이 독일과 오스트리아로 옮겨붙으리라는 허황한 기대 속에서 계속 협상을 지연시켰다. 그러나 이 전술은 실패로 끝나고 말았다. 트로츠키의 지연 전술을 견디다 못한 독일군이 재차 동쪽으로 진격을 개시한 것이다. 1918년 3월 3일 마침내 소련은 더 열악한 협상 조건에 서명할 수밖에 없었다. 핀란드와 발트 연안 국가들, 폴란드, 우크라이나를 포기하는 조건이었다.

그사이 레닌은 어떤 대가를 치르더라도 외국과 벌이는 전쟁을 종결짓고 오로지 국내 혁명을 위해 모든 힘을 기울여야 한다는 원칙을 흔들림 없이 추진해 나갔다. 전국 인민대표자회의를 해산시킨 것도 그러한 정책 일환이었다.

1918년 레닌은 수병들을 동원해서 2개월 전에 헌법을 기초할 목적으로 선출된 인민대표자회의를 무력으로 해산시켜 버렸다. 왜냐하면 이 자유 선거(1991년까지 처음이자 마지막 자유 선거였다)에서 볼셰비키는 고작 24퍼센트밖에 얻지 못했지만, 케렌스키가 이끄는 온건 사회주의 혁명파는 62퍼센트나 득표했기 때문이다.

　브레스트리토프스크 평화조약이 체결된 뒤 트로츠키는 세계적인 명성을 보장하는 직위에 올랐다. 최고 군사위원회 의장으로서 적군의 총사령관이 된 것이다. 그는 적군을 고안한 사람으로서 적군의 조직을 정비했을 뿐 아니라 외형적으로 훨씬 우세해 보이는 백군白軍과 싸운 내전을 승리로 이끌었다. 백군은 적군을 몰아내기 위해 하나로 뭉친 온건파 사회주의자·시민군·왕당파 연합군을 이른다. 1918년 여름, 백군은 세 방향에서 러시아 중심부로 깊숙이 치고 들어왔다. 우랄산맥, 크림반도, 에스토니아 방향이었다. 영국군과 프랑스군도 무르만스크와 아르항겔스크, 오데사 항을 차례로 점령하여 백군을 지원하고 나섰다.

　이러한 절망적인 상황 속에서 트로츠키는 당내에 폭넓게 퍼져 있는 반감을 누르고 자신의 소신을 관철하는 데 성공했다. 즉 적군과 차르 군대의 패잔병들을 강한 전투력을 갖춘 부대로 재편하고자 4만 명에 이르는 차르군의 전직 장교들을 군대로 끌어들였다. 물론 체카*가 그들을 일대일로 감시한다는 전제가 붙어 있었다.

　트로츠키는 자신이 타고 다닐 방탄 기차를 제작하게 했다. 차내에 무선 전신 시설을 갖추고, 무기와 실탄, 의약품, 생필품들을 갖춘 일종의 이동식 지휘소였다. 트로츠키는 2년 이상 이 기차에서 거주하며 동부전선에서 남부·북부 전선으로 종횡무진 누비고 다녔다. 속도와 전략 그리고 일사불란한 중앙통제 시스

---

* 국가보안위원회(KGB) 전신으로 국사범들을 체포·처벌하던 정치 경찰

템에서 항상 적을 압도했다. 결국 영국군과 프랑스군은 허둥지둥 쫓겨났고, 1920년 가을 백군은 무릎을 꿇었다.

그런데 그해 4월 폴란드 육군 원수 유제프 피우수트스키Józef Pilsudski가 우크라이나로 깊숙이 진격해 들어오면서 제4전선이 펼쳐졌다. 트로츠키는 즉각 반격을 개시해 폴란드군을 바르샤바까지 몰아붙였다. 그런데 모든 사람이 소련의 궁극적인 승리를 확신하던 바로 그 순간에 갑자기 승리가 패배로 바뀌어 버렸다. 러시아의 부조니Budjonny 장군이 명령을 어기고 군사를 남쪽으로 트는 바람에 투하쳅스키Tukhachevsky 장군이 이끌던 주력군의 왼쪽 측면에 구멍이 뚫려 적에게 반격당한 것이다. 그런데 이러한 독단적인 행동을 야기한 사람은 부조니 장군의 당정치위원 스탈린이었다. 트로츠키와 투하쳅스키는 스탈린의 실책을 공개적으로 공격했다. 이 일로 인해 스탈린은 두 사람에게 앙심을 품었다. 결국 투하쳅스키는 1937년에 스탈린의 손에 처형당했고, 트로츠키 역시 시기적으로만 좀 늦어졌을 뿐 스탈린의 복수를 비켜 가지 못했다.

1921년 3월 페테르부르크 군항에서 1만 6천 명의 수병들이 폭동을 일으켰다. 그들이 내세운 요구 사항은 말의 자유·언론의 자유·집회의 자유였다. 그런데 여기서 그치지 않고 소비에트에서 볼셰비키를 배제하자는 요구까지 나오면서 사태는 한층 더 심각해졌다. 이들은 예전에 트로츠키의 열띤 선동으로 겨울 궁전을 뚫는 돌격대 역할을 했던 바로 그 수병들이었다. 트로츠키에게는 선동가로서 첫 명예를 안겨 준 은인이었던 셈이다. 그랬기에 폭동을 진압하라는 당의 명령을 받은 그로서는 난

감한 측면이 없지 않았을 것이다. 하지만 그가 당의 명령을 수행하는 데 심적인 갈등을 겪었다는 이야기는 전해져 오지 않는다. 어쨌든 그는 폭도들을 무자비하게 진압했다.

권력을 차지하려는 다툼 앞에서 어제의 친구가 무슨 소용이고, 과거의 은인이 무슨 의미가 있겠는가? 어쩌면 트로츠키는 이번 일을 통해 레닌과 인민위원회 소속의 다른 동지들에게 당에 대한 자신의 지극한 충성심을 보여 주려고 했는지도 모른다. 그에게는 체질적으로 볼셰비키 냄새가 부족했기 때문이다. 하지만 이런 노력도 스탈린에게는 통하지 않았다.

스탈린은 1922년에 벌써 훗날 일인 독재를 위한 준비를 차곡차곡 해 나가고 있었다. 그때까지 '노동자·농민 감시 인민위원'이던 그는 당서기장이라는 직책을 만들어 그 자리에 앉았다. 갈수록 비대해져 가는 당과 국가의 관료 조직을 사무적으로 총괄하는 자리였다. 세속적인 조직 업무에는 관심이 없었던 트로츠키와는 달리 스탈린은 동료들로부터 '색인 카드 상자 동지'라고 조롱받을 만큼 조직 관리에 관심이 많았다.

스탈린의 이러한 은밀한 집권 전략은 쉰두 살의 레닌이 두 번이나 뇌출혈을 일으킨 그해에 추진됐다. 레닌은 1922년 5월에 첫 뇌출혈을 일으켰는데, 그 이후로는 하루에 몇 시간밖에 일을 하지 못했다. 12월에 발발한 2차 뇌출혈로 오른쪽 몸이 마비되었고, 그로 인해 휠체어에 의지할 수밖에 없었다. 1922년에서 1923년으로 넘어가는 시기에―레닌이 죽기 1년 전이다―그는 당에 한 장의 메시지를 남겼다. 이것은 훗날 레닌의 유언으로 불렸는데, 그는 여기서 스탈린을 서기장직에서 해임할 것을 중앙위원회에 권고했다. 스탈린은 거칠고 무자비하고 불성실하고 변덕이 심한 사람이라는 이유에서였다. 레닌이 이 유언에서 후계자 문제를 거론하지는 않았지만, 다른 사람들에게 그의 후계자 자리는 너무나 분명해 보였다. 트로츠키가 아니면 누가 있겠는가? 그러나 스탈린은 이 유언이 밖으로 새어 나가지 않도록 조처를 내렸다.

레닌은 9개월 남은 생을 언어 장애로 말도 하지 못하다가 결국 1924년 1월 21일에 숨을 거두었다. 그의 장례식은 추모객들로 넘쳐났고 황제의 장례식처럼 호화스럽게 치러졌다. 스탈린은 레닌 관을 나르는 사람 중에 포함돼 있었다. 그러나 트로츠키는 레닌이 죽기 직전 흑해로 요양을 떠나는 바람에 장례식에 참석하지 못했다. 스탈린이 의도적으로 자신에게 잘못된 일정을 통보했기 때문이라고 훗날 밝혔지만, 그러면서도 그는 자신의 회고록에서 이렇게 시인했다.

"나는 혼자 머물고 싶었다."

이걸로 보아 트로츠키에게는 권력을 향한 예민한 촉수가 부족했던 게 분명하다.

이것은 패자에게서 볼 수 있는 전형적인 속성이다. 반면에 스탈린은 치밀하게 집권 전략을 단계적으로 추진해 나갔다. 우선 트로츠키를 실각시키고 명예를 박탈한 뒤 쫓아내고는 마지막에 암살하는 시나리오였다. 트로츠키는 패배했다. 권력에 대한 의지를 최고도로 끌어올리지 못했기 때문이다. 또한 사람들을 이리저리 요리하고 끌어들이는 기술이 없었고, 장기간에 걸쳐 치밀하게 준비하는 교묘한 술책과 공작도 그의 장기가 아니었다. 그 밖에 계산적인 침묵이 훨씬 효과적인 전략일 수 있는 자리에서도 현란하고 열정적인 말로만 승리를 거두려고 했던 것도 패배 이유 중 하나일 수 있다.

 스탈린이 이런 트로츠키를 미워하고 탄압한 것은 결코 이상한 일이 아니다. 두 사람은 정치적으로도 엇갈렸다. 트로츠키는 '세계혁명'을 설파했지만, 스탈린은 '일국 사회주의'를 부르짖었다. 또한 트로츠키가 주창한 '영속적인 혁명' 이데올로기는 내부적으로도 끊임없이 파고들어야 하고, 어떤 전략적 사고나 관료 체제의 방해를 받아서는 안 되는 것이었다. 이로써 트로츠키는 스탈린이 만든 권력 기구와 정면으로 맞설 수밖에 없었다.
 하지만 이것만으로는 스탈린이 트로츠키를 그렇게 무자비하게 탄압한 이유를 설명하기에 부족해 보인다. 거기에는 다른 요소들도 결부되어 있었다. 예를 들어 혁명 과정에서 드러난 트로츠키의 탁월한 역량과 찬란한 명성에 대한 스탈린의 시기심을 들 수 있다. 그 밖에 트로츠키가 스탈린을 공개적으로 공격했던 것도 한 이유가 될 수 있을 것이다. 하지만 그보다 더 결정적이었던 것은 트로츠키의 기고만장하고 거만한 성격에 대한 스탈린의 체질적인 반감이었다.
 이렇게 해서 어울릴 수 없는 두 남자의 대결이 벌어졌다. 한 남자는 폭발적인 연설 솜씨에, 스케일이 크고 세계적인 명성을 누리던 혁명 투사였고 다른 남자는 누구에게도 찬사받은 적이 없지만 모두가 두려워하던 사람으로, 트로츠키가 무시하고 하대한 소련 공산당 서기장이었다. 다른 식으로 표현하자면 권력욕과 복수심이 강한 빈민가 출신의 교활한 남자와 혁명의 열정으로 똘똘 뭉친 열혈한의 대결이었다.
 1925년 소련 공산당 중앙위원회는 트로츠키를 군사위원직에서 해임했다. 1926년에는 『뉴욕 타임스』에 레닌의 유서가 실렸는데, 정치국에서는 언론에 흘린 장본인을 트로츠키로 지목하며 궁지로 내몰았다.

트로츠키는 최후의 반격을 준비했다. 스탈린을 향해 관료 체제로 프롤레타리아를 배신했다는 정치 공세를 폈다. 그는 이렇게 몰아붙였다.

"서기장은 '국가 파괴자'직이 있다면 딱 어울릴 사람이다!"

이튿날 트로츠키는 정치국 중앙위원회에서 배제되었고, 1927년에는 심지어 당에서까지 축출됐다. 1928년 1월 18일 게페우GPU* 요원들이 트로츠키 집에 침입해서 그를 강제로 차에 태워 카자흐스탄의 알마아타로 보냈다. 같은 해 모스크바에서는 그의 딸 니나가 의문의 죽임을 당했다.

1929년 스탈린은 트로츠키를 튀르키예로 추방했다. 트로츠키는 추방자의 신분으로 알마아타에 머물면서도 여러 사람이 도와준 덕에 소련 내에 있는 추종자들에게 8백 통의 편지와 5백 통의 전보를 보냈을 뿐 아니라 그 이상의 편지와 전보를 받았다.

그런데 트로츠키가 튀르키예로 추방되면서 개인적으로 보관하던 문서와 자료들을 가져갈 수 있었던 것은 이상한 일이다. 소련의 수뇌부가 미처 그것까지는 챙기지 못한 것일까? 어쨌든 이스탄불 주재 소련 영사는 트로츠키에게 1천5백 달러를 슬쩍 찔러주기도 했다. 독일의 피셔 출판사는 그에게 자서전을 쓸 것을 권유했다.

---

* Gosudarstvennoe Politicheskoe Upravlenie, 체카 이후에 들어선 국가보안위원회(KGB) 전신. 정식 명칭은 국가정치보안부로, 반혁명 진압을 목표로 삼았다.

1931년 트로츠키 집에 불이 나면서 문서와 자료들이 일부 소실됐다. 1933년에는 그의 딸 시나이다가 베를린에서 스스로 목숨을 끊었다. 소련에 살고 있던 두 사위는 시베리아로 추방된 뒤 그들의 네 자녀와 함께 행방불명되었다.

트로츠키는 1933년에 프랑스 비자를 받았다. 하지만 여기서도 계속 누군가로부터 추격받고 있다는 느낌이 들자 계속해서 거처와 이름을 바꾸었고, 세계인에게 너무나도 유명했던 그 수염까지 싹둑 밀어 버렸다. 1935년에는 노르웨이로 거처를 옮겼다.

그해 스탈린은 마침내 당의 전권을 장악했다는 자신감이 들자 트로츠키라는 이름을 집단적 기억에서 영원히 지워 버리려고 했다. 우선 『소련 공산당사』를 집필하게 하여 트로츠키가 아니라 자신이 겨울 궁전 돌진의 주동자이자 러시아 내전의 혁혁한 전략가였다고 쓰게 했다. 스탈린이 죽을 때 이 책은 67개 언어로 번역되어 4200만 권 팔려 나갔다. 스탈린의 트로츠키 말살 작업은 이것만이 아니었다. 레닌과 함께 찍은 사진들에서 트로츠키의 모습을 모두 지워 버리게 했고, 소비에트 백과사전에서 트로츠키라는 항목을 삭제하도록 했다. 이제 트로츠키라는 실제 인물만 제거하면 눈엣가시 같던 경쟁자를 완전히 역사와 현실에서 지워 버릴 수 있었다.

1936년 노르웨이 정부는 트로츠키를 가택 연금하면서 모든 정치 활동을 금지하고 서신들을 검열했다. 모스크바의 압력에 따른 조치였던 것으로 보인다. 트로츠키의 아들 세르게이는 소련에서 체포되어 1938년에 행방불명되었다.

1937년에는 트로츠키의 또 다른 아들 레오가 프랑스의 한 병원에서 의문의 죽임을 당했다. 이로써 자식 넷이 모두 비명횡사 했는데, 그중 셋은 암살당한 것으로 추정된다. 트로츠키는 이제 마지막 종착지인 멕시코로 향했다. 멕시코 대통령이 망명을 허용한 것이다. 트로츠키는 특별열차에 태워져 멕시코에 있는 한 항구에서 멕시코시티로 수송되었다.

"미친개를 쏘아라!" 유럽의 저명한 작가들이 트로츠키의 등 뒤에다 대고 외친 소리였다. 그중에는 막심 고리키, 미하일 숄로호프Mikhail Sholokhov(1965년 노벨 문학상 수상자), 리온 포이히트방거Lion Feuchtwanger(독일의 베스트셀러 작가), 일리야 에렌부르크Ilya Ehrenburg(1945년에 발표된 '죽여라, 영광스러운 적군이여, 죽여라, 죽여!'라는 선동문의 저자로 추정된다) 등이 있었다.

트로츠키는 멕시코 경찰의 권유대로 집 주위에 이중 콘크리트 벽을 설치했고, 서재에는 철제문을 달았으며, 경호원들을 24시간 배치해서 철통같은 경계 태세를 갖추었다. 그런데도 1940년 5월 24일 경찰로 위장한 일단의 암살범들이 요새 같은 이 집에 침입해서 기관총을 난사하는 일이 벌어졌다. 다행히 트로츠키는 무사했고, 암살범들은 진압되었다. 트로츠키는 멕시코 외무 장관에게 이렇게 편지했다.

> 스탈린은 내 아내와 하나 남은 손자 녀석만 빼고 내 가족을 전부 몰살해 버렸습니다. (…) 나의 전직 비서 둘도 GPU 요원들에게 암살당했습니다. (…) 이런 일련의 범죄들은 결국 나를 노린 것입니다.

마침내 3개월 뒤 트로츠키 암살이 성공을 거두었는데, 무려

2년 이상 공들여 준비한 소련 정보기관의 작품이었다. GPU가 트로츠키를 암살하라고 특명을 내린 사람은 스페인 공산주의자 라몬 메르카데르Ramón Mercader였다. 훤칠하고 잘생겼을 뿐 아니라 호텔전문학교를 다녀 우아하고 세련된 매너가 몸에 밴 사람이었다. 그는 벨기에 백만장자의 아들로 행세하라는 지령을 받고 파리에서 러시아 태생의 미국 시민권자인 스물일곱 살의 실비아 아겔로프에게 접근했다. 실비아를 선택한 이유는 트로츠키주의를 추종하는 데다가 트로츠키 여비서의 동생이었기 때문이다. 메르카데르는 호화 리무진을 타고 다니며 잘생긴 외모와 세련된 매너 그리고 값비싼 선물로 실비아의 마음을 단번에 휘어잡았고, 둘은 곧 동거에 들어갔다.

 암살 지령을 받은 지 1년이 지난 1939년 봄이었다. 메르카데르는 그사이 자기의 약혼녀라고 소개하고 다니던 실비아와 함께 뉴욕으로 갔다. 벨기에의 한 신문사로부터 취재를 부탁받았다는 핑계였다. 그는 10월에 다시 멕시코로 날아가서 실비아를 멕시코로 초청했다. 실비아는 흔쾌히 수락했다. 정인뿐 아니라 오랫동안 못 본 언니도 만날 수 있으니 얼마나 좋은 기회였겠는가? 1939년 11월 실비아는 트로츠키의 여비서였던 언니에게 자신의 약혼자를 자랑스럽게 소개했다.

 이렇게 해서 메르카데르는 트로츠키의 요새로 진입하는 데 성공했다. 그러나 즉각 행동에 나서지 않고 오랫동안 뜸을 들였다. 섬세한 연출이 필요했던 것이다. 첫 암살 기도가 있은 지 나흘이 지난 1940년 5월 28일 트로츠키와 첫 만남이 이루어졌다. 메르카데르는 트로츠키에게 쉽게 호감을 샀고, 트로츠키는 그를 차 마시는 휴식 시간에 초대했다. 메르카데르는 이런 식으로 열두 번이나 만난 뒤에야 마각을 드러냈다. 8월 20일 그는 외투 속에 숨겨 둔 아이스피켈*을 꺼내 트로츠키의 정수리에 꽂았고, 트로츠키는 25시간 뒤에 숨을 거두었다.

메르카데르는 범행 직후 경호원들에게 붙잡혀 멕시코 법정에서 20년 형을 언도받았다. 그는 입을 닫았다. 그리고 감옥 안에서 정체를 알 수 없는 후원자들로부터 도움을 받으며 편안하게 생활했다. 사면받겠다는 희망은 애초에 품지 않았다. 일찍 나가 봐야 저들의 손에 죽임을 당하리라는 것을 너무나 잘 알고 있었기 때문이다. 영원히 입을 열지 못하게 하려면 그 방법밖에 없었을 것이다. 그것이 공산주의의 전형적인 수법이었다. 그러나 메르카데르는 스탈린이 죽은 지 한참 뒤에 벨기에에서 자연사했다고 한다. 퍽 이례적인 일이 아닐 수 없다.

---

* 등산 시 빙설로 뒤덮인 경사진 곳을 오를 때 사용하는 기구. 목제 자루에 'T'자 모양의 금속제 날이 달려 있다.

끝없이 추락한
패배자들

18. 오스카 와일드

감옥으로 간 사교계 스타

많은 사람이 추락을 경험하지만 오스카 와일드만큼 그렇게 깊이, 그렇게 가혹하게, 그렇게 경박하게 추락한 사람은 거의 없을 것이다. 그는 반년 만에 파티의 제왕이자 환호받는 희극작가에서 레딩 감옥의 죄수 신분으로 급전직하했고, 얼마 전까지 그렇게 그를 열광적으로 떠받들던 사회도 순식간에 표정을 바꾸어 그를 조롱하고 배척했다.

오스카 와일드Oscar Wilde(1854~1900)는 1854년 더블린에서 태어났다. 아버지는 일류 외과의였고, 어머니는 시인이었다. 그는 열여섯 살에 더블린의 트리니티 칼리지에 입학했는데, 학창 시절에 두 가지 점에서 눈에 띄었다. 하나는 학습 과정에서 보인 놀라운 기억력과 어이가 없을 정도로 쉽게 이루는 성취도였다. 이러한 능력은 그가 가장 좋아하던 그리스어와 라틴어 과목에서 십분 발휘되었다. 다른 하나는 어떤 운동이든 경멸하고 되도록 운동하지 않으려 했다는 점이다. 큰 키에 약간 뚱뚱하고 운동 신경이 둔한 것을 고려하면 그럴 수도 있었을 것이다. 그가 할 줄 아는 운동이라고는 간신히 배운 테니스가 전부였다. 그것도 훗날 최상류 사회의 사교 활동으로 필요하리라는 생각에 배웠을 뿐이었다.

이처럼 그는 최상류 사회로 올라갈 거라는 확고한 의지가 있었다. 당시에 최상류 사회는 간혹 영민한 사람들이 있기는 했어도, 전반적으로 처세에 능하고 거만하고, 돈을 벌어야 한다는 강박관념에서 벗어나 있는 사람들이 판을 치는 사회였다.

1874년 오스카는 열아홉 나이에 가장 성적이 좋은 사람에게 수여하는 장학금을 받고 옥스퍼드대학교의 맥덜린 칼리지에 입학했다. 고대 언어를 공부하기 위해서였다. 그가 훗날 감옥에서 쓴 회고록에 따르면 옥스퍼드 입학은 그의 인생에 획을 그은 두 가지 전환점 가운데 하나였다. 다른 하나는 감옥이었다.

오스카는 옥스퍼드를 다니던 4년 동안 소문난 멋쟁이이자 기인으로 통했다. 이것이 작가로서 성공을 거두기 전에 얻은 첫 유명세였다. 그는 머리를 길게 늘어뜨렸고, 새로운 유행이던 고풍스러운 비단 끈으로 무릎 아랫부분을 묶은 헐렁한 니커보커즈 바지를 입고 다녔으며, 자신의 방을 해바라기와 백합 그리고 공작 깃과 낡은 도자기로 치장했다.

그 때문에 학우들은 그를 여성적 취향이라고 생각했다. 한번은 오스카가 지루한 듯한 태도와 잘난 척하는 어투로 친구들의 자존심을 건드리는 바람에 친구들이 그를 옥스퍼드의 처웰강에 빠뜨리고 그의 방을 난장판으로 만들기도 했다. 바로 이러한 일들 때문에 오스카는 캠퍼스에서 최고 유명 인사가 되었다. 그는 자신을 그리스의 아폴론 신과 네로 황제 그리고 돈키호테와 비교하곤 했다. 하지만 이러한 비교가 단순한 치기에 그치지 않고, 냉소와 역설의 묘미로 어우러져 있어서 많은 사람이 그의 말을 인용하고 모방하고 경탄했다.

나중에 그의 사회 풍자적 희극들을 대성공으로 이끌었던 말에는 이런 것들이 있었다.

> '나는 어떤 형태의 논거든 견딜 수가 없어. 가끔 들어 줄 만한 것들도 있기는 하지만 대개는 천박하기 짝이 없지.' '내게 호사스러움을 다오. 그럼 꼭 필요한 것들은 모두 포기할 테니.' '세상에 아내의 헌신만 한 것은 없어. 하지만 남편들은 그걸 전혀 몰라.' '행복한 결혼 생활에는 대체로 두 사람 이상이 필요해.'

1878년 오스카는 양손에 많은 상을 거머쥐고 옥스퍼드를 졸업했다. 그가 감옥에서 쓴 회고록의 표현에 따르면 "지구라는 정원에서 자라는 모든 나무의 열매를 따 먹고자 했던" 곳을 떠난 것이다. 그는 런던으로 향했다. '어떤 힘든 일을 해서라도 돈을 벌기 위해서였다.' 그는 미술 평론가로서 처음 일을 시작했다.

하지만 그가 되고 싶은 건 작가였다. 1881년 마침내 첫 시집이 나왔지만, 놀랄 만한 사건을 일으키지는 못했다. 그 대신 풍자적 이미지의 괴팍한 작가로서 기반을 내리는 데는 성공했다. 이제껏 번뜩이는 재치로 무장한 오스카만큼 재미있는 작가는 없었다. 그는 자신을 멋들어지게 연출할 줄 아는 사람이었다. 살롱에서는 그의 경구를 돌려 가며 읽었다. '예술과 자연을 이어 주는 유일한 접합부는 아주 잘 만들어진 단춧구멍이다.' 혹은 '자신에 대한 사랑은 평생 가는 로맨스의 시작이다.' '나는 종종 내가 한 말을 한마디도 이해하지 못할 정도로 영악하게 이야기한다.'

시간이 지나면서 영국의 권위 있는 시사만화 잡지『펀치Punch』가 오스카 와일드를 풍자의 대상으로 삼을 정도로 그에 대한 관심이 높아졌다. 1881년에는 유명 작곡가 길버트와 설리번이 오스카를 모델로 뮤지컬 〈인내Patience〉의 주인공을 만들었다. 뮤지컬은 관객들을 웃음바다로 이끌면서 대성공을 거두었다. 극단 감독은 오스카에게 미국 순회공연에 함께 가 줄 것을 부탁했다. 오스카가 객원 연기자로 출연한다면 극단 홍보에 도움이 될 것으로 기대했기 때문이다.

뉴욕에 도착한 오스카에게 세관 직원이 신고할 것이 없는지 묻자 그는 이렇게 대답했다.

"나는 천재적인 재능 외에는 신고할 것이 없소."

그는 미국 관객들에게 '모든 인습과 무료함, 통속적 취향을 한꺼번에 깨뜨려 버리는 영어권 최고의 재치 만점 연사'로 소개되었다. 오스카는 일인 재담가로 무대에 서서 뉴욕 관객들을 열광케 했다.

그는 판타지 의상을 입고 나왔다. 대개 까만 비단 양말에다 니커보커즈 바지를 입고 버클이 달린 신발을 신었는데, 어떤 때는 연미복 저고리와 하얀 조끼로 짝을 이루기도 하고, 또 어떤 때는 웨일스풍의 주름 잡힌 옷깃에다 허리가 잘록한 속옷을 받쳐 입고 나오기도 했다. 하지만 단춧구멍에다 백합이나 해바라기 한 송이를 꽂고 있는 것은 변함이 없었다. 또한 그의 큰 얼굴

오스카의 인생은 한 편의 그리스 비극이었다. 한 친구가 이야기한 바에 따르면 그 자신이 그리스 비극의 열렬한 숭배자였다고 한다. 오스카 와일드는 영국 사회의 총아이자 유명한 『살로메』를 쓴 작가였지만, 일거에 죄수 신세로 전락하면서 무일푼의 거지로 삶을 마감했다.

은 곱슬곱슬한 긴 머리가 감싸듯이 둘러싸고 있었다.

이런 모든 독특한 차림은 "사람은 그 자체가 예술 작품이거나 아니면 예술 작품처럼 하고 다녀야 한다"라는 자신의 소신에 따른 것이었다. 그 자신은 당연히 둘 다에 해당한다고 믿었다. 도도하고 콧대 높은 그의 옥스퍼드 영어는 미국 관객들에게 때로는 찬탄을, 때로는 웃음을 자아냈다. 그것은 관객들에게 '우아한 악의'를 느끼게 해 주는 완벽한 수단이었다. 오스카는 정곡을 찌르는 수법을 사용했다. 허황한 지식으로 치장하지 않고, 평이한 문장과 단순한 단어들로 관객들 심장에 바로 꽂힐 수 있는 표현을 사용했다. 이를테면 이런 식이다.

"최악의 결과는 항상 최선의 의도로 시작된다."

오스카는 집에다 이렇게 편지를 썼다.

> 몸이 열 개라도 모자랄 지경입니다. 사람들은 제가 탄 마차가 도착하기만을 기다립니다. 그러면 저는 장갑 낀 손으로 상아 지팡이를 들고 그들에게 흔들어 줍니다. 저는 예술가들의 모델이 되었고, 늘 하던 대로 괴팍하게 행동하고 있습니다. (…) 미국 처녀들은 황홀할 정도로 아름다워요. 영국의 귀족 제도를 부러워하면서 톡톡 튀는 목소리로 이렇게 말하곤 해요. 우리의 유일한 실수는 미국에서 결혼한 우리의 엄마들이라고.

오스카는 미국에서 성공을 거둔 뒤 파리에서 3개월간 머물렀다. 여기 있는 동안 당대의 많은 유명 작가를 알게 됐지만, 신망을 얻지는 못했다. 프랑스 작가 에드몽 드 공쿠르Edmond de Goncourt는 그를 가리켜 "재담꾼의 입심을 가졌지만 성 정체성이 의심되는 사람"이라고 썼다.

그 뒤 4년 동안은 영국에 머물면서 줄곧 만담에 가까운 강연을 하러 다니고, 잡지사에 원고를 쓰고, 상류 사회를 은근히 조롱하면서 상류층 사람들을 즐겁게 하는 '지적 광대' 역할에 치중했다. 한번은 아리따운 아가씨에게 구혼했다가 퇴짜를 맞자 편지를 이렇게 썼다.

> 샬로트, 제 구혼을 뿌리치다니 참으로 유감이군요. 당신이 가진 돈과 내 머리를 합치면 아주 크게 성공할 수 있을 텐데 말입니다.

오스카 와일드는 1884년에 여자 집의 반대를 무릅쓰고 세 살 연하의 콘스턴스 메리 로이드와 결혼했다. 로이드의 양친은 딸이 그냥 평범한 남편을 얻어 살기를 원했다. 오스카는 아내를 '청보라색 눈에 갈색 머리를 가진, 진지하고 날씬한' 여인으로 묘사했는데, '새들이 울음을 멈추고 아내의 피아노 소리에 귀를 기울일 정도로' 피아노 연주 솜씨도 뛰어나다고 적었다. 부부는 첼시의 예술가촌에 신혼집을 마련했는데, 방들은 한마디로 현란한 색채의 도가니였다. 서재는 황금색과 주홍색으로 칠했고, 침실은 붉은색, 연두색, 짙은 청색이 섞여 있었다. 오스카는 2년 만에 두 아들을 차례로 얻었고, 아이들에게 재미있는 아빠가 되어 주었다.

1887년 오스카는 마침내 서른둘의 나이에 소설가로 데뷔했다. 『캔터빌의 유령 The Canterville Ghost』과 『아서 새빌 경의 범죄 Lord Arthur Savile's Crime』를 잇달아 출간한 것이다. 두 소설은 경쾌하고 활기찬 문체로 쓰였는데, 『아서 새빌 경의 범죄』는 음란한 내용을 담고 있었다. 1년 뒤에 발표된 『행복한 왕자와 다른 이야기들 The Happy Prince and Other Tales』은 비도덕적인 요소 없이 감동적이어서 출간하자마자 성공을 거두었다.

  오스카는 1890년에 처음으로 장편소설 『도리언 그레이의 초상 The Picture of Dorian Gray』을 썼고, 1891년에는 섬뜩한 느낌을 주는 비극 『살로메 Salomé』를 발표했다. 이 두 작품은 오스카 와일드를 세계적인 작가로 만들었다.

  소설 속에 나오는 도리언 그레이는 수려한 용모의 스무 살 청년이었다. 그는 더 이상 늙지 않기를 바라며, 교분이 있던 화가가 그린 자신의 초상화가 자기 대신 늙게 해 달라는 소원을 빌었다. 마침내 소원이 이루어졌다. 온갖 방탕한 짓을 다 하고 자살까지 시도했지만, 희한하게도 도리언 그레이는 주름살 하나 늘지 않고 청춘을 그대로 유지하고 있었다. 다만 그의 초상화만 흉측하게 늙어 가고 있었다. 그레이는 변해 가는 초상화의 추악한 모습에 격분해서 그림을 갈기갈기 찢어 버리고 화가까지 죽인 뒤 칼로 자신의 가슴을 찔러 스스로 목숨을 끊었다. 그런데 하인들이 주인의 시신을 발견했을 때는 놀라운 반전이 일어났다. 쓰러진 사람은 흉측한 노인의 모습으로 바뀌었지만, 초상화 속 얼굴은 다시 젊을 때 모습으로 되돌아가 있었다. 소설 서문에 이런 유명한 말이 나온다.

도덕적이냐, 비도덕적이냐 하는 책은 없다. 다만 잘 썼느냐, 잘 못 썼느냐 하는 책만 있을 뿐이다.

1막으로 이루어진 감동적인 비극 『살로메』는 성서 이야기를 소재로 삼고 있는데, 「마가복음」 6장과 「마태복음」 14장에 나오는 이 이야기는 등골이 오싹할 정도로 섬뜩하다. 내용은 이렇다.

갈릴리의 헤롯(헤로데)왕이 헤로디아와 결혼했다. 그런데 헤로디아는 그의 조카딸이면서 동시에 한때는 형수였던 사람이다. 세례 요한이 헤롯왕에게 이렇게 말했다.

"형의 여자였던 사람을 아내로 맞이하는 것은 바른 일이 아닙니다."

헤롯왕은 요한을 감옥에 가두었고, 헤로디아는 남편에게 요한을 죽여 버리라고 요구했다. 그러나 헤롯왕은 요한을 두려워했다. '요한이 경건하고 성스러운 사람이라는 것을 잘 알고 있었기 때문이다.'

그러던 어느 날 향연 자리에서 살로메가 헤롯왕 앞에서 춤을 추었다. 살로메는 헤로디아가 첫 번째 결혼에서 낳은 딸이었다. 살로메의 춤에 푹 빠진 헤롯왕이 의붓딸에게 이렇게 약속했다.

"원하는 게 있으면 무엇이든 말하거라. 다 들어주마."

그러자 살로메는 어머니에게 무엇을 해 달라고 할지 물었고, 어머니는 세례 요한의 목을 원한다고 말하라고 시켰다. 살로메는 어머니의 말을 따랐다. 헤롯왕은 의붓딸의 소원을 듣는 순간 암담한 심정이었지만, 한번 한 약속을 물릴 수는 없는 노릇이었다. 결국 살로메는 요한의 목을 쟁반에 담아 어머니에게 가져다주었다. 여기까지가 복음서에 나오는 내용이다.

오스카 와일드는 살로메를 이러한 수동적 역할에서 해방했다. 살로메는 감옥에 갇혀 있던 요한을 불렀는데, 그의 아름다운 용모에 반해 버렸다. 살로메의 표현에 의하면 상아로 깎은 조각상처럼 단아한 모습이었다. 요한은 살로메에게 눈길 한 번 주지 않고 이렇게 말했다.

"가거라, 소돔의 딸이여! 네 어미가 이 땅을 음란과 추악함으로 가득 채웠구나."

살로메가 요한의 몸에 손을 대려고 하자 요한은 징그러운 벌레를 보듯 즉시 몸을 돌려 버렸다. 살로메는 키스하고 싶다는 말을 세 번이나 했으나 거절당하자 "언젠가 반드시 당신에게 키스할 것이다!"라는 말을 여섯 번이나 내던졌고, 저주 섞인 말도 여섯 번이나 쏟아 냈다. 나중에 성서 이야기처럼 한 병사가 그의 목을 은쟁반에 담아서 가져오자 살로메는 그제야 입을 맞추며 요한의 입술을 깨물어 버렸다.

이 모든 이야기가 시간과 공간의 완벽한 일치 속에서 하나의 막으로 진행되었다. 줄거리는 욕정과 잔혹함으로 점철되어 있었고, 언어는 뜨겁고 섬세했다. 리하르트 슈트라우스Richard Strauss는 1905년에 이 작품으로 동명의 오페라를 만들어 세계적인 명성을 얻었다.

이 비극이 영국에서 처음 상연된 것도 1905년이었다. 이 작품은 원래 1892년에 초연할 예정이었으나, 잔혹한 장면과 성서의 인물이 나온다는 이유로 왕실 검열관이 상연을 금지했다. 그런데 오스카가 이 작품을 완벽하지도 않은 프랑스어로 쓴 것은 퍽 이색적으로 보인다. 정작 찬사를 받은 영어판은 스물한 살의 앨프리드 더글러스Alfred Douglas 경이 번역했다. 당시 옥스퍼드대학교에 다니던 더글러스 경은 퀸즈베리 후작의 아들로, 문학적 야심이 강한 청년이었다.

더글러스와 열여섯 연상의 오스카는 이 비극이 만들어진 1891년 초에 처음 만났다. 벌써 몸이 불기 시작한 중년 작가와 유서 깊은 스코틀랜드 명문가 출신의 예쁘장하고 버릇없고 거만한 대학생 사이에 사랑이 싹트기 시작했다. 이 사랑이 4년 뒤에 오스카를 지옥과도 같은 파멸로 몰아넣었다.

오스카가 감옥에서 쓴 글에 따르면 그는 결혼 생활이 죽도록 지겨웠다고 한다. 아내는 사랑스러운 여인이었지만, 그를 전혀 이해하지 못했다. 그가 처음으로 동성애에 빠져들었던 것은 둘째 아들이 태어난 직후인 1886년이었던 것으로 보인다. 하지만 동성애자로서 그의 애욕이 가장 뜨겁게 향한 대상은 더글러스였다. 오스카는 오랜 친구에게 이렇게 썼다.

> 그(더글러스)는 나르시스처럼 백옥 같은 피부에 멋진 얼굴을 가진 사람이라네. 그가 히아킨토스(그리스 신화에서 아폴론이 사랑에 빠졌던 미소년) 같은 표정으로 소파에 앉아 있으면 나는 무릎을 꿇고 그를 경배했네.

오스카의 문학적 상상력이 가장 활발했던 시점이 바로 1891년이었는데, 활활 타오른 사랑에 영향을 받은 게 분명해 보인다. 와일드는 『사회주의하에서의 인간 영혼 The Soul of Man under Socialism』이라는 에세이에서 '낭만적 유토피아'를 역설했다. 그 내용은 이렇다.

우선 사유 재산을 철폐한다. 빈자들에게 자선을 베푸는 것은 도움받는 처지에선 인간적인 굴욕이기 때문에 그러한 수단 대신 모든 사람이 자기가 좋아하는 일을 자발적으로 선택할 수 있는 환경을 만들어야 한다. 여기서 육체노동은 인간의 품위를 떨어뜨리는 일로, 배제되어야 한다. 육체노동은 기계가 하면 된다. 인간의 목표는 '고상하고 우아한 무위도식'이다.

그는 『거짓의 쇠락 The Decay of Lying』이라는 에세이에서 그만의 독특한 거짓말관을 제시했다.

> 진정한 거짓말쟁이라면 담대한 주장, 줄기찬 오리발, 증거에 대한 정당한 혐오감으로 무장한 사람이다.

반면에 정치인이라는 족속들은 한심하게도 사실을 왜곡할 줄밖에 모르고, 논거에만 의지하려고 한다.

와일드를 완전히 영국 사회의 총아로 만든 것은 풍속 희극 네 편이었다. 그중 첫 작품에 해당하는 『윈더미어 부인의 부채 Lady Windermere's Fan』는 1892년에 초연돼 대성공을 거두었다. 이어 1893년에는 『별 볼 일 없는 여자 A Woman of No Importance』가 나왔고, 운명의 해인 1895년에는 나머지 두 편이 잇달아 무대에 올랐다.

1895년 1월 3일에 상연된 희극 『이상적인 남편 An Ideal Husband』에서 주인공 고링 경은 관객들이 오스카에게 기대했던 온갖 조롱들을 거침없이 쏟아 냈다. 예를 들면 이런 식이다.

'나는 어떤 것에 대해서도 말하지 않는 것을 좋아한다. 그것이 내가 그 어떤 것에 대해 알고 있는 유일한 것이다.' '자기희생은 법적으로 금지되어야 한다. 그것은 타인의 희생으로 도움받은 사람들을 타락시키기 때문이다.' '나는 사람들이 등 뒤에서 나에 관해 무슨 이야기를 하는지 알고 싶지 않다. 그것은 나를 우쭐하게 만들기 때문이다.'

고링 경은 본인의 집사를 이렇게 나무랐다.
"이런 단춧구멍은 나한테 안 어울려. 나이 들어 보이잖아!"
1895년 2월 14일 오스카의 희극 가운데 가장 재미있고, 가장 큰 성공을 거둔 〈진지함의 중요성 The Importance of Being Earnest〉이 상연되었다. 런던은 환호했고, 오스카는 최고의 명성을 누렸다. 런던 사교계는 오스카를 모시는 것을 영예로 알았다. 심지어 명사들조차 이런 문구로 손님들을 유혹하곤 했다.
"오스카 와일드도 참석할 예정입니다."
오스카는 종종 탁월한 즉흥 창작 솜씨로 더욱 명성을 얻었다. 예를 들어 사람들이 연회에서 '소맷부리 단추'라는 단어로 운을 떼면 그는 즉석에서 이 단어와 관련된 새로운 이야기를 지어냈다. 거기에 대해 오스카는 이렇게 말했다.
"런던의 사교계를 지배하는 사람은 세상을 지배할 것이다."
하지만 그런 그도 정작 자신의 연인을 지배하지는 못했다. 오스카는 더글러스의 낭비벽으로 빚더미에 앉았을 뿐 아니라 더글러스의 독촉으로 자신들의 사랑을 공개하지 않을 수 없었다. 그들은 스탠드바나 도박장 그리고 선술집에서 다정한 연인의 모습을 숨기지 않았다. 마치 자신들은 법이 범접할 수 없는 저

오스카 와일드

높은 곳에 앉아 있다는 듯이 말이다.

〈진지함의 중요성〉이 초연된 지 불과 2주 뒤인 1895년 3월 1일에 오스카는 자신의 인생에서 끔찍한 전기를 맞게 된다. 그는 자신의 클럽에서 '소도미sodomy(남색)'라고 쓴 카드 한 장을 발견하는데, 당시 이 단어는 비정상적인 성생활을 하는 모든 사람을 가리키는 말이었다. 이 카드를 놓고 간 사람은 더글러스의 아버지인 퀸즈베리 후작이었다.

오스카는 여기서 어처구니없는 만용을 부렸다. 퀸즈베리 후작을 명예훼손으로 고발한 것이다. 자신이 동성애자라는 것은 명백한데, 어떻게 명예훼손 혐의를 증명하고, 어떻게 소송에서 이기려는 생각이었을까? 아마 런던 사회가 자신에게만큼은 모든 것을 용인해 주리라는 확신이 과했던 것으로 보인다. 어쩌면 재판이라는 공개된 장소를 자신의 걸출한 이성을 다시 한번 마음껏 뽐내고, 뼈대 있는 가문을 자랑하는 퀸즈베리 후작의 콧대를 완전히 눌러 줄 좋은 무대라고 생각했는지도 모른다.

그는 단춧구멍에 꽃 한 송이를 꽂은 채 당당하고 거만한 자세로 법정에 들어섰다. 핵심을 콕콕 찌르는 그의 말은 방청객들의 박수갈채를 이끌어 냈다. 그러나 퀸즈베리 후작의 변호사도 만만한 사람이 아니었다. 왕실 직속 변호사이자 하원의원이던 에드워드 카슨은 이틀 만에 전세를 역전시켜 오스카를 수세로 몰아넣었다. 그는 우선 오스카에게 동성애자라는 소문이 사실이 아니냐고 꼬치꼬치 캐물었다. 그러자 오스카는 문학적 수사로 핵심을 비켜 갔다.

"고대 그리스에서 중년 남성과 젊은이의 플라토닉 러브는 우리 문화를 이루는 한 기둥이지 않습니까? 셰익스피어와 미켈란

젤로도 시에서 플라토닉 러브를 예찬했습니다. 안 그렇습니까?"

그러자 카슨은 미리 준비해 온 증거를 꺼내 들었다. 오스카가 종종 들락거린 남색 매춘부들의 이름과 오스카가 앨프리드 더글러스에게 보낸 편지였다. 편지에는 이런 문구가 있었다.

"내 사랑 앨프리드, 장미처럼 붉은 네 입술은 노래가 아니라 격정적인 키스를 위해 만들어진 것 같구나!"

오스카는 반대 심문에서도 맥을 못 추고 주저앉고 말았다.

이렇게 해서 이제는 외려 피고가 원고를 '남색 죄'로 고소하는 사태가 발생했다. 오스카는 친구들의 권유로 외국으로 도주할 기회가 있었다. 앨프리드 더글러스도 벌써 외국으로 도망친 상태였다. 그러나 오스카는 더글러스에게 이렇게 썼다.

> 나는 남기로 결심했네. 그게 더 고결한 행동이라고 생각하거든. (…) 가명을 쓰고 변장하고 쫓기는 삶을 사는 것은 내게 맞지 않아. (…) 어떤 오명을 뒤집어쓰더라도 나는 너를 예찬할 것이고, 저 깊은 심연 속에서도 네 이름을 부를 거야.

도망치지 않고 남은 것은 고결한 결정일 수 있다. 하지만 거기에는 다른 이유도 있었던 것으로 보인다. 그 스스로 여러 차례 그런 이유를 언급했기 때문이다. 1891년 오스카는 한 친구에게 이렇게 썼다.

"경험 삼아 화형장의 장작더미에 한 번 올라가 보고 싶네."

그 밖에 감옥 안에 있을 때 더글러스에게 쓴 80쪽에 달하는 긴 편지에도 이런 내용이 있었다(이 편지는 그의 사후에 『옥중기 *De Profundis*』라는 이름으로 출간됐다).

나는 이 세상의 온갖 즐거움을 다 누렸어. 내 영혼의 진주들을 포도주 잔에 녹여 마셨지. 내 인생은 달콤한 꿀과 같았어. 하지만 이렇게 계속 살 수는 없어. 한계가 있는 법이지. 그래도 목숨이 붙어 있는 한 살기는 살아야겠지. 인생의 나머지 절반은 어떻게 될지 아무도 몰라. (…) 이젠 정상에 머물러 있는 것도 지쳤어. 나는 새로운 센세이션을 찾아서 일부러 추락을 결정했어.

독일 작가 후고 폰 호프만슈탈Hugo von Hofmannsthal은 1905년에 이렇게 평했다.
"그는 번개를 끌어내리기 위해 허공으로 손을 뻗었다."

1895년 5월 25일 오스카 와일드는 2년간의 중노동형을 선고받고 법정 구속되었다. 담당 판사는 심리가 진행되는 동안 스스로 분을 못 이겨 이 재판은 자신이 담당한 최악의 재판이라고 말했고, 법이 더 높은 형량을 허용하지 않은 것이 유감이라고 밝혔다. 와일드는 석방 뒤 그에 대해 이렇게 썼다.

내가 만난 판사는 도덕적인 인간이 아니었다. 냉혹하고 잔인하고 복수심에 불타고 고루하고 편협한 사람에 불과했다. (…) 나는 부자연스러운 미덕보다는 오히려 골백번이라도 부자연스러운 악덕을 저지르고 싶었다.

자신의 삶을 지옥으로 만든 것이 이러한 형태의 악덕일 것이다.

오스카의 재산은 경매에 부쳐졌고, 연극은 무대에서 내려졌으며, 책은 압수되고 자식들에 대한 친권까지 말소되었다. 그가 감옥으로 가기 위해 손목에 수갑을 차고 죄수복을 입은 채 런던의 한 정거장에서 반 시간이나 비를 맞으며 교도관들과 함께 기다리는 동안 사람들은 그를 비웃었다. 하지만 그가 어떤 사람이었는지 소문이 파다하게 돌자 비웃음은 손가락질과 경멸로 바뀌었다.

오스카는 레딩 감옥의 독방에 수용되었다. 방에 설치된 것이라고는 딱딱한 나무 침상과 양철통 하나가 전부였다. 용변기로 쓰는 양철통은 낮에는 세 번 비워졌지만, 밤에는 한 번도 비워지지 않았다. 식사로는 세 끼 내내 귀리죽과 곰팡이가 슨 빵 그리고 소기름만 나와서 죄수들은 만성 설사에 시달렸다. 또한 감방 안은 얼마나 악취가 진동하던지 아침에 교도관들이 문을 열 때면 비위가 상해 토악질을 해대는 교도관까지 있을 정도였다. 오스카는 회고록에서 이렇게 썼다.

> 감방은 썩고 음습한 변기통이나 다름없었다. 죽음의 악취가 진동해 코를 들 수 없었다.

인간이 같은 동족을 어떻게 괴롭히는지 예수 그리스도가 볼 수 없는 게 다행일 정도였다.

오스카 와일드에게는 단 하루의 감형도 내려지지 않았다. 여러 차례 사면을 청원했지만 말이다. 2년째 되던 해에 교도소장이 그에게 필기구를 제공한 것이 특전이라면 특전이었다. 오스카는 서간문 형태의 『옥중기』에서 이렇게 썼다.

신들은 내게 거의 모든 것을 선사했다. 천재성, 세간의 명성, 장인 정신 그리고 지적인 모험심에 이르기까지……. 나는 인간의 정신과 사물의 색깔을 바꾸었고, 내 모든 말과 행동은 사람들을 놀라게 했다.

하지만 그다음이 문제였다. 그는 스스로 파멸했다.

누구도 타인으로부터 그렇게 파멸하지 않는다. (…) 세상이 내게 저지른 행위도 끔찍했지만, 내가 스스로에게 저지른 것은 한층 더 끔찍했다.

그는 자신의 미래도 암울하게 내다보았다.

나와 같은 위치에 있던 사람치고 그렇게 깊은 수렁으로 빠진 사람은 없을 것이다. 나에게 열등감을 느끼는 사람들은 나에 대해 전혀 동정을 보이지 않았다. 나는 안다. 연극이 너무 길어지면 관객들이 지친다는 걸. 나는 비극을 너무 길게 끌었다. 이미 극의 절정은 지났고, 비참한 결말만 남아 있을 뿐이다. 나는 세상으로 돌아가면 누구도 반기지 않는 불청객이 될 것이다. 혹시 유령이 나타났다고 생각할지도 모를 일이다.

그러나 오스카가 감옥에서 벌레 같은 삶을 연명하고 있는 동안 조지 버나드 쇼G. B. Shaw와 허버트 조지 웰스H. G. Wells는 오스카를 '불멸의 영국인' 목록에 넣자고 제안하기도 했다.

오스카 와일드가 만기 출소하기 몇 시간 전 레딩 교도소장은 그에게 마지막 은전을 베풀었다. 밖에서 떼를 지어 기다리던 기자들 몰래 오스카를 런던으로 빼돌린 것이다. 오스카는 친구들의 도움으로 옷을 갈아입은 뒤 그날 저녁 바로 프랑스로 출발했다.

이렇게 해서 3년 반의 여생을 프랑스에서 보내게 되었다. 그는 세바스찬 멜모스라는 가명을 사용했는데, 당시 찰스 로버트 매튜린C. R. Maturin이 쓴 유명한 공포소설에 등장하는 주인공 이름을 빌린 것이다. 이 소설에서 멜모스는 악마에게 영혼을 팔아 초인적인 지식을 얻고 150년 동안 늙지 않지만, 결국엔 지옥으로 떨어지고 만다.

오스카는 허름한 여인숙을 거처로 정했다. 그의 말에 따르면 이 방에서 이끼 같은 진녹색 벽지와 사투를 벌였다고 한다. 그는 점점 몸이 붓고 얼굴에 반점이 생겼다. 이가 아팠지만 치과에 갈 돈조차 없었다. 그는 빌붙고 구걸하며 근근이 연명했다. 한번은 런던에서 알고 지내던 오페라 여가수를 길에서 만났다. 그는 길을 가로막고 서서 이렇게 말했다.

"나는 오스카 와일드요. 지금부터 지독히도 끔찍한 이야기를 할 테니 잘 들어 보오. 돈 좀 주시오."

이후 그의 문학적 천재성이 다시 발휘된 것은 딱 한 번이었다. 『레딩 감옥의 노래The Ballad of Reading Gaol』를 발표했을 때다. 그런데 놀랍게도 이 시는 오스카 자신이나 그와 유사한 유형들, 예를 들어 고링 경이나 도리언 그레이 같은 사람들의 이야기가 아니고, 자신이 겪고 있는 삶의 간난을 그린 것도 아니었다. 이것은 연인을 살해하고 며칠 만에 교수형에 처한 전직 근위대 병사의 이야기였다. 오스카 와일드는 힘차면서도 깃털처럼 가벼운 언어로 노래한다. 죽음을 눈앞에 둔 그는 다시 한번 입을 벌리고 햇살을 가득 들여 마신다. 마치 포도주라도 되는 듯이. 그리고 갈망의 눈으로 밝게 빛나는 햇살을 지긋이 응시한다.

> 그는 찬란하게 빛나는 날을 지긋이 바라보았다
> 갈망에 찬 눈으로
> 그 사람들이 그가 사랑한 것을 죽였다
> 그리고 그도 그렇게 죽어야 했다.

쓰디쓴 눈물, 격렬한 회한, 피맺힌 땀방울, 그 누구도 오스카만큼 이러한 것들에 대해 잘 아는 사람은 없을 것이다. 하나의 인생 이상을 살았던 사람은 죽음도 두 번 맞이해야 하기 때문이다.

> 그는 쓰디쓴 눈물을 흘렸다
> 격한 회한과 피맺힌 땀방울도 맛보았다
> 누구도 나만큼 그것을 잘 아는 사람은 없다
> 하나의 삶 이상을 살았던 사람은
> 한 번 이상 죽어야 하는 법이다.

오스카 와일드가 두 번째이자 실질적인 육신의 죽음을 맞이한 것은 1900년 11월 30일이었다. 한 친구가 임종을 앞둔 그에게 마지막 샴페인 잔을 권하자 그는 이렇게 말했다.

"나는 내가 살아온 과정처럼 분에 넘치게 죽어 가네."

그의 친구 프랭크 해리스는 오스카의 삶을 이렇게 평했다.

"그의 인생은 한 편의 그리스 비극이었고, 그 자신이 그리스 비극의 열렬한 숭배자였다."

오스카의 연극과 소설, 에세이는 독일에서 처음으로 다시 발굴되었다. 1905년에는 런던에서 〈살로메〉가 초연되었고, 3년 뒤에는 그곳에서 전집이 발간되었다. 그의 연인이었던 앨프리드 더글러스 경은 오스카보다 거의 45년을 더 살았다.

19. 크누트 함순

경솔한 말로 세계적인 명성에 먹칠한 작가

수십 년 동안 그는 20세기 최고의 작가였다. 어니스트 헤밍웨이, 앙드레 지드André Gide, 막심 고리키, 프란츠 카프카, 베르톨트 브레히트, 토마스 만 할 것 없이 그를 문학적 거장으로 인정했다. 심지어 쿠르트 투홀스키는 그를 가리켜 당대 문학의 '기적'이라고까지 평했다. 그러나 나중에는 귀가 먹고 두 차례나 뇌출혈을 일으킨 끝에 히틀러를 예찬하여 가난과 수치 속에서 삶을 마감해야 했다.

나중에 함순이라는 필명을 사용했던 크누드 페데르손Knud Pederson(1859~1952)은 1859년 노르웨이의 구드브란스달렌에서 한 가난한 농가의 일곱 자식 중 넷째로 태어났다. 크누드는 아홉 살 때 삼촌 집에 맡겨졌는데, 삼촌이 파킨슨병을 앓고 있어서 어린아이의 몸으로 음식뿐 아니라 집안일을 도맡아 해야 했다. 심지어 조금이라도 게으름을 피우거나 꾀를 부리면 삼촌에게 매질 당하기 일쑤였고, 나중에 지옥의 불구덩이에 떨어진다는 위협에 시달려야 했다. 20여 년 뒤 함순은 당시 자신이 이 설교자에게 겪은 일에 대해 이렇게 썼다.

> 신에 대한 온갖 잡스러운 말로 줄곧 어린 내 뇌를 가만히 내버려두지 않았던 그 뚱뚱한 목사에게 견딜 수 없는 반감이 들었다.

이처럼 세상의 모든 도덕에 대한 뒤틀린 성향이 이미 어릴 때부터 두드러졌다.

크누드는 삼촌 집에서 거의 노예나 다름없는 상태로 5년 동안 끔찍한 세월을 보낸 뒤 행상, 구둣방 견습공, 보조 교사, 배우 학교 학생 그리고 공사장 인부를 전전했다. 연애소설을 쓰기 시작한 것은 열여덟 살 때였다. 스물넷에는 조금이라도 형편이 나을까 싶어 미국으로 건너갔지만, 거기서도 임시직 노동자로 근근이 연명하기에 급급했다. 그러다가 급기야 필라델피아에서는 사교邪敎 냄새를 풍기는 한 노르웨이 목사의 비서가 되었다. 아마 이렇게 철저히 망가지고 고생스러운 삶도 드물 것이다.

스물여섯이 되던 1885년 그는 마침내 미국 생활을 접고 막막한 심정으로 노르웨이로 되돌아갔다. 이번에는 오슬로였다. 여기서 그는 신문사에 기사를 몇 편 기고했고, 이때부터 함순이라는 가명을 사용하면서 크누드라는 이름도 끝의 드(d)를 트(t)로 바꾸었다.

1년 뒤 그는 미국으로 다시 건너갔다. 이번에는 시카고에서 철도 보수 인부와 전차 차장으로 일했다. 1888년에는 다시 미국에서 덴마크의 코펜하겐으로 거처를 옮겼다. 그러던 1890년,

서른 살에 소설 『굶주림Sult』을 발표하면서 하룻밤 사이에 세계 문학계에 우뚝 섰다. 『굶주림』은 간혹 신문에 기고도 하지만 대개 전당포 신세를 지며 살아야 할 정도로 찢어지게 가난하고 조현병에 시달리는 한 괴팍한 남자의 일인칭 소설이었다.

> 굶주림이 심해지기 시작했다. 나는 정신이 몽롱한 채로 걸으면서 남들 몰래 구토했다. 길을 꺾어 김이 모락모락 피어오르는 식당으로 내려갔다. 그러나 식단표를 보는 순간 눈에 띌 정도로 어깨를 떨었다. 스테이크와 베이컨은 애초에 내게 어울리는 음식이 아니었다. (…) 그는 남의 이불이라도 슬쩍해서 전당포에 잡힐까 하는 생각을 한다. 그러나 이내 유혹을 이겨냈고, 그런 자신을 음습한 인파 속에 우뚝 솟은 하얀 등대처럼 자랑스러워했다. 그러나 회의가 끊이질 않는다. 한 끼 식사를 위해 남의 물건을 잡히는 것이 치욕스러운 일일까? 아니다. 절대 아니다! 간혹 혼란스러운 무언가가 내 몸을 타고 지나가다가 말도 안 되는 미친 짓거리를 하라고 속삭였는데, 나는 그 말에 차례로 굴복당하곤 했다.

문학계에 들개같이 야성적인 천재가 등장했다는 소식이 돌면서 살롱마다 함순의 책을 돌려 읽기에 바빴다. 함순은 한 친구에게 이렇게 썼다.

> 사람들의 뇌리에 내가 문학적인 힘을 갖고 있다는 사실을 불어넣는 데 성공했네. 나는 지금 술에 취했네. 하지만 사자처럼 강인한 힘이 불끈 솟아오르는 걸 느끼네.

이제 그는 옷장도 사고, 음식도 마음껏 사 먹고, 거처도 따뜻하고 환한 방으로 옮길 수 있었다.

그로부터 2년 뒤인 1892년, 한 좌절한 문학청년의 편집광적인 절규에 해당하던 『굶주림』에 이어서 또 다른 걸출한 소설 『신비 Mysterier』가 나왔다. 이 소설은 인물과 사건이 풍부하고 함순 문체의 탁월한 아름다움이 처음으로 잘 구현된 작품이었다.

『신비』의 주인공 요한 닐센 나겔은 당연히 사회적 국외자로, 작가 자신만큼 젊은 청년이었다. 그는 어느 날 노르웨이의 한 작은 항구에 찾아든다. 그곳에서 목사의 딸을 사랑하게 되는데, 돌아서서는 머리가 하얀 다른 여자와도 시시덕거린다. 사람들은 그의 빈정대는 말투, 눈부실 정도로 샛노란 양복 그리고 빨랫감을 넣어 두는 바이올린 케이스를 보며 당혹스러워한다. 그러던 어느 날 니겔은 연회장에서 느닷없이 바이올린을 꺼내 들고 격렬한 손놀림으로 힘차게 바이올린을 연주한다. 그러다가 찢어질 듯한 울음에 가까운 톤으로 급작스럽게 끝을 맺는다. 왜 그랬을까?

"그건 나도 모른다. 하지만 그냥 악마에게 모욕을 주고 싶었다."

이것은 작가 자신의 성향이기도 했다. 나겔의 성격 묘사도 마찬가지였다. 함순은 나겔의 성격을 이렇게 묘사했다.

"그는 모든 것 때문에 모든 것과 어울릴 수 없는 남자였다."

이것은 곧 외톨이 성향을 가리킨다. 이런 사람들은 도발하는 것에서 즐거움을 느낀다. 이러한 욕구가 나중에 함순이 노인이 되었을 때, 자신의 동족을 향해 죽은 히틀러를 진심으로 애도하도록 권유하는 일을 저지르게 했을 것이다.

그의 후기 작품에 나타나는 간명한 반어적 표현도 『신비』에서 이미 선보이고 있었다. 나겔은 말한다.

> 당신 말이 맞습니다! 아무 말씀도 하지 않았지만, 당신의 입이 방금 뭔가 말하려는 것을 보았습니다. 그것이 당신의 진짜 생각입니다.

나겔은 숲속에서 하룻밤 자고 일어났을 때 삶의 기쁨이 솟구치는 것을 느꼈다.

> 크기를 알 수 없는 무한한 기쁨이 샘솟고 있었다. 주체할 수 없을 정도로 황홀한 느낌이었다. 그는 자신을 둘러싸고 있는 환한 햇살 속에 오롯이 몸을 내맡겼다. 정적이 그의 심신을 행복한 나른함으로 이끌었다. 그를 방해하는 것은 없었다. 다만 저 위 공중에서 사그락사그락 부드러운 소리가 들려왔다. 신이 바퀴를 돌리고 있었다. 숲속에는 나뭇잎 하나 살랑거리지 않았다. 나겔은 부르르 몸을 떨며 털썩 주저앉았고, 주체할 수 없는 쾌적함에 무릎을 꿇었다. 그만큼 모든 것이 좋았기 때문이다. 어디선가 그를 부르는 소리가 들렸다. 그는 "예" 하고 대답했다.

간단히 말해서 이 책은 "억제할 수 없는 힘으로 몰아치는 사나운 눈 폭풍"이었다. 당시 노르웨이에서 가장 유명한 작가 비에른스티에르네 비에른손이 한 말이었다.

『신비』가 독일어로 번역된 1894년에 바로 이 책을 사 읽은 토마스 만은 회고록에서 이렇게 썼다.

누구와도 비교할 수 없는 그만의 독특한 문체가 열아홉 살의 문학청년(토마스 자신을 가리킨다)을 매료시켰다. 그의 탁월한 예술은 무엇보다 문학적 언어에 대한 내 생각에 깊은 영향을 끼쳤다.

1893년 함순은 파리로 갔다. 그곳에서 외국 출판업자들에게 둘러싸여 한껏 명성을 누렸다. 오늘날까지 그의 가장 유명한 소설 가운데 하나인 『판Pan』이 나온 것도 파리였다. 이것도 상궤에서 벗어난 한 남자의 이야기였는데, 이번에는 사냥꾼이자 자연 예찬가가 주인공이었다. 그는 한 여인을 사랑하지만 돌아온 것은 차가운 반응뿐이다. 깊은 절망에 잠긴 그는 그 여인의 관심을 끌 요량으로 자신의 발에 총까지 쏘게 된다. 그런데 그가 떠나기 직전 여인이 기념으로 그의 개를 두고 가라고 하자 그는 개를 쏘아 죽여 사체를 보낸다.

이로써 함순은 『굶주림』에서 시작해 『신비』, 『판』에 이르는 '기인 3부작'을 완성했다. 모두 특이한 영혼을 가진 사람들의 이야기였다. 독자들 평은 좋았다. 심지어 토마스 만은 1940년에 이렇게까지 말했다.

"이 세 작품을 읽고 난 뒤로 나는 그(함순)의 색채가 배어 있지 않은 글을 한 줄도 쓰지 못했다."

1901년 토마스 만의 『부덴브로크가의 사람들』이 출간됐을 때 함순은 이 작품에 찬사를 보냈다. 토마스 만은 훗날 함순의 이 칭찬을 "지금까지 작가로 살아가면서 내가 받은 가장 훌륭한 상"이었다고 평가했다.

1898년 함순은 서른여덟에 오슬로에서 결혼식을 올렸다. 상대는 오스트리아 영사와 이혼한 지 얼마 안 된 노르웨이 여성이었다. 같은 해에 그에게 또다시 세계적인 명성을 안겨 준 연애소설 『빅토리아Victoria』가 출간됐다. 이 소설은 함순의 작품 세계에서 초기의 비상궤성과 후기의 냉소주의에서 벗어난 외톨이 같은 작품으로, 강한 흡입력을 갖추고 있으면서도 장난삼아 수다를 떠는 듯한 느낌이 드는 비극적 이야기였다. 일각에서는 이 소설을 가리켜 세상에서 가장 아름다운 연애소설이라고 말하기도 한다.

빅토리아는 함순이 1902년에 얻은 딸아이 이름이기도 했다. 결혼 생활은 퍽 이상했다. 함순은 글을 쓸 때면 늘 혼자 있기를 원했고, 그래서 집을 나와 이 호텔 저 호텔을 전전했다. 아내를 부를 일이 있으면 우편함에다 쪽지를 넣어 두었고, 옷을 갈아입어야 하면 심부름꾼을 보냈다. 창작 활동이 정체를 보인 것도 이 시기였다. 그는 우울증에 시달렸는데, 한 친구에게 이렇게 한탄했다.

"삶이라는 게 술이나 진탕 퍼마시는 데 있다는 확신이 자꾸 드네."

글쓰기에도 염증을 느낀 그는 이렇게 말하기도 했다.

"작가들은 해마다 책 한 권씩 수음하듯이 쏟아 내네."

함순은 1906년에 이혼한 뒤 1909년 마흔아홉에 스물두 살 연하의 연극배우 마리와 재혼했다. 그런데 결혼식 일주일 뒤 그는 산중에 있는 오두막으로 들어가 버렸다. '방랑자 3부작' 중 두 번째에 해당하는 『약음기로 연주하는 떠돌이 악사En Vandrer Spiller Med Sordin』를 계속 쓰기 위해서였다.

1911년 함순 부부는 노르웨이 최북단 지역에 농장을 샀다. 하지만 이곳도 한군데 쉽게 정착하지 못하는 함순의 불안한 삶을 바꾸지는 못했다. 그는 첫아들이 태어나기 이틀 전에 여행을 떠나 버렸다. 시골 생활이 영 맞지 않았을 뿐 아니라 인부와 가축에 의존해야 하는 농장이 성가시기만 했기 때문이다. 결국 1917년에 농장을 처분하고 말았다.

그런데 기이하게도 같은 해에 함순은 이러한 전원생활의 축복을 찬양하는 소설 『흙의 혜택Markens Grøde』을 발표했다. 그의 가장 유명한 소설인 동시에 오늘날까지 문학 비평계에 수수께끼를 던지는 작품이다. 이 소설은 함순의 문학에서 독보적인 위치를 차지하고 있다. 소설 어디에도 악의라고는 눈곱만큼도 띠지 않고 낙천적인 면모를 드러내고 있기 때문이다. 어느 곳에도 정착하지 못하는 작가가 토지를 찬양하고, 번뜩이는 지성과 독설로 세상을 비난하기에 바쁘던 사람이 머릿속으로 그려 낸 두 가난뱅이 주인공을 다정다감하게 어루만지고 있다. 그것도 350쪽에 이르는 방대한 양으로 말이다. 그는 여기서 '자연으로 돌아가라'는 루소의 가르침을 설파했고, 독일 국가사회주의노동당(일명 나치당)이 부르짖은 '피와 땅' 이데올로기와 유사한 삶의 태도를 역설했다. 여느 때와 마찬가지로 그는 이 소설을 한 작은 도시의 호텔 방에서 썼다.

1918년 『흙의 혜택』의 독일어판이 출간되자 이 책은 전쟁의 패배로 깊은 좌절감에 빠져 있던 독일인들에게 많은 위안이 되어 주었다. 토마스 만은 이렇게 썼다.

『흙의 혜택』은 작가가 이룬 최고의 절정으로, 전쟁으로 고

크누트 함순. 노벨 문학상을 받고 나서 세상에서 가장 뛰어난 작가로 존경받던 1920년 때 모습이다. 노벨 문학상 수상작인 『흙의 혜택』은 그의 소설 가운데 국외자에 속하는 작품인데, 그는 말년에도 국외자의 삶을 걸음으로써 명성과 신망을 잃고 말았다.

통받은 수많은 독일인 가슴에 큰 의미를 주는 일대 사건이었다.

1920년 노벨위원회도 『흙의 혜택』에 깊은 감동을 표하며 함순을 노벨 문학상 수상자로 결정했다. 1929년 토마스 만은 함순의 일흔 번째 생일을 맞아 그의 문학을 "서사적 원형의 소박성을 극도의 섬세함과 조화시킨 예술"이라고 극찬하면서, 함순은 농촌 문화에 나타나는 보수성과 '극도로 세련된 문체' 사이에 존재할 수밖에 없는 불화를 유기적으로 화해시켰다고 덧붙였다.

『흙의 혜택』에서 서사적 원형의 소박성은 이를테면 이런 식으로 표출되어 있다.

> 그는 잠자리에 누웠다. 갑자기 욕정이 치솟아 그 여인을 취했다. 아침이 되어도 여자는 떠나지 않았다. 하루가 다 지나가는데도 마찬가지였다. 대신 부지런히 몸을 놀리며 농장 일을 도왔다. 염소젖을 짜기도 하고 나무통을 씻기도 했다. 그 여인은 결코 떠날 생각을 하지 않았다. 여자의 이름은 잉게르였고, 남자의 이름은 이삭이었다.

소설의 결말 부분에는 또 이런 대목이 나온다.

> 언덕 위에 풀어놓은 암소들의 방울에서 딸랑딸랑 소리가 들려오고 있다. (…) 잉게르가 위풍당당한 걸음걸이로 집으로 들어온다. 아궁이 신을 모시는 무당이다. (…) 이제 곧 저녁이 될 것이다.

오늘날 독자들은 이삭이 아내에게 굴종을 강요하는 장면을 읽으며 불편함을 느낀다. 우악스러운 이삭은 자의식에 눈뜨기 시작한 아내를 번쩍 들어 '땅바닥에 세게 내동댕이쳤다.' 또 이런 대목이 있다.

그 여자는 농장 주인이자 모든 것의 수장인 남편에게 한 가지 부탁을 했다. 그리고 그가 경멸적인 거부 의사를 밝히지 않은 것에 고마워했다.

혹은 이 장면들은 소의 방울 소리처럼 자연스럽게 읽어야 하는 것일까? 타고난 독설가이자 괴팍한 기인인 함순은 혹시 마지막에 자기 자신과 세상에 이렇게 말하고 싶었던 것이 아닐까? 내가 『빅토리아』같이 감미로운 비극이나, 『흙의 혜택』같이 거름 냄새나는 전원소설을 통해 본연의 모습과는 전혀 다른 모습을 두 번씩이나 보였으니 이제 다시 너희들을 곤혹스럽게 하는 소설을 쓸 것이다.

실제로 함순은 『흙의 혜택』이 나온 지 3년이 지난 1920년에 다시 비정상적이고 악의로 가득 찬 소설을 발표했다. 『우물가의 여자들 Konerne Ved Vandposten』이라는 제목의 이 소설은 그의 작품 가운데 가장 혐오감을 불러일으키는 작품으로 꼽히는데, 함순의 전기 작가 발터 바움가르트너조차 이 소설을 '냉소적이고 허무적이고 실망스러운' 작품이라고 평했다. 반면에 킨들러Kindler 백과사전은 이 작품을 '악한惡漢 소설'로 규정하며, '피와 땅' 이데올로기에서 벗어나 삶을 긍정하는 소설로 치켜세웠다.

그러나 이러한 엇갈리는 평가 속에서도 이 작품이 상궤를 벗어난 이야기라는 점에는 변함이 없었다. 이런 점에서 함순은 자국민 출신의 작가를 노벨 문학상 수상자로 결정한 노르웨이 노벨위원회의 기대를 철저하게, 아니 고소한 마음으로 부숴 버렸는지 모른다.

이 소설의 주인공은 돛대가 무너지는 바람에 한쪽 다리와 성기능까지 잃어버린 선원이었다. 그런데 그는 아내가 두 아이를 차례로 낳은 것을 지극히 정상적인 일로 치부한다. 한 아이는 영사를 닮고, 다른 아이는 항구 도시의 변호사와 비슷해 보인다. 주인공은 이 변호사를 협박해서 약간의 돈을 얻어 내기도 한다. 작가는 장애인인 주인공에 대해 이렇게 평한다.

> 모든 사람이 그 같지는 않다. 집이 있고, 날마다 끼니를 때우고, 아내와 자식들이 있지만 그 자식들이 어떤 자식들인가! 그는 절름거리며 집으로 향한다. 그는 약간 지쳤고, 조금 불완전한 몸이기도 하다. 하지만 완전하다는 것은 무엇인가?

이어 독일의 시인이자 수필가인 고트프리트 벤Gottfried Benn이 그토록 감탄했다는 이 소설의 마지막 문장을 보자.

> 크고 작은 일들이 일어난다. 이가 빠지고, 한 남자가 대오에서 이탈하고, 참새 한 마리가 땅으로 떨어진다.

함순은 1918년에 뇌르홀름 농장과 3백 헥타르의 숲을 사들였다. 이번에는 노르웨이 남단에 위치한 땅이었다. 그는 노벨 문학상 상금으로 농장 저택을 수리했다. 농장 일은 모두 관리인에게 맡겼으며, 특별히 작가의 작업실로 꾸며진 별채도 이용하지 않았다. 대신 글을 써야 할 때면 어디론가 여행을 떠났다.

1923년에 『마지막 장 Siste Kapitel』이 나왔고, 1927년부터 1933년 사이에는 그의 마지막 인기 소설 '방랑자 3부작'이 출간되었다. 함순은 농장에 손님이 오는 것을 극도로 꺼렸고, 힘들여 찾아온 독일어 번역자까지 문전 박대해 버렸다. 귀는 점점 먹었고 성격도 한층 까다롭고 괴팍스럽게 변해 갔다. 1929년에는 심리 검사를 받았는데, 그 결과 뇌르홀름에서 더 이상 억지로 전원생활을 연출하지 말라는 진단이 내려졌다. 그런데도 그는 농장을 떠나지 않았다.

1934년 나치의 철저한 통제 아래 획일화된 독일 언론들은 함순의 일흔다섯 번째 생일을 맞아 그의 작품과 특히 그의 신조에 찬사를 아끼지 않았다. 함순은 1914년에도 '건강하고 융성하는 독일'의 승리를 공공연히 외쳐 대는 바람에 노르웨이 국민 사이에선 그가 '게르만족'일 것이라는 소리까지 나올 정도로 심한 반발을 산 적이 있었다. 그런 그가 이제 노르웨이 어린이들에게 '정직하고 성실한 민족'의 학교에 다녀야 한다고 권유했다. 1935년에는 강제수용소에 갇혀 있던 독일 평화주의자 카를 폰 오시에츠키 Karl von Ossietzky를 향해 독일의 무장에 항의하지 말고 차라리 독일의 재건에 동참하라고 충고했다. 1936년에는 함순의 아내가 나치의 선전장관 요제프 괴벨스를 만났고, 1937년에는 함순의 아들 토레가 뮌헨에서 학업을 시작했다. 그의 아들은 나치의 특별 후원 아래 외국인들에게는 가입이 허락되지 않았던 나치친위대ss에 들어갔다.

1940년 4월 9일 히틀러가 노르웨이를 침공하자 함순은 전단지에 영국의 노골적인 침략 위험에서 "우리를 지켜 주기 위해 독일이 왔다."라고 썼다. 1940년 9월 28일에는 노르웨이 동포들을 향해 이렇게 부르짖기도 했다.

> 무기를 버리고 집으로 돌아가라! 독일인들은 우리 모두를 위해 싸우고 있고, 이제 영국의 폭정을 완전히 박살 낼 것이다!

그의 동포들은 격분해서 한결같이 함순의 망언을 성토했고, 문학계는 고개만 설레설레 저었다. 미국에 있던 토마스 만도 함순이 "망령이 들었다"고 말했다. 하긴 하인리히 만조차 소련을 "지금까지 유럽에서 실현된 최고의 도덕적 단계"로 지칭하던 시절이었다.

1943년 5월 함순은 괴벨스를 방문하러 베를린으로 갔다. 첫 뇌출혈이 있은 지 1년 뒤였다. 그는 나치 선전장관에게 극진한 존경의 뜻을 표하면서 자신이 받은 노벨 문학상 메달을 선물했다. 6월에는 히틀러까지 오버잘츠베르크에서 그의 접견을 허락했다. 함순은 독일의 노르웨이 제국위원인 요제프 테르보펜Josef Terboven이 너무 가혹한 정책을 펴서 오히려 독일의 이익에 해가 된다고 말하며 그를 교체해 달라고 부탁했다. 그러나 히틀러는 화를 내며 대화를 중단시켜 버렸다.

하지만 이런 일이 있었다고 해서 히틀러에 대한 함순의 존경심이 수그러든 것은 아니었다. 오히려 서방 세계와 노르웨이 국민을 최고조로 도발하는 망발을 저질렀다. 히틀러가 자살한 직후 그는 아직 독일군 통제 아래 있던 라디오 방송에 나와 이렇게 말했다.

"그는 최고의 개혁가였습니다. 우리는 이제 그의 충직한 지지자로서 지도자의 서거를 깊이 머리 숙여 애도합니다."

함순은 4개월 전인 1945년 1월에 두 번째 뇌출혈을 일으켰다. 그리고 귀도 완전히 먹었다. 이제 이런 의문이 솟구친다. 노쇠한 노인 특유의 옹고집이 작용했다고 믿더라도 어떻게 그렇게 어리석고 어처구니없는 짓을 저지를 수 있을까?

이런 추측을 해 볼 수 있을 것 같다. 함순은 평생을 불평가로 살았고, 동시대인들을 비꼬고 세상을 조롱하는 것을 좋아하던 사람이었다. 그런 사람에게는 어쩌면 마지막 순간에 완전히 뒤집어엎어 지금까지 쌓았던 세계적 명성을 스스로 무너뜨리고 세상을 희롱하는 것이 그답지 않았을까?

1945년 5월 26일 함순은 가택 연금되었다. 분노한 시민들은 그의 집 울타리 너머로 그의 책들을 던져 버렸다. 6월 14일 병원에 잠시 입원했던 그는 곧이어 양로원으로 보내졌고, 1945년 10월부터 1946년 5월까지는 정신병원에 감금됐다. 신문을 읽는 것도 허용되지 않는 생활 속에서 함순은 갈수록 원망만 깊어 갔다. 그래서 검사에게 이렇게 이의를 제기했다.

"차라리 쇠사슬에 묶어도 좋으니 일반 감옥에 보내 주시오. 이렇게 정신이 약간씩 이상한 사람들과 함께 지내야 하는 고통보다는 백배 나을 것 같소."

의사들이 그의 정신 상태를 검사했다. 우선 단순한 곱하기를 할 수 있는지, 어린아이를 난쟁이와 구분할 수 있는지를 확인했다. 그러나 함순은 청각장애인이나 마찬가지였고, 다른 사람 말은 듣지 않는 고집불통이었으므로 의사소통 자체가 힘들었다. 이윽고 그는 다시 양로원으로 보내져 1947년 성탄절까지 머물렀다.

함순이 처음 예심 판사 앞에 선 것은 1945년 6월 23일이었다. 함순은 이렇게 적었다.

> 심리는 앙증맞게 진행되었고(앙증맞다니?) 아무런 판결도 내리지 않았다. 판사는 독일 국가를 파괴하고 지상에서 영원히 제거하려는 연합국의 고결한 권리를 확신하고 있었다.

판사가 물었다.
"이제 노르웨이에서 백일하에 드러나고 있는 독일군의 만행에 대해서는 어떻게 생각합니까?"
그러자 함순은 경찰서장이 신문을 못 보게 해서 거기에 대해서는 아는 게 전혀 없다고 대답했다.
1946년 2월 18일 함순에 대한 일반 형사소송이 진행되었다. 엄격하게 법률을 적용하면 충분히 국가반역죄로 기소할 수 있었는데도 말이다. 사실 함순이 1940년 9월에 노르웨이인들을 향해 "무기를 버려라!"하고 외친 사실 하나만으로도 국사범의 요건은 충분했다. 그는 5월 정신병원에서 퇴원했다. 그때 의사들이 쓴 감정서에 이런 내용이 있었다.
"그는 지속적으로 정신이 쇠약해지고 있습니다. 재범의 우려가 있다고는 판단되지 않습니다."
1947년 12월 함순이 양로원에서 자신의 농장으로 되돌아가기 직전 그를 파산에 이르게 한 소송이 진행되었다. 노르웨이에서 나치가 저지른 피해에 대해 나치당 당원들이 배상하라는 것이었다. 함순은 이 당에 가입한 적이 없다고 반박하며, 여든여덟이라는 나이가 믿기지 않을 정도로 힘차게 자기 입장을 변호했다.

"신문에 실린 내 글에 대해서는 비난을 할 수 있습니다. 하지만 나는 누구를 밀고한 적도, 나치에 부역한 일도 없습니다. 이따금 국가사회주의의 정신 속에서 글을 썼을 수는 있습니다. 하지만 나는 그 사실을 몰랐습니다. 국가사회주의의 정신이 뭔지 몰랐기 때문이지요."

함순은 말을 이어 갔다.

"노르웨이가 대독일 세계 공동체에서 핵심적인 위상을 차지할 것이라는 선전은 기만이었습니다. (…) 하지만 나는 그것을 믿었습니다."

아무도 그의 글이 잘못되었다고 말해 주지 않았다. 귀가 먹은 채 집에만 붙어 있던 그에게 세상으로 나가는 통로는 나치의 통제를 받는 두 신문이 유일했기 때문이다.

"그 신문들에는 내가 쓴 글이 잘못되었다는 기사가 실린 적이 없었습니다. 게다가 당시 내 글의 취지도 잘못된 것이 아니었습니다. 내가 노르웨이 저항군에게 무기를 버리라고 한 것은 점령군에게 대항해 봤자 아무 소득도 없이 어리석게 목숨만 잃을 뿐이라고 생각했기 때문이죠."

그런데 함순은 독일인들에게도 의심받았다고 주장했다.

"나는 히틀러와 테르보펜에게 수없이 전보를 쳐서 노르웨이 저항군에게 사형 선고를 내리지 말 것을 촉구했습니다. 그 일로 저들은 나를 곱게 보지 않았습니다. (…) 사람들은 나를 가리켜 국가 반역자라고 합니다. 그런 논쟁일랑 그만둡시다. 하지만 나는 예전에도 그렇게 생각하지 않았고, 지금도 그렇게 생각하지 않습니다. 지금은 그저 편안할 따름입니다."

재판부는 함순의 변론을 탐탁지 않게 여기며, 그의 재산 대부분을 몰수하는 판결을 했다. 농장도 폐허가 되었다. 1949년 아흔의 함순은 이제 눈까지 어두워진 상태에서 힘겹게 출판사를 찾아 자신의 마지막 작품 『우거진 오솔길 Paa Gjengrodde Stier』을 출간했다. 반어적이면서 때때로 원한에 사무쳐 자신의 만년을 토로하는 소설이었다. 그의 아들 토레는 이 작품을 가리켜 "무기력하게 늙어 가는 정신이 만들어 낸 기적과도 같은 사건"이라고 조롱했고, 고트프리트 벤은 이렇게 평했다.

> 이 책은 그의 다른 많은 책처럼 달콤하면서도 볼품없는 소설이다. (…) 내 눈에 그는 꼭 동물원에 갇혀 창살 사이로 구경꾼들을 경멸스러운 눈으로 노려보는 한 마리 늙은 사자처럼 보인다. 아마 구경꾼들 가운데 변호사나 의사로 보이는 사람이 있으면 당장 그들을 향해 창살 사이로 침을 뱉었을 것이다.

1952년 2월 19일 함순은 아흔둘의 일기로 영원히 잠들었다. 악마를 모욕했던 사람이 세상을 떠난 것이다. 그의 바이올린 케이스에는 더러운 빨랫감들이 잔뜩 들어 있었다. 그러나 그런 그가 바이올린을 켜면 세상도 감동해 마지않았다.

세계적인 명성을
도둑질당한 패배자들

20. 리제 마이트너

노벨상을 빼앗긴 물리학자

 승리와 명예는 늘 상대보다 더 끈질기고 비정한 사람에게 돌아가기 마련이다. 이 장은 그런 성격의 소유자들과 상대해서 패배당한 두 남자와 두 여자 이야기다. 그중 셋은 고작 전문 분야에서나 그 이름을 알고 있을 정도로 처절하게 패배당했다.

 그중 한 사람이 로절린드 프랭클린Rosalind Franklin(1921~1958)이다. 미국의 분자생물학자 제임스 왓슨James Watson은 프랭클린의 도움으로 세계적 명성을 얻었지만, 공을 가로챘을 뿐 아니라 나중에는 프랭클린이 죽은 뒤에도 그의 위신을 깎아내리는 짓을 서슴지 않았다. 왓슨은 프랜시스 크릭Francis Crick과 공동으로 과학 전문 잡지 『네이처Nature』에 인간 유전자의 이중나선형 구조를 밝히는 논문을 실었다. 이것은 현대 분자생물학의 획기적인 발견인 동시에 유전공학과 클론 연구에 결정적인 공헌을 한 논문이었다. 그런데 이 논문의 한 주석에 이런 내용이 나온다.

이 연구는 모리스 윌킨스Maurice Wilkins 박사, 프랭클린 박사, 그리고 런던 킹스 칼리지에서 활동하는 다른 연구진의 미출간 연구 결과와 아이디어를 통해 어느 정도 영향을 받았다.

이것은 양심적인 감사의 변으로 들리기도 하지만, 실은 1단계 사실 오도에 불과했다. 왓슨과 크릭이 유전자 구조에 대해 아이디어가 있었던 것은 사실이다. 또한 방향도 옳고, 가정도 틀리지 않았다. 하지만 로절린드 프랭클린은 그들의 연구에 단순히 어느 정도 영향을 끼친 수준이 아니라 그들이 이끌어 낸 첫 이론이 오류였음을 증명하고, 다년간 엑스선x線 회절법 실험을 통해 그들의 작업에 처음으로 과학적 토대를 제공한 사람이었다. 이 순간부터 왓슨과 크릭은 프랭클린을 최대의 경쟁자로 보고, 무조건 이 경주에서 이기기 위해 사력을 다했다.

그런데 최고 경계 대상이던 프랭클린이 전혀 띌 생각을 하지 않자 승리는 한결 수월하게 그들 품에 떨어졌다. 올곧은 과학도였던 프랭클린은 자신의 엄격한 요구를 충족할 만한 결과가 나올 때까지 출간을 기다렸다. 1952년 7월 처음으로 엑스선 회절법을 사용한 실험에서 유전자의 나선형 구조를 뚜렷이 확인할 수 있었다. 그런데 프랭클린이 이 결과를 공표하기 전에 제임스 왓슨이 이 사진을 입수했다. 프랭클린과 함께 일하던 동료가 몰래 왓슨에게 사진을 보여 준 것이다. 이렇게 해서 1953년 4월 『네이처』에 왓슨과 크릭의 공동 논문이 실리게 되었다.

프랭클린은 그냥 넘어갔다. 그로부터 5년 뒤 로절린드 프랭클린은 암으로 세상을 떠났다. 서른일곱의 아까운 나이였다. 반면에 왓슨과 크릭은 1962년에 노벨 생리·의학상을 받았는데, 수

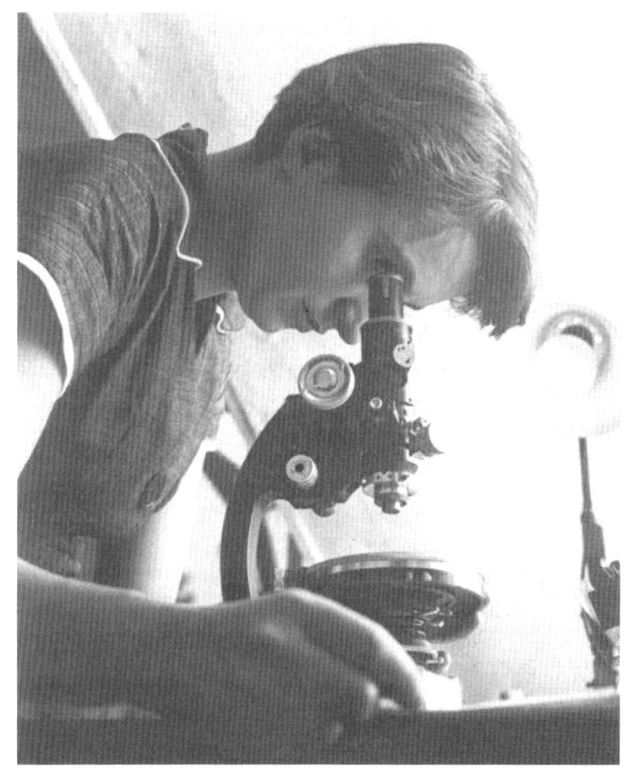

현미경을 보고 있는 로절린드 프랭클린. 엑스선 회절법을 사용한 실험에서 유전자의 나선형 구조를 뚜렷이 확인했지만, 사진이 유출돼 관련 내용이 왓슨과 크릭의 공동 논문에 먼저 실렸다.
사진 출처: MRC 분자생물학 연구실(MRC Laboratory of Molecular Biology)

상 소감에서 프랭클린에 관한 이야기는 전혀 언급하지 않았다.

그때까지는 그래도 십분 양보해서 연구자들 사이에서 종종 볼 수 있는 치열한 경쟁 결과로 봐줄 수도 있었다. 하지만 왓슨은 1969년에 승리자들에게 으레 나타나는 행동 이상의 치졸하고 역겨운 행태를 보였다. 그해 『이중나선 The Double Helix』이라는 책을 써서 세계적인 베스트셀러가 됐는데, 그는 여기서 유전자의 이중나선형 구조를 발견한 사람이 크릭과 자신이었다고 역사적 사실을 왜곡하는 데 그친 게 아니라 벌써 11년 전에 죽은 로절린드 프랭클린에게 잔뜩 오물을 뒤집어씌웠다. 그는 프랭클린에 대해 옷도 못 입고, 머리도 엉망이고, 늘 뚱해 있을 뿐 아니라 영감이라고는 전혀 없는 계측기술자였다고 썼다.

또한 2003년에 있었던 한 인터뷰에서는 자신이 야심만만하고 공격적인 사람으로서 진실보다 오히려 명예를 더 선호한다고 쾌활하게 밝혔다. 그러면서 의기양양한 얼굴로 이렇게 덧붙였다.

"어쨌든 로절린드 프랭클린의 전기가 두 권이나 나왔어요. 내가 아니었더라면 프랭클린이 그렇게 주목받지는 못했을 겁니다."

전화를 발명한 세 사람 가운데 최종적인 승리를 거머쥔 사람은 그중에서도 가장 비양심적인 인물이었다. 스코틀랜드에서 태어난 알렉산더 그레이엄 벨 Alexander Graham Bell은 1872년에 미국으로 건너가 처음에는 발성기관 생리학을 연구하고 농아학교 교사들을 가르치는 전문가로 일했다. 그러던 그가 1876년 2월 14일 전화기에 대한 특허를 신청해 3주 뒤에 특허받았다. 독일의 물리 교사 필리프 라이스 Philipp Reis가 1861년에 고안한 전화기가 아직 특허받을 만큼 제대로 완성되지 않았다는 점에서 벨의 특허권 획득은 정당했다. 라이스의 전화기는 코맹맹이 소리에다 거의 의사소통이 불가능한 상태였기 때문이다.

하지만 이탈리아계 미국인 안토니오 무치Antonio Meucci가 발명한 전화기는 문제가 다르다. 벨은 무치의 실험실에서 함께 일하면서 제대로 작동하는 전화기를 처음 보았고, 무치는 그 전화기로 벌써 1871년에 특허를 따 놓은 상태였다. 그러나 무치의 특허권은 1874년에 효력이 정지되었다. 경제적 어려움을 겪고 있던 그로서는 자신의 발명품에 관심을 쏟을 여력이 없었기 때문이다. 1876년 마침내 벨이 특허를 따내자 무치는 그를 사기 혐의로 고소했다. 그러나 그사이 급작스럽게 유명해진 벨의 유능한 변호사들과 보잘것없는 한 남자 사이의 소송은 끝도 없이 지루하게 이어졌고, 1896년 무치가 숨을 거둘 때까지도 판결이 나지 않았다.

벨이 속인 또 다른 사람은 오하이오주 출신의 전기공학과 교수 엘리샤 그레이Elisha Gray(1835~1901)였다. 그레이는 우선 지독히도 운이 없는 사람이었다. 특허 신청서를 들고 특허청에 도착해 보니 벌써 두 시간 전에 벨이 특허 신청을 하고 갔다는 것이다. 이 두 시간이 운명을 갈라놓았지만, 그걸 가지고 벨을 탓할 수는 없는 노릇이다. 그런데 특허장이 발부된 지 사흘 만에 열린 첫 공개 시연회에서 벨의 전화기가 그레이의 기술을 사용한 사실이 드러났다. 마이크로폰과 금속 진동판이 그레이의 특허 신청서에 명시된 그 기술 방식이었던 것이다. 이것이 벨의 고유한 기술이 아니었다는 사실은 과학사가들 사이에선 이론의 여지가 없다. 그렇다면 벨이 발명한 전화기의 절반은 그레이가 만든 것이나 다름없었다.

이번에는 그레이가 벨을 사기 혐의로 고소했는데, 이와 관련된 소송이 무려 100여 건이 넘었다. 미 대법원은 그레이의 소송을 모두 기각했다. 그러나 벨에게는 무척 불명예스러운 일이었다. 즉 최종 판결에서는 승리를 거두었지만, 대법원 판사들의 의견은 정확히 찬반 동수로 엇갈렸다.

어쨌든 이렇게 해서 벨은 두 번의 부정을 저질렀음에도 부와 명성을 한꺼번에 얻었다. 1922년 그가 숨을 거두자 미국의 전화국들은 1400만 전화 회선을 1분간 정지시키고 그의 죽음을 기렸다. 반면에 그레이는 백과사전 한 귀퉁이에 이름만 올라와 있고, 무치는 이름조차 잊혔다.

유럽에서도 이와 비슷한 경우가 있었다. 어느 정도 이름을 얻었지만 절친한 친구에게 세계적인 명성을 사기당한 오스트리아 빈 태생 여성 물리학자 리제 마이트너Lise Meitner(1878~1968)가 그 주인공이다. 스스로 "불쌍한 존재"라고 부른 마이트너는 자그마한 체구에 수줍지만, 야심이 크고 자의식이 강한 예쁘장한 여인이었다.

1878년에 태어난 마이트너는 여자로서는 두 번째로 빈대학교에 입학한 여대생으로, 1906년에 이 대학에서 물리학 박사학위를 받았다. 마이트너는 이듬해 당시 자연과학 분야에서 세계적 아성이었던 베를린으로 갔다. 1911년 이 도시에 '카이저 빌헬름 과학진흥재단'이 세워졌고, 아인슈타인도 1913년부터 1933년까지 여기에서 연구했다.

베를린에서 마이트너는 훗날 자신의 인생에서 오랜 연구 파트너이면서 액운이 될 동갑의 화학자를 만나게 된다. 프랑크푸르트 출신의 오토 한Otto Hahn 박사였다. 그들은 공동 연구로 1908년에 핵분열 때 발생하는 두 가지 방사능 물질을 발견했고, 1917년에는 그때까지 알려지지 않았던 91번 원소를 밝혀냈다. 1926년 마이트너는 베를린대학교 교수로 승진했다. 프로이센에서는 여자로서 처음 있는 일이었다. 1928년 카이저 빌헬름 과학진흥재단의 화학분과위원장이 된 오토 한은 마이트너를 위해 연구소 안에 방사능 연구 분과를 따로 만들어 주었다.

이렇게 해서 두 사람은 이후 10년 동안 매우 친밀한 유대 관계 속에서 연구해 나갔다. 애정 관계로 발전하지는 않았지만, 서로 편하게 '니쉔' '핸센'이라는 애칭으로 부르고, 마이트너가 오토 한에게 "핸센, 당신은 물리학에 관해선 꽝이야!"라고 스스럼없이 말할 정도로 가깝고 편한 사이였다.

독일계 유대인이었던 알베르트 아인슈타인은 1933년에 미국으로 망명을 떠나야 했지만, 오스트리아계 유대인이었던 리제 마이트너에게는 아직 나치의 마수가 미치지 않았다. 물론 오스트리아가 독일로 병합되기 전까지의 일이었지만 말이다. 마이트너는 자신의 여권이 취소된 것을 알고서 1938년 7월 17일 예순이 다 된 나이에 부랴부랴 짐을 꾸려 네덜란드를 거쳐 스웨덴으로 피신했다. 오토 한은 나중에 마이트너의 옷가지들을 정리해서 부쳐 줬고, 연금도 알아서 정리해 줬다.

마이트너는 스웨덴 과학아카데미에서 일하며 생계를 꾸려 나갔다. 하지만 옛 동료들과 31년이라는 세월 동안 고향처럼 지낸 베를린과 완전히 단절되었다는 느낌을 떨칠 수 없었다. 게다가 스웨덴 과학아카데미는 자그마한 연구소였고, 여기서 자신이 맡고 있던 역할도 예전에 비하면 초라하기 짝이 없었다. 그러니 스웨덴이 친근하게 느껴질 리 만무했다.

하지만 이것으로 오토 한과 함께한 공동 작업이 끝난 것은 아니었다. 마이트너는 스웨덴의 스톡홀름으로 도주한 지 반년 만에 자신의 인생을 통틀어 최고의 연구 성과를 올렸다. 우선 오토 한과 그의 새로운 파트너 프리츠 슈트라스만Fritz Strassmann은 1938년 12월 핵물리학에서 놀라운 발견을 하나 했는데, 즉각 마이트너에게 이 사실을 알리며 조언을 구했다. 마이트너라면 이 '특이하고 끔찍한' 발견에 대해 무언가 기가 막힌 설명을 해줄 수 있으리라는 바람에서였다. 그런데 오토 한과 슈트라스만은 1939년 1월 6일 마이트너의 조언을 듣지 않은 상태에서 『자연과학Die Naturwissenschaften』지에 자신들의 논문을 발표했다. 이 논문에는 '지금까지 드러난 모든 핵물리학적 사실'과 모순되는 발견이라는 설명이 붙어 있었다.

그 이후 날마다 베를린과 스톡홀름 사이에 흥분된 서신 교환이 줄을 잇다가 마침내 리제 마이트너가 오토 한에게 그의 발견에 대해 결론을 내렸다. 그가 원자핵 분열에 성공했다는 것이다. 마이트너는 1939년 1월 18일 오토 한의 발견과 자신의 해석을 런던의 『네이처』에 실으면서 이것을 '핵분열'이라는 말로 규정했고, 핵이 분열할 때 엄청난 양의 에너지가 방출된다는 사실도 함께 알렸다.

학계는 마이트너의 말에 가만히 귀를 기울였다. 이제야 드디어 핵폭탄과 원자력에 대한 물리학적 토대가 마련된 것이다! 1939년 7월 영국의 한 일간지가 이 놀랄 만한 과학적 센세이션을 보도했다. 그러나 당시 아직 권력을 쥐지 못한 채 하원의원

자신을 "불쌍한 존재"라고 부른 리제 마이트너. 1926년 프로이센에서 처음으로 여자 교수가 되었다. 그러나 절친한 친구인 오토 한에게 자신이 발견한 것들을 털어놓는 바람에 노벨상을 빼앗긴 비운의 물리학자였다.

으로서 히틀러의 광기를 경고하는 성가신 비판자 역할로 유명했던 윈스턴 처칠은 이것을 히틀러의 기만적 허장성세 전술로 파악하고, 영국 항공장관에게 이렇게 편지했다.

독일의 국가사회주자들이 엄청난 효과를 지닌 폭발 물질을 개발했다는 것은 근거 없는 소문에 불과합니다.

하지만 알베르트 아인슈타인은 핵의 위험성을 다르게 평가했다. 1939년 8월 2일 그는 루스벨트 대통령에게 유명한 편지를 보냈다. 미 정부는 '이러한 새로운 현상'에 '각별한 주의를 해야 하고 유사시 신속한 대비책'을 강구해야 한다. 그리고 세 명의 미국·프랑스 물리학자들이 지난 4개월 동안 연구를 통해 '핵의 연쇄 반응이 엄청난 폭발력을 지닌 폭탄 제조에 응용될 수 있다는 사실'을 밝혀냈다고 썼다. 그런데 두 명의 독일 과학자 오토 한과 슈트라스만이 8개월 전에 핵분열을 발견했고, 리제 마이트너가 7개월 전에 그 내용을 세상에 공표했다는 말은 어디에도 없었다. 게다가 독일의 위협에 대해서도 언급하지 않았던 것은 참으로 이상한 일이었다.

마이트너는 전쟁 기간 내내 스톡홀름을 떠나지 않았다. 그사이 미국 측으로부터 수차례 연구직을 제안받았지만, 거기서 핵무기 개발이 진행되고 있다는 이야기를 듣는 순간 단번에 거절해 버렸다.

1942년 히틀러의 군수장관 알베르트 슈페어가 오토 한과 베르너 하이젠베르크Werner Heisenberg를 불렀다. 하이젠베르크는 양자역학으로 노벨 물리학상을 받은 이론물리학자로, 예전에 아인슈타인이 이끌던 카이저 빌헬름 연구소의 물리학 분과를 1941년부터 이끌고 있었다. 슈페어가 두 사람에게 독일이 핵폭탄을 만들 수 있느냐고 묻자 하이젠베르크가 이렇게 대답했다.

"핵폭탄을 만들 이론적인 토대는 갖추고 있습니다. 하지만 지금까지와는 달리 막대한 재원을 투입한다고 하더라도 실제로 폭탄이 만들어지기까지 최소한 2년은 걸릴 것입니다."(하이젠베르크의 이 말이 실제로 돈이 없어서 핵폭탄을 못 만든다는 것이었는지, 아니면 나치에 대한 위장된 저항이었는지는 오늘날까지도 불분명하다.)

1942년 가을, 두 과학자 오토 한과 하이젠베르크가 핵무기 제조 기간으로 3~4년을 산정하자 슈페어는 마침내 이 계획을 묻어 버렸다. 그는 회고록에서 이렇게 썼다.

> 나는 가끔 히틀러와 핵폭탄에 관해 이야기했다. 하지만 그의 사고력을 훨씬 뛰어넘는 개념이었던 건지 그는 전혀 이해하지 못했다.

1942년 12월 이탈리아계 미국 물리학자 엔리코 페르미Enrico Fermi가 시카고대학교에 설치한 원자로에서 세계 최초로 우라늄 핵분열 연쇄 반응 실험에 성공했다. 1945년 8월 7일 리제 마이트너는 하루 전날 히로시마에 핵폭탄이 투하됐다는 이야기를 전해 듣고 아연했다. 그것도 핵폭탄 제조에 마이트너가 얼마만큼 관여했는지 묻기 위해 득달같이 달려온 집요한 기자들에게서 들은 이야기였다. 마이트너는 아무런 말도 하지 않았다. 그런데 며칠 뒤 『뉴욕 헤럴드 트리뷴New York Herald Tribune』에 이런 제목의 기사가 실렸다.

'핵폭탄 개발에서 자신이 어떤 역할을 했는지 말하려 하지 않는 오스트리아 태생의 여성 과학자'

핵폭탄 제조와 관련해서 마이트너가 맡은 일은 지극히 미미했다. 그런데도 이런 식으로 세계 여론이 그에게 집중된 것은 당시 핵기술 발전에 마이트너가 어떤 위치를 차지하고 있었는지 잘 보여 주는 대목이다. 오토 한의 파트너 프리츠 슈트라스만은 이렇게 단언하기까지 했다.

"마이트너는 우리 연구팀의 리더였다."

모든 정황을 보면 오토 한도 이러한 사실을 분명히 알고 있었다. 그럼에도 스웨덴 과학아카데미가 오토 한만 핵분열의 발견자로 간주해서 노벨 화학상을 수여했을 때 그는 내심 쾌재를 불렀다. 그가 마이트너와 둘이, 아니면 슈트라스만과 셋이 노벨상을 공동 수상해야 한다고 노벨위원회에 건의한 흔적은 전혀 보이지 않는다. 그러한 절차가 불가능했다면 수상 소감에서는 리제 마이트너의 이름을 거론하는 것이 최소한의 예의이자 도리였을 것이다. 그러나 그는 1946년 12월 노벨 화학상 수상 자리에서 그러한 배려를 전혀 하지 않았다(오토 한은 원래 1944년도 노벨 화학상 수상자로 결정됐으나, 수상식은 1946년에 열렸다. 전쟁 중에는 수상식이 비밀리에 거행되었고, 전후에는 영국 군정이 그의 출국을 금지했기 때문이다.)

상을 받는 자리가 아니라면 최소한 쇄도하는 언론 인터뷰에서만큼은 자신의 연구에서 마이트너가 기여한 결정적인 공로를 언급해야 했다. 하지만 그는 그렇게 하지 않았다. 아니, 딱 한 번 있었다. 1946년 12월 6일 스웨덴 『내일신문 Morgon Tidningen』과 인터뷰한 자리에서 마이트너의 이름을 거론했다. 1년 반 뒤 그는 이 사실을 마이트너에게 언급하면서 자신은 그에게 부당한 짓을 전혀 하지 않았다는 증거로 제시했다. 마이트너의 불평에 대한 일종의 변명이었던 셈이다. 마이트너는 오토 한이 수년간에 걸쳐 자신과 공동 연구를 해 왔음에도 자신의 이름조차 거론하지 않은 것에 대해 몹시 서운해했다. 마이트너는 친구들에게 이렇게 편지했다.

"나는 오토가 떨쳐 버리고 싶어 하는 과거의 일부가 되었다는 사실이 너무 슬퍼."

마이트너를 특히 분노케 했던 것은 오토 한이 나치 시대에는 이렇다 할 저항도 없이 체제에 순응하며 살다가 나치 시대가 끝나자마자 기다렸다는 듯이 미꾸라지처럼 요리조리 빠져나가며 출세했다는 사실이다. 오토 한은 1948년 카이저 빌헬름 재단의 후신으로 설립된 '막스 플랑크 과학진흥재단'의 소장으로 승진했다.

노벨 화학상을 빼앗긴 것에 대한 위안이 될지는 모르겠지만, 어쨌든 리제 마이트너는 1966년에 '엔리코 페르미상'을 받았다. 그리고 1968년 10월 27일 영국의 케임브리지에서 아흔이 다 된 나이로 숨을 거두었다. 오토 한이 죽은 지 넉 달 만이었다.

노벨위원회는 보통 세계에서 가장 권위 있고 믿을 만한 기관으로 통한다. 하지만 리제 마이트너와 로절린드 프랭클린의 경우를 떠올려 보면 차라리 실망과 소외감을 생산하는 곳이 아닐까 하는 생각이 든다. 예를 들어 1972년 하인리히 뵐Heinrich Böll이 노벨 문학상을 받았을 때 귄터 그라스Günter Grass는 자신을 패배자로 생각하지 않았을까? 미국의 문학 비평가 조지 스타이너George Steiner는 노벨위원회가 하인리히 뵐을 선정한 것을 '충격적인 결정'이라고 했다. 귄터 그라스는 1999년에야 이 상을 받음으로써 그때 겪은 좌절에 대한 보상을 받았다.

문학 부문에서 노벨위원회가 잘못된 결정을 내리는 것은 아주 상습적이다. 예를 들어 1902년에는 당시 세계에서 가장 유명하던 생존 작가 톨스토이, 게르하르트 하웁트만Gerhart Hauptmann, 헨리크 입센 대신 터무니없이 독일의 역사가 테오도어 몸젠Theodor Mommsen이 수상자로 결정된 적도 있었다.

자연과학 부문 노벨상은 일반적으로 주목을 덜 받는다. 수상자들은 대부분 이름이 알려진 사람들이 아니기 때문이다. 그러나 여기서도 암투와 음모가 판을 친다. 노벨위원회로서도 수상자를 선정하기가 간단치 않다. 재단이 설립된 1901년 이후 자연과학자들 수가 무려 30배나 증가했으니 어떻게 누구나 만족하는 사람을 뽑을 수 있겠는가? 스톡홀름의 노벨위원회 테이블 위에는 매년 전 세계 연구자들로부터 추천받은 약 5백 명의 이름이 올라온다.

이렇게 많은 후보를 일일이 검증하는 것은 불가능하기에 스웨덴 심사위원들은 대개 기존의 노벨상 수상자들에게 자문한다. 그들만큼 자신의 전공 분야에 대해 잘 아는 사람이 없다고 생각하기 때문이다. 하지만 그 이후에는 어떤 일이 벌어질까? 야심이 크고 상을 좇는 젊은 과학도라면 하루라도 빨리 노벨 수상자의 제자로 들어가려고 기를 쓰거나, 아니면 그의 친구나 추종자가 되려고 애를 쓰지 않겠는가? 이러다 보니 노벨상 수상자의 절반가량이 기존 수상자의 제자라는 기현상이 벌어졌다.

게다가 각 분야에서 최대 세 명까지만 수상자를 뽑게 되어 있는 노벨위원회의 정관도 문제다. 아무런 문제가 없을 것 같은 이 규정에 최악의 폭발력이 잠재된 것이다. 물론 핵분열의 경우(리제 마이트너, 오토 한, 프리츠 슈트라스만)나 이중나선형 구조의 경우(로절린드 프랭클린, 제임스 왓슨, 프랜시스 크릭)처럼 요행히 연구자가 셋으로 압축될 때는 아무런 문제가 없다. 하지만 오늘날에는 하나의 자연과학적 문제를 풀기 위해 보통 교수 열 명과 조교 스무 명이 공동으로 참여하는 일이 다반사다. 이럴 경우 누가 그 셋에 들어갈까? 내막을 잘 아는 사람들은 노벨상이 종종 좀 더 철면피 같고 좀 더 추악한 음모를 꾸미는 사람들의 차지라는 사실을 부인하지 않는다.

그렇다면 우리가 박수갈채를 보내야 할 사람은 이러한 경쟁에서 본의 아니게 밀려난 사람들이 아닐까? 그들은 대개 수상자들과 똑같은 능력과 성취도를 보였다. 다만 좀 더 여리고 편안한 성격의 소유자들일 뿐이다. 승리자들에게는 박수갈채를 보낼 필요가 없다. 그들은 상으로 충분한 보상을 받은 사람들이니까.

21. 앨런 튜링

영국의 승리를 도운 무명인

제2차 세계 대전에서 조지 스미스 패턴과 버나드 몽고메리의 연합군보다 영국이 승리하는 데 더 크게 기여한 인물이 있었다. 영국의 수학자 앨런 튜링Alan Turing(1912~1954)이 그 주인공이다. 그런데 이 사실은 그가 영국 법정과 정부의 수모에 못 이겨 자살한 지 20년 만인 1974년까지 묻혀 있었다. 당시 영국 정부의 수반은 전쟁 때와 마찬가지로 윈스턴 처칠이었다. 처칠은 이 수학 천재가 영국의 승리에 얼마나 큰 역할을 했는지 누구보다 잘 알고 있었을 텐데도 자신의 전쟁 회고담에서 튜링에 대해 한 마디도 언급하지 않았다.

1963년판 브리태니커 백과사전에도 튜링이 거론되지 않았다. 1983년판에는 그의 이름이 목록에 나오기는 하지만, 그가 영국의 비밀 요원으로 활동했다는 사실과 그에게 내려진 야만적인 법정 판결에 대해서는 침묵하면서 그의 죽음과 관련해서는 실수로 청산가리를 먹고 죽은 것으로 기술했다. 브리태니커 백과사전 측은 1986년판에서야 기나긴 고심 끝에 진실에 다가가게 되었다.

1912년 6월 23일 런던에서 태어난 앨런 튜링은 짧은 삶 동안 외곬의 괴짜로 통했다. 학창 시절에는 너저분한 외모에 말도 더듬거리고, 영어와 라틴어를 몹시 싫어하는 학생이었다. 그래서 평생을 맞춤법과 글쓰기 때문에 고생했다. 게다가 언제든지 왼쪽이 어디인지 확인할 수 있도록 왼쪽 엄지에다 빨간색 점을 칠해 두었다고 한다. 이런 그도 수학에서만큼은 탁월한 재능을 보였다. 하지만 교과 내용보다는 아인슈타인의 상대성 이론에 훨씬 관심이 많았고, 항상 자기만의 고집스러운 생각으로 교사들을 곤란하게 만들었다.

튜링은 열네 살 때 장장 1백 킬로미터에 이르는 거리를 자전거로 통학했다. 총파업으로 공공 교통수단이 모두 끊겼기 때문이다. 어쨌든 이런 외곬의 괴짜가 15년 뒤 독일 해군의 암호를 풀어 영국의 숨통을 죄던 독일 잠수함을 마비시켜 조국을 구해 내리라고는 아무도 예상하지 못했다.

튜링은 열다섯 살 때 한 살 많은 크리스토퍼 모콤Christopher Morcom과 절친하게 지냈다. 모콤 역시 수의 세계에 푹 빠져 있는 친구였지만, 학교에서는 튜링과 달리 뛰어난 수학적 재능을 지닌 학생으로 인정받고 있었다. 두 친구는 힘을 모아 엄청나게 복잡한 수학 문제를 풀기로 작정했다. 하지만 2년 뒤 모콤이 결핵으로 숨지자 튜링은 깊이 낙담했고, 이때부터 필생의 과제에 매달리기 시작했다. 인간의 지능을 기계에 넣어 두는 방법은 없을까? 그렇게 되면 모콤의 뇌에 들어 있던 것도 후세에 고스란히 전할 수 있지 않았을까?

열여덟 살 때 튜링은 케임브리지대학교의 킹스 칼리지에 장학금을 받고 들어가 수학을 공부했다. 스물두 살에 벌써 연구 장학생으로 선발되었고, 2년 뒤인 1937년에는 컴퓨터 발전의 밑거름으로 인정받는 「계산 가능한 수에 관한 연구On Computable Numbers, with an Application to the Entscheidungsproblem」라는 논문을 발표해 학계에 깊은 인상을 남겼다. 이것이 계기가 되어 그는 미국 뉴저지에 있는 프린스턴대학교로부터 장학금을 받으며 이 대학에서 연구 활동을 계속했다. 이곳은 1933년부터 아인슈타인이 교수로 있던 대학이었다. 대학 측에서는 그에게도 강의를 맡아 줄 것을 제안했지만, 튜링은 그 제안을 뿌리치고 1938년에 다시 영국으로 돌아갔다.

튜링은 영국이 전쟁에 돌입한 지 하루 만인 1939년 9월 4일, 런던 북쪽의 블레츨리 파크에 위치한 '정부암호학교'에 파견을 나가 암호 해독반의 수학 팀장으로 임명되었다. 이 학교를 운영하던 영국 첩보부가 평소에 튜링을 눈여겨보고 있었는데, 튜링이 1938년에 「계산 가능한 수에 관한 연구」에서 제기한 아이디어를 아직 제작된 적이 없는 컴퓨터의 완벽한 수학적 모델로 확장하는 데 성공했기 때문이다. 당대 사람들은 아직 만들어지지 않은 이 가상의 기계를 "튜링 기계"라고 불렀다. 이제부터는 이론 속에서만 존재하던 '전자 두뇌'를 실제로 제작하는 일만 남게 되었다(이것을 누가 제일 먼저 해냈는지에 대해선 논란이 많다. 널리 알려진 학설에 따르면 베를린의 콘라트 추제Konrad Zuse보다 2년 빠른 1939년에 아이오와주립대학교의 존 아타나소프John Atanasoff가

앨런 튜링의 여권 사진으로, 16세 때 사진으로 추정된다. 튜링은 1943년 당시 영국의 숨통을 죄고 있던 독일 잠수함으로부터 영국을 구해 내는 데 결정적으로 기여한 천재 수학자라는 사실은 1974년에서야 뒤늦게 밝혀졌다.

최초였던 것으로 알려져 있다).

적의 암호를 분석하는 일에는 튜링처럼 한 가지 일에 골똘하게 파고드는 사람이 필요했다. 특히 독일 암호기인 에니그마Enigma는 난해하기 짝이 없어서 특별한 해독 능력을 갖춘 전문가가 시급한 실정이었다. 독일 전군의 무전 시스템을 이루고 있는 에니그마는 세계에서 가장 정교한 암호 체계로 평가받고 있었다. 그리스어로 '수수께끼'라는 뜻의 에니그마는 그야말로 상대방에겐 하나의 거대한 수수께끼였다.

에니그마는 타자기처럼 사용하는 암호기였다. 하지만 타자기 안에 미리 설치해 둔 회전체(Rotor) 덕분에 입력한 철자 대신 다른 철자가 타이핑되어 나오는 방식이었다. 초창기에는 회전체가 세 개였지만 나중에는 여덟 개로 불어났다. 이러한 다중 회전체 시스템으로 타이핑 결과는 경우의 수가 백만 가지를 넘었다. 게다가 회전체의 위치(타이핑 변환 체계)도 날마다 바뀌었기 때문에 24시간 안에 암호문을 해독해 내지 못하면 아무 소용이 없었다. 그런데 초창기 블레츨리 파크의 암호학교에서는 암호문을 푸는 데 몇 달이나 걸렸다.

그렇다면 어디서부터 접근해야 하는 걸까? 튜링은 아무것도 없는 무無의 상태에서 출발하지는 않았다. 영국으로 망명한 폴란드 출신의 수학자들이 벌써 1932년부터 독일의 암호문을 해독해 오고 있었기 때문이다. 물론 독일군이 지금과는 비교도 되지 않을 정도로 단순한 에니그마를 사용하던 시점이었다. 어쨌든 튜링은 폴란드 수학자들이 이룬 기존 성과들을 출발점으로 삼았고, 영국군 잠수대원들이 침몰한 독일 잠수함에서 에니그마 암호 책을 입수하면서 그의 작업은 날개를 달게 되었다.

그사이 암호학교에서는 수없이 많은 계산기가 시행착오를 거치며 만들어지고 또 만들어졌다. 무한한 수학적 상상력과 치밀한 계산 그리고 모든 경우의 수에 대한 직관력이 총동원되었다. 블레츨리 파크의 암호학교에 지원서를 낸 수험생들은 주어진 낱말 퍼즐을 12분 안에 푸는 예비 시험을 치러야 했다.

튜링은 이러한 시끌벅적한 암호학교 안에서 이방인처럼 지냈다. 일에만 푹 파묻힌 채 군대 내 규칙이나 법규는 깡그리 무시했다. 또한 자기보다 지적 수준이 떨어지는 사람들을 향한 경멸과 군대에 대한 혐오를 숨기지 않았다. 그는 코믹, 자조, 노골적인 오만함 사이를 오가는 재치 있는 논증을 좋아했다. 그의 일을 돕는 사람들은 대부분 그를 놀라워하면서도 두려워했다. 또한 튜링은 법적으로 동성애를 금지하는 시절이었는데도 자신이 동성애자라는 사실을 거침없이 발설했다.

1940년 튜링이 처음 고안한 기계들을 블레츨리 파크에 설치했는데, 군인들과 수학자들은 이것을 "폭탄"이라 불렀다. 폭탄 하나는 전기로 연결된 12개의 원통형 연산기로 이루어져 있었는데, 24시간 가동되면서 포착된 독일 무전들 가운데 의미를 유추할 수 있는 철자들을 걸러 내는 작업을 수행했다. 그런데 영국 정부가 경제 여건상 더 이상 폭탄 제조 경비를 지원해 주지 못하자 튜링은 처칠 총리에게 격렬한 항의성 편지를 썼고, 결국 지원 약속을 받아 냈다. 영국 정부로서도 1942년 독일 잠수함들이 연이어 영국에 물품을 제공하는 미국 선박들을 침몰시키는 상황에서 암호 해독에 대한 지원을 더 이상 늦출 수는 없었다.

영국 정부의 지원으로 이제 '폭탄'은 15개로 늘어났다. 그렇다면 이 기계를 투입해 어떤 효과를 거뒀을까? 우선 에니그마가 양산해 내는 엄청난 경우의 수를 두 가지 방식으로 확 줄일 수 있었다.

첫째, 에니그마에서 사용되지 않는 세 개의 철자를 배제했다. 즉 원래 허용되지 않은 진짜 철자 하나와 오타의 위험성을 완화하기 위해 좌우에 있는 두 철자도 에니그마에서는 사용하지 않았던 것이다. 예를 들어 'E'라는 철자가 배제되면 자동으로 좌우의 'W'와 'R'도 함께 제외됐다.

둘째, 이것이 훨씬 더 효과적인 방식이었는데, 독일군의 암호 체계가 매일 바뀌는 것을 간파하고 있었기 때문에 어제 알아낸 것은 하루가 지나면 무조건 깡그리 잊어버렸다. 이것은 한편으로는 분통 터지는 일이었지만, 다른 한편으로는 가능한 조합의 수를 현저히 줄이는 방법이었다.

그다음부터는 고전적인 방식으로 암호문 해독에 들어갔다. 즉 가장 자주 나오는 철자들을 모아 군대 용어 가운데 가장 자주 쓰는 단어들과 일치시키는 것이었다. 이렇게 어느 정도 예상 답안지가 나오면 이것을 독일군에서 내보내는 일기예보와 비교했다. 독일 해군은 아침 6시면 정확하게 그날의 날씨를 일선부대에 타전했는데, 날씨·폭풍·비·파도 같은 단어들은 유추하기가 한결 쉬웠다. 특히 암호화된 단어와 실제 단어의 철자 수가 늘 똑같았기 때문에 해독 작업은 한결 수월했다.

블레츨리 파크의 수학자들에게 하루속히 결과를 내놓으라는 영국 정부의 압력은 1943년 3월 1일에서 20일 사이에 최고조로 달했다. 그만큼 전황이 불리하게 돌아가고 있었다. 독일군은 소련군의 반격으로 스탈린그라드(현 볼고그라드)에서 물러나야 했지만, 해상에서 독일 잠수함들의 활약은 눈부셨다. 독일 잠수함들은 2~3주 남짓 동안 무려 108척의 선박을 침몰시켰는데, 침몰된 선박 크기를 모두 더하면 총 62만 7천 톤에 이르렀다. 상선을 호송하던 전함들도 38척의 잠수함으로부터 기습 공격을 받아 21척이 파괴됐다. 반면에 적의 잠수함은 1척밖에 피해를 보지 않았다. 영국 함대 사령부는 당시를 이렇게 회상했다.

> 미국과 유럽을 잇는 해상로를 차단하는 것이 독일군의 목표였는데, 1943년 3월 첫 20일 동안만큼 그 목표에 근접한 적은 없었다.

그런데 3월 21일 급격한 전세 변화가 일어났다. 독일 잠수함들이 격침한 연합국 선박 수가 현저히 줄어든 반면 연합국이 침몰시킨 독일 잠수함의 수는 크게 늘었기 때문이다. 이로써 히틀러는 대서양에서 벌인 전투에서 패배했다. 처칠과 전쟁역사가들은 그 원인을 정교해진 레이더 시스템, 개선된 어뢰, 미 장거리 폭탄의 증강, 새로운 호송 전술의 구축으로 돌렸다. 물론 맞는 말이다. 하지만 이것만으로는 하루아침에 갑자기 전세가 뒤바뀐 것을 설명하기엔 아무래도 부족한 듯하다.

전세가 급격하게 전환된 데에는 튜링의 암호 해독반이 결정적 역할을 했다. 그사이 튜링은 독일군의 일일 암호를 해독하는 시간을 한 시간으로 단축하게 했고, 나중에는 단 몇 분으로 줄였다.

이렇게 해서 영국 함대 사령부는 독일 잠수함들의 위치와 공격 계획을 손바닥 보듯이 훤히 꿰뚫었다. 이제는 오히려 독일

지도부가 암호 누출을 눈치채지 못하도록 독일 잠수함들을 너무 빨리, 그리고 너무 정확하게 공격하지 않는 데 신경 써야 할 형편이었다. 그렇지 않으면 독일군은 지체 없이 새로운 암호 체계를 도입할 테니까 말이다.

왜 오늘날까지도 대서양에서 벌인 전투에서 영국이 승리하는 데 결정적 기여를 한 블레츨리 파크팀의 이야기가 관련 서적들에 거의 나오지 않는 걸까? 그것은 영국 정부가 자신들의 비밀 작전 중에서도 가장 은밀했던 작전을 전쟁이 끝난 뒤에도 고스란히 묻어 두려고 했기 때문이다. 그리고 어쩌면 그 팀에서 천재적인 두뇌 역할을 했던 튜링의 비참한 죽음도 어느 정도 작용했는지 모른다.

전쟁이 끝나자 튜링과 그의 동료들은 블레츨리 파크의 암호학교를 나서기 전에 그곳에서 있었던 일에 대해 한마디도 누설하지 않겠다는 서약을 해야 했다. 일부 사람들은 이것을 굴욕으로 느꼈다. 전쟁 중에 자신들이 한 일에 대해 아무 말도 하지 않는 바람에 이따금 비겁한 겁쟁이라는 욕을 먹었기 때문이다. 어쨌든 튜링은 1946년에 대영제국 공로 훈장을 받았다. 하지만 수여 사유는 비밀에 부쳐졌다.

튜링은 1948년까지 국립물리학연구소에서 컴퓨터 개발 프로젝트팀장으로 일했다. 1946년 미국 펜실베이니아대학교에서 세계 최초로 1만 8천 개의 전자 진공관을 갖춘 대형 컴퓨터 에니악ENIAC(전자식 수치적분 계산기)이 만들어졌다. 1초에 두 자릿수의 곱셈을 350회나 할 수 있는, 당시로서는 놀랄 만한 연산 능력을 갖춘 컴퓨터였다.

이 소문을 들은 튜링은 그보다 뛰어난 컴퓨터를 훨씬 수월하게 만들어 보겠다고 자청하고 나섰다. 그가 설계한 자동 계산기는 다른 기술자들에게 너무 복잡하게 비쳤지만, 결국 힘을 합쳐 에니악의 연산 속도를 훨씬 능가하는 '파일럿 모델Pilot Model'을 만들어 냈다.

튜링은 어디를 가나 '창조적 무질서'라는 그만의 독특한 작업 스타일 때문에 늘 동료들이나 윗사람들과 부딪쳤다. 또한 일상생활에서도 '놀라운 외톨이' 모습은 여전했다. 예를 들어 1947년에는 영국 아마추어 마라톤 대회에 참가해서 5위를 차지했고, 또 한번은 대중교통이 너무 느리다는 이유로 15킬로미터나 되는 거리를 뛰어서 회의에 참석하기도 했다. 서른다섯 살이나 먹은 그의 외모는 이십 대처럼 보였고, 흘러내리는 바지를 넥타이로 묶는 습관도 여전했다.

1948년 튜링은 맨체스터대학교의 컴퓨터연구소 부소장으로 임명됐다. 이제 그의 관심은 점점 인공지능에 집중되었다. 인간의 뇌와 비슷한 기능을 하는 기계를 만드는 것이 가능할까? 그 기계에 룰렛과 같은 무작위적 우연 체계를 도입하면 인간적 사고의 변덕스러움과 비슷한 것이 만들어질까? 1950년 튜링은 그것을 확인하기 위해 하나의 실험을 제안했다. 오늘날에도 전문가 그룹에서는 '튜링 테스트'로 유명한 실험인데, 그 내용은 이렇다.

서로 보이지 않는 방 세 개에 인간 두 명과 컴퓨터 한 대를 넣어 둔다. 그중 한 사람이 실험 팀장을 맡는다. 팀장이 텔렉스로 다른 두 방에 질문을 보낸다. 그러면 같은 방식으로 답변이 돌아온다. 이때 팀장이 어떤 것이 인간이 보낸 것이고 어떤 것이

컴퓨터의 것인지 가려내지 못하거나, 컴퓨터를 인간으로 간주하는 사태가 벌어지면 이것은 "사고하는 컴퓨터"라 부를 만하다는 것이다.

튜링도 1950년에는 이런 컴퓨터가 불가능하다는 것을 잘 알고 있었다. 하지만 2000년까지는 작업 처리 속도와 저장 능력이 획기적으로 개선돼 스스로 배우고, 스스로 프로그램을 바꿀 수 있는 컴퓨터가 나오리라 예언했다. 튜링은 이런 컴퓨터 제작에 매달렸다. 특히 삶을 얼마 남겨 놓지 않고는 거의 광적으로 집착했다. 언젠가 '튜링 테스트'에서 인간이 웃음거리가 될 그 날이 반드시 올 거라는 믿음과 함께.

1951년 튜링은 최고의 권위를 자랑하는 영국 왕립학회Royal Society 회원이 되었다. 그에게 주어진 마지막 보상이었다. 그러나 이듬해 급격한 추락이 시작되었다.

동성애자였던 튜링은 열아홉 살 청년을 우연히 만나 동거를 시작했다. 그런데 이 청년이 범죄 집단과 어울린다는 사실을 너무 늦게 알아차렸다. 주말에 이 청년을 혼자 두고 외출하고 돌아와 보니 집 안이 온통 다 털려 버렸다. 그는 즉시 경찰을 불렀다. 그러고는 청년과 어떤 관계인지 묻는 말에 순진하게도 자신의 동성애적 성향을 미주알고주알 다 불어 버렸다. 늘 자유로운 지식인들과만 어울리던 습관대로 아무렇지 않게 그런 말을 내뱉었지만, 그것은 세상을 몰라도 한참 모르는 철부지 행동이었다.

튜링도 동성애가 처벌 대상이라는 것 정도는 알고 있었을 것이다. 어쨌든 그는 부자연스러운 성 문란 혐의로 고소당했고,

병 치료를 위해 1년 동안 여성호르몬 주사를 맞는다는 조건으로 집행유예를 선고받았다. 이어 영국 정부는 튜링을 컴퓨터연구소 부소장직에서 해임했다. 이런 범죄자에게 국가 기밀을 취급하는 일을 맡길 수 없다는 취지에서였다. 이로써 튜링은 컴퓨터 개발에서 완전히 손을 뗐다.

"아, 글쎄 가슴이 나오지 않겠나!" 이것은 튜링이 한 친구에게 전한 말인데, 얼핏 빈정거림이 묻어난다. 그는 거의 집에만 틀어박혀 지냈다. 1년 동안 강제 치료가 끝난 뒤 그의 삶은 반년밖에 이어지지 못했다. 1954년 6월 7일 튜링은 마흔둘이 채 되지 않은 나이에 스스로 목숨을 끊었다. 사과에다 독약을 주사한 뒤 동화 속 백설공주처럼 독이 든 사과를 깨물어 먹었다. 그는 1937년 제작된 월트 디즈니의 〈백설공주〉 이야기를 무척 좋아했다고 한다. 그러나 백설공주와 달리 청산가리를 먹은 튜링은 더 이상 깨어나지 못했다.

그는 어떤 사람에게도 우울증에 시달리거나 죽고 싶다는 이야기를 한 적이 없었고, 어디서도 그의 죽음을 설명해 줄 만한 문구는 발견되지 않았다. 어떤 매체에도 추모사 하나 실리지 않은 외로운 죽음이었다. 튜링이 어떤 삶을 살았고, 어떤 일을 했는지는 1974년까지 극히 일부 사람들에게만 알려져 있었다.

1974년 블레츨리 파크의 암호 해독 작전에 군 정보 요원으로 동참했던 프레더릭 윌리엄 윈터보덤F. W. Winterbotham이 『울트라의 비밀The Ultra Secret』('울트라'는 암호 해독 작전명이었다)이라는 책을 냈다. 영국 당국으로부터 에니그마 해독에 얽힌 이야기를 써도 좋다는 허락을 간신히 받아 낸 끝에 이루어진 결실이었다. 이로써 블레츨리 파크의 생존자들은 29년 만에 공식적으로 인정받게 되었다. 튜링이 죽은 지 20년 뒤였다. 1992년 영국 BBC는 〈튜링 박사의 기이한 삶과 죽음 The Strange Life and Death of Dr. Turing〉을 방영했다. 그의 삶은 정말 이 제목처럼 특이하기 짝이 없었다.

1997년 슈퍼컴퓨터 딥블루 Deep Blue가 체스 세계 챔피언 가리 카스파로프 Garri Kasparov를 꺾었다. 2002년에는 유명한 물리학자 스티븐 호킹 Stephen Hawking 박사가 이런 경고를 던졌다.

"이젠 정말 컴퓨터가 지배하는 세상이 올 위험이 있습니다."

그렇게 되면, 정말 그렇게 되면 모든 인간은 패배자가 될 것이다.

더 큰 영광의 시간을
박탈당한 패배자들

22. 게오르크 뷔히너

스물셋에 괴테를 능가하는 성취를 이룬 작가

이것은 요절한 사실 한 가지만 빼고는 전혀 닮은 게 없는 위대한 세 남자의 이야기다. 한 사람은 장군이었고, 다른 두 사람은 이제 막 명성을 쌓기 시작한 작가였다. 두 사람은 장티푸스 아니면 콜레라로 죽었고, 나머지 한 사람은 어떤 시나리오 작가도 생각해 내지 못할 어처구니없는 죽임을 당했다. 베를린의 한 호수에서 스케이트를 타다가 물에 빠져 죽은 것이다.

이런 인물들이 그렇게 일찍 세상을 떠난 것을 보며 사람들은 신의 불가사의한 섭리를 입에 올리고, 인생의 비밀스러움에 관해 이야기하길 좋아한다. 하지만 굳이 그런 것과 연관시킬 필요 없이 우리는 이들의 운명을 가리켜 승자와 패자를 가르는 가혹하고 몹쓸 우연의 장난이라고 말하기도 한다.

이 세 사람은 오스트리아의 시인 게오르크 트라클Georg Trakl처럼 죽음을 동경한 사람들도 아니었고, 영국의 경이로운 시인 토머스 채터턴Thomas Chatterton이나 빈 출신의 천재적인 철학자 오토 바이닝거Otto Weininger처럼 삶을 마감하겠다는 확고한 뜻을 가진 사람들도 아니었다(트라클은 독이라는 독은 다 맛보며, 이 독을 2리터의 포도주에 타서 매일 마시다가 마침내 스물일곱의 짧은 나이에 생명의 끈을 놓았고, 채터턴은 열일곱에, 바이닝거는 스물셋에 스스로 목숨을 끊었다).

세 사람 중 누구에게서도 다가오는 죽음을 예감하며, 혼신의 힘을 얼마 남지 않은 시간에 쏟아부은 흔적을 찾기는 어렵다. 이런 것은 서서히 결핵균으로 생명을 갉아 먹힌 독일의 시인 노발리스Novalis나 영국의 존 키츠John Keats에게나 해당되는 이야기다. 노발리스는 스물여덟에, 키츠는 스물다섯에 생을 마감했다. 그에 반해 게오르크 뷔히너는 죽기 3주 전에도 이렇게 썼다(아마 나머지 두 사람도 마찬가지 심정이었을 것이다).

> 나는 죽고 싶은 마음이 없어. 예전처럼 아주 건강해.

하지만 그는 결국 자기의 의사와는 상관없이 이른 나이에 숨을 거두었다. 이것은 자신의 생에서 좀 더 큰 성공과 좀 더 왕성한 활동을 기대해도 될 바로 그런 나이에 어이없이 맞이한 허무한 죽음이었다. 다시 말해서 누구도, 그 무엇도 부추기지 않은 죽음이었다.

라자르 오슈

보나파르트 나폴레옹이 프랑스 황제에 오를 수 있었던 것은 어쩌면 그의 경쟁자 라자르 오슈Lazare Hoche(1768~1797)의 요절이 있었기에 가능한 일이었을 것이다. 두 사람은 1793년부터 1797년 사이에 청년 장군으로서 이름을 날리며 프랑스와 프랑스 혁명을 지켜 냈다. 보나파르트 장군은 툴롱에서 영국군과 스페인군을 무찔렀고, 1795년에는 파리에서 혁명 반군들을 소탕했으며(그 대가로 국민공회는 나폴레옹에게 '조국의 구원자'라는 칭호를 붙여 줬다), 그 이후에는 북부 이탈리아를 손에 넣고, 오스트리아를 클라겐푸르트까지 몰아냈다.

라자르 오슈는 1793년에 영국군을 케르크에서 격퇴했고, 오스트리아로부터 알자스로렌 지방을 빼앗았다. 1794년에는 브레스트 주둔군 총사령관으로 임명되어 방데 지방에서 귀족·성직자·농민 계층이 영국의 지원을 받아 일으킨 반란을 진압하기 위해 투입됐다. 그는 전임자들이 사용한 무자비한 살육 작전 대신 관용에 바탕을 둔 전략을 끈질기게 추진해 나가서, 결국 1796년에 이 지방을 포함해서 브르타뉴와 노르망디까지 완전히 평정했다. 프랑스 총재 정부는 이 공을 기려 그에게 '조국의 은인'이라는 호칭을 붙여 주었다.

1797년 오슈는 라인 주둔군의 지휘권을 맡아 오스트리아와 프로이센군을 라인강 너머로 격퇴한 뒤 그 여세를 몰아 기센 지방까지 진격했다. 또한 총재 정부 내에 벌어진 권력 투쟁과 관련해서 공화파의 부름을 받자마자 급히 행낭에 군비만 챙긴 채 파리로 달려가 왕당파를 축출했다. 그 공로로 오슈는 국방장관에 임명되었다. 그러나 2주 뒤 자신의 병영에서 숨을 거두었다. 장티푸스나 콜레라로 추정되지만, 독살되었다는 소문도 끈질기게 나돌았다. 향년 스물아홉이었다.

오슈보다 한 살 적은 보나파르트는 1799년에 쿠데타를 통해 총재 정부를 무너뜨리고 통령 정부를 수립한 뒤 스스로 통령에 취임했다. 그러고는 1803년부터 유럽 원정길에 나섰다. 만일 오슈가 경쟁에서 때 이르게 낙오하지 않았더라도 보나파르트에게 이런 일이 가능했을까? 혹시 오슈가 살아 있었더라면 보나파르트의 일인 집권을 저지하지 않았을까? 보나파르트와 오슈는 둘 다 대중적으로 인기가 높은 절세의 장군이었다. 이런 사람들이 치열한 권력 다툼을 벌였다면 누가 최후의 승리자가 됐을지는 아무도 장담할 수 없을 것이다.

풍채가 좋고 호탕한 오슈는 사람이 잘 따랐을 뿐 아니라 심지어 적까지 그에게 호의를 보였다. 예를 들어 1839년 프로이센의 프리드리히 빌헬름 3세는 프랑스군이 독일의 마인츠에 세운 동상을 복원시키라는 지시를 내렸다. 반면에 162센티미터의 단신에다 하체에 비해 상체가 좀 더 튼튼하고 다리가 짧으며, 오른쪽 입꼬리가 아래쪽으로 처진 나폴레옹은 오슈에 비해 볼품없는 외모였다. 그러나 이러한 결함 때문에 오히려 권력에 대한 집착이 더욱 강해졌고, 반대 세력에 대한 태도도 한층 단호했다. 결국 동일한 기회라면 나폴레옹이 승리할 확률이 훨씬 더 높았다.

게오르크 하임

스물넷에 세상을 떠난 시인이 있다면 우리는 그가 살아서 어떤 더 큰 성취와 업적을 남길 수 있었을지 짐작하기가 쉽지 않다.

하지만 게오르크 하임Georg Heym(1887~1912)의 경우는 조금 다르다. 하임은 베를린에 있는 반제 호수에 익사할 당시 이미 황홀한 언어와 파격적인 비유, 그리고 피·광기·파멸에 대한 광신적인 집착으로 수많은 문학 애호가를 열광케 했다. 하임은 괴테를 조롱했고, 기독교의 신을 인간에게 어떤 새로운 고통을 안길지 고민하는 '피투성이 유령'이라고 불렀다.

그는 파리 노동자들의 삶을 이렇게 묘사했다.

> 고혈을 짜는 세리들에 짓눌리고, 끊임없이 피어오르는 골목의 연기에 신경이 곤두서고, 허름한 골방에 밴 악취로 낡은 양피지처럼 시들시들한 인간들, 빌어먹을, 그뿐인가! 더러운 침대에 누워 뻣뻣하게 몸이 굳어 가는 마지막 순간에 자기들 신의 이름으로 찾아와서 이렇게 비참한 삶을 참아 준 데 대한 감사의 표시로 마지막 남은 한 푼까지 쥐어짜 가는 사제들을 향해 긴 한숨과 함께 저주를 퍼붓는 인간들이 그들이다!

대학에서 법학을 공부한 하임은 1910년에 공개 석상에서 자신이 지은 시를 낭독하기 시작했고, 1911년에는 시집을 출간했다. 그 이후 장교로 지원했다. 그러던 1912년 1월 16일 친구와 함께 스케이트를 타러 갔다가 한 사람이 물에 빠지자 다른 한 사람이 구하려다 둘 다 물에 빠져 숨졌다.

하임의 내면에는 전쟁과 죽음에 대한 묘한 동경이 있었다. 그가 열아홉 때 쓴 일기에 이런 대목이 나온다.

나는 자살을 좀 더 가깝게 느끼고 싶다.

4년 뒤에는 이렇게 쓰기도 했다.

제발 무슨 일이라도 일어나라! 만약 다시 한번 바리케이드가 쳐진다면 내가 제일 먼저 그 위에 올라갈 것이다. 그래서 심장에 총알이 꽂히는 순간 무엇과도 비교할 수 없는 쾌감을 맛보고 싶다. 그게 아니라면 전쟁이라도 일어나라! 정당하지 않은 전쟁이라도 상관없다! 이 평화는 낡은 가구 위에 칠해진 아교풀처럼 끈적거리고 질퍽하고 기분 나쁘다.

이 말속에는 제1차 세계 대전이 일어났던 당시의 열광적인 시대적 분위기가 과장되게 그려져 있다. 만일 하임이 의도적으로 삶을 마감하기 위해 위험스러운 장소를 택해서 간 것이라면 굳이 하늘의 해석을 빌리지 않더라도 그의 죽음에 하나의 의미를 부여할 수 있을 것이다. 그러나 그가 죽기 위해 스케이트를 타러 갔다는 증거는 어디서도 보이지 않는다.

게오르크 뷔히너

그가 네 편의 위대한 작품을 남기고 역병으로 쓰러졌을 때 그의 나이는 불과 스물셋이었다. 셰익스피어나 괴테도 아직 세상에 이름을 남길 만한 작품을 쓰지 못하던 나이였다.

  게오르크 뷔히너Georg Büchner(1813~1837)는 헤센 공국에 속한 다름슈타트 인근에 있는 한 마을에서 군의관 아들로 태어나 스트라스부르와 기센에서 동물학과 비교해부학, 의학 그리고 마지막으로 철학을 공부했다. 그는 열아홉 살 때 한 친구에게 편지를 써서 '전력으로' 철학에 투신하겠다는 뜻을 밝혔다.

> 예술적 언어는 역겨워. 인간의 일에는 거기에 맞는 인간의 표현을 찾아야 해. (…) 나는 내 어리석음을 비웃고 있어. 원칙적으로 보자면 모든 게 알맹이 없는 호두를 까는 일이라고 생각해. 그러나 사람은 태양 아래 어떤 당나귀라도 타고 가야 되고, 나는 신의 이름으로 내 물건들을 말의 안장에 실을 거야.

  그런데 같은 해(1833년)에 그는 과격한 정치적 소신을 밝힌 편지를 보내 부모를 소스라치게 놀라게 했다.

> 지금 우리 시대에 필요한 것은 폭력입니다. 우리는 영주들에게 무엇을 요구해야 하는지 알고 있습니다. 그리고 어느 정도 얻어 내기도 했습니다. 물론 강제로 얻어 냈지만 말입니다. 그런데 영주들은 이렇게 어쩔 수 없이 내주는 것조차 마치 구걸하는 거지에게 선심 쓰듯이 우리 앞에 툭 내던졌습니다. 입을 헤 벌리고 있는 민중 스스로가 자신을 옭아매고 있는 질곡의 족쇄를 잊게 하기 위해서죠.

또 열 달 뒤에는 이렇게 썼다.

> 귀족 정치는 인간 속에 존재하는 거룩한 정신을 가장 파렴치하게 경멸하는 짓입니다. 나는 그들의 무기로 그들에게 대항할 겁니다. 거만함에는 거만함으로, 조롱에는 조롱으로 말입니다.

이듬해 집으로 돌아온 뷔히너는 개신교 신학자 바이디히F. L. Weidig와 공동으로 '헤센주의 전령'이라는 전단지를 작성해서 불법으로 3백 장 뿌렸다. 민중의 고혈로 뒤룩뒤룩 살찐 압제자들을 향해 봉기를 일으키라는 내용이었다. 바이디히는 곧 발각돼 감옥에 갇혔으나, 뷔히너는 다름슈타트에 숨어 지내면서 5주 만에 혁명 비극 『당통의 죽음Dantons Tod』을 내놓았다. 늘 체포에 대한 공포에 떨면서 휘갈겨 쓴 원고였는데, 불시에 불청객이 찾아올 경우를 대비해서 항상 책상 위에 해부학 서적과 도판들을 올려놓고 원고를 덮을 채비를 하고 있었다.

뷔히너가 피와 냉소주의로 점철된 이 드라마를 완성한 것은 괴테가 『파우스트Faust』 2부를 고상한 언어로 끝낸 지 3년 뒤 일이었다. 뷔히너는 극 중 한 시민의 입을 빌려 이렇게 외친다.

> 귀족들의 허벅지 가죽을 벗겨 그것으로 바지를 만들어 입고, 그들의 기름을 짜내 수프를 끓여 먹자. 진군이다! 때려죽여라! 윗도리에 구멍 난 자국이 없는 인간들을 찾아내라!

다른 등장인물 라크루아는 이렇게 말한다.

우리는 방탕하다. 그것은 곧 즐긴다는 말이다. 반면에 백성들은 고결하다. 그것은 곧 즐기지 않는다는 말이다. 왜냐? 고된 노동이 그들의 향락 기관을 마비시켰기 때문이다. 그들은 술에 취하지도 않는다. 돈이 없기 때문이다. 그들은 유곽에 가지도 않는다. 그들의 입에서 풍기는 치즈와 청어 냄새로 유곽의 아가씨들이 구역질하기 때문이다.

이 무슨 도발적인 언사인가! 이 시대가 어떤 시대이던가? 실러의 우아한 시의 여운이 아직 가시지 않고, 교양인들이 여전히 "인간은 고결하고 관대하고 선량하여라!"라는 괴테의 경건한 외침을 즐겨 인용하던 시대가 아니던가? 그런 시대에 당통은 삶을 "죽음보다 더 조직적으로 부패한 것"이라고 불렀고, "힘들게 일해서 유지할 만한 가치가 없는 게 삶"이라고 부르짖었다.

뷔히너는 이런 말로 양친을 위로했다.

이 이야기는 젊은 아가씨들이나 읽으라고 신이 만든 게 아닙니다. (…) 작가란 있는 그대로의 세상이 아니라 세상이 어떻게 되어야 하는지 보여 줘야 한다고 말하는 사람이 있다면 나는 이렇게 대답하겠습니다. 세상을 만든 신보다 세상이 어떻게 되어야 하는지 더 잘 보여 주고 싶지는 않다고 말입니다.

『당통의 죽음』은 뷔히너가 살아 있을 때 인쇄되어 나왔다. 물론 해당 출판사는 검열에 대한 두려움 때문에 문제가 될 부분들은 미리 삭제했다. 이 작품은 1902년 베를린에서 처음 상연된 이후 오늘날까지 독일어를 배우는 학생들이 감동할 만한 몇 안 되는 희곡으로 꼽힌다.

1835년 3월 뷔히너는 두 번째로 프랑스 스트라스부르에 도착했다. 이번에는 도피자의 신분이었다. 여기서 그는 『렌츠 *Lenz*』(이 책 15장에 나오는 라인홀트 렌츠를 다룬 소설이다)를 썼다. 같은 해 10월에는 가족에게 이런 편지를 보냈다.

> 이곳에는 내 미래가 활짝 열릴 거라고 예언하는 사람들이 있습니다. 기분 좋은 일이죠.

1936년 뷔히너는 코타 출판사가 주관하는 희극 공모제에 출품했으나 시한을 넘기는 바람에 열어 보지도 않은 원고를 돌려받아야 했다.

이 작품이 바로 『레옹세와 레나 *Leonce und Lena*』인데, 반어적이고 우수에 젖은 이 희극에서도 뷔히너 언어의 진수가 오롯이 드러난다. 예를 들어 극 중의 불쌍한 선생은 이렇게 말한다.

> 우리는 오늘 밤에도 윗도리와 바지에 송송 뚫린 구멍들을 통해 투명한 무도회를 개최할 예정입니다. 또한 주먹으로 쳐서 우리 이마에 휘장도 붙일 것입니다.

이 작품은 1885년 뮌헨에서 초연됐는데, 뷔히너가 죽은 지 48년 뒤였다.

「돌잉어 신경계통 연구 *über das Nervensystem der Barben*」로 박사 학위를 받은 뷔히너는 1836년 9월 취리히대학교의 비교해부학 강

어떤 다른 작가보다 생동감 넘치고 정곡을 찌르는 표현으로 유명한 게오르크 뷔히너. 대학에서 비교해부학을 가르치기도 했던 그는 안타깝게도 스물셋에 취리히에서 장티푸스로 죽었다. 괴테와 셰익스피어도 그 나이에 그만한 성취를 이루어 내지는 못했다.

사로 초빙되었다. 그리고 1837년 1월 27일 아내에게 보낸 편지에서 앞서 인용한 그 대목이 나온다.

"나는 죽고 싶은 마음이 없어. 예전처럼 아주 건강해."

그러고 나서 3주 뒤인 2월 19일, 취리히를 휩쓴 장티푸스에 걸려 숨을 거두었다.

뷔히너의 죽음과 함께 문학계가 어떤 천재를 잃어버렸는지는 그의 마지막 작품인 『보이체크 Woyzeck』에서 여실히 증명되었다. 그가 죽기 2년 전쯤에 나온 이 드라마는 1897년에 유고집으로 출간돼 1913년에 뮌헨 국립극장에서 초연됐다. 그 이후 이 작품은 서양 세계에서 가장 많이 논의되고 가장 자주 상연된 희곡에 속하게 되었으며, 게르하르트 하웁트만과 프랑크 베데킨트 Frank Wedekind, 베르톨트 브레히트, 막스 프리슈 Max Frisch 등 저명 극작가들로부터 아낌없는 찬사를 받았다. 또한 보잘것없는 남자를 주인공으로 삼은 것은 세계 희곡 사상 처음 있는 일이었다. 극 중에서 군악대장이 보이체크에게 이렇게 호통쳤다.

"내가 그놈의 코를 아주 개 패듯이 패 버릴 거야!"

보이체크는 이렇게 말한다.

"아마 우리가 하늘에 올라가게 되면 천둥 치는 것을 도와줘야 할 것 같군요."

뷔히너는 스물셋이라는 짧은 나이에 세상을 떠났다. 그렇다면 다른 위대한 작가들은 그 나이에 어떤 작품들을 남겼을까? 괴테는 처음으로 목가극 『연인의 변덕 Die Laune des Verliebten』을 발표했고, 『괴츠 폰 베를리힝겐』의 초고를 집필했다(괴테는 나중에 이 초고를 포기했다). 실러는 『군도Die Räuber』와 『제노바에서 일어난 피에스코의 모반Die Verschwörung des Fiesco zu Genua』을 썼고, 클라이스트와 셰익스피어는 아무것도 남기지 않았다. 클라이스트는 그 이후로도 11년을 더 살았고, 실러는 22년, 셰익스피어는 29년, 괴테에게는 무려 59년이라는 세월이 더 남아 있었다.

오래 산다고 해서 반드시 더 많은 작품을 남기고 더 훌륭한 작품을 쓴다는 보장은 없다. 예를 들어 아르튀르 랭보Arthur Rimbaud는 열아홉에 더 이상 시를 쓰지 않고, 나머지 17년을 식민지 군인, 언어 강사, 잡역부, 마지막에는 에티오피아에서 무기상으로 보냈다. 또한 평생 동안 젊은 시절에 이루어 놓은 작품 수준을 뛰어넘지 못한 작가들도 있었다. 예를 들어 토마스 만은 스물다섯에 『부덴브로크가의 사람들』을 완성하고, 귄터 그라스는 서른하나에 『양철북Die Blchtrommel』을 발표했지만, 그 이후 이보다 더 뛰어난 작품을 쓰지 못했다.

그러나 시간이 많았던 위인들은 대부분 그 시간을 더 훌륭한 것을 남기는 데 사용한 것도 사실이다. 하지만 뷔히너는 '소름끼치는 운명의 제물'이 되었다. 그는 스무 살에 벌써 아내에게 보낸 편지에서 세계사를 그런 숙명론으로 해석했다.

> 개인이란 파도의 거품에 불과하고, 위대함은 단순한 우연이고, 천재성이란 인형극이며, 인간의 노력이란 확고부동의 법칙에 대한 가소로운 몸부림일 따름이다.

어쨌든 뷔히너는 세계 문학에 이름을 남길 수 있을 만큼은 살았다. 현재 그의 빈약한 작품들을 대상으로 방대한 역사·비평적 주석 작업이 진행 중인데, 18권으로 이루어진 전집은 2012년에 발간되었다.

이렇게 볼 때 뷔히너는 피지도 못하고 일찍 죽어 간 이름 모를 천재들에 비하면 충분히 복을 누린 셈이다. 크누트 함순은 이런 천재들을 "살아 있는 동안에만 그 빛을 확인할 수 있는 반딧불 같은 불쌍한 영혼"이라 부르며 애석해했다. 역사상 치열했던 수많은 전투, 예를 들어 마른강 전투와 솜강 전투, 볼가강 전투에서 스러진 수백만 명의 젊은이들 가운데 피지 못하고 죽은 천재들이 얼마나 많을지 생각하면 안타까움을 금할 수 없다.

23. 이사크 바벨

마흔다섯에 악명 높은 루뱐카 감옥으로 끌려간 작가

1920~1921년에 벌어진 러시아·폴란드 전쟁에서 안경 낀 한 지식인이 난폭하고 도발적인 카자크 병사들의 구박을 딛고 마침내 그들의 일원으로 받아들이도록 만든 거위 한 마리가 있었다. 러시아의 단편소설 작가 이사크 바벨Isaak Babel(1894~1941)이 쓴 이 이야기는 전쟁이 인간에게 저지른 정신적 황폐화와 인간성 말살을 고발하고 있다.

상트페테르부르크에서 태어난 법학도인 일인칭 화자는 자신의 새로운 지휘관에게 전입신고를 한다. 지휘관은 그를 보자마자 이렇게 비웃는다.

"허, 웃기는 좀팽이가 왔군! 여기서는 안경 낀 사람을 좋아하지 않아!"(사람들은 천식을 앓고 근시가 몹시 심했던, 오데사 출신의 유대인 바벨도 좋아하지 않았다. 이미 작가로서 성공을 거두고 있었음에도 말이다.)

화자의 짐을 받아 든 카자크인도 그에게 똑같은 경고를 했다.

"여기서는 안경 낀 사람을 가만히 내버려 두지 않아요. (…) 하지만 방법이 없는 것은 아니죠. 어디 우아한 처녀를 하나 범해 버리세요. 그러면 병사들의 마음을 얻을 수 있을 거예요."

안뜰에는 다섯 명의 카자크 병사들이 돼지고기 솥단지 주위에 서 있었다. 그들은 신참을 못마땅한 눈으로 꼬나봤다. 그러더니 한 명이 화자의 가방을 문밖으로 홱 던져 버리고는 안경 낀 화자의 엉덩이를 쳐다보며 음탕한 농담을 입심 좋게 쏟아 냈다.

그때 화자의 눈에 암거위 한 마리가 뒤뚱뒤뚱 걸어가는 것이 보였다.

화자는 거위를 잡아 바닥에 내동댕이쳐 놓고 발로 짓밟아 버렸다. 거위의 대가리가 화자의 군홧발 밑에서 짓이겨지는 소리가 들렸다.

"어이, 아낙, 저걸 잡아서 구워 주게!" 화자가 말했다.

그러자 시골 아낙이 얼마 뒤에야 간신히 대답했다.

"아 알겠습니다, 동지."

카자크 병사들은 그 자리에 얼어붙은 사람들처럼 서 있었고, 화자는 산책하러 갔다. 그가 다시 돌아오자 가장 나이가 많아 보이는 카자크 병사가 말했다.

"어이 형제, 거위 요리가 나올 때까지 이거라도 같이 드시게!"

이들 여섯 명은 나중에 짚 더미 위에서 함께 잤는데, 추위를 막기 위해 서로 다리를 꼬고 누웠다.

이것이 20세기 가장 참혹했던 전쟁에 속하는 러시아·폴란드전의 단면을 순간적으로 포착해 낸 40편의 짧은 이야기들 가운데 하나다. 이사크 바벨은 이 단편들을 모아 『기병대 Konarmiya』라는 이름으로 발표했다.

이 책에는 약탈과 살육, 강간 그리고 인간의 머리로 상상할 수 있는 온갖 잔혹한 짓이 망라되어 있는데, 작가는 이런 참상을 아무런 해석 없이 그저 묵묵히 보고만 하고 있다. 간혹 반어적 표현들이 나오기는 하지만, 전혀 흥분하지 않고 누구의 잘못이라고 비난하지도 않는다. 또한 이 책에서는 전쟁소설에서 흔히 볼 수 있는 영웅담은 전혀 나오지 않는다. 그의 짧은 병영 일기에 따르면 그 자신이 3개월 동안 전선에서 근무하면서 그런 행위를 한 번도 본 적이 없었던 것 같다. 카자크 병사들은 포로를 잡으면 가진 것을 몽땅 빼앗은 다음 총살하거나, 칼로 찔러 죽이거나, 토막 내 버렸다. 소련의 적군赤軍은 돈이 될 만한 것이나 먹을 것은 모두 챙겼고, 그럴 가치가 없는 것들은 재미 삼아 파괴해 버렸다. 그들은 특히 벌집에 연기를 쐬어 망가뜨리길 좋아했다.

바벨은 병영 일기에서 이렇게 묻는다.

> 카자크 병사들은 어떤 사람들인가? 그들은 여러 계층이다. 허풍이 세고, 뻔뻔하고, 혁명적 신조가 강하고, 짐승같이 잔인한 사람들이다. 우리는 전위대라고 외친다. 하지만 무슨 전위대인가? 민중은 구원자를 원하고, 유대인은 자유를 기다린다. 말을 타고 달려온 카자크 병사들이 그들인가? (…) 우리 군대는 오로지 약탈하기 위해 진군할 뿐이다.

또 이런 대목도 있다.

> 모든 병사가 성병에 걸렸다. 그들은 치마만 둘렀다 하면 달

려든다. 모두 집에 돌아가면 아내가 있는 사람들이다. (…) 나는 인생의 무의미한 슬픔에 가슴이 짓이긴다.

『기병대』라는 작품도 이에 못지않게 잔인하다. 소설 속에서 카자크 병사 프리슈체파가 고향 마을로 돌아와 보니 차르의 추종자들이 잠시 마을을 다스리는 동안 자신의 양친이 살해되고 모든 가산이 약탈당한 것을 발견한다.

그는 이웃집을 하나씩 차례로 찾아갔다. 그런데 이웃집에서 나올 때는 그의 군홧발 밑에 붉은 핏자국이 선명하게 찍혀 있었다. 어머니가 쓰던 물건이나 아버지의 파이프가 발견되면 그 집주인들을 칼로 찌르고, 개는 우물에 매달았으며, 성모마리아상은 똥물로 칠해 버렸다.

그런데 이러한 잔인한 장면들 중간중간에 반어적인 구절도 나온다.

우리는 문화 사업과 프롤레타리아 혁명에 헌신적인 모습들을 볼 수 있지 않을까 하는 기대감으로 병실로 갔다. 그런데 병실 풍경은 그야말로 아주 흥미로웠다. 붉은 군대의 병사들은 침대에 앉아 여자들과 시시덕거리고 있고, 말쑥한 간호원들은 창가에 기댄 채 눈알만 좌우로 굴리고 있었다. 우리는 뒤통수를 한 대 얻어맞은 사람처럼 얼떨떨했다.
"여긴 벌써 전쟁을 끝낸 거야?" 내가 부상자들에게 소리쳤다.
"물론, 끝냈지!" 그들이 대답했다.

"너무 빨라!" 내가 다시 소리쳤다.

"지금도 적이 슬금슬금 다가오고 있고,「붉은 기병대」신문을 보면 현재 국제 정세도 우리한테 좋지 않게 흘러가고 있어!"

하지만 이런 내 말은 개똥 같은 소리나 시부렁거리는 것으로 들리는 것 같았다.

10월 혁명에 대한 바벨의 의구심은 다음과 같은 구절 속에 잘 표현되어 있다.

> 10월 혁명에 대한 기대감은 급속도로 식어 갔다. 그러나 유대인들이 느낀 실망감은 이보다 더 빠르게 수그러들었다. 유대인들은 대중적 인기가 높은 유대인 출신의 트로츠키가 이끄는 공산주의자들이 드디어 자신들을 차르 시대의 압제와 탄압에서 해방해 주리라고 희망했지만, 그것이 허구라는 것을 깨달았다.

「배신 Verrat」이라는 단편에서는 한 농부가 판사 앞에서 이렇게 털어놓는다. 자신은 제국주의자들에게 공감하고, 독일 혁명 주동자들을 처형한 사람들을 지지한다고. "레닌 동지는 나의 분노한 총칼을 거꾸로 돌리게 했습니다."

훗날 육군 원수의 자리에 오른 부조니의 눈에 이런 작가가 좋게 보이지 않은 것은 당연한 일이었다. 그는 막심 고리키에게 공개편지를 보내 바벨을 이렇게 강도 높게 비난했다.

이사크 바벨. 참혹했던 러시아·폴란드 전쟁에 참전해 잔인한 전쟁의 실상을 알렸다. 단편소설의 대가로 통하는 이 작가는 훗날 반혁명 분자로 찍혀 루뱐카 감옥에서 총살됐거나 시베리아에서 행방불명된 것으로 알려져 있다.

바벨은 퇴락한 글쟁이로, 여자들의 수다에 불과한 문학만 만들어 냅니다. 그는 전선에 한 번도 가 본 적이 없죠. 그래서 붉은 군대의 영웅적인 행동에 대해서 아는 게 없는 작자입니다.

고리키는 바벨에게 은인이나 마찬가지인 사람이었다. 1916년에 스물두 살의 바벨을 처음 발굴해 책을 출간할 수 있도록 도와줬고, 그 이후로도 끊임없이 그를 변호하며 수호천사 역을 자처했다. 스탈린으로부터 바벨을 지켜 준 사람도 고리키였다. 그러나 이런 고리키가 1936년에 숨지자 3년도 채 지나지 않아 바벨은 루뱐카 감옥에 수감됐다. 그리고 서점과 소비에트 백과사전에서도 그의 이름은 찾아볼 수 없게 되었다.

이사크 바벨은 1894년 오데사에 있는 유대인촌에서 태어났다. 1905년 이 게토ghetto 지역에 광신적인 반유대주의자들이 들이닥쳐 마을을 파괴했고, 그 와중에 열한 살 소년이 사랑하던 비둘기의 목이 잘려 나갔다. 독실한 유대교 신자이자 상인이었던 아버지는 아들에게 성경과 탈무드, 히브리어를 가르쳤고, 아들이 열한 살이 되자 상업고등학교에 입학시켰다. 바벨은 두 쪽짜리 자서전에서 당시를 이렇게 회고했다.

우리는 쉬는 시간이면 그리스 카페테리아에서 당구를 치거나 허름한 술집에서 값싼 베사라비아산 포도주를 마셨다.

바벨은 훌륭한 프랑스어 수업을 받았고, 프랑스 고전주의에 심취했으며, 오데사의 프랑스 거류민촌을 드나들며 프랑스인들과 교류했고, 열다섯 살 때 프랑스어로 단편소설을 쓰기도 했다. 「지하실 Im Keller」이라는 소설은 이렇게 시작한다.

> 나는 거짓말쟁이 소년이었다. 그건 책을 많이 읽은 탓이었다.

이 소설은 바벨의 거의 모든 글이 그렇듯 어느 정도 자전적 성격을 띠고 있다. 바벨은 이웃 사람들의 눈에 쉽게 띄는 사람이었다. 길거리에서도 책을 읽으며 걸었기 때문에 주위 사람들에게는 눈길 한 번 주지 않았다. 게다가 동글동글한 머리에 작은 눈, 땅딸막한 체구도 사람들의 눈길을 끌었다. 하지만 그런 그가 듣기 편한 목소리로 한번 입을 열었다 하면 사람들은 그의 생김새와 특이한 태도들을 곧 잊어버렸다.

1911년 아버지는 바벨을 금융·상업 아카데미에서 공부시키기 위해 키이우로 보냈다. 바벨은 스물한 살이던 1915년에는 상트페테르부르크로 이주했다. 그는 당시 자신의 모습을 "주머니에 위조 증명서를 지닌 병약한 청년"으로 묘사했는데, 유대인들에게는 이주의 자유가 금지되어 있었기 때문에 증명서를 위조할 수밖에 없었다. 이곳에서 막심 고리키를 만났는데, 고리키는 1902년에 발표한 희곡 『밑바닥 Na dne』이라는 작품으로 이미 세계적인 작가로 인정받고 있었다. 그는 1916년부터 1918년까지 바벨의 초기 산문들과 혁명 후 1년 동안에 쓴 17개의 르포르타주를 출간하게 해 주었다. 모두 간결하고 치밀한 언어로 쓴 참혹한 내용이었다.

예를 들면 이런 식이다. 강제 이주를 당한 네 가족이 탄 열차 한 량이 네바강으로 추락했다. 열차가 낡았거나 제동 장치가 고장 난 탓인 듯했다.

> 사람들은 시체를 정성스레 관대 위에 올려놓고 8천 루블을 들여 장례를 치렀다.

끝부분은 이렇게 적혀 있다.

> 그들은 엄숙하게 추모 미사를 드린다. 관은 비단으로 싸여 있다. 그만큼 노동하는 민중을 존중한다는 뜻이다.

막심 고리키는 앞으로 바벨이 걸어가야 할 길에 대해 말해 주었다.

> 작가의 길은 가시밭길이네. 그것도 아주 굵은 가시들이 박혀 있지. 그런 길을 작가는 맨발로 걸어가야 하네. 상처가 나고 피가 흐르겠지. 해를 거듭할수록 피는 더욱 많이 날 것이고. (…) 자네는 허약한 사람이야. 그렇다고 그런 자네를 봐주지는 않네. 사람들은 자네에게 고통을 주고, 마비가 찾아올지도 모르네. 그러다가 자네는 시들게 되겠지. 하지만 진정한 작가이자 혁명가라면 이 길을 걷는 것은 큰 명예일세. 자네가 가는 길에 축복이 내리길 바라네.

바벨은 이 말을 듣는 순간 자신의 운명이 결정된 듯한 느낌을 받았다. "내 영혼은 뜨거운 기쁨으로 벅차올랐고, 금방이라도 폭발할 듯이 전율했다."

그런데 이런 작가의 길에서 그가 스스로 자청한 가시밭길도 있었다. 자신의 문체에 가혹할 정도로 엄격한 과제를 부여한 것이다. 그는 '강철같이 단단한 글'을 쓰고 싶었다. 그래서 처음 산문을 쓸 때부터 "오, 어린 시절의 썩은 탈무드 책이여! 오, 기억의 애잔한 슬픔이여" 따위의 글은 절대 용납하지 않으려 했다. 대신 조약돌처럼 둥글면서 어떤 번개도 파괴할 수 없을 정도로 단단하게 짜인 문장을 쓰려고 했다. 그는 톨스토이를 존경하고 경탄했지만, 그 위대한 작가가 하루 24시간 모두를 묘사하려고 하는 점은 받아들일 수 없었다. 자신은 기질적으로 하루 중 가장 흥미로운 5분만 쓰는 것으로 충분하다고 생각했다. 이렇게 해서 바벨이 모범으로 삼았던 작가는 짧은 형식의 대가였던 키플링과 모파상이었다.

바벨의 길은 자신이 전범으로 삼은 두 작가와 마찬가지로 험난하기 그지없었다.

> 하나의 이야기를 군더더기 없이 가장 간결한 언어로 만들어내는 것은 에베레스트산을 깎아 평지로 만드는 것만큼이나 힘들다. 너무 힘에 겨워 펑펑 운 적도 있었다. 문장이 만들어지지 않으면 심장이 쪼그라질 듯이 아팠다. 그런 경우가 얼마나 많았던지! 망할 놈의 문장 같으니!

바벨이 이 목표에 도달하기 위해 삼았던 수단은 써 놓은 문장에서 필요 없다고 생각되는 부분을 하나씩 빼는 작업이었다. 날마다 이 작업을 계속해 나가다 보면 매번 조금씩 짧아지다가 마침내 훨씬 간명한 문장이 만들어졌다. 어떤 때는 22번이나 이런 작업을 계속한 적도 있었다. 이렇게 해서 더 이상 잘라 낼 수 없는 문장이 나오면 바벨은 이것을 완벽한 문장으로 간주했다.

바벨의 이러한 시도는 미국의 시인 에즈라 파운드Ezra Pound가 요구하는 언어 수준의 기준을 충족시킨다. 즉, 음절마다 최대한의 의미가 실려야 하고, 단어 하나하나는 더는 담을 수 없을 만큼 의미로 가득 차야 한다.

예를 들면 이런 문장들이다.

"우리는 꽤 오랜 시간 시시껄렁한 이야기만 주고받다가 결혼했다."

손자에게 화가 난 소설 속 유대인 할아버지는 이렇게 말한다.
"피마자유를 한 숟갈 머금고 네 무덤에다 뱉어 주마!"

또한 일인칭 화자는 '졸린 듯한 부드러운 웃음으로 주둔군 장교들을 뇌쇄시킨' 한 부유하고 아름답고 통통한 유대인 여자에게 '문체, 즉 모든 병과兵科가 조화롭게 협력하는 단어들의 군단에 대해 이야기한다.

"어떤 쇠도 적절한 시기에 찍은 마침표만큼 활활 불타는 차가움으로 인간의 심장을 꿰뚫지는 못합니다."

바벨은 문장에서 필요 없는 부분들을 뺄 때 비유와 은유도 함께 점검했다.

"비유는 막대 계산자처럼 정확해야 하고, 아니스 향기처럼 자연스러워야 한다."

그런 비유들을 직접 확인해 보자.

"내 이야기들은 돌멩이에 앉은 두꺼비처럼 내 가슴속에 깊이 각인되어 있다." 혹은 "우리는 여자와 말들이 뛰노는 5월 들판을 보듯 세상을 바라본다." 또한 얇은 벽 뒤에서 미친 듯이 사랑을 나누는 남녀 한 쌍을 "깡통 속에 가둬 놓은 큰 물고기 두 마리"에 비유했다. 바벨은 예수회 소속의 여자 요리사를 칭찬하면서, 그 요리사가 만든 비스킷에서는 "그리스도 십자가상 같은 향기가 나고, 마음을 미혹하는 즙과 바티칸의 향긋한 분노가 서려 있는 듯하다."라고 말했다. 한 세탁부에 대해서는 이렇게 묘사했다. "그 여인은 졸린 듯이 하품하면서 수태의 불쾌함을 갈망하는 아가씨처럼 카자크 병사를 쳐다보았다."

어느 문학 작품이든 마찬가지겠지만, 특히 바벨 작품을 번역하는 사람들은 옮기기 어려운 어휘와 뉘앙스 때문에 골머리를 앓는다. 바벨이 쓴 러시아어 작품 속에는 당·군대·관료들이 쓴 은어, 방언, 유대인 독일어 그리고 의도적인 비문非文들이 심심치 않게 등장하는데, 이 모든 것이 항상 탈무드식의 재치를 통해 고양된다. 물론 바벨이 번역자들을 편하게 해 주는 측면도 있다. 이를테면 그가 쓴 작품에는 불타는 감정의 격동이 없고, 교묘한 형이상학적인 저의가 수정처럼 단단한 문장 짜임새를 흐트러뜨리지 않는다. 바벨은 이렇게 말하기도 했다.

"나는 세탁에 관한 이야기도 쓸 수 있다. 그러면 아마 사람들은 카이사르가 쓴 산문으로 착각할지도 모른다!"

바벨의 삶은 그가 쓴 작품들과 비교하면 평이했다. 물론 비밀경찰의 그물에 걸릴 때까지만 그랬다. 그는 1916~1919년까지 고리키가 만든 잡지에 글을 썼다. 그의 자서전에는 이런 내용이 나온다.

1917년부터 1924년까지 나는 사람들 사이에 있었다. 군인으로 루마니아 전선에 나갔고, 체카(레닌의 정치경찰)에서 일을 했으며, 교육 인민행정부에도 잠시 있었고, 북군北軍으로 나가 유데니치(1918~1920년 러시아 내전에서 반볼세비키의 선봉에 섰던 장군)와 맞서 싸웠고, 제1기병대에서 근무하기도 했다.

그가 쓴 일기에 따르면 바벨은 1920년 6월 3일부터 9월 20일까지 3개월가량 기병대에서 근무했다. 바벨을 이곳으로 전출시킨 것은 오데사 당서기였는데, 바벨이 우크라이나 통신사와 「붉은 기병대」 신문에 기사를 쓰게 하기 위해서였다. 그 밖에 바벨은 제6기병사단의 전시 일지를 쓰기도 했다.

이후 바벨은 끊임없이 재정 부족에 시달렸다. 일정한 거처도 없이 오데사, 상트페테르부르크, 티플리스, 모스크바, 크라쿠프, 카프카스, 다시 모스크바를 전전했고, 직업도 국립인쇄소 직원부터 기자, 소설가, 시나리오 작가, 문서 기록실 담당, 프랑스·유대 독일 문학 번역자, 마을 소비에트위원까지 닥치는 대로 일했다. 해외여행은 프랑스와 이탈리아로 두 번 떠났는데, 각각 1년씩 체류했다. 1926년 모스크바에서 『기병대』가 출간되었고, 곧이어 베를린에서 독일어로 번역되어 나왔다. 서방 세계는 이 소설을 천재적 작품으로 찬탄했지만, 나치는 1933년에 금서 목록에 올렸다.

1935년 바벨은 파리에서 열린 문화수호회의에서 프랑스어로 대본도 없이 연설해서 청중들을 열광케 했다. 그는 소련을 자기 방식으로 예찬했다.

콜호스의 농부들에게는 이제 빵이 있습니다. 집도 있습니다. 심지어 훈장까지 있습니다. 하지만 이것으로도 너무 부족합니다. 이제 농부들은 자신들의 시詩가 만들어지길 원합니다.

같은 해 피비린내 나는 스탈린의 공개재판이 시작됐을 때 바벨은 막심 고리키의 비호가 있었기에 그나마 온전할 수 있었다. 그에 비해 시인 오시프 만델스탐Osip Mandelstam은 벌써 1년 전에 스탈린 공포정치의 제물이 되었다. 스탈린에게 동조하지 않고 노골적인 비유로 독재자를 공격했다는 이유였다. 반면에 바벨은 직접적인 공격보다는 반어적인 표현으로 독재자를 비판했다.

만델스탐은 지하에서나 은밀히 유포되던 자신의 시에서 스탈린을 노골적으로 야유했다.

> 그의 손가락은 벌레처럼 피둥피둥하고, 그의 말은 10파운드의 무게감이 느껴진다. (…) 위대한 그 사람 주위에는 뺨이 홀쭉하게 들어간 참모들……. 그들의 애처로운 목소리는 감동적이고 웃기기까지 하다. 말을 하는 사람은 그뿐이다. 그의 말은 편자처럼 차갑고, 그는 한 사람씩 차례로 짓뭉갠다. (…) 죽고 나서는 입에 산딸기를 머금고 있구나.

1939년 만델스탐은 마흔여덟 나이로 굴라크Gulag(구소련의 강제 노동 수용소)에 갇힌 이후 소식이 완전히 끊겼다. 1959년, 독일의 시인 파울 첼란Paul Celan이 그의 시선집을 번역 출간했다. 고리키는 1936년 6월 18일에 죽었다. 바벨은 마치 친아버지가 죽은 것처럼 슬퍼하며 깊이 상심했다. 그와 같은 집에서 살았던 헝가리 작가 에르빈 신코Erwin Schinko는 이렇게 썼다.

> 고리키의 죽음과 함께 알 수 없는 재앙이 우리 모두에게 닥쳐올 것 같은 섬뜩한 느낌이 들었다.

바벨은 작가로서 아직 독자들에게 인기가 높았고, 출판사들은 그에게 새 원고를 넘기라고 끊임없이 독촉했다. 그러나 그는 공허한 약속만 남발하거나 아니면 이리저리 둘러대며 피했다. 이렇게 그는 자기 검열의 엄청난 무게에 짓눌려 점점 글을 쓰지 못하고 있었다. 그것이 권력에 대한 두려움 때문이었는지는 알 수 없다.

바벨은 1939년 5월 16일 간첩 행위와 트로츠키 비밀 활동 혐의로 체포되었고, 그의 집은 샅샅이 수색당했으며, 조금이라도 글이 적힌 문서는 모조리 압수되었다. 압수 품목은 원고 묶음 15개, 노트 11권, 메모장 7권이었다. 바벨은 그해 9월 감옥에서 비밀경찰국장이면서 내무위원을 겸임하고 있던 라브렌티 베리야Lavrenty Beriya에게 청원서를 보내, 최소한 자신의 원고를 살펴보고 정리할 수 없겠느냐고 물었다. 압수된 원고에는 수십 편의 소설, 영화 대본, 반쯤 작업이 끝난 희곡, 막심 고리키에 관한 책을 쓸 요량으로 수집해 둔 자료들, 우크라이나의 집단 농장에 관한 초고 등이 포함되어 있었다. 바벨은 청원서에 이렇게 썼다.

> 이 원고들은 지난 8년 동안 작업한 끝에 나온 결과물입니다.

그중 일부는 올해 안에 출간하기로 되어 있습니다.

그러나 답변은 오지 않았고, 원고는 모두 행방불명되었다. 이사크 바벨은 1940년 1월 27일 루뱐카 감옥에서 총살당했거나, 아니면 1941년 3월 17일 미지의 장소에서 알 수 없는 이유로(어쨌든 공문서에는 그렇게 기록되어 있다) 숨진 것으로 알려져 있다.
1954년, 그러니까 스탈린이 죽은 지 20개월 뒤 소련 최고 재판부 군사위원회는 바벨의 복권을 의미하는 판결을 했다.

> 바벨의 사건을 번복한다. 바벨에게 내려졌던 과거의 판결은 범죄 행위가 없었다는 사실이 최근에 밝혀져 무효로 한다.

어쩌면 바벨은 살아생전 자신의 문학적 창조력을 몽땅 쏟아부어 필생의 작품을 만들었는지도 모른다. 그러나 행방불명된 원고들 가운데 그보다 나은 작품이 없으리라는 보장은 없다. 카프카의 가장 위대한 작품들도 유고에서 나왔으니까. 바벨은 사후에 복권되었다고는 하지만, 이미 목숨은 끊겼고 원고들은 없어진 뒤였다. 결국 바벨도 두 번 죽은 셈이었다. 이 대목에서 오스카 와일드가 한 말이 새삼스레 다가온다.

> 하나의 삶 이상을 살았던 사람은
> 한 번 이상 죽어야 하는 법이다.

살아서는
인정받지 못한 패배자

24. 빈센트 반 고흐

사후에 세계를 평정한 탕아

아마 빈센트 반 고흐Vincent van Gogh(1853~1890)만큼 생전에 그렇게 비참하게 살다가 사후에 많은 조명을 받은 사람도 없을 것이다. 고흐는 극빈자에다 자기학대와 자해도 서슴지 않는 사람이었고, 숨 돌릴 틈 없이 쫓겨 다니는 도피자였다.

오늘날 '해바라기'라는 말을 들으면 사람들은 들판에서 햇빛을 받으며 자라는 해바라기보다 오히려 고흐가 그린 그림을 먼저 떠올릴 것이다. 그리고 1888년에 프랑스의 프로방스에서 다섯 종류로 그린「아를의 도개교」는 오늘날「모나리자」보다 거실에 더 많이 걸려 있다. 고흐는 자신의 그림을 가리켜 '손풍금 음악처럼 이해하기 쉬운' 작품이라 평했는데, 실제로 후세 사람들은 그의 그림들을 쉽게 받아들였다.

이제껏 고흐의 작품만큼 비싼 가격에 팔린 화가는 없었다. 고흐가 죽은 지 백 년이 지난 1990년, 그가 그린「폴 가셰 박사」(1890)는 일본의 한 보험회사 그룹에 8200만 달러에 낙찰되었다. 미술품 경매 사상 최고가였다. 르누아르의「물랭 드 라 갈레트의 무도회」, 루벤스의「유아 대학살」 그리고 다시 고흐의「자화상(수염 없는 예술가의 초상)」(1889)이 그 뒤를 이었다.

한 천재적인 예술가가 살아생전에 동시대인들로부터 인정받지 못한 것은 그리 새로운 일이 아니다. 하지만 고흐의 경우는 극단적으로 심했다. 아마 그만큼 살아서 주목받지 못하고 격려도 받지 못한 천재는 없을 것이다. 예를 들어 요한 제바스티안 바흐J. S. Bach는 당대인들에게 비록 작곡가로서는 무명에 그쳤지만, 오르간의 거장으로서는 인정받았다. 프란츠 슈베르트는 최소한 오페레타 세 편은 무대에 올릴 수 있었고, 공개 연주회에서 지휘도 한 번 맡았으며, 괴테의 시에 곡을 붙인 가곡「마왕」으로 제법 인기를 끌기도 했다. 클라이스트도 어쨌든 자기 소설이 책으로 인쇄되어 나왔고, 두 편의 희곡이 상연되었다. 니체도 부정적인 반응이 주류를 이루었지만, 초기 저작들로 대단한 반향을 불러일으킨 것이 사실이다. 니체의 명성은 그의 누이가 이미 정신이 나간 그를 공개했을 때 쌓이기 시작했다.

고흐가 살아서 인정받지 못하고 후세에야 주목받은 것은 그의 짧은 생과도 관련이 있다. 그가 자신이 쏜 총에 복부를 맞고 숨진 때가 서른일곱이었다(그가 실제로 자살할 의도가 있었는지는 정확히 아는 이가 없다). 아마 그가 피카소처럼 아흔한 살까지 살았다면 1944년에 세상을 떠나게 되는데, 그랬다면 피카소처럼 굼뜨기 한량없는 시대 정신에 자신의 작품 세계를 이해할 시간을 주었을 테고, 그랬다면 뒤늦게 그의 천재성을 알아본 후세인들에 의해 살아있는 동안 명성을 누렸을 것이다.

빈센트 반 고흐는 1853년 네덜란드 브라반트 지방에 있는 한

화랑 수습생으로 일하던 열여덟 살의 고흐. 9년 뒤에야 자신이
그림을 그릴 수 있다는 사실을 발견했고, 그로부터 10년 뒤에 세상을
떠났다. 생전에 그가 그린 그림은 단 한 점 팔렸는데, 당시 가격은
4백 프랑이었다. 현재 고흐 작품의 가격은 천 배가 훌쩍 넘는다.

빈센트 반 고흐

마을에서 개신교 목사의 육 남매 중 맏이로 태어났는데, 외톨이 성향을 제외하면 별로 눈에 띌 게 없는 소년이었다. 양친은 고흐가 열한 살이 되던 해에 아들을 기숙사에 집어넣었다(고흐는 부모의 이 행동을 평생 용서하지 않았다). 그는 열여섯에 헤이그에 있는 한 화랑의 수습생으로 들어갔다. 이것이 미술과의 첫 만남이었지만, 그는 여기서 자신에게 특별히 영향을 끼친 작품은 만나지 못했다. 화랑 주인은 그를 런던으로 보냈다.

평소 진득하지 못하고 불안한 성품의 소유자였던 고흐는 영국에서 어학 교사와 평신도 설교사로 일하며 어떻게든 생계를 꾸려 가고자 했다. 이것이 6년 동안 이어진 방황의 시작이었는데, 이때까지만 하더라도 자신이 언젠가 색채와 캔버스에 취해 화가의 길로 들어서리라는 것은 꿈에도 모르고 있었다.

고흐는 도르드레흐트에서 책방 점원으로 일했고, 암스테르담에서는 신학 공부를 시작했다. 곧이어 브뤼셀에서 개신교 신학 과정을 밟았지만 3개월 뒤에 졸업도 하지 않고 학교를 그만두었다. 그러고는 1879년 벨기에의 가난한 탄광 지대인 보리나주로 갔다.

처음에는 교단도 고흐가 보리나주에서 선교 활동하는 것을 용인하고 매달 50프랑을 지불했다. 그런데 고흐는 단순히 광부들에게 복음을 전파하는 데만 만족하지 않고, 그들의 비참한 생활에 충격을 받아 그 자신도 직접 광부들과 함께 갱으로 내려갔다. 그곳에는 남자들뿐 아니라 여자들과 아이들도 일주일에 엿새 동안 하루 12시간씩 끔찍한 노동에 시달리고 있었다. 고흐는 쥐꼬리만 한 자신의 월급 대부분을 이들에게 썼고, 누더기를 걸친 채 땅 아래와 땅 위에서 완전한 기독교적 새 공동체를 부르짖었다. 교회 당국은 고흐의 이런 유설謬說과 광신적 행동에 깜짝 놀라 당장 그를 해고해 버렸다. 그러고도 고흐는 보리나주에 1년 더 머물렀다. 굶주림에 고통받고 육체적인 파멸의 언저리까지 이른 생활이었다. 그는 경제적으로 자신을 조금씩 도와주던 아우 테오에게 이렇게 편지했다.

네가 내 속에서 무위의 삶과는 다른 것을 볼 수 있으면 기쁘겠구나.

그렇다. 고흐는 당시 아무것도 하지 않았다. 하지만 그건 그가 게을러서가 아니라 삶이라는 감옥에 갇혀 있었기 때문이다.
"이런 사람은 본능적으로 느낀다. 완전히 다른 사람이 될 수 있다는 것을. 나는 어디든 쓸모가 있을 것이다. 내 속에서는 무언가 꿈틀거린다. 과연 그게 무엇일까?"

고흐는 보리나주에서 자기 내면에 숨겨져 있는 것을 발견했다. 스물일곱 나이로 아직 10년의 여생이 남아 있던 시점이었다. 그가 발견한 것은 그림이었다! 그는 연필과 숯으로 다른 사람들의 그림을 베꼈고, 교재를 샀으며, 잿빛 하늘 아래 검은 석탄 자루를 질질 끄는 광부들을 스케치했다. 이것은 에곤 에르빈 키쉬E. E. Kisch의 말처럼 "삶의 공포에서 벗어나기 위해 미친 듯이 예술로 도피한" 기나긴 여행의 시작이었다. 고흐 자신도 테오에게 이렇게 썼다.

이 깊은 나락에서 에너지가 다시 돌아오는 것을 느끼고 있어. 이제 여기서 내 모든 게 바뀌었어.

고흐는 브뤼셀로 가서 그곳 아카데미에서 미술을 공부했다. 그러나 역시 오래 버티지 못하고 금세 그만두었다. 이어 아버지의 집으로 들어가 8개월간 지냈다. 같은 해에 헤이그에 있는 사촌 집으로 거처를 옮겨 몇 시간씩 박물관을 돌아다니며 화가들과 교류했고, 스물아홉에 처음 유화를 그렸다. 그런데 그가 동거하던 매춘부와 결혼하려고 하자 테오는 경제적 지원과 형제간의 우애를 모두 끊어 버리겠다고 위협했고, 양친도 아들을 금치산자로 선언할 생각까지 했다. 결국 고흐는 결혼을 포기할 수밖에 없었고, 절망감에 젖어 더욱더 깊숙이 자기만의 고독 속으로 빠져들어 갔다.

1883년 고흐는 헤이그에서 네덜란드 북부에 있는 한적한 마을로 도주했다. 자연과 농부만 있는 곳에서 조용히 그림을 그리고 싶어서였다. 그리고 3개월 뒤 다시 부모 집에 들어가 2년 동안 묵었다. 하지만 일은 하지 않으면서 늘 불만에 차 있는 말썽꾸러기 아들을 반기는 사람은 없었다. 빈센트는 테오에게 이렇게 편지했다.

사람들은 마치 덩치가 산만 한 지저분한 개가 젖은 발로 방으로 들어오는 것처럼 나를 기피했다.

그는 어쨌든 여기서 작은 아틀리에를 마련할 수 있었고, 거의 매일 그림에만 매달렸다. 그런데 당시 그렸던 그림은 대부분 행방불명됐고, 오늘날까지 많은 전문가가 진품을 찾고 위조품을 가리는 일에 공을 쏟고 있다.

고흐의 그림은 대부분 가난한 사람들을 소재로 하고 있다. 지금까지 남아 있는 그가 그린 작품들 가운데 최초의 걸작으로 꼽히는 「감자 먹는 사람들」(1885)도 이런 소재를 다루고 있다. 그는 동생에게 쓴 편지에 이렇게 얘기했다.

> 껍질도 까지 않은 채 먼지로 덮여 있는 감자의 색채를 그대로 살렸어.

그때가 서른두 살이었다. 그러니까 아직 5년이라는 시간이 남아 있을 때였다. 그런데 고흐는 오로지 그림에만 묻혀 지냈던 것이 아니라 대가들의 문학 작품에도 푹 빠져 있었다. 디킨스, 모파상, 에밀 졸라가 그가 게걸스럽게 읽었던 작가들이다. 특히 착취당하는 광부들과 그들의 좌절된 파업 이야기를 담고 있는 졸라의 『제르미날 Germinal』은 그에게 성경이나 다름없었다.

1885년 가을 고흐는 안트웨르펜 아카데미에 들어갔다. 그러나 여기서도 기괴한 화풍과 거친 태도로 사람들과 부딪치며 쉽게 화합하지 못했다. 결국 석 달 만에 다시 그만두었다. 그는 루벤스의 그림에 찬탄을 아끼지 않았고, 일본의 목판화를 전범으로 삼았다. 그리고 이 무렵에 유곽을 들락거리다가 매독에 걸린 것으로 추정된다.

1886년 3월 고흐는 배고픔을 참지 못하고 동생에게 달려갔다. 동생은 파리에서 미술상을 하고 있었는데, 고흐는 이 집에서 2년 동안 몸을 의탁했다. 파리는 고흐에게 프랑스 전위 미술가들의 수준을 알게 하는 기회를 제공했다. 그는 클로드 모네Claude Monet, 폴 세잔Paul Cézanne, 툴루즈 로트레크Toulouse Lautrec, 폴 고갱Paul Gauguin과 교류했고, 그들도 고흐를 흥미롭게 생각했다. 그가 성공에 대한 희망을 품은 것은 이때가 처음이었다.

테오는 형 때문에 힘들어했다. 그는 누이에게 이렇게 편지했다.

> 형은 지저분하고, 늘 불만이 가득하고, 사람을 업신여기고, 심지어 스스로를 적으로 생각하는 사람이야.

사정이 이렇다 보니 빈센트가 프로방스로 이사하겠다고 했을 때 동생은 이사 비용을 대 주면서도 결코 싫은 기색을 비치지 않았다. 고흐는 도시 생활에 염증을 느끼고 햇살 가득한 하늘을 동경했다. 행선지는 로마 대성당과 로마 제국의 잔해들이 남아 있는 아를로 정했다. 론강이 지중해와 만나는 하구에 위치한 도시였다.

아를에 4백여 일 머무는 동안 수채화와 소묘를 포함해 총 350여 점의 그림이 완성되었다. 그 와중에도 고흐는 동생에게 2백 여 통의 편지를 쓸 시간이 있었다. 상당수가 문학 작품에 버금갈 정도로 훌륭한 편지들이었지만, 나머지는 술에 취해서 오래전에 했던 이야기를 반복한 것에 지나지 않았다. 그는 동생에게 쓴 편지에서 치통, 복통, 현기증, 우울증 같은 육체적 심적 고통을 호소했다. 또한 '미래의 화가'를 찾고 있지만 자신은 아닐 거라고 말했다. "나처럼 술집에 자빠져 있고, 어금니도 몇 개 빠진 상태에서 작업하고, 유곽이나 기웃거리는 인간"은 그럴 자격이 없다는 것이었다. 그러나 다른 한편으론 "점점 병들고 허물어져 갈수록 더욱 예술가와 창조자에 가까워질 거"라고 믿고 있었다. 그 밖에 그는 눈에 들어오는 모든 것에 마음을 빼앗겨 영혼의 파멸에 이를 때까지 그림을 그려야 한다고 생각했고, 이따금 다섯 장의 그림을 한꺼번에 그리는 게 좋을지, 아니면 열 장이 좋을지 모르겠다고 말하기도 했다.

고흐는 동생이 꾸준히 부쳐 주는 돈을 대부분 술집과 유곽에다 탕진했기 때문에 간혹 물감을 살 돈마저 없을 때가 있었다. 그래도 그림을 그렸다. 한번은 나흘 동안 거의 커피로 때운 적이 있다고 동생에게 쓰기도 했다. 그러던 어느 날 고흐는 불현듯 생활고를 타개하고자 용병부대에 입대할 생각을 했다. 동생이 간신히 뜯어말려 그런 형의 뜻을 막을 수 있었다.

1888년 10월 폴 고갱이 고흐를 찾아왔다. 물론 이것도 테오가 비용을 댔다. 고갱이 땡전 한 푼 없는 빈털터리였던 데다 테오는 내심 프로방스의 햇빛을 가득 담은 두 사람의 그림을 파리에서 내다 팔 수 있을 거라는 기대를 하고 있었기 때문이다. 고갱과 고흐는 공동으로 색채 실험을 했다. 그리고 매일 밤 압생트(아니스계의 향기를 지닌 녹색의 리큐어로, 중독 성분을 함유하고 있어서 서양에서는 오래전부터 사용이 금지되어 있었다)에 곤드레만드레 취했고, 일주일에 두세 번은 갈지자걸음으로 유곽을 찾아갔다.

개성이 강하고 자기 세계에 갇혀 사는 두 사람이 함께 살게 되면 충돌은 불가피한 일이었다. 결국 어느 날 저녁 술집에서 고흐가 경련을 일으키며 의자에서 쓰러지기 직전에 고갱에게 잔을 던져 버렸다. 1888년 12월 23일 고갱이 기진맥진한 채로 아를을 떠나려고 하자 고흐는 면도칼을 꺼내 들고 그 뒤를 쫓아갔다. 그러나 그를 곱게 보내 주고 난 뒤 집으로 돌아와서 자신의 오른쪽 귓바퀴를 칼로 잘라 내 버렸다. 귓바퀴의 일부를 잘랐다는 설도 있고, 귓불이나 귓불의 일부를 도려냈다는 주장도 있지만 확인할 길은 없다. 어쩌면 자살 시도였는지도 모른다. 손목을 자르려고 하다가 술에 취해 귀를 자른 것일 수도 있다. 어쨌든 그는 잘라 낸 것을 신문지에 싸서 매춘부에게 줘 버렸다. 이튿날 아침 경찰이 그의 집을 찾아왔을 때 그는 엉망이 된 침대 위에 누워 있었다. 결국 병원으로 후송되어 '광란을 동반하는 발작성 정신 이상'이라는 진단과 함께 입원 조처되었다.

2주 뒤 병원에서 퇴원한 고흐는 예전보다 몇 배는 더 광포해진 상태에서 그림을 그렸다. 새벽부터 저녁까지 손에서 붓을 놓지 않았고, 눈에 염증이 생겼는데도 개의치 않고 작업을 계속했다. 그는 테오에게 이렇게 썼다.

> 환희가 광기로 치솟아 오르는 순간들이 있어.

빗대는 표현을 잘 쓰지 않는 고흐였지만 오랜만에 이렇게 덧붙이기도 했다.

> 내가 쏟아부은 돈만큼 이 그림들이 벌어들일 날이 올 거야.

테오는 형의 그림을 몇 점 전시했다. 그러나 하나도 판매되지 않았다.

고갱이 떠난 지 두 달 뒤인 1889년 2월 고흐가 술집에서 고래

고래 고함을 지르며 난동을 부리고, 여자들에게 치근거리기까지 하자 아를의 시민 80명은 당국에 진정서를 냈다. 공공질서를 해칠 우려가 있으니 고흐를 격리해 달라는 내용이었다.

담당 의사는 고흐에게 생레미 정신병원에서 치료받을 것을 권했다. 고흐 역시 혼자 있음과 자기 자신에 대한 두려움 때문에 의사의 권유를 따랐다. 이렇게 해서 그는 나머지 15개월의 삶 가운데 13개월을 정신병원에서 보냈다.

이런 와중에도 그는 '말 없는 분노' 속에서 그림을 계속 그렸다. 고흐는 동생에게 쓴 편지에 이런 이야기를 했다.

> 내 그림이 내가 이루고자 하는 것에서 얼마나 뒤처져 있는지 생각하면 늘 미어질 듯한 가책을 느낀다.

이어 3주 동안 경련과 우울 증세로 침대에 누워 있다가, 몸을 추슬러 다시 붓을 잡았다. 뜨겁게 달아오른 태양, 순환하는 별들, 슬픈 얼굴들, 활활 불타오르는 실측백나무가 당시 그가 그린 주제였다. 그는 가끔 마약에 손을 대기도 했다. "이번 여름에 완성해 낸 샛노란 색조의 빛깔을 얻기 위해선 마약의 힘을 빌릴 수밖에 없었어."

그는 자신의 불행한 그림들이 걸려 있는 거대한 대리석 건물을 꿈꾸었다. 서로 밀고 밀치는 사람들로 우글거리는 자기만의 화랑을.

고흐는 병원에서 다시 간호사에게 폭력을 행사하고, 물감을 먹고, 악몽과 환각 증세를 보였다. 심지어 테레빈유까지 마셨는데, 이것이 자살 시도였는지, 아니면 도움을 구하는 절규였는지, 아니면 그 둘 다였는지는 알 수 없다.

어쨌든 이런 사건이 있었음에도 그는 1890년 5월에 퇴원해서 파리에 있는 테오에게 갔다. 그리고 나흘 뒤에는 파리에서 열차로 한 시간 정도 떨어진 오베르 마을로 옮겼다. 이곳에는 신경과 의사 폴 페르디낭 가셰P. F. Gachet 박사가 예술가들을 위한 쉼터를 운영하고 있었다. 고흐는 이 마을의 라부 여관 3층 다락방에서 마지막 10주를 보냈다. 두 평 남짓한 이 다락방은 하루 방세가 3프랑 50상팀이었다.

고흐는 오베르 마을에 70일 남짓 머무는 동안 80여 점의 그림을 남겼다. 그중에서 가장 유명한 것이「까마귀가 있는 밀밭」(1890)과 1990년 이후 더욱 유명해진「폴 가셰 박사」다(고흐는 한 번도 즐거운 표정의 얼굴을 그린 적이 없는데, 그림 속 가셰 박사도 웃지 않고 있다). 어쨌든 고흐는 그림이 완성되면 여관의 골방에 놓고 말린 다음 빈 염소 우리에 차곡차곡 쌓아 뒀다.

그는 동생에게 보낸 편지에 가셰 박사에 대해 이렇게 말했다.

> 그 양반은 무척 괴팍한 사람이야. 나처럼 어떤 정신병에 시달리고 있는 게 분명해.

죽음을 4주 남겨 놓은 7월 1일에는 이렇게 썼다.

> 나한테 여자가 생길 줄은 정말 꿈에도 몰랐어. 내 나이가 사십이라고 말하는 게 두려울 뿐이야. (…) 차라리 아무 말도 말자. 모르겠어. 정말 모르겠어. 어떤 삶의 전환이 나를 기다리고 있을지.

어쩌면 그는 이렇게 쓰고 싶었는지 모른다. 그림을 그리는 것보다 가정을 꾸려 아이들을 키우는 게 더 나을 것 같다고.

그가 사랑을 고백한 사람은 다름 아닌 가셰 박사의 딸이었다. 그러나 가셰 박사의 아들은 이렇게 단언했다.

"누이는 한쪽 귀가 떨어져 나간 그 화가를 멀리했다. 상식적으로 생각해도 충분히 이해가 가는 일이었다."

가셰 박사는 딸에게 고흐를 만나지 못하도록 했고, 고흐도 자기 집에 찾아오지 못하게 했다.

1890년 7월 27일 고흐는 뜨거운 햇빛으로 이글거리는 밀밭으로 달려갔다. 손에는 권총을 들고 있었는데, 까마귀를 쫓는다는 명분으로 빌린 것이었다. 그는 이 총으로 자신의 배를 쏘았다. 심장이 아니라 복부였다. 그는 이런 몸을 질질 끌고 1킬로미터나 떨어진 여관까지 걸어갔다. 여관 주인 부부의 설명에 따르면 고흐는 여관 홀을 성큼성큼 가로질러 아무런 도움도 없이 혼자서 계단을 올라가서는 자신의 방 침대에 앉아 파이프를 피워 물었다고 한다. 신고받은 경찰이 달려오자 고흐는 자신이 쏜 것이 분명하다고 장담했다. 가셰 박사가 왔을 때는 너무 고통스러워 이렇게 말했다.

"내 배를 갈라 줄 사람 누구 없소?"*

가셰 박사의 아들은 훗날 고흐의 자살에 대해, 원래는 죽을 마음이 없었으나 히스테리적 충동에 이끌려 저지른 행동이라

---

* 고흐가 총상을 입고도 1킬로미터가 넘는 거리를 걸었고, 40시간 이상이나 살아 있었던 것은 권총이 낡은 데다가 복부가 관통될 정도로 쏘지 않았기 때문이라고 한다. 그래서 앞서 귓바퀴를 자른 사건에서도 그랬듯이 고흐가 정말 죽을 마음이 있었던 것 같지 않다는 주장이 나온다.

고 단언했다. 어쨌든 고흐의 상태를 진단한 가셰 박사는 더 이상 가망이 없다는 결론을 내렸고, 뒤늦게 달려온 마을 의사도 가셰 박사의 의견에 동의했다.

7월 29일 밤, 마침내 빈센트 반 고흐가 서른일곱 나이로 숨을 거두었다. 그런데 공교롭게도 그의 동생 테오도 반년 뒤에 죽어 오베르 마을에 마련된 형의 묘지 옆에 묻혔다.

고흐가 죽기 직전 한 비평가가 미술 잡지에 고흐의 그림에 대해 처음으로 글을 쓰면서, 그를 가리켜 '환상적인 에너지와 격정적인 도취'를 보여 준 탁월한 외톨이 화가라고 격찬했다. 그러나 고흐는 이 사실도 모르고 죽어 갔다. 혹시 생전에 알았더라면 미미하게나마 위안이 되지 않았을까?

8백여 점이 넘는 고흐의 작품들 가운데 생시에 팔린 것은 단 한 점뿐이었다. 4백 프랑을 받고 팔았는데, 당시로서는 꽤 큰 금액이었다(4백 프랑을 현재 가치로 환산하면 대략 3천 유로에 해당한다). 하지만 1990년에 팔린 「폴 가셰 박사」에 비하면 2만분의 1밖에 되지 않는다.* 그런데 알려지지 않아서 그렇지 사실은 고흐가 알게 모르게 이 사람 저 사람한테 싼값에 넘기기도 하고, 점심 한 끼 값으로 대신 지불한 그림도 많을 것이다. 그래서 고흐의 전기 작가들 가운데에는 '단 한 점'밖에 팔리지 않았다는 것을 허무맹랑한 전설로 치부하는 사람도 있다.

고흐의 그림만을 대상으로 첫 전시회가 열린 것은 그가 죽은 지 2년 뒤 일이었다. 1910년에는 미술계에서 영향력이 큰 독일의 미술사가 율리우스 마이어그레페Julius Meier-Grafe가 처음으로

---

* 뉴욕의 크리스티 경매에서 8250만 달러, 즉 1000억 원이 넘는 금액에 팔렸다.

미술계 일반에 고흐를 소개했다. 고흐는 1930년대부터 대중적인 인기를 누리기 시작해서 오늘날에는 그의 전시회장만큼 북적거리는 곳이 없을 정도다. 아를에서는 그의 초상화가 그려진 티셔츠와 넥타이, 볼펜 등이 팔리고 있고, 오베르 마을의 묘지는 미술에 관심 있는 사람들의 순례지가 되었다.

이 모든 것에도 불구하고 이제 한 가지 사실을 기억해야 한다. 고흐에게 쏟아진 그런 엄청난 명예는 그의 천재적 재능 때문만이 아니었다는 사실을. 볼프강 힐데스하이머Wolfgang Hildesheimer는 모차르트 전기에서 이렇게 썼다.

> 가치 평가에 있어 여전히 확고한 기준이 없는 후세 사람들은 고통을 겪은 유명인들에게 더 큰 애정을 느끼게 마련이다.

모차르트의 초라한 묘지, 베토벤의 청력 상실, 나폴레옹의 비참한 최후, 클라이스트의 극적인 자살, 니체의 정신착란……. 이 모든 비극적 상황이 그들의 타고난 재능에 더해져 그들을 가장 영예로운 자리까지 끌어올렸다. 고흐도 마찬가지다. 스스로 귀를 잘라 내고, 압생트와 테레빈유에 취하고, 까마귀 우는 밀밭에서 자살을 감행한 이 모든 상황은 고흐를 비운의 극적인 예술가로 만들기에 충분했다. 빌헬름 랑에아이히바움Wilhelm Lange-Eichbaum은 자신의 명저 『천재, 광기 그리고 명성Genie, Irrsinn und Ruhm』에서 이렇게 단언했다.

"사람들의 눈길을 끄는 것은 광기다."

고흐의 경우에는 조현병적 기질과 혼란스러운 생활 양태가 너무 극명하게 드러나기 때문에 고흐 예찬자들은 대개 이러한 성격을 고흐만의 특성으로, 혹은 그의 그림이 나오기 위해 불가피한 요건으로 쉽게 받아들인다. 그래서 괴테 예찬자들처럼 내적 갈등을 겪을 필요가 없다. 괴테의 문학을 좋아하는 괴테 마니아들은 현실에서 드러나는 괴테의 역겨운 성격을 알게 되면 혼란을 감추지 못하고, 마지못해 인정하거나 아니면 애써 외면하려 한다. 괴테는 실제로 오만하고 쌀쌀맞은 성격에다 렌츠, 클라이스트, 횔덜린같이 경쟁자로 생각되는 천재적인 젊은 작가들의 싹을 냉정하게 잘라 버릴 정도로 야비한 사람이었다.

독일의 극작가 고트홀트 에프라임 레싱Gotthold Ephraim Lessing은 이렇게 말했다. 모든 천재는 현실에선 '나쁜 이웃'이라고. 또한 마르틴 그레고어델린Martin Gregor-Dellin은 이렇게 말했다.

"천재들은 아무리 애써도 제과점 주인의 친절함을 가질 수는 없다."

실제로 난봉꾼 천재였던 고흐와 한집에서 살고 싶어 한 사람은 아무도 없었다. 그는 하늘에선 일등성星이었지만, 땅 위에선 번민하는 괴물이었다.

고흐는 아를에서 이런 글을 남겼다.

나는 그림을 그릴 권리가 있다. 그 대가로 내가 치러야 했던 것은 썩어 문드러진 이 육신뿐이다.

쓰러져도 다시 일어서는
오뚝이 인생들

25. 윈스턴 처칠과 덩샤오핑

누구도 이길 수 없었던 두 사람

유명한 패배자들은 단 한 번의 패배로 영원히 다시 일어서지 못하는 것이 보통이다. 왕좌에서 쫓겨난 왕들, 좌절한 작가들 그리고 모진 운명의 장난에 놀아난 천재들이 그랬다. 그런데 한 번 쓰러진 후에 다시 기회를 잡고 일어난 사람들도 있다. 특히 정치인 중에 그런 사람이 많고, 장군과 운동선수 가운데에도 그런 사람들을 발견할 수 있다. 하지만 덩샤오핑처럼 세 번이나 재기에 성공하고, 윈스턴 처칠처럼 네 번이나 다시 벌떡 일어났다면 그들을 가리켜 '오뚝이 인생'이라 불러도 무방하지 않을까?

어릴 때 갖고 놀던 오뚝이 인형을 모르는 사람은 없을 것이다. 바닥이 둥그렇고 납추로 균형을 유지하는 오뚝이 인형은 아무리 쓰러뜨려도 혼자 힘으로 다시 재까닥 일어난다. 독일 작가 루트비히 티크는 이렇게 말했다.

"사람 중에도 오뚝이 인형이나 고양이처럼 아무리 쓰러뜨리려고 해도 다시 벌떡 일어나는 유형이 있다."

늘 상층부에 머물러 있는 사람은 그런 유형이 아니다. 그런 상층부 인간들은 대개 노련한 기회주의자나 처세술에 능한 부류에 속한다. 예를 들어 프랑스 혁명 정부 때부터 나폴레옹 황제(나폴레옹은 탈레랑을 "비단 양말을 신은 똘 보기 싫은 인간"이라고 지칭했다고 한다) 시절을 거쳐 루이 18세 치하까지 계속 외무 장관을 지낸 탈레랑Talleyrand이나, 다섯 명의 소련 서기장 밑에서 28년 동안 외무 장관직을 수행한 안드레이 그로미코가 그런 부류다. 그에 반해 오뚝이 인생은 극적인 패배로 모든 것을 다 잃은 듯이 보이지만, 그 패배를 딛고 다시 일어선 사람들이다.

레닌과 마찬가지로 대지주의 아들로 태어난 덩샤오핑鄧小平(1904~1997)은 예수회 학교에 다녔고, 프랑스에서 유학했다. 1921년 열일곱 나이에 공산주의자가 되었고, 1931년부터 마오쩌둥毛澤東의 동지가 되었으며, 1945년엔 중국공산당 중앙위원, 1955년에는 정치국 위원으로 임명되었다. 이런 사람이 마오가 1966년에 일으킨 문화혁명 때 홍위병들에 의해 반마오 주자파走資派로 몰려 쫓겨났고, 나중에는 사상 개조 교육까지 받아야 했다. 또한 그의 장남은 홍위병들을 피해 달아나다가 창문에서 떨어져 하반신 불구가 되었다.

패배한 사람이 복수심과 절망의 감옥에만 갇혀 있으면 그것은 영원한 패배로 이어진다. 덩샤오핑은 그 길을 걷지 않았다. 속으로는 이빨을 갈았을지 모르나 겉으로는 온갖 수모를 다 받아들였다. 심지어 마오가 강력히 추진하던 집단화 정책에 반발했던 자신의 행적과 개량주의를 공개 석상에서 자아비판 하는 것도 마다하지 않았다. 그런 그가 7년 뒤에 부총리로 당당하게 복귀하자 서방 세계는 놀란 입을 다물지 못했다. 1974년에는 다시 정치국 위원으로 임명되었고, 1975년에는 당 부주석까지 올랐다.

그러나 그것도 1년뿐이었다. 갑자기 베이징의 대자보에 그를 비방하는 글들이 실리기 시작했고, 마침내 1976년 4월 마오는 죽음을 반년 남겨 놓은 상태에서 덩샤오핑의 모든 관직을 박탈해 버렸다. 이것이 두 번째 실각이었다. 이것은 마오의 아내가 꾸민 것으로 추정되는데, 마오의 아내는 남편이 죽은 뒤 이른바 4인방四人帮* 세력과 함께 자신이 직접 권력을 잡을 계획이었다. 그런데 곧이어 4인방이 체포되자 덩샤오핑은 1977년에 일흔셋 나이로 다시 중국 공산당과 정부 요직에 복귀했다. 이것이 세 번째 재기였다.

1979년 덩샤오핑은 미국의 초청을 받았다. 미국이 대만을 버리고 중화인민공화국을 유일하고 합법적인 중국으로 인정한 직후였다. 153센티미터의 작고, 늙고, 청색의 인민복을 입은 공산주의자. 이렇게 권력자의 이미지가 자연스레 뿜어져 나오는 덩샤오핑은 곧 인기 스타가 되었다. 『타임』지는 덩샤오핑을 '올해의 인물'로 선정하며 알 듯 모를 듯 야릇한 미소를 짓는 그의 얼굴을 표지에 실었다.

1980년 덩샤오핑이 더 이상 예전처럼 주목받지 못하자 사람들은 그가 권력에서 밀려났다고 생각했다. 그러나 1983년 그는 일흔아홉 나이로 국가군사위원회 주석으로 임명되었고,

---

* 마오쩌둥이 주도했던 문화대혁명 기간 중 가혹한 정책을 시행했다는 죄목으로 유죄 판결받은 급진적인 정치 엘리트들의 핵심 집단이다. 마오쩌둥의 아내 장칭을 비롯해 왕훙원, 장춘차오, 야오원위안을 일컫는다.

1985년에는 당에 젊은 피를 수혈하면서 대대적인 쇄신을 추진했다. 또한 중국 경제의 현대화를 지상 과제로 삼고 강력하게 밀고 나갔다. 이런 점 때문에 그는 『타임』이 뽑은 '올해의 인물'에 두 차례나 선정됐다. 그러나 1989년 6월 여전히 군사위원회 주석을 맡고 있던 덩샤오핑은 톈안먼天安門 광장의 시위대에 무력 진압 명령을 내려 천 명이 넘는 무고한 사람들을 죽였다.

그로부터 10주 뒤 중국의 모든 언론은 덩샤오핑의 여든다섯 번째 생일을 대대적으로 경축했다. 그리고 1989년 11월 그는 장쩌민江澤民에게 군사위원회 주석직을 물려준 뒤 정계에서 공식 은퇴했다. 그러나 모든 관직에서 물러나 있으면서도 그의 막후 영향력은 대단했다. 예를 들어 1992년에는 정치국 내에서 경제개혁파가 승리하도록 손을 쓴 사람이 덩샤오핑이었다. 이듬해 『등소평 문선』 제3권이 출간되자 중국 정부는 5500만 명의 공산당원 전원에게 이 책을 나눠 주었다. 이만한 영광이 어디 있겠는가?

오뚝이 인간들은 결코 편안한 성격의 소유자들이 아닌, 모두 권력욕에 사로잡힌 사람들이다. 그렇지 않고서야 어떻게 매번 다시 일어설 수 있겠는가? 그런데 오뚝이 인간들에 대한 후세 사람들의 평가는 그들의 목표가 세상에 얼마나 기여했는지, 그들이 얼마나 많은 사람의 시신을 넘고 지나갔는지, 또 얼마나 비열한 수단을 썼는지에 따라 다르게 나타난다. 아마 이런 점에서는 처칠과 덩샤오핑에 관한 평가는 조금 다를 듯하다.

윈스턴 처칠Winston Churchill(1874~1965)은 네 번 패배한 뒤에도 마치 아무 일 없었다는 듯이 훌훌 털고 일어나 다시 네 번이나 승리를 쟁취한 인물이다. 서른한 살에 자유당 내각에서 식민차관植民次官으로 관직을 시작해 서른다섯에 벌써 내무장관이 되었고, 1911년에는 세계에서 가장 주목을 많이 받는 자리 중 하나인 영국의 해군장관직에 올랐다. 당시 세계에서 가장 막강한 함대를 지휘하는 사령관이 된 것이다.

    1915년 처칠은 독일과 동맹을 맺은 오스만제국의 수도인 이스탄불을 영국 함대로 침공했다. 심장부를 공격당한 오스만제국이 그 충격으로 전선에서 발을 빼지 않을까 하는 희망을 품었기 때문이다. 그런데 보병의 충분한 지원도 없었거니와 영국 함대의 단독 작전만으로도 다르다넬스 해협을 충분히 제압할 수 있으리라는 처칠의 믿음은 곧 작전 실패로 연결됐다. 두 달 뒤 처칠은 작전 실패를 공식 시인했다. 그리고 1915년 5월 17일 해군장관에서 해임되었다. 이것은 네 번의 실각 가운데 처음인 동시에 처칠 자신에게 책임이 있는 유일한 패배였다. 그는 한 친구에게 이렇게 썼다.

    "나도 지쳤네. 이제 다 끝났어."

    그런데 1900년까지 군인으로 근무한 처칠로서는 세계 대전이 이렇게 자신과 무관하게 전개되는 것을 참을 수가 없었기에 소령 계급으로 자원입대해서 프랑스 전선으로 나갔다. 그러나 그것도 1년을 채 넘기지 못했다. 혁혁한 전과를 올릴 기회가 없었을 뿐 아니라, 전직 해군장관이 일선 참호에 파견된 것을 이상하게 바라보는 병사들의 시선을 견디기 어려웠다. 결국 그는 1916년 5월에 평의원 신분으로 의회로 돌아갔다. 그것은 빗나간 결정이 아니었다. 그러지 않았더라면 사람들은 다르다넬스 해협의 패배자를 영원히 잊었을 테니까 말이다.

1917년 7월, 반년 전에 총리가 된 로이드 조지Lloyd George는 땅딸막하면서도 정력이 넘치고, 최근에는 까다롭게 굴지 않는 처칠을 기억해 내고 그를 군수장관으로 임명했다. 처칠은 군수장관이 되자마자 그간에 풀지 못한 열정을 모두 쏟아부어 자신이 1914년에 묻어 둬야 했던 프로젝트를 다시 추진해 나가기 시작했다. 바다의 전함처럼 육상을 마음대로 휘젓고 다닐 수 있는 '육상용 선박'을 제작하는 프로젝트였다.

처칠은 1914년 당시 군부에 미국의 농촌에서 사용하는 캐터필러 트랙터 같은 무한궤도 차량의 제작을 제안하면서 캐터필러 트랙터에 강철을 입히고 기관총을 장착하기만 하면 된다고 설명했다. 그러나 육군 장성들은 해군장관의 제안에 콧방귀만 뀌었다.

그런데 당시 처칠이 설립했던 '육상선박 제작 위원회'가 아직 활동하고 있었다. 처칠은 이 위원회의 조직을 활용해서 즉시 생산에 돌입했다. 신무기 생산을 기밀에 붙이기 위해 신무기에 '탱크'라는 위장용 이름을 붙였다. 이렇게 해서 1917년 11월 프랑스 캉브레에 탱크 324대를 투입해 독일군 전선을 누볐다. 아직 시속 6킬로미터에 불과했지만, 어떤 자연 지형지물의 방해도 받지 않고 전선을 휘저을 수 있었고, 그때까지 전투 승패에 중요한 역할을 했던 참호 속의 기관단총도 무력화시켰다.

영국 지도부는 예상치 못한 성공에 입을 다물지 못했다. 어찌나 놀라고 어이가 없던지 탱크를 적극 활용해서 전세를 뒤집을 기회도 놓쳤을 정도였다. 어쨌든 뒤늦게라도 탱크의 위력은 십분 발휘되었다. 1918년 8월 8일 솜강 유역에 도달한 연합군은 450대의 탱크를 앞세워 독일군 전선을 돌파했다. 당시 독일의 육군 사령관이었던 에리히 루덴도르프는 탱크의 위력에 깜짝 놀라 이날을 독일의 패전일로 선언할 정도였다.

전쟁이 끝나자 처칠은 군수부에서 이름을 바꾼 전쟁부의 장관으로 있다가 1922년에 로이드 조지가 실각하자 같이 물러났다. 이번에는 자기 책임이 아니었다. 그런데 이후 패배가 이어졌다. 3년 사이에 세 번이나 하원 선거에 출마했으나 연거푸 고배를 마셨다.

1924년 느닷없이 처칠이 다시 재무장관으로 임명되었다. 앞서 물러날 때도 자기 의사와는 상관없이 물러나더니, 복귀할 때도 이렇다 할 이유 없이 복귀했다. 처칠은 재정에 대해 아는 게 별로 없었을 뿐 아니라 보수당 내에서는 여전히 배신자로 낙인찍혀 있는 사람이었다. 1904년에 처칠이 보수당에서 자유당으로 당적을 바꾸었기 때문이다. 그런데도 보수당 당수였던 스탠리 볼드윈Stanley Baldwin 총리가 그를 재무장관으로 중용한 이유는 뭐였을까? 아마 우파의 지도자로서 독설로 유명한 처칠을 의회 내의 반대파로 놓아두는 것보다는 차라리 내각으로 끌어들여 우군으로 삼는 것이 더 낫다고 판단했을 것이다.

1929년 볼드윈이 실각하자 처칠도 함께 물러났다. 그로서는 세 번째 실각이었다. 이후 처칠은 조명받지 못한 초라한 정치인 신분으로 10년의 세월을 보낸다. 제1차 세계 대전에 관한 자전적 역사서를 저술하고 유력 신문사에서 저명한 칼럼니스트로 활동했지만, 의회에서는 그를 주목하는 사람이 거의 없었다. 아니, 오히려 성가신 존재로 생각하는 사람이 많았다. 그는 우선 영국 정부가 인도의 간디를 용인한 것을 대영제국을 팔아넘기는 행위라고 격렬히 비난했다. 그리고 1933년부터는 통한의 심정으로 히틀러의 위험을 경고했다. 영국이 히틀러에 대해 점점 더 온건한 유화정책을 펴던 시대였으니 처칠은 한마디로 영국 지도부에게는 귀찮은 불평분자로 비쳤다.

1937년 5월 정권을 이어받은 네빌 체임벌린 총리가 히틀러에 대해 탄력적인 온건 정책을 표방하자 처칠은 자신이 아무리 피를 토하는 심정으로 재앙을 예고해도 사람들이 점점 믿지 않을 것이라는 사실을 예감하고 있었다. 독일의 저널리스트이자 역사가인 제바스티안 하프너Sebastian Haffner는 이렇게 썼다.

> 다가오는 재앙이 현실이 되는 것밖에 자신의 예언을 증명할 다른 방법이 없다는 상황은 처칠에겐 너무나 섬뜩한 일이었다. 그는 재앙이 내리리라는 것을 분명히 알고 있었다. (…) 아마 처칠이 없었더라면 히틀러가 승리했을지도 모른다. 그리고 히틀러가 없었더라면 처칠은 위대한 패배자로서, 시대착오적인 인물로서 삶을 마감했을 것이다.

처칠은 1939년 7월 21일 자신이 기고하는 고정 칼럼에 이렇게 썼다.

> 지금 폭정의 군대가 엄청난 공격을 준비하고 있다. 독일의 내부 사정이 아무리 좋지 않아 보여도 최소한 초기에는 이 군대가 아주 끔찍한 타격을 가할 것이다.

9월 1일 독일이 폴란드 침공을 감행하자 윈스턴 처칠은 하루 아침에 잡소리나 하는 귀찮은 늙은이에서 혜안을 지닌 예언자

두 차례의 세계 대전에서 영국의 막강 함대를 지휘했던 윈스턴 처칠. 두 전쟁 사이에 해군장관, 군수장관, 재무장관에 이어 수상직을 두 차례나 역임했다. 여든둘에 정계에서 은퇴했으나, 본인은 은퇴를 달가워하지 않았을 정도로 열정적인 사람이었다.

로 급부상했다. 9월 3일 마침내 영국은 독일에 선전포고했고, 체임벌린은 예순넷의 처칠을 해군장관으로 임명했다.

"윈니(윈스턴 처칠의 애명)가 돌아왔다!" 영국 해병들이 외쳤다. 24년 만에 다시 원래 자리로 돌아온 것이다. 그런데 영국 해군은 1940년 4월 독일군의 노르웨이 기습 공격으로 선수를 빼앗겼다. 일각에서는 이것을 처칠의 실책으로 비난하기도 했다.

그러나 1940년 5월 10일 마침내 처칠에게 생애 최고의 순간이 찾아왔다. 히틀러가 네덜란드 침공을 시작으로 연이어 벨기에와 프랑스까지 진격하자 체임벌린이 사퇴했고, 그 뒤를 이어 처칠이 총리에 선출되었다. 이제 막 드러나는 재앙을 오래전부터 예언해 왔고, 두 번이나 영국 함대를 지휘하는 해군장관을 역임했으며, 1917년에는 군수장관으로서 탱크를 개발한 바로 그 인물이 독일을 격퇴하라는 모든 이의 염원을 담아 영국 정부의 수반이 된 것이다. 처칠은 자신이 쓴 『제2차 세계 대전 The Second World War』에서 이렇게 밝혔다.

> 그날 일에 대해 독자들에게 숨기고 싶은 마음은 없다. 나는 그날 새벽 3시경에 잠자리에 들면서 마음이 무척 가벼웠다. 마침내 전체 권력을 쥐었고, 이제야 마음대로 명령을 내릴 수 있게 되었다. 지금까지 살아온 삶이 오로지 이 순간을 위해 준비해 온 듯한 느낌마저 들었다. (…) 나는 실패하지 않으리라는 확신이 있었다. 그 때문에 아주 잘 잤다.

『타임』지는 처칠을 1940년도 '올해의 인물'로 선정했다. 처칠은 1년 넘도록 혼자서 히틀러 군대와 맞서 싸워야 했고, 종종 영국 내에 만연한 패배주의와도 일전을 치러야 했다. 이렇게 고군분투하며 그는 1945년까지 반反히틀러 동맹의 선두에 서서 전쟁을 이끌었다.

전쟁이 연합군의 승리로 끝난 직후 독일의 운명을 결정하려고 승전국 정상들이 포츠담에 모였다. 그러나 처칠은 이 회담에 끝까지 참석하지 못했다. 회담 중간인 1945년 7월 25일에 실시된 영국 총선거에서 영국인들은 처칠이 이끄는 보수당 대신 클레멘트 애틀리Clement Attlee가 이끄는 노동당을 선택한 것이다. 그것도 의석수 393 대 213이라는 큰 차이였다. 영국인들은 전쟁 지도자로서는 처칠을 환호했지만, 내정 면에서는 보수적인 처칠보다 개혁적인 노동당을 더 선호했다.

> 우리의 모든 적이 무조건 항복을 선언하거나 아니면 이제 막 항복할 채비를 갖추고 있을 시점에 나는 영국 유권자들로부터 즉각 국정에서 손을 떼라는 명령을 받아야 했다.

이중적인 의미로 읽히는 처칠의 토로다.

세계는 영국인들의 어처구니없는 선택에 아연실색했다. 상당수 영국인도 그랬다. 이런 와중에도 처칠은 미국이 소련의 권력 확대와 팽창 욕을 너무 등한시하고 있는 것을 걱정했다. 그는 총리 재임 중이던 1945년 5월에 벌써 미국의 트루먼에게 이런 편지를 썼다. 트루먼은 루스벨트가 4월 12일에 죽은 뒤 급작스럽게 백악관의 새 주인이 된 사람이었다.

스탈린은 뤼베크에서부터 아드리아까지 철의 장막을 치고는 그 뒤에서 무자비하게 권력을 키워 가고 있습니다.

처칠은 공개 석상에서는 '철의 장막'이라는 용어를 1946년에 처음 사용했는데, 그 뒤 세계적으로 유명한 용어가 되었다.

이제 칠순을 넘긴 처칠은 차츰 새로운 세 가지 역할에 적응해 가고 있었다. 가까운 재앙을 예고하는 경고자 역할, 1945년 가을부터 의회 내에서 야당 지도자의 역할 그리고 마지막으로 제2차 세계 대전에 관한 여섯 권짜리 역사서의 저자로서 해야 할 역할이 그것이었다. 처칠은 1949년에 생애 두 번째로 『타임』이 선정한 '올해의 인물'로 뽑혔고, 1953년에는 『제2차 세계 대전』으로 노벨 문학상을 받았다.

처칠은 이 나이에도 더 바라는 게 있었을까? 그렇다. 그는 여전히 왕성한 활동과 권력을 원했다. 1951년 10월 그는 일흔여섯 나이로 또다시 총리에 선출되었다. 하지만 이것이 그가 거둔 마지막 승리였다. 그는 점점 귀가 어두워졌고, 깜박깜박 까먹기 일쑤였으며, 청산유수 같던 언변도 어눌하게 변해 갔다. 1953년 6월 정부의 공식 문서에 따르면 처칠은 한 달간 '총리로서 해야 할 모든 의무에서 면제된 것'으로 나와 있다. 갑자기 뇌졸중으로 쓰러져 치료받은 것이다.

1954년 11월 30일 처칠의 여든 번째 생일 축하 행사가 웨스트민스터홀에서 성대하게 치러졌다. 오랫동안 국가에 봉직한 늙은 호랑이에게 영국이 보내는 마지막 경의의 표시였다. 1955년 4월 6일, 오래전부터 동지들의 사임 권유가 있었음에도 모르쇠로 일관하던 처칠이 결국 총리직을 사퇴했다.

그는 이것을 정계 은퇴로만 받아들인 것이 아니라 지금까지 살아온 삶과도 이별해야 하는 것으로 느끼고 있었다. 하프너는 이렇게 썼다.

> 그는 그러고도 10년을 더 살았다. 하지만 이 10년에 대해서는 더 이상 이야기할 것이 없다. 그것은 다만 쓰라린 세월의 시작이었고, 그 쓰라림은 차츰 우울증과 지루함으로 바뀌어 갔다. 생명의 불꽃이 서서히 꺼져 가는 그러한 지루함이었다. (…) 몇 년이 지났는데도 눈을 떠 보면 그는 여전히 살아 있었다.

죽음은 그의 나이 아흔에 찾아왔다.
"정말 너무 지루했어." 이것이 그의 마지막 말이었다고 한다.
처칠은 깊은 추락에도 불구하고 네 번이나 다시 일어섰다. 1915년에 해군장관에서 불명예 해임된 것을 필두로, 1922년에는 전쟁부(군수) 장관에서, 1929년에는 재무장관에서, 1945년에는 총리직에서 물러나야 했다. 하지만 궁극적인 패배는 인간의 힘으로는 어쩔 수 없는 생물학적인 쇠약함과 죽음이었다. 이것은 우리 모두 겪는 일이기는 하지만, 종종 운명에 저항했던 처칠로서는 어쩌면 다른 사람들보다 그런 운명을 더 견디기 힘들어했을지 모른다.

26. 리처드 닉슨

토끼 사냥 하듯 내몰린 대통령

사실 그보다 질긴 사람은 드물었다. 리처드 밀하우스 닉슨Richard Milhous Nixon(1913~1994)은 로스앤젤레스 인근의 한 시골 마을에서 주유소를 임대 운영하던 아버지 밑에서 자랐다. 학창 시절에는 반듯한 모범생이었고, 대학은 고학으로 마쳤으며, 스물네 살에는 변호사로 사회에 첫발을 내디뎠다. 1942년에는 해군 장교로 입대해서 3년간 일본과 벌인 태평양 전쟁에 참전했다. 닉슨은 서른세 살이던 1946년에 첫 도약의 발판을 마련했다. 공화당 의원으로 의회 입성에 성공한 것이다. 그는 몇 차례 열린 공개 토론회에서 상대편 민주당 후보를 완전히 압도했다. 어떤 때는 불같이 호통을 치며 상대를 밀어붙였고, 어떤 때는 잔뜩 점잔을 빼며 상대의 날카로운 공격을 피했다. 어쨌든 상당히 영리하고 꾀가 많은 사람이었다.

1950년 닉슨은 서른일곱에 세계에서 가장 힘 있는 기관으로 손꼽히던 미 상원의회 의원이 되었다. 그가 상원의원으로 제일 먼저 이름을 날렸던 것은 악명 높은 매카시 상원의원에 동조해서 공산주의자 사냥에 나선 일이었다. 하지만 닉슨은 매카시처럼 한순간 광풍이나 일으키고 사라질 사람이 아니라 전도 유망하고 유능한 젊은이였다. 그를 눈여겨본 공화당 지도부는 1952년에 그를 공화당 대통령 후보인 아이젠하워의 러닝메이트(부통령 입후보자)로 발탁했다. 인자한 미소가 특기인 나이 많은 아이젠하워를 보필하고, 필요할 때는 소방수 역까지 맡으라는 주문이 담긴 발탁이었다.

그러나 닉슨이 부통령이 되는 과정은 순탄치 않았다. 그에게 1만 8천 달러의 선거 기부금을 착복했다는 비난이 쏟아진 것이다. 결국 닉슨은 텔레비전 방송에 나와 자기 잘못을 고백했다. 그것도 닭똥 같은 눈물을 뚝뚝 흘리면서. 옆에는 그의 아내와 그의 개가 함께 있었다. 할리우드 제작자 대릴 F. 재넉은 "내가 지금까지 본 것 중에서 가장 감동적인 장면이었다."라고 평했고, 국민도 그를 용서했다.

이렇게 해서 오리 코에다 늘 눈물샘의 긴장이 풀려 있는 닉슨이 아이젠하워의 부통령으로 당선되었고, 1956년에는 그런 영광을 한 차례 더 누렸다. 그런데 갈수록 쇠약해지고 정사에는 관심이 없는 대통령을 보좌한 8년이라는 세월 동안 백악관의 실질적인 주인은 닉슨이었다. 그는 아이젠하워를 대신해서 세계 각지를 누볐고, 1958년에는 베네수엘라를 찾았다가 사람들로부터 침과 돌 세례를 받는 수모를 당했다. 또한 1959년에는 흐루쇼프와 설전이 오간 그 유명한 '부엌 논쟁'에서 판정승을 거두기도 했다. 모스크바에서 열린 미국 무역박람회장에 들른 흐루쇼프가 미국의 부엌 용품이 전시된 곳에서 우연히 닉슨을 만났다.

"미국 노동자들이 모두 이런 사치품을 쓸 수는 없겠죠?"

흐루쇼프가 비아냥거리듯이 물었다.

"요즘 미국의 철강 노동자들이 파업을 벌이고 있는 건 알고 계시죠? 그들도 다 이런 것을 사서 쓰고 있죠."

닉슨의 재치 있는 대답이었다. 미국에서는 이런 닉슨에게 '교활한 딕'이라는 별명을 붙여 주었다.

닉슨이 마흔일곱이던 1960년에 아이젠하워의 후계자가 되겠다고 나섰다. 그의 경력을 놓고 보면 자연스러운 일이기도 했다. 네 살이나 어린 상대 당의 존 F. 케네디 후보에 비하면 여러 면에서 충분히 승산 있어 보였다. 우선 케네디는 닉슨보다 훨씬 인지도가 낮았고, 게다가 미국의 모든 역대 대통령과 달리 가톨릭이었다. 하지만 케네디는 아버지의 막대한 재산을 등에 업고 있었을 뿐 아니라 그의 곁에는 열광적인 자원봉사자들이 함께 하고 있었다. 또한 대중 영상 시대에서는 결정타가 될 수 있는 매력적인 인상과 외모도 빠뜨릴 수 없는 그의 무기였다.

존 스타인벡John Steinbeck은 두 후보가 벌인 텔레비전 토론을 지켜본 소감을 이렇게 말했다.

> 수사학적인 토론 솜씨는 무승부였지만, 화면에 비친 두 사람의 인상에서는 서부극의 전형적인 장면이 떠오른다. 즉 검은 머리카락에 상을 찌푸리고 있는 닉슨은 전형적인 악당이었고, 짙은 금발에 귀족적이고 표정이 없는 케네디는 악당과 마주 선 주인공이었다.

이처럼 영상 매체 시대에는 머리로 생각하게 하는 것보다 가슴으로 심어 주는 것이 훨씬 더 중요했다. 민주당 선거 전략 사무소는 일찍부터 이러한 분위기를 알아채고, 그것을 선거에 적극 활용하기로 마음먹었다. 그렇게 해서 나온 것이 닉슨의 부정적 이미지를 은근히 강조하는 포스터였다. 이것은 여론조사 결과 0.2퍼센트밖에 앞서지 않는 박빙의 승부에서 민주당에게 승리를 안겨 준 결정타였다.

포스터의 내용은 이랬다. "이 사람에게서 중고차를 사시렵니까?"

닉슨의 사진 밑에 넣은 문구다. 사진은 당연히 닉슨의 전형적인 모습들 가운데 호의적인 느낌을 주지 않는 것을 골랐다.

선거에 패한 닉슨은 캘리포니아로 돌아가 한 변호사 사무실에 들어갔다. 이후 평생 허둥지둥 쫓기듯이 살았다. 1982년 헨리 키신저Henry Kissinger는 자신의 회고록에서 닉슨이 상처받기 쉬운 성격에다 소심하고, 내성적이고, 사람을 믿지 못하고, 신경질적인 사람이라고 밝혔다.

아마 미국의 역대 대통령 가운데 그만큼 정치에 적합하지 않은 사람은 없을 것이다.

또한 키신저는 닉슨이 상당히 거칠다고 평했다. 자신이 탄압받고 있다는 생각이 들면 공공연히 날카로운 이빨을 드러내며 자신을 방어했고, 명령을 내릴 때도 버럭버럭 고함을 질렀다. 물러나야 할지도 모른다는, 패배할지도 모른다는 공포감에서 나온 행동이었다.

닉슨은 1962년 캘리포니아 주지사 선거에 나섰다가 두 번째로 무릎을 꿇은 뒤 공식적으로 정계 은퇴를 선언했다. 그러면서 자신을 귀찮게 쫓아다니며 부정적인 기사만 쓴다고 생각했던 기자들을 향해 이렇게 소리쳤다.

"여러분, 이제 이 리처드 밀하우스 닉슨을 예전처럼 그렇게 쫓아다닐 일은 없을 겁니다."

그러고는 눈물을 뿌렸다.

그는 뉴욕의 변호사 사무실에서 일하며 한동안 여론의 관심에서 멀어져 있었다. 그러던 중 1963년 케네디 대통령이 암살되고, 린든 존슨 부통령이 대통령직을 승계했다. 이어 벌어진 1964년 선거에서 존슨이 월등한 표 차이로 공화당 후보를 누르고 대통령에 당선되었다. 선거에 패한 공화당의 배리 골드워터B. M. Goldwater 후보는 낙담한 공화당원들을 향해 닉슨을 중심으로 다시 뭉치라고 호소했다. 닉슨은 기회를 놓치지 않았다. 전권을 이양받아 대대적인 당 혁신 사업을 벌이며 당을 손아귀에 넣었다.

이제 닉슨은 호시탐탐 백악관 진입을 위한 2회전을 노렸다. 베트남 전쟁의 깊은 수렁에서 헤어나지 못하고 있던 존슨 대통령은 다음 선거에 자신이 나오면 도저히 가망이 없다는 판단 아래 1968년 3월에 대통령 출마를 공식 포기했다. 존슨에게는 안 된 일이지만 닉슨에게는 고무적인 일이었다.

이제 민주당 대통령 후보는 고故 케네디 대통령의 동생인 로버트 케네디로 압축되어 갔다. 로버트는 형이 암살된 이후 가장 인기 있는 정치인으로 자리를 굳혀 가는 인물이었다. 하지만 그런 그도 1968년 6월 대통령 후보 지명을 위한 선거 유세 도중 암살당했다.

이제 닉슨은 머릿속으로 하나의 선명한 그림을 그리고 있었다. 1962년에 선언한 정계 은퇴를 번복하고, 공화당의 대통령 후보직을 수락한 뒤 베트남 전쟁을 끝내겠다는 약속과 함께 이번에야말로 기필코 대선에서 승리를 거두는 그림이었다!

민주당 후보는 사회 각계에서 존경받고, 언론에서 선호도도 뚜렷한 허버트 험프리였다. 그러나 닉슨은 이런 경쟁자를 누르고 결국 승리를 쟁취했다. 득표율은 43.4퍼센트였다. 이렇게 득표율이 낮았는데도 승리를 거둘 수 있었던 것은 13.5퍼센트를 얻은 제3의 후보가 있었기 때문인데, 극우주의 성향의 앨라배마주 주지사가 그 주인공이었다. 이렇게 해서 이번 선거는 1912년 이후 가장 맥 빠진 대통령 선거가 되었다. 하지만 닉슨으로서는 8년 전에 케네디 후보에게 당한 패배를 보기 좋게 설욕한 셈이었다.

닉슨은 4년 임기 동안 다음 선거를 걱정하지 않아도 될 정도로 충분한 치적을 쌓았다. 우선 미국으로서는 명예롭지 않은 선택이지만 베트남 전쟁을 사실상 종결지었고, 경제를 부흥시켰으며, 외교적으로는 키신저 국무장관과 함께 역사에 남을 만한 두 가지 업적을 세웠다. 하나는 중국과 화해한 것이고, 다른 하나는 중동에서 이스라엘의 이해관계를 등한시하지 않으면서도 상당수 국가를 미국의 우군으로 끌어들였다.

1972년 1월 『타임』은 닉슨을 1971년도 '올해의 인물'로 선정했다. 아마 1972년 11월에 치러질 차기 대선에 대한 전망이 이보다 맑을 수는 없었을 것이다. 그런데 '닉슨 재선을 위한 위원회'가 보인 지나친 열성이 문제였다. 이 위원회의 핵심 인물로 관여했던 닉슨의 법률고문인 존 딘John Dean은 민주당 전국위원회 선거본부에 사람들을 침입시켜 도청 장치를 설치하기로 했다. 시간은 1972년 6월 17일, 장소는 워터게이트 빌딩이었다. 그러나 작전은 실패로 돌아갔다. 건물에 무단 침입한 다섯 명이 모조리 체포된 것이다. 공화당은 즉각 펄쩍 뛰며 관련 사실을 부인했다.

곳곳에서 닉슨에 대한 의심이 들끓었다. 그러나 그가 공범자인지, 아니면 단순히 방조자에 그쳤는지에 대해서는 누구도 공개적으로 문제 제기하지 못했다. 1972년 11월 닉슨이 큰 표 차이로 재선에 성공했다. 미국 역사상 두 번째로 높은 득표율이었다. 민주당의 조지 맥거번 후보를 60.7퍼센트 대 37.5퍼센트로 누른 것이다. 그리고 워터게이트 침입 사건이 일어난 지 6개월 뒤인 1973년 1월 『타임』은 두 번째로 닉슨을 '올해의 인물'로 선정했다. 이번에는 헨리 키신저와 함께 선정되었다. 하지만 이것이 닉슨의 마지막 승리였다.

『워싱턴 포스트 Washington Post』의 두 기자 밥 우드워드 Bob Woodward, 칼 번스틴 Carl Bernstein은 워터게이트 침입 사건을 집요하게 추적한 끝에 이 사건이 지닌 의문점들을 적나라하게 제기했다. 백악관은 불안을 감추지 못했고, 닉슨은 초조한 심정으로 최측근 네 명의 사표를 수리하는 선에서 자신에게 쏟아지는 의심의 화살을 돌리려고 애썼다. 그러나 민주당은 워터게이트 침입 사건을 사법기관에서 정식으로 조사할 것을 요구했다.

1973년 5월 범행이 일어난 지 1년 남짓 지난 시점에 상원의 특별조사위원회는 이 사건과 관련한 청문회를 열었다. 그러던 7월 17일 한 증인이 위원회에서 충격적인 증언을 했다. 대통령 집무실에서 주고받은 모든 대화가 테이프로 녹음되어 있다는 내용이었다.

　이로써 닉슨의 운명에 재앙의 그림자가 짙게 드리우기 시작했다. 대통령 집무실에서 주고받은 대화를 녹음한 테이프가 있다면 대통령이 워터게이트 도청 사건을 사주했는지, 그것이 아니라면 사실을 조직적으로 은폐하려고 했는지가 백일하에 드러날 수 있었다. 상하 양원에서 다수를 차지하고 있던 민주당은 이제야 그 꼴 보기 싫은 대통령을 꼼짝달싹 못 하게 밀어붙일 기회를 잡았다고 생각했고, 우드워드 기자와 번스틴 기자는 진실과 민주주의 그리고 자신들의 명성을 위해 사건 진상을 밝히는 데 전력을 기울였다.

　이제 사방에서 쫓기는 들짐승 신세가 되어 버린 닉슨은 갈팡질팡 어쩔 줄을 몰랐다. 어떤 때는 사실을 숨기기에 급급하다가, 어떤 때는 반쯤 시인하기도 하고, 또 어떤 때는 갑자기 마음이 돌변해서 그런 일이 없다고 하늘에 맹세까지 했다. 참모들의 잘못된 조언 탓도 있겠지만, 어쨌든 그는 거의 매번 대처를 잘못하거나 아니면 타의에 의해 너무 뒤늦게 자기 잘못을 수정하는 딱한 면모를 보였다. 이제 세계는 진실과 권력을 둘러싼 미국 내에서 벌어지는 싸움을 흥미롭게 지켜보고 있었다. 계몽된 민주주의 국가에서 이렇게 희한한 일은 이제껏 없었다.

　닉슨은 여론에 떠밀려 마지못해 녹음테이프를 몇 개 내놓았다. 당연히 자신에게 불리한 내용을 담은 테이프는 빼놓았다. 워터게이트 사건 담당 특별검사는 법원으로부터 영장까지 받아 누락된 테이프를 제출하라고 요구했지만, 닉슨이 들어주지 않자, 마침내 1973년 10월 대통령을 공무집행방해 혐의로 고소했다. 그러자 닉슨은 민주 절차를 위배하는 어처구니없는 도발

행위를 저질렀다. 법무장관에게 특별검사를 해임하라는 지시를 내린 것이다. 그러나 법무장관은 대통령의 지시를 따르는 대신 자신이 사표를 제출했다. 이 일로 미국 전체가 벌집을 쑤신 것처럼 들썩였고, 세계는 이 웃기지도 않는 코미디에 헛웃음만 지었다. 사태가 이 지경에 이르자 이제 의회 내 양당은 대통령 탄핵 절차를 심각하게 고민하기 시작했다.

워터게이트 침입 사건이 발생한 지 22개월 뒤, 그리고 녹음테이프의 존재 사실이 밝혀진 지 10개월 뒤인 1974년 4월 닉슨은 사법부, 의회, 언론의 압력에 굴복하는 듯한 태도를 취했다. 녹음테이프의 녹취록을 담은 1천3백여 쪽의 문서를 언론에 공개한 것이다. 그러나 그것 역시 소나기를 피해 가려는 임시방편에 불과했다. 거기에는 진실을 밝혀 줄 중요한 부분이 빠져 있었다.

한 나라의 대통령으로서 참으로 신중치 못한 처사였다. 녹취록 공개로 사태가 무마되기는커녕 오히려 의문만 더욱 증폭되었다. 공개되지 않은 테이프에는 어떤 내용들이 담겨 있기에 그렇게 필사적으로 숨기려는 것일까? 대통령에 대한 실망감 역시 더욱 깊어만 갔다. 어떻게 대통령이 그렇게 파렴치하고 비열할 수 있을까? 한 나라의 최고 지도자라면 남다른 절제와 식견을 갖춘 사람이어야 한다고 배우지 않았던가? 이 대통령은 그런 상식에서 얼마나 동떨어진 사람인가?

민주당은 닉슨의 추락에 내심 고소해했고, 언론은 새로운 소재를 찾아 열심히 코를 킁킁거렸다. 미국에서 가장 큰 지역 신문 중 하나인 『시카고 트리뷴 Chicago Tribune』은 분명한 어조로 닉슨에 대해 지지를 철회했다. 끊임없이 국민을 속이려는 자세로 일관하는 대통령의 한심한 처신에 실망했기 때문이다.

닉슨은 녹음테이프에 단단히 뒷덜미가 잡혔다. 아마 녹음테이프 문제만 불거지지 않았더라면 진작에 워터게이트 사건에서 벗어났을지 모른다. 그런데 닉슨은 대통령 집무실에서 있었던 대화를 한마디도 빠뜨리지 않고 녹음한 그런 테이프를 왜 만들려고 했을까? 중요한 회의 내용을 복원하기 위해서? 장관의 잘못된 조언이나 보고를 증거로 남기기 위해서? 아니다. 둘 다 틀렸다. 정답은 상원 특별조사위원회에서 백악관에 그런 테이프를 보관해 둔 지하실이 있다는 사실을 폭로한 닉슨의 보좌관 알렉산더 버터필드Alexander Butterfield만이 알고 있었다.

"대통령은 자신의 말을 후세에 남기고 싶어 했습니다."

뭐, '자신의 말'을 남기고 싶었다고? 자기도취도 이런 도취는 없다. 미국의 대통령직을 삼켜 버린 자기도취였다.

닉슨은 버터필드의 폭로 뒤에도 1년 이상이나 자신은 워터게이트 침입 사건을 언론 보도를 통해 처음 알았다는 주장을 굽히지 않았다. 또한 이 사건이 불거진 뒤 자신이 일부 애매한 태도를 보인 것은 대통령직을 정상적으로 수행하기 위한 정당한 염려 때문이었다고 설명했다. 그러나 그사이 대통령이 몇몇 녹음테이프를 삭제하도록 지시했다는 사실이 새롭게 새어 나왔다. 그러자 이젠 그의 충직한 지지자들까지 절망적인 심정으로 고개만 절레절레 흔들었다. 의회 내에서도 민주당이 요구한 대통령 해임안에 찬성하는 공화당 의원 수가 점점 늘어나고 있었다.

그럼에도 닉슨은 버텼다. 기자, 상원의원, 특별검사들로부터 2년 가까이 시달리고, 2억 명의 텔레비전 시청자 앞에서 낱낱이 벌거벗겨지는 수모를 당했음에도 꿋꿋이 버텼다. 닉슨은 마지막 순간까지 백악관에서 물러날 생각이 전혀 없었다. 지금까지 공개된 녹음테이프로는 닉슨의 관여 사실을 확실하게 밝혀 줄 증거는 드러나지 않았다. 이런 상황에서 닉슨이 일부 테이프의 삭제를 지시한 사실이 수면 위에 떠올랐고, 또 나머지 일부는 여전히 내놓지 않고 있었다.

미국 사람들은 이러한 익살극을 언제까지 참을 것인가? 닉슨은 대중의 웃음거리가 되었지만, 그의 끈기를 경탄하는 사람들도 있었다. 그와 함께 일부에서는 그를 동정하기도 했다. 그러나 사람들은 끊임없이 들이대는 그의 얄팍한 속임수와 핑계에 넌더리를 내기 시작했다.

1974년 7월 미연방 대법원은 닉슨에게 나머지 테이프들을 제출하라고 명령했다. 아울러 하원의 법사위는 3개 조항에 관한 탄핵안을 통과시켰다.

8월 5일 마침내 닉슨은 두 손을 들었다. 그러나 완전한 항복은 아니었다. 그는 워터게이트 침입 사건이 발생한 지 엿새 만에 은폐 사실을 보고 받았고, 그 뒤에도 계속 은폐할 것을 지시했다는 내용의 성명서를 냈다. 그럼, 이제 퇴임했을까? 아니면 다시 텔레비전 앞에 나와 눈물을 흘리며 용서를 구했을까? 둘 다 아니었다. 그는 이제 백악관에 숨어 나오지 않았다. 최측근 외에는 아무도 그를 만날 수 없었다. 이제 공화당 안에서도 대통령이 자진 사퇴해야 한다는 여론이 들끓었다. 그러나 민주당은 그것을 바라지 않았다. 자신들의 오랜 숙적이자 파렴치하기 짝이 없는 이 거짓말쟁이 대통령을 반드시 의회에서 자신들의 손으로 탄핵하고 싶었다.

8월 7일 닉슨은 가까운 사람들을 불러 하루 종일 회의했다.

제럴드 포드Gerald Ford 부통령, 키신저 국무장관, 알렉산더 헤이그Alexander Haig 비서실장 그리고 그의 가족들이 참석했다. 1974년 8월 8일 정오, 마침내 닉슨은 미국을 통치하는 데 필요한 정치적 기반을 상실했다는 사임 성명과 함께 대통령직에서 물러났다. 역대 미국 대통령들 가운데 처음 있는 일이었다.

백악관 인근에는 그를 캘리포니아로 데려다줄 공군 1호기가 대기 중이었다. 그가 백악관을 나와 공군 1호기로 걸어가는 장면을 텔레비전에서 방영하는 것이 처음으로 허락되었다. 퇴임 대통령은 비행기 입구에 서서 두 팔을 높이 치켜들고 승리의 '브이V'자 표시를 보냈다. 『타임』은 이 제스처에 대해 이런 제목을 달았다. '자기 자신에 대한 패러디!'

사실 그렇게 많은 사람과 단체가 마치 토끼 사냥 하듯 한꺼번에 개인을 집단으로 헐뜯고 몰아붙인 경우는 없었다. 물론 정치인과 기자들은 자신들이 해야 할 의무를 다했을 뿐이라고 말할 것이다. 하지만 그들은 추적과 폭로에 광적으로 열을 냈고, 그 과정에서 상대 잘못에 대해 처음부터 유죄 판결을 내려 버렸다. 미국의 온갖 떠버리들이 집단으로 핏대를 올리며 한 사람에게 수모와 굴욕을 준 것은 어찌 보면 산 사람에 대한 도살이자 고문 행위였다.

닉슨은 공군 1호기 문 앞에서 태연한 척 승리의 브이 자를 그리며 퇴장했지만, 심신은 이미 망가질 대로 망가져 있었다. 예순한 살에 정맥 대수술을 받았고, 변호사 비용으로 빚더미에 앉아 있었다. 그나마 위안이라면 사임한 지 4주 뒤에 후임자였던 포드 대통령이 닉슨에 대한 모든 소송을 중지시킨 일이었다. 물론 이 조처로 여론은 또 한 차례 분노로 들끓었다. 하지만 어쨌

리처드 닉슨

1974년 8월 9일 리처드 닉슨이 워터게이트 사건으로 대통령직에서 물러나면서 승리의 '브이(V)'자 표시를 하고 있다. 『타임』은 이 제스처에 대해 이런 제목을 달았다. '자기 자신에 대한 패러디!'

든 이것이 닉슨에 대한 마지막 분노였다.

그 이후 잠잠해졌고, 4년 가까이 닉슨이라는 이름은 거의 들을 수 없었다. 그러나 그는 역시 재기의 명수였다. 역사상 누구보다 심한 대중적 뭇매를 맞았던 그였지만 서서히 질병과 치욕감에서 벗어나면서 다시 일어설 준비를 하고 있었다. 원로 정치인으로 대접받으며 사회적·정치적 쟁점에 소중한 의견을 보태는 것이 그의 새로운 목표였다.

1978년 1월 지미 카터 대통령은 과거 대선에서 닉슨에게 무릎을 꿇은 허버트 험프리의 국장을 치른 뒤 닉슨을 백악관으로 초청했다. 그 자리에서 닉슨은 함께 초대된 포드와 넬슨 록펠러 N. A. Rockefeller 전 부통령 그리고 고故 존슨 대통령의 부인과 오랜만에 마음 놓고 수다를 떨었다. 그 직후 닉슨의 회고록이 나왔다. 그런데 회고록에서 반성하는 기색이 전혀 없다는 비판적 목소리와 대중적 호기심이 결합하면서 책은 일약 베스트셀러로 뛰어올랐다. 이로써 닉슨은 경제적 어려움에서 벗어날 수 있었다. 그 뒤로도 그는 16년 동안 여덟 권의 책을 더 썼다. 훌륭한 문체에 경청할 만한 내용을 담고 있는 정치 분석서였다.

레이건과 아버지 부시 그리고 클린턴 대통령도 닉슨을 여러 차례 백악관으로 초청했다. 1984년 『타임』은 그에 대하여 이렇게 썼다.

닉슨은 여전히 아이디어와 전략 그리고 야심 찬 목표들로 넘쳐 나고, 적이건 친구건 가리지 않고 끌어당기는 매력이 있는 사람이다.

리처드 닉슨

미국인들은 그런 그를 이렇게 빈정댔다.

"만약 전직 대통령이라는 직책이 있다면 닉슨은 반드시 입후보할 것이다."

그는 다시 세계 각지로 여행을 다녔다. 소련 붕괴 뒤에는 미국에서 러시아에 대한 지원을 호소했고, 1994년 3월에는 여든하나의 나이에 다시 한번 모스크바를 밟았다. 그리고 1994년 4월, 미국의 역대 대통령 중에서 가장 말 많고 탈 많은 37대 대통령이 마침내 숨을 거두었다. 클린턴 대통령이 국장을 지시했다.

민요집 『소년의 마법 피리 Des Knaben Wunderhorn』*에 이런 노래가 나온다.

> 쓰러진 사람은 낙오하고
> 일어선 사람은 승리해.
> 남은 사람은 옳고
> 도망친 사람은 나빠.

---

* 클레멘스 브렌타노와 아힘 폰 아르님이 공동으로 편찬한 독일 민요집

닫는 글

27. 안티히어로Antihero를 위한 예찬

우리는 승리자들을 경탄하면서도 미워한다. 간혹 끌리는 승리자들이 있긴 해도 정을 느끼지는 못한다. 오히려 우리가 연민을 느끼고 공감하는 이들은 실패하거나 승리를 사기당한 사람들이다. 또한 마치 추락하기 위해 정상에 올랐다는 생각이 들 정도로 정상을 밟자마자 다시 내려와야 했던 수많은 사람에게도 깊은 연민의 정을 느낀다.

세상사를 가만히 지켜보면 집요하고 끈질긴 사람일수록, 혹독하고 과감하게 밀어붙이는 사람일수록 정상에 좀 더 쉽게 도달하는 것을 알 수 있다. 나는 예전에 백과사전에 실린 사람들은 어떤 유의 사람들일까 하는 궁금한 마음에 『만들어진 승리자들 Die Sieger』이라는 책을 쓴 적이 있다. 그 책에서 이런 결론을 내렸다. 백과사전에 이름이 실린 사람들은 그렇지 않은 사람들보다 거칠고 비정하고 역겨운 사람일 가능성이 훨씬 높다고.

우리는 유명해지고자 하는 야망이 없는 사람들을 대개 편하게 여긴다. 또한 운명의 따귀쯤은 유쾌하게 넘겨 버릴 줄 아는 사람에게 박수를 보낸다. 하지만 착한 패배자란 『쥐트도이체 차이퉁_Süddeutsche Zeitung_』의 시사 칼럼 「슈트라이프리히트」에 실린 글처럼 혹시 '수상쩍게 느껴질 정도로 고상한 성품의 소유자들'이 아닐까? '그런 사람은 대개 지루하다! 테니스 경기를 해도 상대를 눌러 버리기 위해서가 아니라 한가하게 바람이나 쐬려고 하는 사람들이다.'

이 냉소는 누가 진짜 상을 받을 자격이 있는지를 분명해 말해 준다.

서커스에서는 착한 패배자가 어릿광대 코너로 제도화되어 있고, 동화에서는 우리를 매혹하는 장치로 사용된다. 서커스의 어릿광대는 늘 하는 일마다 실패하고, 바보처럼 조롱당하거나 상대방 속임수에 넘어가면서도 이런 모든 것을 웃으면서 참아내거나, 아니면 눈물을 보여 우리에게 웃음을 자아낸다. 그림형제의 동화에 나오는 행복한 한스는 금덩어리를 자꾸만 더 값싼 것과 바꾼다. 처음에는 말과 바꾸더니, 그다음에는 말을 소와 바꾸고, 소를 돼지와 바꾸고, 돼지를 거위와 바꾸다가 결국 마지막에는 숫돌 하나밖에 남지 않았다. 그런데 그마저도 우물 속에 빠뜨리자 이제야 한스는 더 이상 갖고 갈 것이 없게 된 것을 기뻐하며 신에게 눈물을 흘리며 감사했다.

"아, 이 세상에 나처럼 행복한 사람이 또 있을까!"

그래, 이건 동화니까 그렇다 치자. 현실에서는 어떤 패배자도 행복하지 못하다. 다만 좋은 패배자는 비록 실패하더라도 의기소침하지 않고, 세상에 분풀이도 하지 않는다. 권투 선수 막스 슈멜링Max Schmeling이 그런 사람이다. 그는 자신의 마지막 패배를 기분 좋게 받아들이고 75년여간 더 살면서 독일에서 가장 인기 있는 스포츠 스타가 되었다. 1930년에 헤비급 세계챔피언에 오른 슈멜링은 1936년에 이제껏 한 번도 진 적이 없는 '갈색 폭격기' 조 루이스Joe Louis를 물리쳐 열광적인 환호를 받았다. 그러나 1938년에 루이스와 다시 맞붙어 1회 KO패라는 치욕스러운 패배를 당했다. 하지만 독일인들은 슈멜링을 웃고 있는 얼굴로만 기억하고 있다.

얀 필립 렘츠마J. P. Reemtsma는 『복서 무하마드 알리의 스타일 über den Stil des Boxers Muhammad Ali』에서 이렇게 단언했다.

> 패배란 견디기 어려운 것이다. 파산해 버린 사업가, 마지막 순간에 발이 봉에 걸려 기록 달성에 실패한 높이뛰기 선수, 링에서 흠씬 두들겨 맞은 복서, 아내가 도망간 남편, 이들 모두는 고통으로 울부짖고 싶어 한다.

그러나 슈멜링은 분명 이런 유의 패배자들과는 달랐고, 그들과 같은 고통으로 시달리지 않았다.

하지만 유명한 패배자들이 내면으로 얼마만큼 절망에 시달렸는지는 알 수 없다. 아버지 요한 슈트라우스와 이사크 바벨은 분노로 치를 떨었고, 렌츠는 자신의 상황을 냉정하게 판단하지 못할 정도로 광기에 사로잡혔으며, 뷔히너는 찬란한 미래를 앞두고 갑작스레 죽어야 했던 것을 아쉬워했을지 모른다. 하인리히 만도 절망의 세월을 보냈던 것으로 보인다. 철학자 칼 야스퍼스Karl Jaspers는 그를 이렇게 어두운 색채로 묘사했다.

좌절 속에서 세상에 대한 불신을 안고 스러져 갔다.

반면에 불굴의 정신으로 운명에 저항한 이들도 있다. 예를 들어 세계적으로 유명한 몇몇 운동 선수는 다시 일어서기 힘든 좌절을 겪은 뒤에야 비로소 빛을 발하기 시작했다.

보리스 베커Boris Becker는 청소년기에는 아주 형편없는 테니스 선수였다. 오죽하면 클럽 감독이 그를 여자 선수들 틈에 끼워 연습시켰겠는가? 하지만 베커는 그런 역경을 딛고 결국 세계 정상에 우뚝 섰다. 올림픽대회 4백 미터 허들 종목에서 두 번이나 우승을 일궈 내고, 1977년부터 1986년까지 122차례나 대회에 참가해 한 번도 지지 않았던 에드윈 모지스Edwin Moses도 학창 시절에는 달리기 대회에서 한 번도 일등을 차지한 적이 없는 소년이었다. 그런 그가 이렇게 말했다.

"모든 패배 속에 승리가 숨어 있다."

패배가 승리의 밑거름이라는 뜻이다.

만일 헨리 포드Henry Ford에게 다음과 같은 철학이 없었더라면 오늘날 포드자동차사는 존재하지 않았을지 모른다. 그는 서른아홉에 두 번의 도산으로 폭삭 망한 다음 이렇게 말했다.

"실패는 새롭게 출발할 기회를 준다. 그것도 좀 더 영리하게 출발할 기회를."

정치에서도 이러한 신조는 처칠의 경우처럼 아주 놀라운 성공으로 이끌기도 했다. 하지만 히틀러의 경우처럼 살인적인 복수로 나타나기도 했다.

아돌프 히틀러는 빈 미술아카데미에 두 번이나 지원해서 떨어졌다. 이후 배고픈 떠돌이 신세로 이곳저곳 방황하다가 마지막에는 부랑자 숙소에서 그림엽서를 그리며 근근이 연명했다. 독일 역사학자 요아힘 페스트Joachim Fest 그에 관하여 이렇게 썼다.

> 그(히틀러)는 굴욕감과 극심한 좌절감에 빠져 있었다. 그가 훗날 학살, 가혹함, 잔인함, 약육강식의 논리를 신봉하게 된 데에는 당시 부랑자 숙소에서 깨달았던, 그 잊히지 않는 세상의 더러운 논리가 많은 영향을 끼쳤다.

토마스 만 역시 이렇게 말했다.
"히틀러라는 수없이 좌절한 한 부적격한 인간의 복수심이 곪아 터져 세계를 잔인하게 짓밟아 버렸다."
사실 복수는 모든 민족의 주요 과제였다. 프랑스는 1871년 프로이센에 무릎을 꿇고 알자스로렌 지방을 내준 뒤 복수를 맹세했고, 이것이 제1차 세계 대전이 발발하는 데에도 일정 정도 영향을 미쳤다.
1865년 미국의 남북전쟁에서 북군에게 패한 남군은 복수할 기회를 잡지 못했다. 전쟁 직후 남부 주민들은 굶주림에 허덕였고, 땅은 황폐해졌으며, 무기를 든 군인이라고는 8천 명밖에 남지 않았다. 오늘날까지 서양의 수많은 독자와 영화 관객들이 남부군에 애정을 느끼는 것은 아마 '패배자 보너스'가 작용했기 때문일 것이다. 마거릿 미첼Margaret Mitchell은 바로 이 남부의 패배를 세계 문학에서 가장 성공한 작품인 『바람과 함께 사라지다Gone with the Wind』로 만들었다.

남부는 곧 "모든 패배자에게 크나큰 위안이 되었다." 볼프강 시벨부슈Wolfgang Schivelbusch가 연구서 『패배의 문화Die Kultur der Niederlage』에서 쓴 내용이다. 이를 다른 말로 풀이하면 '패자는 새로운 권력자들보다 문화·도덕적으로 더 우월하다는 확신'을 갖게 되었다는 것을 뜻한다. 이와 관련해서 1866년 남부에서는 에드워드 폴러드Edward A. Pollard의 소설 『잃어버린 이유The Lost Cause』가 인기를 끌었다. 폴러드는 이렇게 썼다.

> 패배는 단지 남부가 그것을 통해 자신의 도덕적·정신적 정체성을 상실하고, 자신의 우월한 문화를 의식하지 못할 때 나쁜 것이 된다.

시벨부슈에 따르면 패배자들은 자신들만의 신학적 논리를 개발했다. 성서 「욥기」에 이런 대목이 나온다. "패배와 곤궁과 고통은 신으로부터 버림받은 것이 아니라 특별한 사랑의 표시"였다. 바로 이런 논리에서 북부의 승리가 '사탄의 승리'와 다름없다는 결론이 나온다.

우리가 『일리아스Ilias』, 『에다Edda』, 『니벨룽겐의 노래Das Nibelungenlied』에 등장하는 비운의 영웅들을 보면서 감동하는 것도 어쩌면 이런 논리의 영향일지 모른다. 1835년 알라모 요새에서 멕시코 대군에 맞서 마지막 순간까지 결사 항전하다가 최후를 맞은 미국인 전사 187명에 대한 이야기는 다섯 번이나 영화화되기도 했다(미국과 멕시코가 텍사스를 차지하기 위해 벌인 전쟁 중의 이야기다). 또한 프랑스 외인부대 장교들은 매년 4월 30일이면 병사들 침대로 아침 식사를 갖다준다. 외인부대의 전설이 되어 버린 카메론 전투를 기념하기 위해서다. 1863년 65명의 프랑스 용병들이 카메론에서 2천 명의 멕시코군을 상대로 10시간 동안 처절한 사투를 벌였다. 마지막 남은 네 명의 용병들은 최후의 총알까지 발사한 뒤 소총에 대검을 꽂고 적군을 향해 돌진했다. 실러가 쓴 시「그리스 신들Die Götter Griechenlands」에는 이런 구절이 나온다.

시 속에 영원히 살아 있으려면 삶에서는 쓰러져야 할지니!

우리는 이런 것들을 더 이상 비장하게 생각하지 않는다. 하지만 만일 비정한 처단자였던 체 게바라가 살해되지 않았더라면 그렇게 큰 인기를 누릴 수 있었을까? 페테르부르크에서 반란을 일으킨 수병들을 무참하게 도륙한 트로츠키가 스탈린에 의해 그렇게 마지막까지 쫓기며 죽임을 당하지 않았더라면 대중의 연민을 살 수 있었을까? 또한 메리 스튜어트처럼 최후의 순간까지 의연함과 품위를 잃지 않은 사람들도 후세의 존경을 받는다.

1992년 고르바초프가 실각한 후 한스 마그누스 엔첸스베르거Hans Magnus Enzensberger*는 가치 판단의 새로운 기준을 제시했다. 즉 고르바초프를 '퇴각의 영웅'으로, '기존 질서의 해체 전문가'로 대접할 것을 주장한 것이다. 그때까지는 전혀 인정받지 못한 새로운 가치의 탄생이었다. 1945~1951년까지 영국 총리를 지내면서 영국 식민지를 독립시킨 클레멘트 애틀리와 프랑스 식민지를 본국에서 분리한 샤를 드골Charles De Gaulle도 그러한

* 독일 전후 문학의 대표 작가

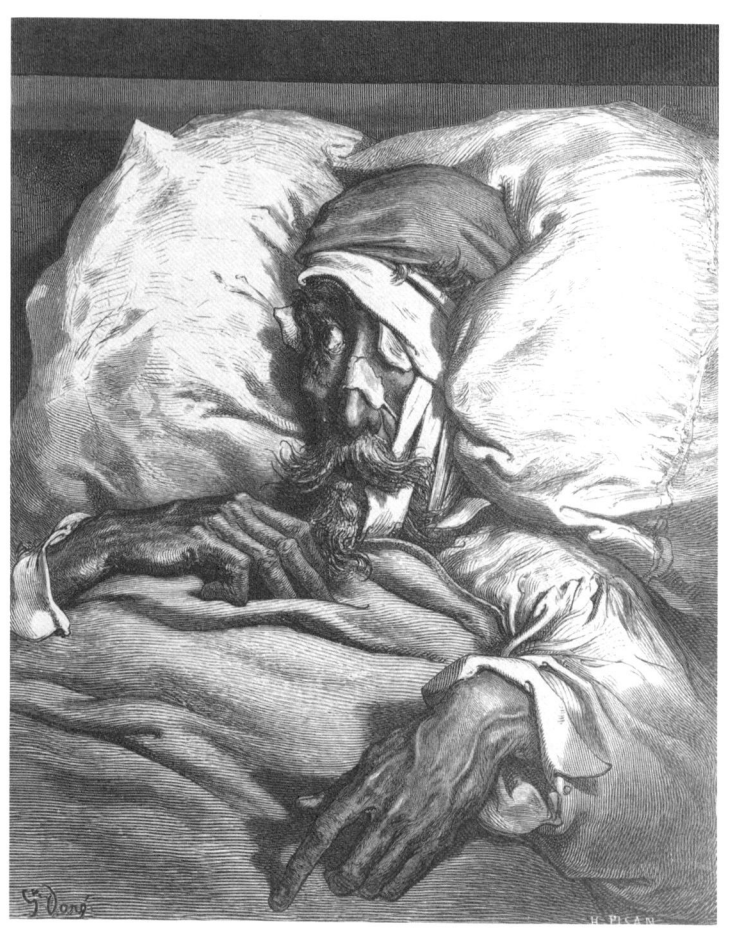

그 누구보다 많은 조롱과 굴욕을 당한 돈키호테. 그러나 이 슬픈 모습의 기사는 세계 문학에서 가장 인기 있는 인물이 되었다. 위 그림은 프랑스 판화가 귀스타브 도레가 그린 평화롭게 죽어 가는 돈키호테의 모습이다. 우리는 바로 이런 패배자들을 좋아한다.

새로운 가치의 선도자들이었다.

상상이기에 가능한 사유의 아름다운 일탈이겠지만, 만일 에이브러햄 링컨Abraham Lincoln 대통령이 남부 주들을 피와 총으로 제압할 생각을 하지 않고 그냥 저들이 원하는 대로 연방에서 이탈하도록 내버려뒀다면 어떻게 됐을까? 사실 링컨의 가장 중요한 목표는 미연방을 유지하는 데 있었다. '노예 제도야 있든 없든' 상관없었다. 1963년판 브리태니커 백과사전에 나오는 설명이다. 끔찍한 남북전쟁이 없었더라도 노예 제도는 상당히 이른 시간 내에 불합리한 제도로 판명됐을 것이다. 기독교 국가로는 브라질이 가장 늦게(1888년) 노예 제도를 폐지했으니까.

어쨌든 남북전쟁이 없었더라면 62만 명의 병사들이 무고하게 희생당하지 않았을 것이고, 수백만 가구도 파괴되지 않았을 것이며, 한창 번창하는 주들도 황폐해지지 않았을 것이다. 그리고 어쩌면 미국이 두 나라로 분리되었을지도 모른다. 그랬다면 그중 한 나라는 지상에서 가장 괜찮은 나라들 가운데 하나가 됐을 수도 있다.

승리자로 가득 찬 세상보다 끔찍한 것은 없다. 그나마 삶을 참고 살아갈 수 있게 만드는 것은 패배자들이다.

찾아보기

ㄱ

가셰, 폴 페르디낭 420~422
『가정교사』 249, 260
갈롭 217, 222, 226
「감자 먹는 사람들」 415
『거짓말의 쇠락』 316
게바라, 체 85~100, 461
「계산 가능한 수에 관한 연구」 364
고갱, 폴 416~418
고골, 니콜라이 35
고데스베르크 강령 279
고르바초프, 미하일 102~119, 214, 461
고리키, 막심 28, 29, 300, 326, 395, 397~399, 402, 404, 405
고어, 앨 10, 140~145, 147~149, 151~155
고흐, 빈센트 반 409~424
골리앗 29, 39~41
공쿠르, 에드몽 드 311
괴벨스, 파울 요제프 107, 213, 338, 339
『괴츠 폰 베를리힝겐』 248, 249, 255, 388
괴테, 요한 볼프강 폰 28, 39, 244, 246~261, 279, 377, 381, 382~385, 387~389, 410, 424
『구체제와 혁명』 185
『군도』 389
『굶주림』 328, 329, 331
그라스, 귄터 359, 360, 389
그레고어델린, 마르틴 424
그레이, 엘리샤 351, 352
그로미코, 안드레이 105, 428
그뢰너, 빌헬름 210
「그리스 신들」 461
글라스노스트 104, 117
『기병대』 392, 394, 403
「까마귀가 있는 밀밭」 420

ㄴ

『나의 형사 소송』 265
「나의 형에 관한 보고」 243
나폴레옹 1세 57
나폴레옹 3세 57, 58, 61~63, 65, 66
『나를 간텐바인이라고 하자』 28
『노인과 바다』 29
녹스, 존 167, 169
『니벨룽겐의 노래』 460
닉슨, 리처드 밀하우스 142, 154~156, 440~454

ㄷ

다윗 39~41
단리 백작 169~171, 173
「단시 왈츠」 224
당통, 조르주 자크 193, 385
『당통의 죽음』 384, 385
『대공 전하』 237
더글러스, 앨프리드 314, 315, 317~319, 325
더쇼비츠, 앨런 151
덜레스, 존 포스터 156, 159
덩샤오핑 427~430
도너번, 헤들리 153
도른 하우스 211~213
『도리언 그레이의 초상』 312
『독일 민족성과 번영을 위한 잡지』 231
『독일 연대기』 249
동구권 협정 정책 129, 135, 136
드골, 샤를 461
드메디시스, 카트린 167, 176
드브레, 레지스 93
『등소평 문선』 430
딘, 존 445

ㄹ

라너, 요제프 218, 219, 221, 223
「라데츠키 행진곡」 217, 226
라데츠키, 요제프 225
라마르틴, 알퐁스 드 201
라살레, 페르디난트 262~279
라우베, 하인리히 222, 225
라이스, 필리프 350, 351
랑에아이히바움, 빌헬름 423
랭보, 아르튀르 389
『러브 스토리』 28
『러시아 여행자의 편지』 261
레닌 62, 101, 102, 118, 266, 278~280, 282~292, 295, 296, 298, 299, 395, 403, 428
레싱, 고트홀트 에프라임 424
『레옹세와 레나』 386
레이건, 로널드 104, 107, 108, 112, 114, 142, 154, 453
렌츠, 야코프 미하엘 라인홀트 246~255, 257~261, 386, 424, 457
『렌츠』 386
렘츠마, 얀 필립 457
로렌스, 토머스 에드워드 94
로베스피에르 192
로트레크, 툴루즈 416
롤랑 30
롬멜, 에르빈 71~84
루덴도르프, 에리히 207~209, 433
루이 16세 180~184, 186~188, 190~196, 198~201
루이 18세 201, 428
루이스, 조 457
룬트슈테트, 게르트 폰 81
리델 하트, 바실 83
『레딩 감옥의 노래』 323
리치오, 다비드 169, 170
리프크네히트, 빌헬름 276, 277
링컨, 에이브러햄 463

ㅁ

마르크스, 카를 102, 262, 265, 266, 268~270, 273, 275~279
마오쩌둥 428, 429
『마의 산』 239
마이어그레페, 율리우스 422
마이트너, 리제 10, 347, 352~359, 361
『마지막 장』 338
마켄젠, 아우구스트 폰 213
막시밀리안 53, 54, 56~68
만, 골로 203, 207, 236, 279
만, 토마스 27, 73, 80, 84, 228, 231, 232, 234, 237~239, 241~245, 254, 256, 326, 330, 331, 333, 335, 339, 389, 459
만, 하인리히 228~245, 339
만델스탐, 오시프 404
「매력」 229
매카시, 조지프 125, 158, 441
맥거번, 조지 154, 446
먼데일, 월터 154
먼로주의 61, 65
메르카데르, 라몬 301, 302
메리스튜어트 29, 165~168, 171~176, 178, 179, 461
「메리와 보스웰」 171
메스티소 55
메흐메트 6세 211
무치, 안토니오 351, 352
멜빌, 허먼 30, 31
모네, 클로드 415
모드로, 한스 114

모콤, 크리스토퍼 363
『모비 딕』 30
몸젠, 테오도어 360
몽고메리, 버나드 79, 84, 362
「물랭 드 라 갈레트」 410
미라보 백작 186, 192
미슐레, 질 186, 191, 195
미첼, 마거릿 459
『밑바닥』 398

ㅂ

바그너, 리하르트 22, 221, 226, 254
『바니카』 34
바덴, 막스 폰 209, 210
『바람과 함께 사라지다』 459
바르첼, 라이너 칸디두스 123~131, 133~139
바벨, 이사크 391~393, 395~406
바뵈프, 프랑수아 266
바이, 장 실뱅 187
바이닝거, 오토 378
바이스, 페테르 98
바이츠제커, 리하르트 폰 128
바이틀링, 빌헬름 266
바티스타 86, 87, 99
바흐, 요한 제바스티안 410
「박쥐」 217
발렌슈타인 29
「배신」 395
번스틴, 칼 446, 447
베너, 헤르베르트 125, 130, 132
『베네치아에서의 죽음』 237
베르니오, 피에르 196

찾아보기 467

베르블링거, 루트비히 알브레히트 39, 41~44, 53
베벨, 아우구스트 276, 277
베커, 보리스 458
베허, 요하네스 243, 244
벤, 고트프리트 337, 343
벨, 알렉산더 그레이엄 350
『보석함 절도 사주 혐의에 관한 변론』 264
보스웰 백작 170, 171, 173
『보이체크』 388
『복서 무하마드 알리의 스타일』 457
볼드윈, 스탠리 433
볼프, 마르쿠스 133
뵐, 하인리히 359
『부덴브로크가의 사람들』 231, 232, 237, 331, 389
부르거, 헤르만 256
부시, 조지 10, 140~144, 146~154
부레 후작 192, 194
부조니 294, 395
불린, 앤 168, 170
뷔히너, 게오르크 33, 251, 254, 259, 260, 377, 378, 382~390, 457
뷜로, 한스 폰 272
브란트, 빌리 127~133, 136, 137, 139
브레즈네프 독트린 109
브레히트, 베르톨트 388
브론시테인, 레프 다비도비치 280
브리온, 프리데리케 247
비스마르크, 오토 폰 20, 203, 273, 274, 278
비어만, 볼프 98

비에른손, 비에른스티에르네 165, 330
『빅토리아』 332, 336
『빌리 버드』 31
빌헬름 2세 202, 205, 207, 211, 213, 236
빌헬름 3세 380

ㅅ

『사랑 사냥』 232
사르트르, 장 폴 85
사하로프, 안드레이 111
『사회주의하에서의 인간 영혼』 315
『살로메』 309, 312, 313
『상투어 사전』 190
생시몽, 클로드 266
샤토브리앙, 프랑수아 119
샤스텔라르, 피에르 드 169
『서구의 몰락』 234
『서기 바틀비』 31
『선택적 친화력』 28
세잔, 폴 416
셰바르드나제, 예두아르트 115, 116
『소년의 마법 피리』 454
『소련 공산당사』 299
소비에트 102, 103, 105, 112~117, 243, 283, 284, 287, 292, 299, 397, 403
쇼, 조지 버나드 322
숄로호프, 미하일 300
「자화상(수염 없는 예술가의 초상)」 410
셸, 발터 130, 137

슈뢰더, 게르하르트 129
슈멜링, 막스 457
슈미트, 헬무트 126, 137, 138
슈베르트, 프란츠 218, 410
슈타이너, 율리우스 131~133
슈타지 123, 124, 133, 134
슈트라스만, 프리츠 354, 358, 361
슈트라우스, 리하르트 314
슈트라우스, 요한(아들) 217, 220, 223, 224, 225, 227
슈트라우스, 요한(아버지) 217~227
슈페어, 알베르트 356, 357
슈펭글러, 오스발트 234
슐로서, 요한 게오르크 260
스미스, 에드워드 39, 44~53
스타이너, 조지 360
스타인벡, 존 442
스탈린 102, 103, 111, 114, 280, 284, 287, 288, 291, 294~300, 302, 397, 404, 406, 438, 461
스티븐슨, 아들라이 155, 157~160
스파르타쿠스단 279
『시대의 점검』 243
시벨부슈, 볼프강 460
『시와 진실』 249, 257, 258, 261
『신비』 329~331
실러, 프리드리히 폰 29, 165, 175, 176, 255, 389, 461

ㅇ

아겔로프, 실비아 301
아데나워, 콘라트 124, 125, 155, 278
아르벤스구스만, 하코보 86
「아를의 도개교」 409
「아름답고 푸른 도나우 강」 217
『아서 새빌 경의 범죄』 312
아우구스트, 카를 252
아이젠하워, 드와이트 155~159, 441, 442
아인슈타인, 알베르트 240, 352, 353, 356, 357, 363, 364
안드로포프, 유리 103, 104
앙리 3세 176
『앙리 4세』 240
앙투아네트, 마리 181, 183, 187, 188, 190, 192, 201
애덤스, 셔먼 156, 159
애틀리, 클레멘트 437, 461
야스퍼스, 칼 457
『약음기로 연주하는 떠돌이 악사』 332
『양철북』 389
『어느 비정치적인 인간의 고찰』 238
에니그마 366, 368, 373
에니악 370, 371
에다 신화 100
『에다』 460
에렌부르크, 일리야 300
에르하르트, 루트비히 126
에브너에센바흐, 마리 폰 165
엑스선 회절법 348, 349
엔첸스베르거, 한스 마그누스 461
엘리자베스 1세 168, 173
엥겔스, 프리드리히 265, 266, 268, 270, 275~277
『여신들』 232

『연극에 관한 주석』 248
예닝거, 필립 138
『예술과 고대에 관하여』 254
옐친, 보리스 112~116
오슈, 라자르 378~380
오시에츠키, 카를 폰 338
『옥중기』 319, 321
올렌하우어, 에리히 155
와일드, 오스카 305~312, 314~325
『외투』 35
요제프, 프란츠 56, 63, 67
『우거진 오솔길』 343
우드워드, 밥 446, 447
「우리의 결혼에 관하여」 257
『우물가의 여자들』 336
『운라트 교수』 233, 235, 239
『울트라의 비밀』 373
워터게이트 침입 사건 446, 448~450
왓슨, 제임스 347~350, 361
웨이벌, 아치볼드 퍼시 72, 74
『윈더미어 부인의 부채』 316
윌슨, 우드로 208
『유럽의 십자군』 155
「유아 대학살」 410
『이상적인 남편』 316
『이스크라』 282, 283
『이중나선』 350
이즈메이, 요셉 브루스 49
인권 선언 189
〈인내〉 308
「인생은 하나의 춤」 227
『일리아스』 460
『잃어버린 이유』 460

입센, 헨리크 282, 360

ㅈ

장쩌민 430
『전쟁에 대한 상념』 237
『젊은 베르터의 고통』 255
제1인터내셔널 276, 286
『제2차 세계 대전』 436, 438
『제르미날』 415
제임스 1세 179
제임스 5세 166
제임스 6세 179
『제젠하임 시가집』 248
조지, 로이드 432, 433
존슨, 린든 160, 444, 453
졸라, 에밀 238, 415
주앙 6세 57
지크프리트 30, 118
〈진지함의 중요성〉 317, 318

ㅊ

채터턴, 토머스 377, 378
처칠, 윈스턴 71, 72, 74, 77~79, 169, 178, 206, 213, 356, 362, 367, 369, 427, 430~439, 458
『천재, 광기 그리고 명성』 423
철의 장막 438
체임벌린, 네빌 212, 434, 436
체호프, 안톤 34
첼란, 파울 404
『최대의 부정』 151
『충복』 234, 235, 239
츠바이크, 슈테판 166

ㅋ

카드리유 224
카람진, 니콜라이 261
카르스텐스, 카를 137
카를 1세 211
카를 5세 57, 267
카를로타 59, 63, 66, 68
카스트로, 피델 86, 87, 89~92, 99
카슨, 에드워드 318, 319
카터, 지미 153, 453
카토, 마르쿠스 포르시우스 24, 26
카프카, 프란츠 5, 31, 284, 326, 403
콘퀘스트, 로버트 117
『캔터빌의 유령』 312
케네디, 로버트 444
케네디, 존 F. 90, 109, 142, 159, 160, 442, 444, 445
케렌스키, 알렉산드르 표도로비치 287~289
콘래드, 조지프 32
콜, 헬무트 107, 111, 127, 137, 138, 278
코와코프스키, 레셰크 278
콜비츠, 케테 240
퀴렌베르크, 요아힘 폰 214
크레이그, 고든 203
크롬웰, 올리버 179
크리올 55, 64
크릭, 프랜시스 347~350, 361
클라이스트, 하인리히 폰 256, 257, 389, 410, 423, 424
클린턴, 빌 141, 154, 453, 454
『키 작은 프리데만 씨』 27, 231

키건, 존 207
키쉬, 에곤 에르빈 413
키신저, 헨리 443, 445, 446, 451
키징거, 쿠르트 게오르크 126, 127, 137

ㅌ

타이태닉호 29, 44~53
테르보펜, 요제프 339, 342
테오, 빈센트 반 413~418, 420, 422
토크빌, 알렉시 드 185, 201
투홀스키, 쿠르트 212, 326
튀르고, 안 로베르 자크 183, 184, 186
튜링, 앨런 362~367, 369~374
트라이치케, 하인리히 폰 262
트라클, 게오르크 377, 378
트로츠키 280~302, 395, 405, 461
트루먼, 해리 156, 437
티크, 루트비히 261, 427

ㅍ

「파리의 왈츠」 222
『파우스트』 254, 384
파운드, 에즈라 401
파월, 콜린 160
『판』 331
패망 음모론 82
『패배의 문화』 460
페더르손, 크누드 326
페드루 2세 57
페레스트로이카 104, 117
페르미, 엔리코 357
페스트, 요아힘 459

찾아보기 471

『펜테질레아』 256
펠리페 2세 177, 178
포드, 제럴드 451
포드, 헨리 458
폰타네, 테오도어 28, 166, 171
「폴 가셰 박사」 409, 420, 422
〈푸른 천사〉 233, 241
푸리에, 샤를 279
『프라우다』 288~290
『프란츠 폰 지킹겐』 267
프랑수아 2세 167, 168
프랑스 혁명 185, 186, 428
『프랑스사』 186
프랭클린, 로절린드 347~350, 359, 361
『프리드리히와 대동맹』 237
프리슈, 막스 28, 388
플로베르, 귀스타브 190

ㅎ

하웁트만, 게르하르트 360, 388
하이네, 하인리히 251, 262
하이젠베르크, 베르너 256, 357
하임, 게오르크 380, 381
『별 볼 일 없는 여자』 316
하츠펠트, 조피 폰 263, 264, 267, 268
하프너, 제바스티안 434, 439
『한 아이』 229
한, 오토 353~359, 361
함순, 크누트 28, 326~329, 331~343, 390
핵분열 353, 354, 356~358, 361

『행복한 왕자와 다른 이야기들』 312
험프리, 허버트 154, 445, 453
헤르베크, 게오르크 272
헤밍웨이, 어니스트 29, 326
헤이그, 알렉산더 451
헨리 8세 166~168, 170
호네커, 에리히 110
호른, 줄러 110
호메로스 18, 100
호엔촐레른, 빌헬름 프리드리히 빅토어 알베르트 폰 202
호킹, 스티븐 374
호프만슈탈, 후고 폰 320
『호흡』 244
『환락의 땅에서: 고상한 사람들의 소설』 231
횔덜린, 프리드리히 255, 257, 424
후아레스, 베니토 55, 56, 60, 61, 64~67
흐루쇼프 102, 105, 441, 442
『흙의 혜택』 333~336
히틀러, 아돌프 71, 72, 77, 79~82, 125, 155, 212, 213, 240, 241, 326, 329, 339, 342, 356, 357, 434, 436, 437, 458, 459
힌덴부르크, 파울 폰 207, 208, 210

기타

4인방 429
68혁명 98, 99